文明通鉴丛书
刘洪一 主编

Exploration of Chinese Culture

中国文化探微

〔法〕汪德迈 著

商务印书馆
创于1897 The Commercial Press

目　录

附　录

《文明通鉴丛书》序

构建人类普惠新文明

刘洪一

一、人类文明来到了一个临界状态

人类文明发轫以降，无论是古代农业文明、游牧文明还是近现代航海文明、工商业文明，所经历的文明形态与文明阶段此起彼伏、错综复杂。比较而言，当下的信息时代对人类社会的冲击和改变，无论广度、深度还是不确定性及其风险，都到了一个前所未有的临界状态。人类几千年延展演化下来的生存方式、生产方式、关系方式、心性状况、价值体系、人与自然的关系和人在世界中的位置等，几乎同时出现了重大动摇和改变。一个突出的历史吊诡呈现在世界面前：一方面是以几何等级加速飞奔的科技车轮，另一方面则是停滞不前甚至徘徊倒退的人性心智，以及分崩离析的思想偏执和价值背离——两个轮子的失衡致使世界和人类生活随时处于偏斜、失序的可能。特别是随着人工智能、基因技术、生物技术、信息与数字技术等的突飞猛进，随着万物感知、万物互联、万物智能时代的到来，人的附庸化、符号化、条码化特征越来越明显，而人的主体性、人文性和自由意志被快速剥夺。人类一边享用现代文明的丰裕飨宴，一边面临着根本性的生命戕害，这似乎不幸地昭示着人类文明的确面临着一种“绝对性毁灭的危险”。[1]

在此情势下，构建人类普惠新文明是文明危机状态下的必然选择和目标追求，消弭鸡对鸭讲的隔阂与喧闹，深入发掘构建人类普惠新文明的机理机制和逻辑工具，不仅有前所未有的现实紧迫性，也符合自轴心时代以来人类思想演化的内在逻辑要求。诚然，不同文明的相互通鉴是这项工作的基础，首先要以文明整体观对人类不同文明及文明要素进行一种贯通镜鉴，包括对人类文明的不同体系、阶段、形态和价值的贯通镜鉴；其次要以思维整合与科际贯通的方法论，突破思维方式与学科理论的边界，对人类不同文明形态的内涵与特质进行全方位、无界限的贯通比照；其三是求同存异的通鉴策略，充分尊重不同文明的差异化传统，寻找和建立不同文明之间的最大公约数；其四是集合不同文明要素的实现路径，以文化互化、文化采借、文化融合等方式，集合融会异质文明的优质要素；其五是明晰构建人类普惠新文明的通鉴目标，把构建一种适应现时代要求，全人类共通、共享、共惠的文明新体系作为文明通鉴的目标指向。[2]但仅仅如此还不够，还必须找到文明通鉴的机枢与钤键，厘清和发掘构建人类普惠新文明的机理机制与逻辑工具。在这里，不同文明体系下的思想通约至关重要。

二、思想通约是不同思想的价值契约

思想通约（Commensurability of Ideas）是不同思想的互通契约，是差异价值的缓冲机制和交流原则，也是借以文明通鉴走向人类普惠新文明的逻辑工具和必由路径。在世界万物的分离对立中，人的分离对立是最重要、最关键的分离对立，而人的分离对立尤以价值观念与思维方式的分离对立最具本质性。《周易·同人》谓言众人何以聚合，有曰："文明以健，中正而应，君子正也；唯君子为能通天下之志。"此处明喻人的文明演进当以不偏不倚、君子中正的德行方能合通天下；又曰："出门同人，又谁咎也？同人于宗，吝道也。"[3]此处是从反面论说同人的道理：如果耽于私党、执于私见，那就必然陷入灾害的偏斜。

现时代提出思想通约，有其显见的历史逻辑。雅斯贝尔斯对公元前800年至前200年间发生在东方的中国、印度，西方包括波斯、希伯来、希腊地区的思想和精神过程进行整理，认为这一"轴心时代"是"历史最为深刻的转折点，那时出现了我们今天依然与之生活的人们"。[4]老子、孔子、墨翟、庄子、佛陀、以赛亚、耶利米、荷马、巴门尼德、赫拉克利特、柏拉图、阿基米德等非凡人物所创立的思想和思想方式，虽然表现了"人之存在"的某些普遍性意识，但它们多发性的生成方式及其思想特质，分散地奠定了不同文明的精神基础，并塑造了不同文明的基因、模型、演变形态、思维方式。轴心时代不同思想体系界分的涌现，不是历史的偶然，而是世界差异化本质在无机界、有机世界和人类精神领域的普遍性实现。这是一次影响深远的思想界分，两千多年来，人类文明依其不同的基原脉络生长演绎，虽有根须交织和枝蔓交集，但分裂对立之势愈演愈烈，并在利益驱动、价值分离、地缘政治等的作用下，愈发显现出割裂、隔断、水火不容的危险态势。这是文明的空前危机，也是世界差异化统一的根本秩序遭受破坏的警示信号，其中深刻地嵌含着现时代人类建立思想通约的历史必然和逻辑要求。这一逻辑要求表明，再不拆除文明的藩篱、打破思想的铁桶、克服自以为是的顽疾和消解根深蒂固的私欲对立，人类文明有大概率走向偏斜毁坏的可能。

思想通约是通向人类普惠新文明的关键，其间不仅蕴涵了构建人类普惠新文明的机理机制，也蕴涵了构建人类普惠新文明的逻辑路径，蕴涵了差异化价值的缓冲机制与交流原则、差异化思想融通交汇的基本工具和方式路径等价值论、工具论、实践论层面的丰富内涵。

三、建构不同思想的通约机制

思想通约的关键有二：一是建构全人类不同思想体系之间融合互补的通约机制；二是建构适应信息时代要求的普适性思想逻辑工具。

关于人类不同思想体系的融合互补，笔者在《两界书》系列著作中把在人类精神发展史上发挥了重要影响力的思想大致概括为道、约、仁、法、空、异等六种观念，并试图发掘不同思想观念间的相通互补价值。[5]

道的观念表达了人类对宇宙万物的本体原理、根本规律和至上规则的追究。《道德经》将“道”与“大道”视作万物肇始和万物主宰：“有物混成，先天地生。寂兮寥兮，独立而不改，周行而不殆。可以为天下母，吾不知其名。字之曰道，强为之名曰大。”（25 章）“大道泛兮，其可左右。万物恃之而生……”（34 章）《周易・系辞》称“一阴一阳之谓道”。中国文化的“道”既强调“道”的至高无上和对万物的统纳意义，也强调“天道”与“人道”的融通，将自然原则与人伦道德融为一体，以此对人的现世行为进行制约规范。希腊哲学以“逻各司”（Logos）“理念”等概念表述世界万物的形上原则，赫拉克利特认为有一种隐秘的智慧充斥于世界，它是世间万物的变化尺度和内在准则，这就是“逻各司”；柏拉图的“理念”说实质上与“逻各司”相通，即被认为是宇宙万物中的理性秩序和必然规则；与此类通者还有柏罗丁的“太一说”，等等。犹太－基督教文化以上帝的言辞（Words）为“道”，这里的“道”喻指了一种浸蕴着神学性的普遍规则。

约的观念体现了人类对自身社会属性的认知、对人类精神与社会秩序的建构。希伯来圣经通过对古代贸易交换约则的宗教转化，创设了上帝与人之间的订约（Covenant of God），并以此推演出犹太－基督教的全部神学体系；美索不达米亚《汉谟拉比法典》中的“契约”[riksatum（阿卡德语）] 思想十分丰富，不仅形成了契约法，而且包含了国家之间、公民之间的各种契约，涉及盟约、贸易、婚姻等方面；印度、中国、波斯、伊斯兰等文化中的“约”“信约”的思想各具特点，既有贸易之约、部族之约，也有人神之约、道信之约，并以盟约、条约、律法、规范、制度、伦理、道德、乡俗、民约、信誉等形式，充斥于人们的精神生活和世俗生活之中。

仁的观念体现了规范人性、调适人际的道德要求，人类不同文明不约而同地彰显了以“仁爱”“仁慈”“善”等为内核的价值追求，并以此规范人性成长、调适人际关系。中国文化格外重视人的自身修为、人与他人的关系，在仁义礼智信所谓“五常”之中，仁具有统领意义，有谓“五常仁为首”,《论语·季氏》形象地讲“见善如不及，见不善如探汤”。西方的仁爱（benevolence）思想有其宗教内涵，如《圣经·新约》所谓“爱心”“慈善”（Charity），既指爱人之心，更指爱上帝之心（保罗书信等），但两者并不矛盾，而被认为是内在一致的，并把爱上帝和爱他人作为基督教的两条“最大的诫命”。两河流域、南亚等人类不同的文明区域，也都对“仁”“爱”“善”表现出共通性的道德追求，尽管各种思想的逻辑起点、内涵指向不尽相同，但基于人性的善恶界分、抑恶扬善的价值取向是一致的。

法的观念不仅指法理逻辑和社会秩序的律法形式，还指人类显性制度赖以建立和存续的理性精神、理性原则，指人类认知世界时以理性、逻辑、秩序为特点的思想方法。美索不达米亚乌尔第三王朝的《乌尔纳木法典》被认为是迄今发现的人类最早的成文法典，美索不达米亚法律文明不仅影响古代近东地区，还为古希腊罗马文明借鉴利用，并进而影响了后续西方法律文明的发展。希伯来法的特点是以上帝为主导，以神学为依托，在摩西律法的框架下，神学戒律、道德规范、世俗禁忌等内容相互嵌入、相互结合。古希腊法的思想与希腊哲学“正义观”“秩序论”密切关联，哲学家阿那克西曼德超越了世界本原的一般元素说，认为所有元素必然达到一种平衡的“正义”，这样世界才能得到存续；毕达哥拉斯学派认为宇宙是一个有内在秩序、内在规律的世界；早期思想家们用“科斯摩斯”（Kosmos，Cosmos）表示“秩序”，后来“科斯摩斯”多被用作表述“宇宙”“世界”之意，而人类社会显然也是世界和自然秩序的一部分。古埃及的习惯法、成文法以及印度的《摩奴法典》等，也以特定的方式呈现了法的理念与形制。中国古代法的思想十分丰富，春秋战国时期形成了以管仲、李悝、吴起、商鞅、慎到、申不害等为代表的刑名之学、法家学派，经战国末韩非的总结、综合（《韩非子》），形成了系统性的法律理论，“德”“礼”“刑”“治”等观念还与中国文化的核心观念仁、义、礼、信等相互兼容，形成了中国独特的法的思想特质。

空的观念源自佛学，与色空、轮回、因缘、顿悟等一系列思想密切相关，在佛学思想体系中表现最为集中，但作为对人与世界之关系、物我之关系等问题的认知，空观实质上包含了对个体与世界、有与无、得与失、现象与本体、生命价值、生命意识等基本问题的特定认知，其理念内涵、思想方式在儒释道及其他思想体系中均有相似、相通的表现。佛教认为万物皆有缘起，因缘所生，缘起性空，空是本体本质，色是现象虚妄，万物因缘而生，自会因缘而灭，“菩提本无树，明镜亦非台；本来无一物，何处惹尘埃？”[6] 但“空”并非“断灭”，也不是虚无消极，而是要人放下成见执著，故“空”的观念既是一种独特的世界观，也是一种人生观和修为方式。儒释道的“舍得观”在此方面颇多类通，佛教以舍为得，得即是舍，舍即是得；道家的舍含无为之意，得含有为之意；儒家强调舍恶以得仁，舍欲以得圣。两河文明和犹太－基督教文化（如《约伯记》）对物我关系、生命价值等问题亦有与中国老庄哲学、汉化佛学、禅宗学说相通、相似的认知取向和认知方式。

异的观念代表了人类对特殊世界的发现、对世界的特殊认知及其认知限度。在历史长河中，自然界和人类社会常常显现出“非逻辑”“逆惯例”的异类现象，表现出种种的不寻常（unusual）和变异（variation），这也从本质上标识了世界本原的不定性、无常性和神秘性。历史地看，“异”（包括现代科学认知中的所谓暗物质、暗能量）不仅是自然界和人类社会的“常”，也是自然和社会赖以存续发展的动力和能量，而神秘主义、不可知论、怀疑论以及形形色色的非正统的“他者”（the other）视角和思想认知等，不仅应对了世界存有的非常态、变异性、未定性，也弥补了人类既有的思维逻辑和理性意识的局限。《易经》关于易、化的思想，《庄子》有关吊诡之论，《山海经》《淮南子》《搜神记》《世说新语》《太平广记》《聊斋志异》等对“异”的表述，两河地区、埃及、希腊、希伯来、印度等文明关于神、怪、鬼、魔、巫、异象的各种演绎，以及佛教无常（anitya）的思想，均体现了“异”在不同文明中的特殊地位和特定认知。

从人类精神的历史维度和人类思想的世界景观来看，无论是价值内涵还是方法论，道观、约观、仁观、法观、空观、异观等不同思想体系既显示了内在的天然相通，也体现了演化的巨大差异，形成了一种同中有异、异中有通、通中互补的整体结构。这种整体结构蕴涵了不同文明间建构思想通约和通向人类普惠新文明的内在机理和运行机制，具体表现为：一是不同文明体系内对六观的交汇融通，即一种文明或以某种思想思维为特征，但并不否定其他形式的思想认知；二是不同文明体系间对六观的交汇融通，即不同文明体系以界分差异为前提，对六观不同的思想认知表现出排斥与融合并存、冲突与采借共用的内在要求和纠缠互补；三是六观之间的复通叠变，即在文明自身的思想演进与异质文明的思想演进之间，形成自变与互变的叠加互用、对反融合，并从整体上形成交错往复的合正取势——这种合正取势既是不同思想认知、思维方式的成长升华，也是构建人类思想通约和走向人类普惠新文明的根本理据。显然，思想通约不是思想同一，而是不同观念的互通兼容，不同思维方式、思想方法的相互补充，是形上价值的优化集合、人类智慧的融会共享，是人类多样化文明形态繁荣存续的调适机制，也是走向人类普惠新文明的基质条件。

四、发掘普适性的逻辑工具

同时，要真正实现有效的思想通约，还必须寻求和建构能够适应现时代要求的思想逻辑工具。现时代处于空前未有的临界状态——融合了人工智能、数字技术、生物技术、海量信息、信息膨胀、时空扭曲、人性异化，有序与无序并在，螺旋与偏斜并行，惯性与颠覆并存，既有的思想体系和思想工具不仅显现出捉襟见肘的认知局限，还常常体现出相互消解的分裂冲突。跳出思想陈规的桎梏与对立，站在周全远望的新高点，通过溯源与综合去发现和建构一种兼有本原性、基质性、时代性、普适性的思想工具，就有了非同寻常的紧迫性。

以儒释道为代表的中国古代哲学呈现了极其丰富的概念和范畴，深入发掘可以发现，中国古代哲学的核心概念和基本范畴无不建立在“界”的基原根本之上，并以“界”为初始的范畴工具，对世界万物加以界分与义界。“界”的本义是对空间范围、数量阈值的标识界定，蕴涵了多与少、大与小、有限与无限等涵义，在中国古代文化的思想演绎中，“界”延伸和生成为一种认知、判断世物的尺度，具有了逻辑认知的范畴意义和工具功能，从而成为儒释道诸家学说的思维基石和思想基础。《周易》以阳爻“—”与阴爻“--”为思想核心，被黑格尔称为“那些图形的意义是极抽象的范畴，是最纯粹的理智规定”[7]，这个“最纯粹的理智规定”即以界为分，生成阴与阳、乾与坤等相对范畴，由此演绎出易经的思想图谱;《道德经》以“道”为核心，有谓“道生一，一生二，二生三，三生万物”(42章)，而《周易·系辞》则称“一阴一阳之谓道”，“道”的思想显然建立在阴、阳界分的思维基础之上;《黄帝内经》以阴阳离合论为基础，演绎出虚实、表里、顺逆、邪正、左右、彼我、过与不及等思想概念和施治方法，很明显也是在“界”的思维基础上；东汉魏伯阳之《周易参同契》融汇易学、老学、儒学、阴阳五行及炼丹术，开篇“乾坤易之门户章第一”即言:“乾坤者，易之门户，众卦之父母。坎离匡郭，运毂正轴”，全书以阴阳乾坤之说为基轴，以刚柔、寒暑、魂魄、往来、清浊、邪正、雌雄、喜怒、有无等概念范畴的关系及其转换为核心，既突出事物界分之属性，还强调事物界分之“期度”“校度”“推度”“配位”“轨”“揆”等量度[8]，以此演绎天、地、人的相互关系与内在机理。与易老学说多关注天地自然形上属性不同，儒家思想则更多地关注人以及人与人的关系，“仁”的概念实则是一个有关“我”和“我”与“他”的问题，其本质也是“界”的问题，孔子曰“克己复礼为仁”，“己所不欲，勿施于人”(《论语·颜渊》)，孟子称“老吾老，以及人之老；幼吾幼，以及人之幼”(《孟子·梁惠王上》)，谈论的本质均是个人与他人相互关系的界分调适，仁、义、礼、智、信、忠、恕、孝、悌等概念的共同特点都是以人与人际的界分为思想基础建构的内在逻辑，其间隐含了儒家思想特有的哲学运思。黑格尔称，孔子“只是一个实际的世间智者，在他那里思辨的哲学是一点也没有的——只是一些善良的、老练的、道德的教训，从里面我们不能获得什么特殊的东西”。[9]这种说法显然是武断的，他对《周易·系辞》等通篇“子曰：乾坤，其易之门邪？”之类的哲学思辨毫不了解。

佛学思想对界的概念有更为充分的运用，所谓地狱法界、饿鬼法界、畜生法界、阿修罗法界、人法界、天法界、声闻法界、缘觉法界、菩萨法界、佛法界等“十法界”，以及生、住、异、灭四相说等，可以说全部都是建立在有与无、色与空、圣与凡、因与果、明与暗、常与无常等“界”的概念范畴之上，并以此为逻辑起点推演出佛学的宏大思想体系。《坛经》论及“蕴之与界，凡夫见二，智者了达其性无二，无二之性即是佛性”，“蕴”指色蕴、受蕴、想蕴、行蕴、识蕴之五蕴；“界”指十八界，亦作“十八持”，含六根、六境、六识（亦有六尘、六门、六识之说）[10]，此处以“蕴”的差别与“界”的不同来论及佛性可达的通融，以及佛性对差别的超越。惠能关于“二道相因，生中道义”的论说，也是建立在明与暗、因与缘之“界对”之上。

古希腊哲学的认知范畴和认知方式与中国儒释道哲学完全不同，但“界”在其认知逻辑中的关键作用是完全一致的。毕达哥拉斯学派以数为基点和万物结构的原则，以有限与无限、奇与偶、一与多、左与右、阴与阳、静与动、直与曲、明与暗、善与恶、正与斜等十个相互对辅的范畴为基质，建立和演绎对世界的认知体系[11]，其学说的建构也是建立在“界”的逻辑运思之上；欧几里得在《几何原本》第一卷之首就强调“界”对事物生成的关键意义：“界者，一物之始终”，并对点、线、面的基本生成属性作出义界：“点为线之界，线为面之界，面为体之界，体不可为界。”[12]“几何”的原文“geometria”在希腊语中意为丈量土地、衡量大小，“几何学”本质上就是关于大与小、多与少的“界”学。可以看出，希腊哲学的一个重要特点就是以尺度、界限为工具，运用点、线、面、体等数理概念建立起相关的逻辑体系，就像黑格尔所说：“希腊精神就是尺度、明晰、目的，就在于给予各种形形色色的材料以限制，就在于把不可度量者与无限华美丰富者化为规定性和个体性。”黑格尔对希腊哲学这一重要特征的概括是贴切的，但他同时妄评“东方无尺度的实体的力量，通过了希腊精神，才达到了有尺度有限度的阶段”[13]，显然也存在对东方哲学的不当认知。

希伯来－犹太思想及基督教传统是在自然与经验世界之上创设超自然的上帝及其神圣世界，以上帝为统纳，以约（Covenant）为媒介，设立了上帝与世界之间的创世（Creation）、上帝与人之间的天启（Revelation），以及在神主导下人与世界间的救赎（Redemption）等几种根本关系[14]，从而形成了一个形上与形下结合、经验与超验结合、基于现世又超越现世的神学思想体系。这一思想体系关于上帝与人之间“界”的设立与连接，蕴藏了犹太－基督教思想建构的关键奥秘，如果说“以色列存在的全部基础是建立在她同上帝的契约上”[15]，那么可以说契约的逻辑基础则是建立在“界”的思维基石上。

由上观之，儒、道、释、希腊、希伯来（含犹太－基督教）等东西方思想体系建构的思想起点、概念范畴、结构形态、价值指向等不尽相同，但在其思维认知的逻辑秩序里，无不以“界”为思想认知的逻辑起点和基本范畴，东西方不同思想体系在思想认知的逻辑底层呈现了根基性的相通。这里显示了一个基本的思想原理：“界”是思维认知与认知对象之间发生的第一个交点，是先于有与无、一与多、阴与阳、时与空、有限与无限等东西方哲学范畴的一种基本的“元范畴”，同时也就是最初始的逻辑工具。“范畴”作为哲学基本逻辑工具的本质在此得到直接揭示，因为范畴（category）的原意即为种类、等级，是对类与数的基本界分，没有类与数（质与量）的基本界分，哲学及其他一切科学就无法对世界加以认知，所以说是界开启了认知世界的第一步、关键一步。“界”的元范畴意义和基本逻辑工具作用，贯通于哲学认知的全过程，蕴涵了差异（difference）、界域（realm）、界限、限度（limit）、境界（state）、界别、领域（kingdom）、端点、极（extremity，extreme）、界对、他异、阴阳（bipolar，alterity，the ying and the yang）、分界、区分、界分（distinguish）、界定、界说、义界（define，definition）、边界（frontier，boundary）、界线（dividing line）、范围（range）、维度、方面、向度（dimension）、限定（restrict）、界尺、尺度、标准（ungraduated ruler，scale，standard）、界面（interface）、视界（visual field，horizon）、界隔、离间（separate，alienate）、关联、媒介（correlation，medium）、接界（border，interlinking）等诸多意义和功用，涵盖了属性与现象、观念与概念、结构与质量、关联与变化、方法与工具、尺度与范式等本体论、认识论、方法论、工具论等方面的全部范畴与内容。东西方不同思想体系在思想认知的逻辑起点、基本范畴、基本工具、认知原理等逻辑底层的根基性相通，是发现和建构新时代人类不同思想体系普适性思想工具的逻辑基石和逻辑理据，以此为基原基轴，就有了在吸纳融会不同文明形态、不同思想思维优质要素的基础上，构建人类共通共享的本原性、基质性、时代性、普适性思想工具的充分条件和机理路径，就有了实现思想通约的根本可能和希望。

五、两个融通至关重要

当然，具备了条件和路径、可能和希望，并不意味着普适工具的生成和思想通约的达成，还要通过对人类不同文明阶段的不同思维方式及其思想成果的综合优化、融通升华，才有可能真正构建起人类新时代具有超越性的思想工具和通约机制，才能实现从不同的逻辑维度对事物不同属性价值的交互认知，从而才有可能真正达成不同文明差异性、多样化相统一的价值契约。这里有两个方面的融通综合至关重要。

首先是人类不同思维方式的融通综合。在文明演进的大尺度下，不同时期大致形成了原始思维、宗教思维、哲学思维、科学思维以及艺术思维等几种主要的思维方式，不同的思维方式在不同历史序列中勃兴昌盛，与人类特定的生存条件、社会演进、思维演化等复杂因素密切相关。原始思维以人的自然本能和万物有灵的世界观念对宇宙万物作出天真、神秘、象征、综合性的感知，既在人与宇宙的界分之间建立起直接本真的联系，也建立了人对自然的内在敬畏。宗教思维则在自然与经验世界的对面构建一个系统性的超自然的超验世界，以神、上帝、先知等宗教概念及其演绎为媒介，不仅联通宇宙自然和人的经验世界，而且对宇宙自然和经验世界的本质属性、终极意义加以神学义界；宗教思维对形上世界和形下世界、超验世界和经验世界的贯通认知表现出认知宇宙万物的整体观和完整的逻辑自洽，因而在众多卓有成就的哲学家、科学家那里，神学思维深刻地嵌入思想和理论底层。哲学思维与科学思维以理性逻辑认知世界，哲学思维更注重通过有与无、存在与非存在、阴与阳、时与空、名与实、一与多、有限与无限、质与量、变与不变、善与恶、必然与偶然、现象与本质、同一与差异、原因与结果、物质与精神、自由与必然等对辅范畴来推演思辨宇宙自然和人的属性、关系、终极等问题，体现出认知的思辨性、理论性和整体性；科学思维则更多地以分科分类的形式，通过观测、实验、假设、推理、验证、计算等方式，对自然万物和人的本体、属性、结构、存在状态等进行过程性的证明与证伪，体现出认知的逻辑性、阶段性、局域性等特征。艺术思维则明显地潜含了一定的综合认知特征——包括对神秘感悟、形象表达、宗教理解和理性认知等的综合，体现出形象性、模糊性、多解性的特征和意义。原始思维、宗教思维、哲学思维、科学思维和艺术思维等不同的思维方式贯通于不同文明的思想认知之中，既有历时性迭兴的时序特征，又有共时性的并存与相互间的交叉复合。一个值得重视的现象与问题是，伴随着异质文明体系及其思想方式与价值指向的分化与隔绝，即使在同一文明体系内或在其不同的文明阶段内，也会出现不同思维方式间的对立隔绝，从而造成不同思维方式在异质文明间与同质文明内叠加（superposition）分裂的复杂状态，这种叠加分裂既有其存在的历史必然性，又同时消耗和破坏了人类的认知效能。人类不同的思想方式从根本上讲是对应和适应了世界的差异化本质，这也表明了人类差异化认知的恒定与必然，而消解人类不同思维方式的叠加分裂，化用和建构起一个差异互补、圆融协同、自觉自洽的超越性认知机制，是走向思想通约、推动人类文明正向螺旋的一个关键。

其次是人类既有科学认知和学科体系的融通综合。近代以来，科学认知的细化和学科体系的创设极大地促进了人类认知水平的提升，无论对宇宙自然还是对人类自身，从宏观世界到微观粒子，从物理世界到心理意识，科学认知的层级与深度都是史无前例的。但无论从世界的整体性发展还是从逻辑认知的方法论角度言，学科的细分同时又带来了限制，它不仅限制人类对世界属性的整体认知，甚至破坏人类对世界本质的根本判断。专业人士被铸制成单一化的学科工具，以致常常只知其一不知其二，只知其为不知其何所为、所以为，盲人摸象成为这个时代的一种学科性认知特征。无论是数学、物理、化学、生物学、天文学，还是历史、神话、宗教、哲学、文学、人类学等，作为人类认知世界的特定工具和符号系统，其历史价值、未来作用都毋容置疑，但在应对文明最新进程，特别是在处理海量信息、信息聚集与信息骤变上，任一学科的单打独斗都显得失效失能。对科学认知和学科体系的融通综合不仅有了空前的紧迫性，且有深刻的逻辑必然性，亚里士多德曾把哲学分成“第一哲学”和“次于‘第一哲学’的哲学”，认为研究“有”的本身及其秉性的学问为“第一哲学”，其他各种科学是“割取”了“有”的一部分研究其属性：“有多少类实体，哲学就有多少个部分，所以在这些部分中间，必需有一个‘第一哲学’和次于‘第一哲学’的哲学。因为‘有’直接分为许多个‘种’。……数学也有各个部分，在数学的范围内，有一个‘第一数学’和‘第二数学’，以及一些其他相继的部门。”[16] 亚里士多德对哲学与科学的层级之分，揭示了以“有”为本、“有”下有“种”、“种”下有“属”的逻辑序列，也揭示了世界万物的内在统一和整一逻辑。无论是哲学、数学还是物理学、化学、生物学、医学、法学、政治学、经济学、管理学、传播学、外交学等其他科学，其本质都是对事物之性与数、质与量的义界区分，只不过采用了特定学科不同的认知方式、概念范畴和路径体系。面对海量信息能量多维度的聚集、叠加、骤变，打破既有学科的认知界限，构建具有融通性、超越性的新认知工具和新认知机制，是人类获取对新世界属性的整体认知和本质判断的必然要求。

量子理论（Quantum theory）从描述微观世界的量子力学发展为适用和应用广泛的量子科学——量子信息、量子通讯、量子测量、量子计算、量子控制、量子生物等，体现了量子论所蕴涵的基质性特征——量子论的原理性和工具性。量子论对微观粒子属性及其能量运动规律的揭示，突破了经典物理学对宏观物体及运动规律的揭示，特别在揭示和掌握不同于一般宏观物体的非连续、不确定、相关性等属性规律方面，量子论提出的量子纠缠、波粒二象性、态叠加原理等的意义已超越了对微观世界的描述，更具有普遍性的原理参照意义，比如平行宇宙论学说的提出；量子论的工具性体现在它从世界的微观根基出发，以量子为最小的能量单位，以物体的基本动力属性（位置、动能、动量）为参数系统，通过对数据、信息、域值、界限等的关联性认知，实现对世界运动之能量、概率、不确定性、非定域、纠缠联结、态叠变等属性规律的推演界说，这种界说贯通了微观与宏观、物质与非物质，呈显了不拘大小、不限定域的尺度工具意义。量子（quantum）一词源自拉丁语“quantus”，原意为“有多少”，代表“相当数量的某物质”，其语义底层就蕴涵了标尺、衡量等认识论的工具意义和价值。中文将“quantum”译为“量子”，与将“geometria”（希腊文有丈量土地、衡量大小之意）译为“几何”，有异曲同工之妙。量子理论的原理性和工具性表明，量子理论并不局限于物理学的学科范畴，而是一种超越了学科界限的、跨界融通的理论，并成为一种思考世界、认知世界的方法。量子论与哲学、数学、逻辑学甚至心理学等的内在相关性业已引起重视，虽然建构完善的有关宇宙自然的量子世界观和量子哲学的道路还很漫长，但量子论的原理性、工具性对构建人类普适性的思想工具不无重要启发意义。当然，关于量子理论的思想认知也并非完全是现代以来的新造，薛定谔甚至认为可以将此追溯到留基伯和德谟克利特的原子论，“他们发明了第一个不连续体——嵌在虚空中的孤立原子”。[17] 这也佐证了我们提倡回到思维根基、思想底层去寻找和发现普适性逻辑工具的必要和重要。

莱布尼茨在提出关于万物皆存差异的相异律时，据说宫廷的卫士和宫女们纷纷走入御园，试图寻找两片完全相同的树叶去推翻他，结果只能是徒劳的。只要差异性（differences）是贯通自然和人事的世界本质属性，是世界以物质和超物质形态存在的前提和方式，那么在理性原理的认知框架下，差异的界限与联结就永远是一个根本性、终极性的问题。因此，只有立足世界的差异化根基和本质，从“界”的认知原点、逻辑起点出发，融通人类既有的认知思维和既有的学科体系，吸纳人类共同的思想智慧，大幅度去枝除蔓，大尺度去繁就简，避免认知媒介和认知序列的扭曲变形，以根基性、开放性、融通性和逻辑自洽为要求，构建开放统一的基质性逻辑体系和通用性逻辑工具，形成一种思维共同体，才有可能形成通约性的价值系统及其度量标尺，才有可能将人类不同文明的思想成果和价值追求融通为差异化统一的生命共同体。

在这个信息加速膨胀、万物互联而又日趋分裂、文明演进而又扭曲偏斜的时代，在人类文明演化到信息时代这个空前的临界节点时，对轴心时代以来的思想体系、认知体系和逻辑工具发动一次根本的反思和整体的变革，既有时代的迫切性，也有充分的思想理据。人类的生理进化是有限的，而精神进化可以持续——虽然极其艰难，或许人类的认知尺度永远不及自然宇宙边缘，但当下“人类需要一场精神进化”[18]，需要一个与“同一个人类的历史”[19]相匹配的思维共同体和思想区块链，需要一个圆融、会通、循环、开放的认知模型和工具尺度，当然，要达致这个目标，尺度与价值的统一就显得格外重要。因而，这里的工具尺度就不是简单的纯工具，而是工具与价值的统一，用黑格尔的话讲，“尺度是一种关系，但不是一般的关系，而是质与量相互规定的关系”，“尺度是质与量的直接统一”[20]，这个统一的指向显然应该是也只能是人类普惠新文明——人类不同价值缓冲并存、共融谐调、共享普惠的新文明。

六、指向人类普惠新文明

普惠文明是在尊重文明差异的前提下，以文明通鉴与思想通约为路径，消融异质文明间的精神藩篱和价值抵牾，寻求人类最大文明公约数，构建的全人类共通共享共惠新文明，这也是人类共同命运前行的根本指向。指向普惠新文明是人类文明演进的重大变革和重要取向——不仅是认知体系、逻辑工具的通用普适，更是秩序原则、价值追求的通约共享，是从多发性分裂的自惠文明走向差异性融通的普惠新文明的转向和重构。

普惠文明的认知前提是世界的差异化本质。东西方哲学从世界本原和哲学根基上对世界的差异化做过极简化的界说，毕达哥拉斯学派认为“万物的本原是一。从一产生出二，二是从属于一的不定的质料，一则是原因。从完满的一与不定的二中产生出各种数目”[21]，这是从数的角度解说世界从本原的“一”到变化的“二”，再到多样化的“各种数目”的逻辑序列；希腊哲学还试图从水（Water）、火（Fire）、气（Air）、土（Earth）的“四根说”概括世界构成的多样化原理。中国古代哲学则试图用金、木、水、火、土的“五行说”来解释世界从一到多的构成逻辑。笔者曾在《两界书》系列著作中表达了万物以界为本的“界本论”思想，揭示没有界分和差异就没有世界万物，界分和差异既是世界存在的根本理据，也是世界前行的动力、万物协和的基质。

《周易·乾》有谓：“《彖》曰：大哉乾元，万物资始，乃统天。云行雨施，品物流形；大明终始，六位时成；时乘六龙以御天。乾道变化，各正性命；保合大和，乃利贞。首出庶物，万国咸宁。”[22]这里从万物资始的乾元一统出发，论及经由云行雨施、品物流形的过程，以及乾道变化、各正性命的化分合正，最终只有“保合大和”“万国咸宁”才是万物应有的价值指向；《道德经》特别强调“一”的意义：“昔之得一者，天得一以清，地得一以宁，神得一以灵，谷得一以盈，万物得一以生，侯王得一以为天下贞”（39章），也是表达了对统一的价值肯定。毕达哥拉斯、亚里士多德等古希腊哲学家对“一”的命意（属性与意义）均有重要论述，到了新柏拉图主义的代表柏罗丁（Plotinos，普罗提诺），则以衔接古代且具现代性的思想表述了“统一”对万物存在的本质意义：“一切存在的东西，包括第一性的存在，以及以任何方式被说成存在的任何东西，其所以存在，都是靠它的统一。”[23]柏罗丁的统一论依托但并未局限于他的上帝观及其太一说，而是有明显的世俗普遍意义：“绝对的统一支持着事物，使事物不彼此分离；它是统一万物的坚固纽带，它渗透一切有分离成对立物的危险的事物，把它们结合起来，化成一体；我们把这个绝对的统一称为太一，称之为善。”[24]柏罗丁强调这个绝对统一的本质意义在于以坚固的纽带把“分离对立”结合起来，并把这种“统一”归同为“善”。黑格尔认为苏格拉底在他的意识中发展了一项积极的东西——“善”，“善的发现是文化上的一个阶段，善本身就是目的。”[25]而亚里士多德则从事物“四因说”的逻辑出发讨论“善”，把“善”作为本因、物因、动因之后的极因[26]。把“统一”与“善”作为世界万物的目的归宿，既显示了自然与人事双重目的的内在统一，也昭示了世界万物的终极价值，在此方面，东西方思想是完全相通的。这不仅是构建人类普惠新文明的根本理据，也是文明演进的根本目的和要求。

有西方学者把目的论称为“由未来所作出的决定”[27]。如何把哲学理据与未来目的转换成现实与成效，如何在统一与分裂、向善与向恶的纠缠中保持正向螺旋，是对人类的巨大考验。马王堆汉墓出土帛书所谓“抱道执度，天下可一”[28]，蕴涵了对世界奥秘的东方智慧，对人类普惠新文明的建构或许不无启示。

七、关于《文明通鉴丛书》

《文明通鉴丛书》由深圳大学饶宗颐文化研究院主持编纂，旨在以文明整体观，通过对不同文明体系、文明形态和文明要素的比较通鉴，找寻人类文明的融通之道，集合人类文明的优质要素，以人类的共同智慧来回应人类文明进程中的共同挑战。《丛书》分辑出版，第一辑收录深圳大学饶宗颐文化研究院名誉院长、已故国学大师饶宗颐教授《中外文化钩沉》，饶宗颐文化研究院学术顾问、法兰西学士院院士、著名汉学家汪德迈教授《中国文化探微》，饶宗颐文化研究院特聘教授、著名哲学家成中英教授《中西哲学论》，著名法国哲学家高宣扬教授《法德哲学交流史》，饶宗颐文化研究院创院院长刘洪一教授《犹太文化要义》（修订本）著作五种。

2021 年 5 月 22 日　深圳湾

（本序主要内容以《构建人类普惠新文明：机理机制与逻辑工具》为题，曾刊于《中国比较文学》2021 年第二期）

注　释

［1］［4］［19］雅斯贝尔斯《论历史的起源与目标》，李雪涛译，华东师范大学出版社，2018 年，第 238、8、223 页。

［2］在国际比较文学学会执委会会议暨国际比较文学高峰论坛（深圳，2019）、国际比较文学学会第 22 届大会（The XXII Congress of the ICLA）（澳门，2019）的两个主旨演讲中，我初步提出人类普惠新文明的相关观点。

［3］［22］陈鼓应、赵建伟注译《周易今注今译》，商务印书馆，2016 年，第 137—138、6 页。

［5］士尔《两界书》，商务印书馆，北京，2017 年；竑一《两界智慧书》，商务印书馆，2018 年；士尔《两界书》，竑一《两界智慧书》，中华书局，香港，2019 年。

［6］［10］尚荣译注《坛经》，中华书局，2013 年，第 23、34、189 页。

［7］［9］［13］黑格尔《哲学史讲演录》第一卷，贺麟、王太庆译，商务印书馆，2009 年，第 131、130、177—178 页。

［8］刘国梁注译《新译周易参同契》，三民书局，台北，1999 年，第 2、116 页。

［11］［26］亚里士多德《形而上学》，吴寿彭译，商务印书馆，2009 年，第 15、7—8 页。

［12］欧几里得《几何原本》，利玛窦口译，徐光启笔受，中华书局，1985 年，第 6 页；利玛窦述，徐光启译，王红霞点校，上海古籍出版社，2011 年，第 26 页。

［14］Rosenblatt, Jason P. and Sitterson, Jr. Joseph C. ed., *"Not in Heaven": Coherence and Complexity in Biblical narrative*, Blooming and Indianapolis：India University Press, 1991, pp.129–153。

［15］E.C.B.Maclaurin, *The Hebrew Theocracy in the Tenth to sixth Centuries B.C.* Angus & Robertson Ltd., 1959, p.26.

［16］北京大学哲学系外国哲学史教研室编译《古希腊罗马哲学》，商务印书馆 1961 年，第 234、237 页。

［17］埃尔温·薛定谔《自然与希腊人 科学与人文主义》，张卜天译，商务印书馆，2015 年，125 页。

［18］John Huddleston, *The Earth Is But One Country*, Baha'I Publishing Trust, 2013, p.36.

［20］黑格尔《逻辑学》上卷，杨一之译，商务印书馆，2009 年，第 67、

358 页。

［21］北京大学哲学系外国哲学史教研室编译《西方哲学原著选读》上卷，商务印书馆，1981 年，第 20 页。

［23］柏罗丁《九章集》VI. 9,1，引自北京大学哲学系外国哲学史教研室编译《西方哲学原著选读》上卷，商务印书馆，1983 年，第 210—211 页。

［24］黑格尔《哲学史演讲录》第三卷，贺麟、王太庆译，商务印书馆，2009 年，第 206 页。

［25］黑格尔《哲学史讲演录》第二卷，贺麟、王太庆译，商务印书馆，2009 年，第 65 页。

［27］H. 赖欣巴哈《科学哲学的兴起》，伯尼译，商务印书馆，2009 年，第 165 页。

［28］《黄帝四经 · 道原》，引自陈鼓应注译《黄帝四经今注今译》，商务印书馆，2016 年，第 409 页。

自　序

非常感谢老朋友深圳大学书记刘洪一教授，亲自策划、操办出版我历年来的部分学术成果，其中主要是最近几十年于中国和法国各高校及学术研究机构的学术演讲，让我有机会总结自己的研究经历。作为始终不渝深爱中国文化的法国学者，有这样一位中国的学术知音，我非常荣幸，也深为感动！还要感谢我的朋友法国阿尔多瓦大学李晓红教授和福建师范大学欧明俊教授，他们花费许多时间和精力重新寻找到这些演讲稿——这本身就是一件很不容易的事，并精心编辑、核对、校订、注释，使其以新面目系统呈现于读者面前。这些文章好似“里程碑”（仅取字面义），记录我的学术道路，标志着我多年来走过的中国文化研究路程。

我是一个痴迷于中国文化和学术的法国学者，在探索路程中，我观察和思索着，中国文化与西方文化，尤其与法国文化最大的差异之处是什么？我着重进行两方面探讨：就思想表述而言，表意文字代表中国的思辨思维，而按字母顺序的书写方式则代表传统希腊—拉丁表音的思辨思维；在社会实践层面上，儒家礼仪代替罗马法所继承的以“权理”为准则的法治制度。我重点研究以下两个观点：第一，从理论上论证中国表意思想起源、发展和引申出来的文学成果，关注文字作为书写工具的功能。语言学家往往低估文字作为书写工具的功能，只对口语特有的交际功能感兴趣，而低估书写作为工具改变思维的功能；第二，研究以礼治为社会模式的执政方式，即礼仪机制如何从理论和意识形态上影响政府职能机构。欧洲人尚未足够重视这种理论的有效性，往往简单理解、低估甚至鄙视中国礼仪或其他伦理规则对社会的影响力，他们把“礼仪”概念简化理解为简单的“礼节”。

我特别强调中国表意文字的占卜起源（这是我自己的理论），我的理论基于以下事实。第一，中国的占卜系统虽然源于神秘思想，但已逐渐被理性化，转变成一套近似于科学的系统，我称之为“准科学”（quasi-science），并形成自己的语言——图形文字，具有思辨功能的甲骨文逐渐演变为普通文言。这种图形语言，起初纯粹是政府上层行政部门占卜官员（贞人）使用，他们本身就是国家的文士，在商朝被称为“史官”。孔子根据鲁国史官编写的《鲁春秋》修改周王室及各诸侯国史官记载，编成《春秋》一书，是中国现存最早的编年史。在这里，我特别重申、阐明孔子的重要作用，即推翻文言的国家垄断，在这场影响深远的“文化革命”中创新中国文学。我认为这是中国历史上第一次“文化革命”，第二次“文化革命”是唐朝时期出现的变文。佛教和尚发明变文，开始用文字的“字”表示口语，记录白话，不再用文言[①]。第二，我重构中华帝国历史。这是一个由儒家精神建构的礼仪机制与法治、法律制度并行的政体，它有儒家礼仪，也有法家刑罚，好似两条腿行走：一是地主阶层基石政治（agrocratie），一是文人阶层基石政治（littérocratie）。这个国家遵循的道路完全不同于欧洲政权的发展进程。

因此，我很期待，已经以空前经济发展势头屹立于世界之林的中国，将重新找回自己的历史文化基因，走上进入未来的新道路。

---

① 先生多次谈到“变文”，认为唐代和尚用文字的“字”表示口语，引用梵文来写白话文，是中国“第二次文化革新运动”。2021 年 7 月 19 日访谈，先生说：“关于变文，中国文字从唐朝开始就已经改革了。唐朝和尚用文字的‘字’表示口语，不再用文言，用的是白话。为什么呢？因为他们要给百姓传播佛教，用口头的‘话’来写口语。他们是最早知道表音文字的中国人，引用的是从印度来的文字——梵文，用梵文的方法来写中文的白话。变文不仅是受佛教影响，而且还是佛教徒创造的。”

与西方文化基础的神学相比较之中国的占卜学

中国文化在它古老的历史年代里最闪光的时代特征是什么？是当时出现的一种极端复杂的通过占卜仪式进行的实践活动：即用龟卜方式占卜。这一复杂技术活动中值得注意的观点是什么呢？

1. 选择龟甲（把龟甲当作宇宙的微缩模型）作为占卜媒介。

2. 占卜者要对龟甲进行锯、刮、错、磨等一系列精心的加工、整治和清洗。

3. 占卜裂痕（兆纹）的预处理是钻或凿龟甲，继而灼龟见兆。这一点令人感到不可思议。

我们这里所谈的占卜实践形式是世界上任何其他文化都没有的。例如，占羊肝（hépatoscopie）方式曾广泛流传于古老的美索不达米亚地区，手法很高明，但是远比龟卜粗糙。因此，史前中国可以说达到准科学（或类科学）高度，我称它为占卜学（manticologie）。

让我们再来看“钻”和“凿”。它们说明的究竟是什么道理？这里有审美因素，更有古人在实践中用“卜”的标准。不同组合的钻凿处“井然有序，如棋布星罗”[①]，使占卜缝隙（坼）规范化、标准化，形成“卜”的形式。此后，占卜者们将这些“卜”兆基本形式“坼”压缩或归并成 6 到 7 种有变化但很精确的类型，如：

① 董作宾：《商代龟卜之推测》，见刘梦溪主编《中国现代学术经典：董作宾选》，石家庄：河北教育出版社，1996 年，第 471 页。

然后结合这些变化中的每一种细微变化来推断是好、不太好或是坏（大吉 / 小吉，大咎 / 小咎）[①]，去进行占卜，并据此提出或寻找一种准科学性的预测，哪怕这种理性是建立在一种荒谬的、脱离常规的，某种程度上甚至近乎魔幻的基础上。

正是这种类型学从龟卜中派生出了占筮。[②] 当时的占卜者会非常自然地根据占卜中出现的裂缝，找出经常出现的规范化的“卜”兆现象，进行数字式的抽签，这样的程序远比灼龟来得容易。我想，占卜者就是这样用前置的数字卦（hexagrammes numériques）中的 1、5、6、7、8、9 来组合早期“卦”的结构，并对这些符号进行分类、编号，使之规范化。占卜者继续发展《易经》式的占卜，通过龟卜引发出占卜过程中的各种变化。他们把某些不一致的数字，例如基础数字 6、7、8、9 标准化，同时将这些基数带到规则互为相反的偶数阴爻（– –，表示 8/6）和奇数阳爻（—，表示 7/9）里去，使这两个标准颇为相似的系列从粗糙的骨占法（ostéomancie）提高到高水平的龟占术，最终形成《易经》系统。

中国表意文字系统的发明，嫁接于这一表征中国古代文化特性的、从原始卜筮到知性占卜学的演变过程之中。这个系统与苏美尔和埃及的表意文字系统完全不同。苏美尔人和埃及的象形文字代表一种口语语言的文字书写系统，而中国的语言系统从最初开始就不是语言性的书写体系，而是一种源于占卜数据的准科学的符号性质的学问体系，属于表意书写系统。我的论点是，这个发明是在如下情况下形成的，即当占卜家们非常注意地观看裂纹（卜兆）时，开始不仅仅把作为“兆”的裂纹当“卜”文来看，而是在读“卜”文时，把意味着“占”的符号当作“词”来读。从那时起，人们的创造就可从“卜”文上的一个图形符号去推断其他类似的图形符号，以此记录占卜数据，继而发明中国汉字。这种方法使我们看到，与流行观点相反的是人们最初创造的图形文字并不是“牛”“羊”或“月亮”等图画文字，而是一些占卜学中常用的词——如“贞”和“占”，或标明时间的词，如六十进位日历中的“甲、乙、丙……子、丑……”等模仿型“卜”

① 据《史记・龟策列传》，此“首俯”横纹向下，意指小咎。见［汉］司马迁撰，［宋］裴骃集解，［唐］司马贞索隐，［唐］张守节正义《史记》（第十册），北京：中华书局，2014 年，第 3944—3946 页。

② 我不同意某些专家们认为“占筮”早于龟卜并独立存在的观点。我的中国占卜学的相关理论发表于《中国思想的两种理性：占卜与表意》一书中。

文，是非象形的抽象文字。

殷朝时，甲骨文所表意义，并不是原先的口语词义，而是用占卜学思维按照所谓“六书”原则重新组合的词义结构。六书理论虽然是汉朝人总结出来的，但其原则在甲骨文中早已落实。甲骨文字汇、节段都与口语句子大不相同。

表意文字系统范围逐步被占卜者和史官扩大（当时卜官本人就是史官），已超出最初占卜职能，而越来越多地见于其他非占卜工作。例如变为青铜器上记录礼仪的铭文，或对天子、诸侯所作所为的记录，乃至各类行政文件。这个系统演变为图形语言——文言。这种文言仍然与口语有很大不同，它们隶属于同一个说话系统，但职能分别为书写和说话。

直至孔子时期，文言仍为占卜者（史官）所垄断。孔子坚信自己受上天委托以恢复周朝机构，他承担国家档案修改工作，倾毕生精力整理“五经”，在行政管理领域外为中国文化开辟出通往正确方向的文学之路，开拓个人著书路径。最早走这条道路的作者为诸子百家。在接下来三个世纪中，他们的作品彻底改变了当时中国的文化面貌。他们的书面写作语言仍是文言文，他们富有成效的工作是从最重要的作品《易经》开始继续完成“五经”。正如杨庆中所言：“《周易》被列为‘五经’之首，此后的两千余年间（清末之前）儒学独尊，儒家经典始终处于学术核心的位置，而易学更是核心的核心。”[①]

西方文化发展道路截然不同。首先，它所运用的书写系统是表音文字系统。该系统不是自己的发明，而是从古代近东借来的，之后在借用这种书写系统建立文学基础的优势上融以自身文化并承继口头文学，抄袭、编撰了神话故事《伊利亚特》（*L'Iliade*）和《奥德赛》（*L'Odyssée*）。在这些故事里，自然现象或生活中发生的事件被描绘为人或神的行为，这些人、神形象在天界里互动、漂移。我们西方人的思想与中国人的思想不同，比如中国人的阴阳、五行学说等，是由占卜学理论来推测的，柏拉图是用漫画形式改变神的真正本质而创立了“神学”，把上天的神“物理性”地变成造物主。亚里士多德之后又发展了这个被称之为“论非物质的实体之形而上学”的理论。随后，犹太教和基督教采用了亚里士多德所谓西方“形而上”理论，即一方面有“形而上”（méta-connaissance，来认识人类世界

① 杨庆中：《周易经传研究》，北京：商务印书馆，2005 年，第 46 页。

的规则），另一方面有“物理而上”（au-dessus de la physique，不注重形式，而注重本体）的理论，以加强自己一神教的合理性和教条性。[①] 任何西方哲学和科学都是基于这一类型的神学理论，直到尼采宣告“上帝之死”以及海德格尔宣布“形而上的终结”为止。

西方神学世界观的两个明显特点是：（1）神学的世界是一种创造，有开始，也有结束，而中国占卜学中的宇宙是不断变化的，正如“万物”无始亦无终；（2）人类神学史，就是一部戏剧（或悲剧），历史的戏剧化是通过原始神话思想的回声来表达的，是一部由“原始堕落”引发的剧，人们所得出的结论就是人类“赎罪”的结论。在中国占卜学思想（la pensée chinoise manticologique）中，历史可以不被解释为一个悲剧，而是作为五行相生相克之循环的继续。

即便在上帝死亡和“形而上”学结束之后，这些特征仍代表着西方精神。创造的观念已经变成当代科学宇宙观的“大爆炸”（指好像“big-bang”的声音），人类救赎的概念已经成为马克思主义历史主义中无产阶级革命解放的概念。[②]

---

① 汪德迈先生原注：trans-cosmos，即西方的“形而上”之意。cosmos 指宇宙，是物理学概念，空间概念。按：“形而上”（trans-cosmos）字面含义即“宇宙而上”。先生说：“trans-cosmos 是我创造的名词，是为了注释西方所谓‘形而上’（métaphysique 或 méta-connaissance，来认识人类世界的规则）的概念。”“很遗憾‘形而上’被选为西方‘métaphysique’概念的译词，导致巨大混淆，‘métaphysique’应翻译成‘物而上’。”参见汪德迈《中国思想的两种理性——占卜与表意》，金丝燕译，北京：北京大学出版社，2017 年，第 74 页。最近访谈时，先生对“形而上”“物而上”和“物理而上”又有新的解释：“本文里法文单词 métaphysique，即‘物理而上’之意，是与西方‘形而上’（trans-cosmos）理论相对应的概念。métaphysique 一词也不能译为‘物而上’，应译为‘物理而上’（au-dessus de physique）。”

② 本文为汪德迈先生 2011 年 12 月在泉州参加由华侨大学和香港大学饶宗颐学术馆联合主办的“饶宗颐与华学国际学术研讨会”上的演讲，李晓红译。

中国特有的相对应性思维理论之起源：龟卜术

中国传统思想和西方传统思想最重要的区别是，中国思想家优先使用相对应性思维理论体系即相互关联的理论原理（该词来源于法文corrélavité），而西方思想家优先使用因果性逻辑思维理论体系。西方汉学家中最优秀者，如葛兰言（Marcel Granet，1884—1940）、葛瑞汉（Angus Charles Graham，1919—1991）、李约瑟（Joseph Needham，1900—1995），都曾指出这两种思维理论体系的主要差别。那么，相对应性思维理论是什么呢？与以原因和结果相联系来解释事物的因果性逻辑不同，它以因事物之间有共同结构而相互感应的道理来解释事物规律。比方说，凹面镜的聚光原理是为了让东西燃烧，《淮南子·天文训》曰："天道曰圆……圆者主明……明者吐气者也，是故火曰外景……故阳燧见日则燃而为火。"[①]中国思想家强调事物的形，即聚光燃烧时的"圆"形，而西方思想家则强调因凹面镜聚光所产生出"火"的结果，即因果关系（causalité）。

上面提到的这两种思想理论体系的差别，起源于中国和西方文化不同的理论基础：西方文化以神学为基础，中国传统文化以占卜学为基础。西方神学关系到上帝之命令的概念，神学学说是因果性逻辑理论原型。至于占卜学（我称之为准科学），它起源于龟卜技术，这一技术始于中国原始时期的巫觋宗教萨满教。萨满教并不信仰至高无上的上帝，而是崇拜超自然的神灵。本来只有巫觋通过通灵术才能进入超自然境界，后来巫觋变为占卜专家，即史官，龟卜术替代通灵术。龟卜术使不可见的超自然神灵力量在龟甲上体现为"卜"形的坼裂（后演变成《易经》的卦），占卜的史官以灼龟之坼裂纹（后用《易》卦）判断兆象，定吉凶。因此，中国古代

① 何宁：《淮南子集释》，北京：中华书局，1998年，第169—172页。

先民们认为占卜标识所体现的可见兆象（也就是“卜”的各种坼裂形象）具有一种超自然力量（surnature），这是占卜学的关键概念，亦即超自然的灵性动力（例如阴阳五行）与自然（nature）中万物的相互感应而形成的相对应性思维理论体系。

《易经·系辞》说：“在天成像，在地成形，变化见矣。”[①] 按照相对应性道理，变化是在天（自然而上）的灵性力量与在地（自然而下）的感应相交会而发生的。在天之“象”通过灼龟显于兆象，在地之“形”通过“器”（即相对的事物）来诠释事物变化。因此，用占卜学考察天“象”（其占卜性标识符号）结构，才能知道地与它对应的含有同样（或类似）结构的“器”（相对的事物）的变化。所以相对应性思维理论是一种构造主义的思维理论。比方说，它思索与八卦结构的“象”相对应的事物，因而系统化地呈现含有数字“八”的相关概念，如八个自然现象：雷、风、火、地、泽、天、水、山；八个方位：东、东南、南、西南、西、西北、北、东北；八种动物（含超自然动物，如“龙”）：龙、鸡、雉、牛、马、羊、豕、狗；八种家族关系：长男、长女、中女、母、少女、父、中男、少男，等等。它亦有与因五行构造而生的“象”相对应的概念，这个系统均含有与数字“五”相关联的东西，如五脏：肝、心、脾、肺、肾；五方：东、南、中、西、北；五谷：麦、菽、稷、麻、黍；五色：青、赤、黄、白、黑；五味：酸、苦、甘、辛、咸，等等。这类构造主义的相对应性思维探索系统为中国思想家所偏爱，因而被大量地构思出来。最古老的例子就是干支历法系统，下面将对它加以讨论。

中国传统历法在测量时间时，在月与日中间用代表三分之一月的“旬”，而不用代表四分之一月的“星期”。站在原始角度上思考，这很可能是因为旬日数等于两手手指数目的总和，而要算时间，很自然会通过掰手指来计算。因为需要理论化十日的旬的体系，中国古人才想象出了帝俊与妻子羲和生十日，与妻子常羲生十二月的神话。此后，当时的思想家，即占卜的卜官，将天上只有一个太阳的情况考虑进去，发明了用月、日等时间单位计算时间的历法。这是如何发明的？他们观察到的天象是太阳的出没和月亮的盈亏。在他们看来，太阳出没的运动力比月亮盈亏的运动力

① ［魏］王弼注，［唐］孔颖达疏，李申、卢光明整理，吕绍纲审定《周易正义》，见李学勤主编《十三经注疏》，北京：北京大学出版社，1999 年，第 258 页。

要大得多，所以他们认为时间的运动规律主要是以日为动力来带动月。那么，白昼和黑夜变换的这种机械运动又如何衡量呢？史官为了回答这个问题而发明了历法。他们用构造主义的相对应性思维方式，观察到天上三百六十五天一年的太阳运动带动全年十二个月的月亮运动，由此认为，地上十天一旬也应该类似月亮运动以十二个月为单位的运动过程。所以他们创造了由十天干、十二地支两个系统结合而成的历法。这个历法确实是这样创造的，证据见于《左传》一书。据《左传》记载，昭公七年（公元前 535）史官伯瑕说："日、月之会是谓辰，故以配日。"杜预注："谓以子丑配甲乙。"[①]史官从天上可见的月球与太阳的交会（天上的日、月之会——朔月），推测出地上不可见但应有的"子丑"与"甲乙"之结，这就是计算旬日历法的日、月之会。

帝俊与妻子羲和生十日，以及与另一妻子常羲生十二月的神话，其结尾是神射手后羿射掉了九个太阳，只留下来最后一个。根据《淮南子》说法，在神话传说中的黄帝时代，是羿建下了这个功勋。而根据另一个版本的神话传说，是黄帝时代一个叫容成的大臣创建了第一部历法。

应该注意的是，天干地支历法的基础与实际上的天文学说没有关系，它是一种理论性的说法。所以，不能仅仅用占卜时的"兆象"（所谓凶的兆象）来判断天文现象中的日食。殷代的占卜者已经知道如何计算日月历法（礼拜仪式历法），以及能够精确地将年的概念定义为三百六十五又二分之一天——彼时将"年"称为"祀"。为使一年的平均天数与回归年的天数相符，殷人设置了闰月。这种历法确实是一种想象，却是一种理性的想象。通过这种理性的想象，占卜学代替了神话。这种想象是中国民间的择日学和堪舆学的核心，至今仍然很有生命力，它计算着人们的出行以及办各种事情的日期，推算吉和凶。直至今天，它在中国依然作为另一种历法，按照日常流动岁月，依六十年一轮的体系运转。

另外，在自然科学方面，我认为最能充分体现中国相对应性思维理论特点的还有医学。为什么呢？因为医学的基础是症状学，它根据察看身体上某些症状，来揣摩或推断与其相对应的身体内部某些器官的疾病状况。这种观察和诊断方法十分契合中国思想家所特有的相对应性思维方式。而

① ［周］左丘明传，［晋］杜预注，［唐］孔颖达正义，浦卫忠等整理，胡遂等审定《春秋左传正义》，见李学勤主编《十三经注疏》，北京：北京大学出版社，1999 年，第 1253—1254 页。

尤其具有特色的是针灸取穴的方法。比如，针灸取穴理论核心是腧穴理论。腧穴理论和天干地支历法理论是一样的，没有身体上的实在性，完全是理论上的，它们之间的差别仅仅在于天干地支历法理论的基础是空的，而腧穴理论的基础是实的，必须具有丰富的实践经验才能奏效。

中国的文学，尤其是诗，极具表现力，所以中国思想家特别喜欢文学，而不喜欢西洋文化特有的哲学。在文学方面，相对应性思维理论所揭示的思维方式，于中国文学中运用得很广泛的修辞方法即“相对成文”上，显得尤为突出。“相对成文”指在语法结构中，文字所表达的词或词组，随着文法结构的相同或相反，其意义也会显现出相同、相似，或相对、相反之处。文学家们所创造的文章本身的形式常常与所想表达的事物相对应。中国古典文学有它特有的力量。正如《文心雕龙》所说：“文之为德也大矣，与天地并生者何哉……心生而言立，言立而文明，自然之道也。”①

---

① ［南朝梁］刘勰著，范文澜注《文心雕龙注》，北京：人民文学出版社，1958年，第1页。另本文为2013年7月28—29日汪德迈先生在潮州参加由潮州市人民政府和韩山师范学院联合主办的“首届饶学国际学术研讨会”上的演讲，李晓红译。后以《中国特有的互关性思想之起源：龟卜技术》为题收入林伦伦主编《饶学研究》（第二卷），广州：暨南大学出版社，2015年，第185—187页。

中国文化的形成
——从占卜到文字

一、汉字源起于龟卜

1. 甲骨文之前中国没有文字。

许多学者认为汉字的起源应该是半坡与大汶口遗址出土陶器上类似象形文字的图画。然而，提到文字，就令人想到某些符号的相互组构。在此之前并不能说已经产生了文字，而只能说是符号性的图像。陶器上的图像并不被当成文字。在文字还没有发明之前，这些图纹不是文字。由于那时的人并没有发现文字的写法，所以中国文化里最初出现的文字只起源于卜辞中，因为仅仅在卜辞之中文字间开始有了关联性特点。

关于这一点，有人提出反对论点：甲骨文进化到如此成熟之前肯定存在某种其他文字，初时形状原始，之后逐渐改进，而我们今天寻找不到痕迹的原因是这些文字所出现的媒介如树皮、木头、动物皮或其他媒介物等，皆因其容易腐蚀而消失得无迹可寻，只有刻于甲骨上的文字留存了下来。

而我则反对这个观点，因为相较于甲骨，存在可以承载文字的更久远的物体，如铜器。当然陶器、玉器上的文字也都比较耐保存。我们今天甚至还保存有非常完整的金文参考资料。虽然第一个铜器最早出现于西元前1600年的二里头遗址商代地层上[①]，但两个世纪后，在武丁在位后期，才出现最初的有金文的铜器（其铭文尚未发展成熟）。而在此之前，同陶器一样，有的铜器上也刻有图画，但却从未刻过文字。而且铜器上的文字在甲骨文文字体系已经发展得非常完整之后才出现，所以我认为甲骨文之前中

① 郑光：《二里头遗址的发掘——中国考古学上的一个里程碑》，见郑杰祥编《夏文化论集》，北京：文物出版社，2002 年，第 703—719 页。

国没有文字。当然，那时也可能存在有类似于文字的图，但是无人能读，亦无人能懂，也可能有个别“文字”，但是这些“文字”最终没能变成汉字，它们没有句法结构（syntaxique）。我认为，汉字是从甲骨文中来的，而不是来自于甲骨文以外的“文字”。当人们发明了文字，便可以把陶器上的图当文字用。比如，在陶器上发现的鱼图像，原本是图。文字发明以后，这个“鱼”的图就成了象形文字。只有甲骨文可以派生出汉字。汉字一定是从甲骨文来的，这是一个线性发展，是一种历史变化。我认为，问题不在于追究铜器、甲骨、陶器是否可以长期保存文字，而应该重点研究那是不是语言。

然而，甲骨文中出现的文字体系何以那么完整？这又该如何解释呢？我的看法是，这个体系是占卜学所用的准科学性（quasi-scientifique）的工具，是历经多少世纪才渐趋完善的占卜学问孕育而出的体系。甲骨文是记录语言的载体，甲骨上的文字是殷王室占卜活动的记录。我认为甲骨文亦是数学性的东西，具有准科学性质。占卜学不是现在这种科学，而是准科学。虽然当时思辨还没有发展，但是已经开始运用思辨思维方式。我认为中国甲骨文时代的文化非常有意思，其他文明或文化都没有这样的过程、系统，也没有用这种方法保存古代的东西。看中国的甲骨文材料，我们可以明白人类是怎样发展科学的。甲骨文并不是立刻就形成了文章，宛如一蹴而就，而是慢慢发展起来的。动物的骨胛上出现占卜行为是在商初时代，这一过程用了几百年，又过了几百年后，开始出现用甲骨占卜的行为。这两个过程用了近千年时间。在还没有文字以前的“口话”时代，从用“口”说的“话”到开始有“话”，用了几千年时间（动物是不会说话的）。中国文言的历史很像“口语”发展的历史，有千余年之久，从公元前1500年出现“卜”的萌芽算起就有一千年。甲骨文成文的方法不是立刻就发现的，而是先从发展文字而来。这是我的看法，可能有人不同意。

2. 占卜学的合理性（rationalisation）与中国新石器时代占卜制度的演变。

至今，不少新石器时代即与中国人同种的大草原民族依旧沿用留下来的骨卜制度，他们的占卜方法很粗糙。与之相对，商朝以前龙山文化时代的中国人所使用的占卜技术已十分精湛。

首先，龙山文化末期，进入岳石文化时用龟甲占卜，是因为乌龟本身代表整个宇宙的形象（圆形体的背甲象征“天”，四方形的扁腹甲象征“地”）。以乌龟为宇宙缩影，在几乎可说合乎实验科学精神的程序下进行占卜，使得占卜技术显著合理化。

其次，特别在二里岗北边不远处相类似的下七垣遗址发现龟甲。其反面发现钻、凿痕迹（整体来看，“钻”出来的形状呈正圆形，“凿”出来的则呈椭圆形）。这种技巧极其不易。商朝以前已出在骨胛或龟甲上钻凿小洞。因为龟骨过硬，不易致坼，而其上钻凿出小洞能使龟骨变得薄些，容易烧灼见兆，或因整治而灼出小洞。可是为什么需要钻、凿并施，使小洞这么复杂化呢？[①] 董作宾说：“凿之，所以正面易于直裂也；钻之，所以使正面易于横裂也；钻凿之后，灼于其处，即可使正面见纵横之坼纹，所谓‘卜’坼者也。”[②]

商代占卜专家之所以如此一板一眼地钻凿，目的并不仅仅是要提高坼纹纹样的审美程度，而且要让坼纹尽可能正规化、标准化，以便更清楚地依其形象判断吉凶。占卜发展到此阶段，技术已十分合理化，占卜学于是演变为一种准科学，而下一个阶段就是文字的发明。这个发明的缘由，即“卜”式的坼纹开始被视为文字。

3. 文字的发明：甲骨文的创造。

考古学家发现，用钻凿方式制作的龟骨片开始大量出现的遗址是河南省小屯。殷商王朝于盘庚时期迁都于此，从武丁时期开始首次出现刻有文字的龟骨片。这种龟骨片突然激增必定是因为文字已经发明，所以龟骨片才可能有甲骨刻辞。其实，在没有占卜记录的内容以前，是没有必要收藏龟骨片的。今人考古发现，窖藏穴内有卜辞的龟骨片都见保存，其中也有无刻辞的。

关于殷代甲骨文的保存问题，我的认识不断提高，本来认为今存甲骨文是档案：（1）甲骨文本来应该是档案，但不是留存时间很长的那种档案；（2）贞人（即卜官）会在甲骨上刻日期和名字等，以便研究、整理，一段时间之后便会扔掉。这是我认识的一个误区。甲骨文并不是档案，不存在是否“存档”的问题。当时人认为甲骨是很神圣的东西。在古人心里，龟是神灵，它会给人以神的启示。所以，龟甲不能被偷，占卜者们亦不敢扔掉，而是存放在一个特别的地方。但它不是档案。档案应该是另外一种东

① 张光远：《晚商占卜中的甲骨材料制备、使用和钻凿方法的实验重现》，台北《故宫通讯》卷 18，第 3、4 期，1983 年。（原文为英文）

② 董作宾：《商代龟卜之推测》，见刘梦溪主编《中国现代学术经典：董作宾卷》，石家庄：河北教育出版社，1996 年，第 471 页。

西。现在的考古学家没有发现档案。我之前认为，如果有文字，应该有档案，但是不一定是保留很长时间的档案，也许会保留几个星期？不然不会有文字刻在上面。当年我写文章时，错误在于没有很好地区分甲骨文和档案，但现在我分辨得很清楚。我改变观点，不坚持原说。

甲骨文能保留下来的原因有两点。（1）在窖穴内发现的甲骨文不是作为“档案”留存的（我曾经以为是档案）。因为古人认为甲骨文是很神圣的东西，不是普通之物，更不是一般的垃圾，应该尊重，要加以留存。它们的神圣性是今天考古学家能找到被保存下来的甲骨文的第一个原因。（2）如果说甲骨上有文字，是因为人们在上面花了工夫，留下了工作痕迹，那么窖藏就是为了更好地保存，包括甲骨上还留有的钻和凿等不同技法的痕迹。这是考古学家发现留存的第二个原因。

至于为何在武丁时期开始出现卜辞的问题，我的回答如下。

那个时候，占卜专家常常使用钻和凿的方式，这是考古学家的重要发现。当时这种方式已经沿用了几十年。董作宾解说道：“盖龟版之见兆文、定吉凶，全视卜兆之横画为准。而横文之破裂，又必借直裂以引之。凿之，所以使正面（腹甲外面）易于直裂也。钻之，所以使正面易于横裂也。钻凿之后，灼于钻处，即可使正面见纵横之坼文，所谓卜兆者也。”[①] 占卜专家习惯了标准的“卜”式坼纹排列，卜定其类型使其成为一组。“卜”式坼纹形式，一组有六七种不同类型[②]，即占卜时“卜”兆出现的六七种不同“号码”的记录方式，也就是凿中之直线，而出现在它左边或右边的横线，呈现朝上、朝下或平行等趋势。这些神秘、特殊的“号码”符号标记与古代一定写法的数字相呼应，后来向数字卦发展，之后发展为《易经》里的《易》卦。但是，撇开标准坼纹的不同标本之差异不论，其模式“┤”或者“┘”不自觉地被视作“占卜”的征象。为了称呼这个征象，据董作宾意见，专家用灼龟而爆裂之声作象声词发“bu”声。然后，标准的坼纹模式又有“卜”的写法，又有“bu”声的发音，即变成“原始”文字，成了意味“占卜”的词。只要推广“卜”的写法和取名法来创造类似的“原始”文字并构成体系，就能使“原始”文字变成真的文字。占卜专家想要把占卜内容登记在龟骨片上，所以想出卜辞的系列，而且创造出所需要之数字

---

① 董作宾：《商代龟卜之推测》，见刘梦溪主编《中国现代学术经典：董作宾卷》，石家庄：河北教育出版社，1996 年，第 472 页。

② 此处指将大量不定的原始卜兆归结为六至七种类型。

的文字。

关于这个过程，我再提出几点注解。

（1）“卜”式的坼纹演变成文字，证据就在“挈”这个字的双关语上，如“挈龟”一语（“挈”本意是“燋契”，引申意为“燋龟”），参见《诗经·大雅·绵》中“爰契我龟”[①]，指的是“灼龟而产坼”，而另外的“挈文”一语则指的是“卜辞”。

（2）我们不应把（原始）汉字的“卜”字的性质与许久以来出现在陶器上图画符号的性质混为一谈。图画的符号所归属的是物主或制作陶器的工匠，具有个人性质；“卜”字所归属的是坼纹所具有的各种类型，有普通名词的性质。

（3）在卜辞中，占卜准科学上最重要的一部分是辞首的表示宇宙时间坐标的天干和地支的名词，而意味着干支的文字大部分（甲、乙、丙、丁……巳、午、未、申……）都跟“卜”字一样是非象形字，而是几何形字。我们知道占卜专家在创造文字之时，可能不自觉地从“卜”字得到启发。由于创造太多的抽象符号十分困难，只能创造出来五六个，以后就很难再用这个方法创造，贞人（卜官）不得不借助于接近几何符号的象形字，或去寻找其他象形字来假借使用。比如，天干第五字的“戊”与地支第十一字的“戌”，从古字形看是“戈”的两种不同象形，然而在这里它们的象形本意已经完全丧失而演变为抽象符号。在文字出现之前，这些“字”就已存在，但当时是用以表示数字的（不是数学的数字，而是另一种数字）。天干、地支有二十二个字，无法全部用抽象符号创造，所以时人假借了一些象形字。

（4）卜辞的结构构成不是句子式，而是占卜学的方程式（指我借以解释用的）。卜辞的构成式皆如下“式”，绝无例外。

A（干支）× B（贞人）：C（命辞）= D（占辞）

A、B、C、D 就是占卜涉及的资料；三个运算子（“×”“：”“=”）就是三个关联的工具（一条完整的卜辞包括：叙辞、命辞、占辞和验辞）。此处，AB 是叙辞（又叫前辞）。这三个运算子分别是：

① 程俊英译注《诗经译注》，上海：上海古籍出版社，2014 年，第 370 页。

"×"即"卜"，占卜；

"："即"贞"，提出命辞；

"="即"占"，提出占辞。

比方说，日本京都大学所藏骨片《第一期卜辞 0844—0848》中第零八四八则上刻唯一完整的卜辞原文为：

癸巳卜、永贞、旬亡祸。

拟带入公式，读序如下：

癸巳（A）卜（×）永贞（B）（：）旬亡祸（C）"王"占（=）"曰"有灾（D）。[①]

这种构成式与其说是文章式，不如说是类似数学的方程式。我们留意到三个关联工具的文字：第一个字"卜"，是标准化坼纹的本身；第二个字"贞"，出自"卜"和"鼎"字组合而成的字（"贞"依象形字"鼎"，即简写的"贝"）；第三个字"占"也是由"卜"和"口"组合而成，属会意字，都证明卜辞的结构与龟骨坼裂有关系。

有的卜辞附加后辞。后辞有两种：一种是常见的，注明月期；另外一种（验辞）是罕见的，注明占辞预测之结果实现了。但是，这些后辞并不属于卜辞原始状态，而是表示文言语言状态开端。

原来的卜辞实际上与自然语言有相当大距离。有些学者认为这是由于最简陋的原始文章所呈现出的不完整面。而我认为正相反，卜文系统并不是原始文章，而是非常形式化的方程式，是为了满足占卜学需要创造出来的类科学性语言。这样的公式只是用于解释，这是我借用的一种方法，并不是本来的东西。在甲骨上并不是都有验辞的，有验辞的比较少。这不需要特别解释，因为往往在甲骨文上有"验"的文字之前并无符号。

"有没有文字"的问题我没有过多关注，我看重的是"为什么会有这样形式的'占卜'"。我希望问的问题是"如何解释占卜"以及"为什么汉字是这样的，为什么中国会有甲骨文"。我的目的是希望解释中国文化。开始时我是空想的，因为当时没有材料、没有书，也没有人告诉我。早年研究甲骨文时因为没有书，就去观看甲骨文，发现甲骨文是非常有意思的文化，这个文化现象在拉丁文化、希腊文化中都没有，所以我去分析、解读。

---

① 〔日〕贝塚茂树：《京都大学人文科学研究所藏甲骨文字》，京都：京都大学人文科学研究所，1960 年，第 310 页。

后来根据《易》卦去反推。这是中国特有的占卜学，具有中国上古时代文化的特殊特征。我用“思辨”思维的科学方式去想象、分析。中国文化有很多特点，可能中国人都没有注意，但是我不仅注意到了，而且要解释。因为我是外国人，我是从外国人的角度来看中国文化，也许我的某些视角会与中国同仁的视角不同，亦不啻为抛砖引玉。

4. 甲骨文字体系后期的演变轨迹是占卜者所发明的文字体系渐渐发展为官方文书工具。

首先出现在祭祀用铜器上，而后出现在所有被当作档案保存的行政文件上，占卜者所发明的文字体系就如此演变成为文言文。

孔子为恢复王道政治制度，删改所有官方档案，将官方专用文言文这一工具私人化。其后不久，这一工具即被儒家据为私有。如此，文言文就成了知识分子发表个人意见的媒介。作者文学便于中国产生。这一过程由诸子率先发端。然而，由于文言文起源于占卜学这一非常形式化的文字体系，故而它一直保有与口语大不相同的特点。直至唐朝时出现变文，汉字才开始用来记录白话。用汉字做口语这一形式最初由和尚发明。从文言文到书面语，则仍继续维持汉字原有精神，即占卜性精神——类似坼裂一样，每个字都蕴涵神秘而超越普通含义的意义。在中国，只有书法家具有这种优势，他们像通晓古代占卜学的史官一样通晓美术，同时又通晓文章。书法作品就像占卜技术一样尽显其绝妙之处——诗、书、画一体，既有语言之意又有书法艺术含量，其他文化中不可能有这种关系。另外，文字的创造亦使占卜技术大为发展，直到使用算数方法的筮占出现。

二、从龟卜到筮占，再到《易经》的重卦

1. 殷朝时代的数字卦以前没有筮占。

虽然《易》卦传统可溯源追本到所谓伏羲演八卦，但果真有据可考吗？迄今最早的数字原卦，要等到殷商后期才出现。截至今日，据统计数字表明，此卦种尚存刻于龟甲的有十六卦，刻于陶器及铜戈的有三十四卦。[①] 在很长一段时间内，它们是不可理解的。幸得张政烺先生识破其谜底，以具有说服力的论据证明它们就是《易经》之卦的原始形式。问题在

① 宋镇豪:《谈谈〈连山〉和〈归藏〉》,《文物》2010 年第 2 期，第 53—56 页。

于其原始形式之本体状态及起源应如何说明。

数字卦不同于《易》卦的主要特征有二:(1)《易》卦以四个数字为本(营数:6—7—8—9),原卦却以七个数字为要(1—5—6—7—8—9—10),这就与所有阴阳思辨说中的奇偶平衡原则完全不相符;(2)《易》卦通常以三爻或六爻一组(八卦:三爻之组;重卦:六爻之组),数字原卦以6为常数,兼有3、4或5。这种尚未固定成型的态势,正显示出原卦作为《易》卦的初始形态,远早于《易经》所确立的系统化的占卜形式。

如果这些根本性的差异使我们得出原卦并非由简单的《易》卦变形而来这一结论,那么我们又要去何处寻觅其源头呢?可以肯定的是,原卦之意仅能由兆纹之意衍生出来,在刻满兆纹的龟甲中去寻求原卦的真正含义,将是一条切实可行的道路。每个组成原卦的数字都有相应的“卜”字形坼纹与之对应,用该坼纹组成的兆纹去对应与原卦相同的卜兆,《易》卦系统起点其实也是基于此6或7的数种而创成定式的。坼纹类型的估算定式作为数字原卦之源应该有据可考,然因迄今未有殷末卜官施职之存世记载,故尚未明了。我们可以合理解释从龟卜到《易》卦:前人首先提高和完善龟甲腹部钻凿实践技术,使兆墨“卜”纹的标准化、统一化成为可能。凭借这种特殊技艺,使各类坼纹得以相互区别、变异和发展,最终形成六或者七个类别,每一类都具备自身特有的吉凶征兆(如吉兆是“卜首仰”,凶兆是“卜首俯”或“身节折”等)。以此将坼纹类型划分为六至七种,并加以编号,至此便将繁琐复杂的灼龟手续演变为简单的抽签代表坼纹的记号定式。

我们继续推理,坼纹类型的估算定式对数字原卦的出现及其后形成文字体系都起到一定作用,此二者皆依同一心理原素而成。简化后新的抽签辨坼程序,使得《易》卦这一本用来铭刻、记录卜辞的中央垄断权力可能延伸至更广阔领域。至此,该简易的操作方式使得占卜成为普遍可见的问事手段,甚至连一些日常使用的器皿上也可出现针对日常事务占卜的大量数字原卦。

2. 数字卦源起于龟卜。

对于数字原卦是否因袭龟卜的问题,中国学者持是与否两种观点的人都有。张政烺先生以为数字卦属于跟龟卜没有关系的占筮技术,屈万里先生则认为其本来就源于龟卜[①]。我也以为其源于龟卜，但我有自己的见解。我特别注意到龟卜技术合理化和科学化的进程：即经过先前用象征整个宇宙形象的乌龟来进行占卜的第一阶段后，再继续第二阶段——龟甲钻凿，然后再继续第三阶段，即于龟甲上刻卜辞，最后将符合占卜逻辑的卜纹合理化转换成占筮逻辑上的数字卦，此为第四阶段。

有学者否认占筮可能来源于龟卜一说，认为事实上甲骨兆纹没有规律，《史记・龟策列传》曰："灼龟观兆，变化无穷。"[②]因此，有规则的卦不可能从无规则的龟骨卜兆中演变出来。这些学者的说法值得商榷。"灼龟观兆，变化无穷"并不是指构成卜兆的龟甲坼纹没有规则。相反，在龟甲反面施以钻凿，挖出相当复杂的小洞，正是为了在正面灼出十分标准化的"ㅓ"或是"ㅓ"形的"卜"式坼纹。如此标准化后的坼纹，其独特的变化不应是无穷的，而应是很少的。大约是这样的一些形式：横纹向上 / 横纹向下 / 横纹水平 / 横纹节圻 / 横纹首部向上足彤 / 横纹分叉等。我们可以假设贞人（卜官）所区别的卜式演变类别一共有六类，只要取六个号码与其对应，就可以很容易地用抽签的方法替代灼龟坼纹的复杂方法。

这种进程有没有被证实？由于我们无法得到殷代占卜程序的直接资料，回答自然还是否定的。我们也无法知道那个时代的卜官所区别出的变化种类确切如何，以及事实上到底有几种（很可能先前是不一致的，专家中大概就有分歧意见），但是原理上并没有别的论法可以解释这无可置疑的占筮与龟卜间如下列所言的紧密联系的特别征象：（1）数字原卦是跟卜纹一样被刻在龟甲上的；（2）卦字从"圭"从"卜"，意味着"系列"（"圭"= 4个"—"联系起来）的"卜"；（3）尽管《易经》卦辞产生较晚，但它们依然还保存许多与卜辞相似的语法或成语特点。

由号码替代卜纹开启的占卜学的科学性、合理性思维进程，将最终引发数字原卦的数字学逻辑代替坼纹的形式相似性逻辑。下面我们进一步分析。

---

① 屈万里：《〈易〉卦源于龟卜考》，台北《"中央研究院"历史语言研究所集刊》第27本，1956年4月。

② ［汉］司马迁撰，［宋］裴骃集解，［唐］司马贞索隐，［唐］张守节正义《史记》（第十册），北京：中华书局，2014年，第3918页。

三、从数字原卦到《易经》爻卦

1. 以未定的若干数字作一组的形态被修正，常规的以六个数字为一组的卦确立。

龟卜方法，一事灼几坼是不一定的，在同一个龟甲上可以有从一至五卜，在几个龟甲上可以有从一至十卜。至于数字原卦内替代卜纹的数字，最常出现的是以三个数字为一组，但是也有以四个、五个或六个数字作一组的时候。[①]这种形态最终规律化，是以六个数字（即后来的六爻）的卦为定式。为什么是六个？可能与六合（上下和东西南北四方）有关，此即是占卜学上《易》卦所凭借的空间概念。

2. 原卦所使用的 1—5—6—7—8—9 作数位的系统被修正，6—7—8—9（《易经》“四营”）的系统成立。

在数字原卦系统里，数位与龟卜所用的标准化坼纹一样多，这就是说大概有 6 个数位（也许 7 个，有时用 10 个）。问题在于为什么 2—3—4 开始就被排除在外？

张政烺先生给出的回答如下：因为古汉字的数字从一到四都是积横画为一、二、三、四（指四条横线的积横），自上而下书写在一起不易分辨，因此将二、三、四从字面上去掉，归并到相邻的偶数或奇数之中，二、四并入六，三并入一。[②]

我认为 2—3—4 在事实上确实可能是为了避免混淆而弃之不用，但是卜官为补此缺而将“二、四并入六，三并入一”却未尝可信。因为张政烺先生的归纳，是以原卦数字中已存在奇偶平衡的猜测为前提。然而正是在这里，这位杰出的学者用《易》卦之原则注解原卦，犯下了脱离时代语境的错误。此平衡是基于占卜学的科学化、合理化而缓慢形成的。在原卦的初始阶段，占卜官们极有可能为了防止一、二、三、四（指四条横线的积横）自上而下彼此掺合，便选择了在 5 到 10 之间的数字作为号码来代表表示吉凶等级之标准的坼纹。至于置之不用的数字 1，则单独用作一个卜纹号码，即垂直而不仰或俯亦不节折、不分叉的卜纹，其意义是非吉非凶。

---

① 宋镇豪：《谈谈〈连山〉和〈归藏〉》，《文物》2010 年第 2 期，第 53 页。

② 张政烺：《易辨——近几年根据考古材料探讨〈周易〉问题的综述》，见李零等整理《张政烺论易丛稿》，北京：中华书局，2011 年，第 48 页。

如果同上所言，我们就很容易理解为什么非类性的数字 1 会被《易》卦系统舍去。此后，前五个数字中唯一一个留在系统内的数字 5 也被排除出去。因为占卜学理论思辨势必区分出 1、2、3、4、5 作为一个整体，进而渐渐演变成所谓“生数”，既是体现天地五行、万物归一的基因组性的数，即与 6、7、8、9、10 对应的整体，从而渐渐演变成所谓“成数”，又是体现五行所盛产的万物表型。而且思辨推断“生数”属于龟卜系统，而“成数”属于筮占系统。然而，因万物表型都以阴阳为区别，而筮占“成数”系统必须要体现奇偶平衡，所以占卜学专家撇开数字 10 不管，而只截用 6、7、8、9 作“四营”。

3. 从数字卦到爻卦。

（1）在卜官们看来，每个数字都内在地含有本动力（这将准科学的占卜学与真科学的数学区别开来）。所以，按照占卜学理论，阳性数字 7 内在动力使它变成还是阳性的数字 9，而数字 9 内在动力令它变成阴性数字 8。因此，数字 7 比数字 9 更内含阳性之力，算作“少阳”（青年阳），尤其代表阳气。相反，阴性数字 8 内在动力使它变成还是阴性的 6，而数字 6 内在动力令它变成阳性的 7。因此，数字 8 比数字 6 更内含阴性力量，算作“少阴”（青年阴），尤其代表阴气。占卜学思辨比数学方式具有更深刻的阴阳道理。

（2）随后，占卜专家把数字 7 古文字写法，类似加号“十”的符号逐渐该改变成“”，并最终简化为“—”，以用作“阳”的书写符号；把数字 8 古文写法“八”逐渐改变成“”，并最终简化为“- -”，以用作“阴”的符号。至此，爻卦代替类卦被系统载入《易经》。[①]

正如在六边的矩阵上表达两个符号的算术可能性有六十四种一样，《易》卦也由六十四卦组成。这种辩证思维自然而然地存续于对《易》卦各种可能的分析、计算和排列之中，并将其归纳为以下的逻辑发展程序：

太极生两象（“—”和“- -”）——两象生八卦——八卦演六十四重卦。

这一理论上的演化过程是通过推论历史、伏羲神话及后人传奇故事得到的，而真实的《易》卦产生过程远比此繁琐复杂。仅以此文叙其一二。

---

① 马王堆汉墓帛书整理小组:《马王堆帛书〈六十四卦〉释文》,《文物》1984 年第 3 期，第 1—8 页。

四、结论

中国哲学思辨在占卜学中成型，其遗传因子在中国哲学思辨领域中持续生效。这就是中国思想与西方思想如此不同的原因。西方思想以神学思辨为起点向前发展，而中国思想则从占卜学思辨出发。因此中国很早就产生了《易经》。处于中国传统语境下的《易经》，如同西方传统语境中的《圣经》一样，影响着整个国家的思想史发展。①

① 本文原题《从文字的创造到〈易经〉系统的形成——中国原始文化特有的占卜学》，作于2011年5月10日，先生后以《中国文化占卜学成形：从甲骨占卜术到〈易经〉》为题于香港中文大学“饶宗颐访问学人讲座”上以中文演讲，并加入最新思考，李晓红整理，欧明俊审订，2015年3月5日。

中国表意文字中的“天”

约在公元前1300百年的殷代初期，中国的占卜家们在通过卜龟占法的同时创造和使用了表意文字体系。对占卜者来说，占卜学在当时是一门真科学——正如李约瑟（Joseph Terence Montgomery Needham，1900—1995）所说的准科学，而那时他们需要一种文字系统的帮助，于是占卜学家们创造了表意文字这个被他们当作辅助工具的文字系统。当时的占卜技术非常精湛，那些占卜者们终日琢磨龟甲与兽骨，在其中发现和创造了文字。我与中国一些学者有不同意见的地方是：有人认为是中国原始先民半坡人创造了文字，而我则认为是中国古代的占卜者通过占卜手段开始了一些准语言文字的尝试。他们当时的占卜实践与研究取得很大进步，也就是说，占卜学出现在汉字以前。这个表意文字系统的创造，是中国先人们在公元前2000年前后使用的一种灼龟见兆的方式，即通过复杂到令人难以置信的占卜技术的实践而形成的系统且认为合理的结果。表意文字从它最初创造时反映的就是它的创造者对世界的看法，例如表示天干地支的二十二个符号。我们通过对表意文字之一“天”字的探讨可以印证这一点，即分别从宗教意义上来看“帝”字和从占卜学及宇宙学方面来看“天”字。“占卜准科学”（manticologie）还没有发展以前，流行的只是神话。[①] 所以，要明白有关“天”的文字，就应当首先知道有关“天”的神话。因此，我想首先讲《淮南子》《山海经》和屈原《天问》中都曾谈及的一个著名神话。

这个神话传说的版本之一是：远古时代天地不分，四周一片黑暗浑浊。

---

① 作者原注：法文 manticologie 意为占卜准科学，又称 pseudo - science divinatoire。这是我发明的词，是为了模仿占卜学的含义，同时运用了大思想家王夫之（1619—1692）的用词观点，即他讲《易经》时区分曾经用过的“学易”和“占易”两个词。参见李焕明《易经的生命哲学》，台北：文津出版社，1992年，第436页。

伏羲与女娲本是兄妹，他们为了使世界畅通，分开天地，而后分离阴阳、与阴阳相关的四方及四季。然后有了女娲补天及东方殷民族所奉祀的被称为帝俊的天帝。帝俊和他的一位妻子羲和生了十个太阳儿子，他们轮流升起，每十天一个轮回，这十天一次的周期被称为旬。帝俊和另外一个妻子常羲生了十二个月亮女儿，这十二个月亮每个月的轮流交替就形成了一年的十二个月。当十个太阳结伴升起时，强烈的阳光烤焦了大地，庄稼枯死。神射手后羿射下九个太阳后，大地被拯救了。①

在这个神话中我们感兴趣的是关于天和地、十个太阳和十二个月亮的描述。首先，中国古老宗教强调一种极端神性化的信仰。在这个信仰中，“天”这个字符里有一个绝对值，中国古人把它叫作“帝”。天主宰自然和超自然。上古时代，人们把自然看得很神秘，认为整个宇宙有一个至高无上的主宰，而“天”正是至高无上的，这就是“帝”或“上帝”。对中国人来说，这个“上帝”就是“太祖”。因此在甲骨文中，中国古人创造的“帝”这个象形文字的字形正体现了以上所述，也就是说，它的图形符号的构成反映了想象的意念。在我们看来，甲骨文中表示太阳的“日”字是一个圆盘，其中有一点（图 1–1），而示意为月亮的“月”字则在月牙形上加线（图 1–2），方法相同。至于“星”字，我们看到了散落的光“块”围在树枝旁（图 1–3）。还有其他与“天”相连的字都是摄取了与天有关的图形风格与意思（图 1–4）。

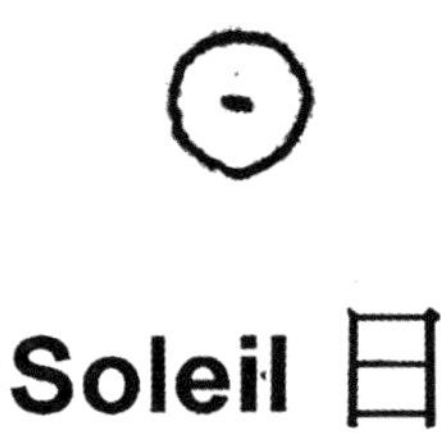

图 1–1

图 1–2

图 1–3

① 袁珂:《中国神话传说》，北京：人民文学出版社，1998 年，第 294 页。

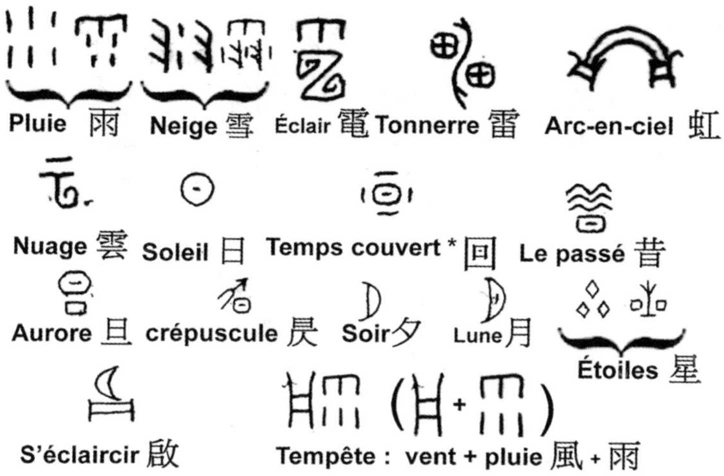

图 1–4 其他与“天”相连的字

后来被称为“上帝”的“帝”字，一般被人们翻译为“天上的王”，并没有一个明显的在天上的形象。对于著名学者吴大澂（1835—1902）来说，“帝”字的图形符号应为花蕾形象（图 2-1）。[1] 这个字很像表示否定的“不”字，按照词源学的说法应是花萼或花托（图 2-2）。可是这个词源学所解释的表示作为花萼 / 花托的“不”字已经不太用了，“不”字变为假借字，而作为花萼 / 花托的本义已经丧失。古文字学家们更愿意将此字解读为一捆燃烧的柴，象征一种殷商时期被称为“帝”（“禘”）的祭祀，表示祭祀时焚烧牺牲以奉献上天，而此词的由来则换喻了“天上之王”本身。因为花蕾的字解正好与殷人相信“天上之王”及自己祖先的信仰相符[2]，而花和花萼 / 花托的形象同时象征着一个有结果的未来，也隐喻着“父子”关系。不管怎么说，这里强调的所有观点都说明此字与拟人化因素相去甚远。在当时，也许只是作为占卜专家唯理性的记号，这些记号验证了占卜者的创造作为图形词汇的理性构成。这不是很简单的神话，而是一种相当

① 作者原注：这个花蕾的“帝”的形象在青铜器纹样中能找到，但是在甲骨文中却不一样，在吴大澄时代更不为人知。这个词源解释还被周法高引证过《金文诂林》（香港：香港中文大学出版社，1975 年，卷一，第 48 页）。我支持关于花蕾和花托形象的解释，这种解释比是一捆燃烧的柴的说法更有说服力。在当时这是一种对上天（即“天上之王”）的祭祀的象征。而这个“帝”名字就成了上帝的隐喻。这个词源学的解释我在知道吴大澂之解之前就接受了。

② Sarah Allan: *Myth, Art, and Cosmos in Early China*, New York: State University of New York Press, 1991, pp. 46–56.

有道理的创造。

图 2-1 “帝”的图形符号

图 2-2 很像表示否定的“不”字

同时有一些图形符号还体现了中国古人在语义学上的创造性。比如说表意文字“蓝”（图 3），这个字应列入会意文字之列，也就是说这类字由两个或多个独体字组成，所组成的字形或字义合并起来表示该字的意思。“蓝”字是表意文字系统中出现较晚的字，按色谱算，蓝是从 446 到 520，而绿是从 520 到 565，这两种色合并在一起就是青色。（从词源学意义上讲这个字为草从井边长出，金文字形上面为“生”字，下面为“丹”字。而“丹”字是“井”字的变体。）图形符号“蓝”的造字只是为了表现一种蓝颜色（靛蓝或靛绿色），字的上方为“草”字，下方“监”字则为“人”“眼”与“盆”（古代盛水用的盆）三个部分的合体字，“监”表示在镜子里自己看自己面容。如果不是专家，很难分清靛蓝色和叶子颜色。表意文字的创造者们的思维逻辑是：用植物的颜色反射到盆里，从而可以从植物之中制造天蓝的颜色。为什么颜色会反射到盆中？因为在发明铜镜或银镜之前，人们使用濯水盆当镜子。① 在洗手的同时，人们可以屈身看到反射在盆中的自己的面孔。濯水盆则应保持水平状，以免水洒出。从濯水盆的水中还可以看到屋子里的天花板及屋外的天。因此表意文字“蓝”字的构字方法可以让我们引申下去，产生一种联想，就像打水漂所产生的涟漪效应一样。

① 作者原注：甚至在此之后，这种可以使用的镜子，价格还很贵。

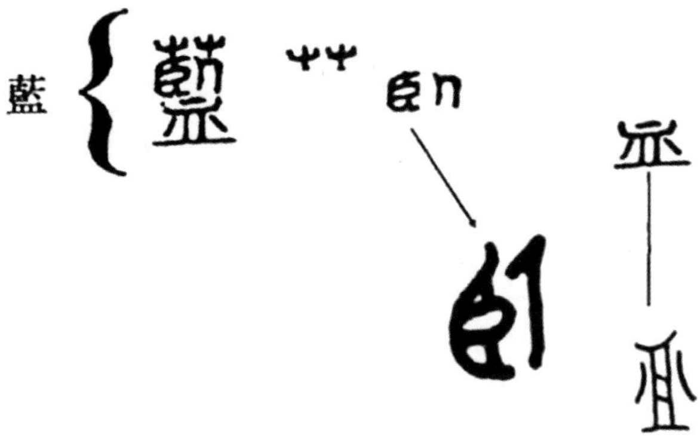

图 3 “蓝”的结构

至于“天”的表意文字所反映出的智慧与技巧我们在此暂且不去讨论，我们先来关注一下在占卜学中“天”字所证实的一种从宇宙学到神学的替代关系。在这里我们可以比较一下西周中晚期的青铜器师询簋和公元前 9—前 8 世纪西周著名的宗庙祭器毛公鼎的两段祭文，看一看“皇帝”与“皇天”的替代关系。在师询簋中是这样写的：“肆皇帝亡斁，临保我又（有）周，雩四方民，亡不康静……”[①] 而在毛公鼎的一段祭文中是这样写的：“肆皇天亡，临保我有周……”[②] 这里我们看到在相同位置上替代“帝”字的“天”字（毛公鼎应比师询簋的时间晚一些）。图形符号的“天”应属指事字——在表示象形性的图形上加一些指事性的原始符号以表示意义的造字方法。“天”字的原始符号为象形文字“大”（图 4-1），表示一个伸开双臂、双腿站着的人，古人在其头上加一道小横线，或一个小的方形“口”字，就演变成了“天”字（图 4-2）。在甲骨文中，这个图形如果不在这句话里，意思应该是人名或地名，而在这里它指的是“头”“头领”，这里是一种表示肢体的用语。（如在卜辞中表示头部生病了也用这个字。它亦可作为形容词“大”字的同义词。）我们在卜辞中可以找到作为“大雨”意思的这个字。许慎《说文解字》中给“天”字的定义为：“天，颠也。至高无上。从一大。”[③] 他的意思就是说没有什么东西可以比天更高。

① 中国社会科学院考古研究所编：《殷周金文集成》（第四册），北京：中华书局，2007 年，第 2747 页。

② ［清］孙诒让：《古籀拾遗》卷下，清光绪十四年（1888）自刻本。

③ ［汉］许慎撰，［清］段玉裁注《说文解字注》，上海：上海古籍出版社，1988 年，第 1 页。

图 4–1　象形文字“大”

图 4–2　甲骨文“天”字

为了区分宇宙意义上的“天”与物质意义上的“天”，占卜者创造了一个表意文字“穹”。“穹”由“弓”形上加“穴”字构成。“弓”指弯曲，“穴”在词源学上意为帐篷，指空间，即这个“空间”的图形在一个“弓”形之上，也就是说指一个“弓”形的拱顶，即“天”。（这里“弯曲的空”也就是许慎所说的“天，颠也”。）换句话说，它去除了“帝”字（天上之王）所含有的宗教意味。而“帝”字和它的另一个同义字，即我们前边所讲到的“禘”字，均与祭天礼仪相关联，都是一种早于“帝”字（天上之王）出现的表示祭天的名称。毋庸置疑，这些祭祀仪式在当时其实都只是一种纯粹的形式主义的仪式，由宇宙学象征体系而非宗教来决定。

虽然我们说这种演变到周代（公元前 9 世纪左右）才基本完成，但我们刚才看到的例子已说明，长久以来，占卜学一直在其中起重要作用。演变开端是阴阳合历的去神话化方法。这个演变过程可以用甲骨文时代的甲骨文来验证。在这些甲骨文中，“天干”系统的参照是如何从十个太阳到十二个月亮（“地支”），即这十个太阳的同父异母的妹妹的神话中转换出来的，表现在图像中的形象的转换又如何呢?

毫无疑问，为了让以旬为基础的社会性时间合理化，史前的中国人想象了十个太阳的神话故事，并从以朔望月为单位的循环体系即月历（阴历）中得到启示。其实这个“月”历系统敏锐地表现了它与前者的不同，同时又表明了它的系统本身与一个月二十九日的概念有关。这个时间的不同，反映了在阴历全年十二个月中每一个朔望月的天数与它之前和之后的朔望月天数都有所不同，也就是说在阴历的年份里每一个月月亮的升起与消失都不一样。原因就在于这每一个月的二十九天中每一天都因季节的推进或变化产生非常微小的变化。平年十二个月，有六个大月各三十天，六个小月各二十九天，全年共354天，日数少于一个太阳年。但在一旬这个短暂时间里，每一天几乎看不出什么变化。人们因此可以平行地从十二个月亮重复的表象中幻想出关于十个太阳的神话。而这十个太阳与十二个月亮的神话产生于同一个谱系逻辑。

神话的结尾是羿这个神射手射掉了多余的太阳。根据《淮南子》说法，在黄帝的神话传说时代，是羿建下了这个功勋。而根据另一个版本的神话传说，是黄帝时代一个叫容成的大臣创建了第一个历法。除去传说不说，古代中国历法的创造者应是占卜学家，也就是说占卜学科发展了历法科学。这门准科学最首要的发现是什么呢？是在这个六十为进制的历法中加入了神话所带来的最具宇宙意义的东西，即两个运转周期系列：太阳和月亮。这个历法实际上是两部分的结合，一建立在以太阳为基础的与天有关的十进位的旬系统，即天干；一建立在以月亮为基础的与地相关的十二进位的月系统，即地支。这两个系统相辅相成地组合成为紧密相连的大循环系统，即六十天为周期运转的、永不休止、周而复始的历法。天干地支是古代中国人创建历法时为了方便做六十进位而设出的符号，对当时人来说，其存在就像阿拉伯数字一样理所应当，而且后来将其用于地支概念上，即古人观察朔望月，发现两个朔望月约是五十九天。

天文学上完全没有这样的历法，所以每五年后必须要加时间，即置月。任何一个天象系统都不能解释六十进制的系统。它只是一个纯粹的抽象宇宙学概念。《左传》记载，公元前732年，晋国天文学家伯瑕曾用以下说法解释太阳和月亮的星象相交：“太阳和月亮的星象相交叫作辰，由此产生了太阳的运转与月亮运转的联系。”

天干地支的观念是根据去神话化的逻辑建构的。人们故意运用了一些抽象的表意文字去表现这两个观念。干支系统实际上并没有天文的现实性，而只是十分理想化的一种创造。当时，占卜学家看到了有天文现实性的一年十二次的日、月相会，于是他们认为应该还有甲子、乙丑等的十二次日、月相会的干支周。中国古代汉语词典中用图示方法去展示这些文字的词源，解释是混乱的。显示在神谕铭文当中的这些表示占卜时天文意义上的日期，要么是一些数字，如甲、乙、丙、丁、戊、己、庚、辛、任、癸，要么是因为不可能去创造二十二个表示天干与地支的简单文字而纯粹按声音假借的一些词，如“中、东、南、西、北”这样表示方位的词（图 5）。这些假借的词从词源学意义上讲，本来象征某种意象，如“戊”和“戌”表示两种类型的斧子和戟，后来失去原有意象，而表示一些抽象东西，即在假借过程中彻底失去了它们的本义。

图 5 “中东南西北”，表示方位词的甲骨文写法

我们发现了玛雅历法、印加历法与中国的六十进位制历法之间的相似性。中国历法就像两个啮合的齿轮互相咬合那样运转，十个天干的齿，随着十二个地支的齿而变动。这种历法的创制模式后来被推而广之，成为用于提供计数的工具。这些计数工具被广泛用于包括计年在内的种种活动。这一历法本身并不唯一，创始之初即有参照真实天文学意义上天份和月份的另一套历法体系与之并行。殷代占卜者已经知道如何计算日月历法（祭祀仪式历法），并能够精确地将年的概念分为三百六十五又二分之一天——彼时将“年”称为“祀”，为使一年的平均天数与回归年的天数相符，设置闰月、置闰。这种历法确实是一种想象，但是是一种合理想象。通过这种合理想象，占卜学代替了神话。这种想象是中国民间择日学和堪舆学的核心，至今仍然很有生命力，它计算人们的出行以及办各种事的日期，推算吉和凶。在如今的中国依然作为另一种历法，按照日常流动岁月，依六十年一轮的体系运转。[①]

① 本文为汪德迈先生于2010年5月17—18日在法国阿尔多瓦大学“东西方神秘动物图像与符号国际研讨会”上所致法文开幕词，李晓红译。后以中文刊于《中国美学》，上海：上海古籍出版社，2011 年，第 245—254 页；又以法文刊于《东西方神秘动物图像与符号研究》。（Nathalie Beaux & Li Xiaohong，*Créatures mythiques animales écriture et signes figuratifs*, Paris: La librairie yoo feng, 2013, pp.23–27.）

占卜与文字的关联

——试论《竹书纪年》中一段编年史的“克隆”式制作

中国文字的起源与占卜密切相关，早期中国的“贞人”即“史人”。[①]中国最早的书写文献就是契刻在龟甲上的卜辞，殷人把用过的甲骨都精心地埋藏起来。自1899年甲骨文被发现以来，中外收藏的甲骨达十万多片，其中刻写的卜辞共有四万两千多条，大多都已释读。

在整个晚商时代，商王室的大小事务都要通过占卜来决疑、安排，如未来十日内的吉凶、天气好坏、可能会发生的事件，以及王室要进行的重要政治与社会活动等。因此，由甲骨刻字构成的系统占卜档案，事实上就是晚商二百多年间的原始编年史资料。如此，我们就能明白，作为贞人的“史”与作为史官的“史”功能及作用其实是等同的。同时，因卜辞记载了王室将要安排、参与的事件和行动以及为此进行的占卜活动，集卜师、契刻师及史官于一身的“史”（不同的卜辞中写法略有不同）的意义也就必然与事务的“事”密切相关，卜师也就成了负责王室事务的官员。

此类负责王室事务的官员很可能通过自己的职责，即介绍甲骨上的卜兆和由此得到的回答，告知有关人员王室对相关事件的决定。这一职务行为无疑也是甲骨文“”（史）字，即负责王室事务、占卜、契刻及记载史事等多重身份的史官的取形来源。该字表现一只手举着一个捆在棍子上的盒子，盒子中装的应该就是刻有占卜结果的甲骨，也就是要向相关人员宣布的命令或决定。

---

① 见董作宾《甲骨学六十年》，台北：艺文印书馆，1965年，第70页。又见张光远《晚商时代的占卜》（*Late-Shang Divination*），台北《故宫通讯》卷18，第3、4期，1983年，第17页。（原文为英文）作者原注：这里要特别指出的是，在商代占卜活动中，“贞人”负责贞问，“卜人”负责在龟甲上灼烧卜纹，不能把二者混为一谈。

要从卜辞中选取严格意义上的编年资料，我们只要按下面的方法组织材料就够了：先把所有的卜辞都抄录下来，然后根据占卜程序进行简要的归纳，再摘录其中符合编年要求的重要事件和事实，按年代顺序进行排列，最后再把仪礼日期（六十甲子法和常规祭祀）转化成常用日期（即相关商王在位的年、月、日）。而这一体例，正是流传到今日的最古老的编年体史书《竹书纪年》所用体例。我们知道，《竹书纪年》是公元281年从魏襄王（公元前318—前296年在位）墓中发现的，原文写在竹简上，共十三篇。①

《竹书纪年》是对夏、商、周三代直至公元前4世纪末的历史的简略编年史，原本宋代已亡佚。今天所见到的版本为后世辑本，其史料可信度或多或少地受到质疑。不过，由中国现代学者完成的校勘本，质量上乘，提供了有一定参考价值的史料。尽管现存《竹书纪年》是一个持续有增补的辑本，但不管如何增补，辑校者都严格遵循从原始版本流传下来的编年体例，而这一体例，正是我们这里唯一关心的重点。

《竹书纪年》的编年体例是一种我们称之为“原史”（protohistoriographie）的编史体例，也就是上面所说的把从卜辞中摘录的事件原封不动地照抄下来的方法。这里，我想根据《竹书纪年》“原史”编年体例做一个实验，从卜辞中摘出十几条原始事件的记录并进行编排，编制出一段与《竹书纪年》类似的“克隆”版“编年史”。②

在下文中将会看到，我做出的克隆版编年史，几乎与以《竹书纪年》为范本的“原史”编年史如出一辙。换句话说，早期“原型编年史”（protoannales）编写模式也有可能建立在类似实验基础上。为了更清楚地说明我的想法，我把这种用真实素材制作实验文本的程序称为“文本的克隆程序”。这一程序是为了阐明后世某一文本——如这里选择的《竹书纪

---

① ［清］雷学淇：《竹书纪年义证》，台北：艺文印书馆，1977年，第172—179页。

② 作者原注：在动物技术学领域，“克隆”指把动物胚胎中的细胞取出来并移植到卵母细胞的细胞质中的无性繁殖过程，由此得到与原个体完全相同的副本个体。我在本文中借用“克隆”一词，指从胚胎文本中摘录核心史料，然后原封不动抄录下来，制作成编年史文本。本文中的胚胎文本是商代的甲骨卜辞，克隆文本是《竹书纪年》中有关商代的编年史。也就是说，后者是把前者中有用的核心内容（包括人物、时间、地点及事件，相当于胚胎细胞）抄录到一个干净的竹简（相当于卵母细胞）而复制成的编年史。在我看来，与动物克隆实验一样，这样的编年史也是一种通过实验得出的“克隆文本”。译者按：先生认为，尽管在《竹书纪年》成书年代没有出土甲骨文，但当时史官应该有流传下来的抄本。

年》这一编年文本——具有什么样的“再造”特征。也就是说，这一程序是通过重构某一文本历史背景，运用同一“母本”题材（如这里的卜辞素材）进行相同文字处理，来制作出一个与之相类似的“克隆本”。

在这里，我的实验是“克隆”出《竹书纪年》中有关武丁时期的编年史。武丁是盘庚迁都于殷之后的第四位国王，据称在位时间近60年，年代跨越公元前14和前13世纪。清代学者雷学淇（1743—1821）在1820年印行的著作中有专门研究。《竹书纪年》中关于武丁的内容共13条，这里按1至13编号。这十三条内容，与卜辞中关于武丁“内核”的事件相契合，也就是说，是删去卜辞中程式化的占卜程序和祭祀内容之后得到的史实。为了证明这一假设，我也从甲骨一期大量武丁时期的卜辞中选出十三条卜辞（副1至副13），内容与《竹书纪年》非常接近，有“同宗”对应关系。下面将《竹书纪年》的十三条原文、克隆版的十三条卜辞分别列出，并逐条对照。[①]

《竹书纪年》原文[②]：

［武丁元年丁未王即位居殷］命卿士甘盘三年梦求傅说得之六年命卿士傅说视学养老十三年报祀上甲微二十五年王子孝已卒于野二十九年肜祭太庙有雉来三十二年伐鬼方次于荆三十四年王师克鬼方氐羌来宾四十三年王师灭大彭五十年征豕韦克之［五十九年陟］

下面是我根据卜辞编制的克隆版文本：[③]

令以子尹立帛 // 王梦惟祖乙令介以疾立于䟫于大学爰 // 侑于上甲十牛 // 六日戊子子弢死 // 乙酉肜唐 // 我伐马方帝受我祐于雉次 // 惟王往伐𢀛方受祐兴方来 // 王捍卫受祐 // 王収人五千征土方受祐

《竹书纪年》版与克隆版武丁编年的逐条对照：

1. 命卿士甘盘

副1. 令以子尹立帛

① 译者按：下面三段都是法文译文，中文原文收在附录一中，译者在这里直接给出原文。

② 作者原注：中括号内文字是原文首句与尾句，不是我们要“克隆”的内容。

③ 作者原注：在真正的编年史中都会注明事件的发生日期，这里用双斜杠代替。

2. 梦求傅说得之
副 2. 王梦惟祖乙

3. 命卿士傅说
副 3. 令亻以疾立于𬨎

4. 视学养老
副 4. 于大学爰

5. 报祀上甲微
副 5. 侑于上甲十牛

6. 王子孝已卒于野
副 6. 六日戊子子弦死

7. 肜祭太庙有雉来
副 7. 乙酉肜唐

8. 伐鬼方
副 8. 我伐马方帝受我祐

9. 次于荆
副 9. 于雉次

10. 王师克鬼方
副 10. 惟王往伐𢀛方受祐

11. 氐羌来宾
副 11. 兴方来

12. 王师灭大彭
副 12. 王捍卫受祐

13. 征豖韦克之

副 13. 王収人五千征土方受祐

二者在制作模式上的类同不言而喻，但在制作程式上，还有以下几点需要说明。

第一，我制作的“克隆”本是以卜辞原貌形式呈现的，没有增加任何说明性文字，也没有给出相应参照日期。文中除了保留核心事件的日期外，删去了卜辞中原有的占卜日期（六十甲子法）。一般而言，古代史家在制作编年史时，都会把甲子日转换成习用的年、月、日的日期。对于习惯于此类计算的史家而言，这种转换易如反掌。《左传》襄公三十年中就曾提到，几位礼历大师根据一位老人出生的甲子日，轻而易举地算出了他的年龄。[①]

第二，我所制作的“克隆”本完全是刻意而为，因此也根本不是任何一种可能重构的武丁时期的编年史。我所做的，只是要构拟一种“原史”编撰格式。事实上，我们不可能真正重构出一部武丁时期的编年史，即使能够编出，也没有任何意义。因为要研究这段历史，我们直接去研究原始卜辞资料就够了，完全没必要吃力不讨好地把这些资料编撰成一部循规蹈矩的编年史。

第三，《竹书纪年》关于武丁时期历史事件的记载，只是商代大量“卜史”文献中极小的一部分。诚如我们所知，甲骨一期卜辞总数达两万三千余条（多为残辞），《竹书纪年》中的十三条记载只选取武丁时期三四件史料，即占梦事、祭两位先王事、王储“子尹”丧葬事及征伐诸“方”事。这里我们要问，如果说《竹书纪年》的“原史”编撰者相当重视武丁时期的原始资料（即流传下来的卜辞抄本），而 20 世纪的考古发现又证实晚商时代确实存在大量甲骨资料，那么，为什么只有公元前 4 世纪魏襄王墓中简牍才保存了寥寥数条史实？因为从卜辞中摘编下来的“原型编年史”著作都写在容易腐朽的简牍上，后来大多化作泥土，而甲骨则因其耐腐性强保存至今。

我在这里进行的“克隆”实验，目的是揭示中国历史文本的最早格式

① 译者按：事见《春秋左传·襄公三十年》：“臣生之岁，正月甲子朔，四百有四十五甲子矣，其季于今，三之一也。”师旷等算出的年龄是 73 岁，共 26660 天。引自［周］左丘明传，［晋］杜预注，［唐］孔颖达正义，浦卫忠等整理，胡遂等审定《春秋左传正义》，见李学勤主编《十三经注疏》，北京：北京大学出版社，1999 年，第 1279 页。

是如何产生的。在相当长的早期历史中，文字都是“史官”群体独有的特权，因此这种编年格式很少发生变化。作为证据，我们可以看到，从武丁时期卜辞的“内核”事件到一千年后《春秋》纪年，这一格式一脉相承，二者之间具有相当类似的特征。在早期历史上，史官体文字发生的唯一革新是青铜铭文。从商代晚期开始，出现了在青铜礼器上记录王室重大事件的传统。而在组织、安排这些事件之前，也一定伴有占卜活动和相应文字记录。但是，记录这些事件的铭文格式与记录占卜的卜辞格式必然有所不同。可以说，正是这两种格式造成了《春秋》与《尚书》文字上的区别。不过，这两种文字是规范的、技术性很强的“典章体”（codicographique），不是严格意义上的文学体。

在战国时期诸子百家兴起之前，中国只存在由“史官”编撰的典章类文字。此类典章有多种类别，但都不具有文学特征。其中第一类是由编年史和青铜器铭文抄本构成的“史典”类著作。第二类是占卜档案，即“卜典”类著作，包括《易经》和据称比《易经》更早的《连山》《归藏》。后两部是卜师阐释甲骨兆象的释辞汇编，具有较强的思辨特色，但均已失传。第三类是系统收集的民间歌谣，或者说“谣典”。上古时代的官方对此类文字极为重视，因为它反映了当时的“民意”。此类歌谣由史官收集、记录，并以宫中曲调和仪礼节奏传唱，从而构成了我们称之为传递民声、上达王室的“媒介”档案，《诗经》是其中的代表作。① 不过，即使是第三类文献，也同样是由史官——卜师加工完成的典章式著作。因此，《诗经》中的歌谣结构与格式化的占卜语言间也存在“同宗”特质，其诗句简洁明快（与卜辞句式颇为类似），字词构造叠加（类似于卜辞中对同一命辞的重复贞问），以及同一诗节中不同诗句之间严格的平行关系（类似于卜辞中对同一内容的正、反对贞，以及根据不同人名、地名、祭法或祭品进行反复贞问等）。我们同样可以认为，在《诗经》中出现的大量象声词和卜辞中常见的声音假借词间也存在一定关联。

从上文论述中，我们清楚地看到，占卜文献、编年文献与占卜活动之间存在密切关系。那么，占卜活动与作为媒介类的歌谣文献间又存在何种关系呢？在我们看来，民间歌谣给人的感觉是某种“天意”的表达。这就

① 作者原注：如果我们按照这里对《竹书纪年》的克隆方式对《诗经》和《易经》的某些摘抄内容进行同样的克隆对照，应该不是一件难事。

是周武王在《尚书·泰誓》中所说的"天视自我民视，天听自我民听"[①]。从字形上看，民谣的"谣"通"繇"，与《易经》"繇辞"的"繇"为同一字。因此，即使我们不去质疑《诗经》的诗歌价值，其所揭示的也更多是史官文献特质，而非严格意义上的文学特性。

中国文学产生于历经千年积淀的庞大典章基石之上，从而区别于其他文明借由口语传统而产生的文学。正是在这一基石上，中国形成了与西方不同的文学门类，并由此产生了中国特有的思想体系。显然，这一体系与我们自诩为唯一秉持理性精神的古希腊、罗马思想家所构造的体系大相径庭。[②]

附录：用于"克隆"的十三条卜辞全文

副 1：令以子尹立帛（屯南 341.2）

副 2：癸丑卜嗀贞王梦惟祖乙（合集 17373 乙 -2）

副 3：令介以疾立于䧹（屯南 341.1）

副 4：于大学爰（屯南 60.4）

副 5：甲寅侑于上甲十牛（合集 1148）

副 6：六日戊子子弢死（合集 10405 正 -2）

副 7：乙酉肜唐正（合集 1303 正 -2）

副 8：甲辰我伐马方帝受我祐一月（合集 6664 正 -5）

副 9：于雉次（合集 7352 正 -1）

副 10：贞惟往伐舌方受祐（合集 6213.1）

副 11：兴方来（合集 6530 正）

副 12：辛未卜嗀贞王捍卫受祐（合集 6883）

副 13：丁酉卜嗀贞今著王𠬞人五千征土方受祐（合集 6409）

---

① 《尚书·泰誓》。引自［汉］孔安国传，［唐］孔颖达疏，廖明春、陈明整理，吕绍纲审定《尚书正义》，见李学勤主编《十三经注疏》，北京：北京大学出版社，1999 年，第 277 页。

② 译者按：本文法文原题为：«Entre divination et écriture. Essai de clonage d'un texte: Annales sur bambou»，原载于法国《中国研究》（*Études chinoises*），1999 年，第 18 卷，第 1–2 期，第 128—135 页。先生后以《从殷商甲骨刻辞到〈春秋〉——浅论中国"历史"观念的形成》为题，于 2006 年 12 月 14 日香港大学举行的"庆祝饶宗颐教授九十华诞国际学术研讨会"开幕式上作主题演讲，载《华学》第九、十合辑，上海古籍出版社 2008 年出版。2010 年 8 月 28—29 日于台湾"国家文化总会"和"中央研究院"联合举办的"甲骨文与文化记忆——世界论坛"上同题作主题演讲，今以《占卜与文字的关联——试论〈竹书纪年〉中一段编年史的"克隆"式制作》为题收入本书，李国强、李晓红译。

中国思想史的历史观是什么？是如何形成的？

历史是人文科学中最古老、最有表现力，也是最特殊的一个学科门类。在所有人文文化中它都占有非常重要的地位。在西方，希腊神话里掌管文艺的九个缪斯女神中，第一名即为主管历史的女神克利俄（Clio）。而在中国，学术的创立者是孔子。我认为他撰写的著作中最值得评介的就是《春秋》，即中国最早的有关历史的经典著作。孔子曰："知我者其惟《春秋》乎，罪我者其惟《春秋》乎？"[①] 然而，西方文化和中国文化中对待历史观这一重要的学术观点有很大差异，它们的形成过程也完全不一样。下面笔者试图剖析中、西方文化历史观的区别及其来源。

西方文化历史之父希罗多德（ΗΡΟΔΟΤΟΣ，前 484—前 425），原本就是一个博学并有好奇心的人。大约从 30 岁起，他就开始了漫长的旅游生涯。每到一处，便多方搜集民谣和民间传说，了解各地风土人情。公元前 443 年以后，希罗多德便致力于把他所听说的战争、政治及民间传说等故事，特别是涉及希腊人与波斯人战争冲突等史实的故事编撰进他的书中，这是一部史无前例的著作。当时人们极其重视这部著作，称其为"故事"。随着这部书的问世，"故事"一词又有了新解，即"历史"。

中文中"历史"字源与西方完全不一样。"史"字初见于甲骨文，指一种官职或官阶。什么官职呢？古文里"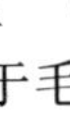"字是一个会意字。从""（手）执"笔"。但是，它的特点却在于毛绺向上，不像毛绺向下的古字""（甲骨文写法，聿），或""（聿），即"写字"的"写"古字。我认为，代表"史"官职的这个毛笔"聿"字应是毛绺向上的，因为它不是写字用的毛笔，当时的甲骨文字不是用毛笔写的，而是用刀刻出来的。那

① ［清］焦循：《孟子正义》，北京：中华书局，1987 年，第 452 页。

么最早的史官用的毛笔又是怎样的呢？考古发掘出土的甲骨文片中，有占卜文字的地方被史官用毛笔涂上了墨色或朱砂色。这又是怎么涂上的呢？我想就直至20世纪中国南方的他鲁人依然沿用的“羊骨卜”习俗提出一个假设。[①]他鲁苏人的习俗是，当羊骨烧裂并刚生出裂纹时，巫师就“急忙用手抹去灰烬，在火塘边拈一点黑灰，在骨头反面被烧裂之处抹一下”（我们暂且称此法为“墨占法”），于是裂纹内因为有了黑灰，便明显露出兆坼。之后巫师再将黑灰揩去，即为卜兆。现存大部分甲骨文片中，由于黑墨或朱砂也被抹去，所以留存墨迹或朱砂痕迹的片子并不太多。可以证实这个假设的《周礼・占人》说：“史占墨。”[②]“史”即“卜”，“墨”则是史官所涂抹的兆坼，所以“墨”字含义的引申义就意味着兆璺，而涂兆璺的毛笔很可能就成了操行占卜官员的徽记，因此它从“手”执“笔”，这两个部分便构成“史”字，也意味“占卜专家官职”之意。结论是，中文“史”的本意，不仅是写字的“史”官（或称“书吏”），同时也是操行占卜术的“史”，即“巫史”的“史”。

在中国古代，历史与占卜术关系本就非常密切。中国历史的原始编纂形式就是那种被捆扎成册的甲骨文片子的样式。由于殷商时代每天都要事先卜龟，用灼龟见兆的方式对打仗、祭祀、立君、婚丧嫁娶、生老病死等事件进行预卜凶吉、问天意，而后决定行止，所以史官们只需要把上面刻有卜辞的甲骨片搜集起来，自然也就得到了天气、所作所为等的日记记录。换句话说，这也许就是原始史书体例的雏形。实际上，史官已经习惯把这种甲骨文片子搜集起来，但是初期也只是“以比其命”[③]，也就是说用占卜学观点编纂甲骨文集。当史官占卜者们开始把刻在甲骨上的卜辞登记在专用记事簿上，而不再搜集甲骨片子时，也就是他们开始用史学观念看问题之时。随后，史官们就把关系到占卜学术中的占辞部分及关系到事件发生的命辞部分，都分别记录在特定记录簿上。史官们把记录关于占卜的材料编纂成早期《连山》和《归藏》，而有关历史的记录材料，后来被编纂成早期《春秋》。

早期《春秋》典型体例表现在后世《竹书纪年》一书模式上。《竹书纪

---

① 参看林声《云南永胜县彝族（他鲁人）“羊骨卜”的调查和研究》，《考古》1964年第2期。

② ［汉］郑玄注，［唐］贾公彦疏，赵伯雄整理《周礼注疏》，见李学勤主编《十三经注疏》，北京：北京大学出版社，1999年，第649页。

③ 同上书，第649—650页。

年》被学者称为除《秦记》以外唯一留存的未经秦火的编年通史，具有特殊的历史意义。2006年，我参加饶公九十华诞研讨会，曾经报告过我以下观点:《竹书纪年》构造只不过是把从卜辞中摘录出来的命辞句子，一件事一件事陆续记录下来的模式。此不赘述。现在我要阐述的是中国历史源于中国占卜术，而中国历史的发展受占卜学影响甚深。

占卜本就是通过龟卜过程中的各种变化去推测一件事，当兆象显现后，再卜吉凶。中国历史学思维方式采取的是占卜过程的倒装形式，即先看已被落实的过去发生的事，再去解释它有利或没有利，在它出现的现象中寻找显现的先兆。我认为历史学理念应该近似于占卜学。中国史学思维基于中国占卜学思维。这两个门类的学科均以阴阳五行学说为基础。《吕氏春秋·应同》篇说舜、夏、殷、周历史归于五行中“一个”接“一个”的胜负转化过程，这就是所谓“五德转移”说，其道理在于“阴阳相合”过程。这是众所周知的道理，此不赘述。我只想提醒大家注意以下一点，即之所以会是木胜土、金胜木等顺序，而不是先因后果关系，是因为它们遵循的是宇宙化了的顺序，即周而复始、循环运转顺序。表现这种顺序的是各种变化所显现出的先兆。例如，土胜水以前，“天先见大螾大蝼”，黄帝明白这是“土气胜”先兆；过了一个时代，“天先见草木秋冬不杀”，禹明白这是“木气胜”先兆；再过一个时代，“天先见金刃生于水”，汤王明白这是“金气胜”先兆；再过一个时代，“天先见火火赤乌衔丹书集于周社”，文王则明白这是“火气胜”先兆。[①]到了战国时代，即撰写《吕氏春秋》这部书时，得出的结果是水将胜火先兆。

变化先兆这一道理基于所谓宇宙“感应”（induction）定律。感应的道理非常符合医学规则。因为医学是医生根据体内器官与表现器官状况的身体上的症状，去研究它们之间关系的学科。而器官与症状的关系是通过观察、检查、实验和实践（望、闻、问、切）后加以罗列现象并分析，进而得到证实的。所以，中国学术门类中，中医学被列为诸科学之首。而史学则不同，事件本身与先兆的关系是十分理性的。所以，从汉朝到宋朝的一千年中，“五德转移”说引发很多人议论，直至其最终被逐出历史学主流而消亡。但中国思想史中的历史观仍带有很深的阴阳五行哲学色彩，历史

① ［汉］高诱注，［清］毕沅注，徐小蛮标点《吕氏春秋》卷十三《有始览》，上海：上海古籍出版社，2014年，第251页。

观甚至还被史学家们宇宙化，这是中国历史观与西方历史哲学之间最重要的差别。

中国占卜术不仅影响历史观形成，还影响史书编撰。假如以之后预见的事件（命辞）为下层，以产生征兆而卜出吉凶（即判断占辞）为上层，我们可以看一下占卜是如何进行双层性操作的：中国传统史书修撰一般分为两层进行，下层是史官把事件一一记录下来，编成所谓“实录”；上层是把实录记录的未经考证的材料理性化，编成“正史”。两层操作分别进行，典型即《春秋》经、传。各层修撰有各层原则：撰写实录原则为“正名”，编纂正史原则为“应同”。“正名”原则在于史官们不仅要如实记录事件，且不能选择模棱两可的字眼或词阐述事件，这也许就是“微言大义”希望表达的意思。“应同”原则是用同类现实相互感应原理，即以取象比类原理解释历史性现象。

中国史学家经常选用的逻辑原理不是因果原理，而是“应同”原理。原因何在？因为有的编年史书不注重原因及后果间的关系。它与故事体裁的史书不一样，不叙述事件，而只注意事件的排列。例如《春秋左传》中史官们是如何记录中国历史上最早的刑法法典的呢？这件非常重要的历史事件讲述的是鲁昭公六年（公元前 536）三月郑国执政大卿子产所著《铸刑书》一事。这是中国历史上第一次公布成文法的历史事件，而《春秋》经文中竟未予记录。这可能因为郑国发生此事时，鲁国史官并未明了其重要性。该年记录此事件的仅如下字句：初月，杞公死，已死秦宫安丧；夏季，鲁国执政人拜访晋国，杞公安丧，宋国一位大卿逃到卫国；九月，发生大旱而举行求雨礼仪，楚国军攻击吴国，等等。一共七件事情，都不是描写，而只是罗列性排列。真正描写其情况并解释这七件事情的是在一百多年以后左丘明所撰写的传中。到了左丘明的时代，人们明白了编纂刑典是一件非常重要的事情。因此，虽然经中没有记录，但左丘明依然将其登记在了传文之中，甚至加以详细叙述。可是他所叙述的仅仅是编纂刑典的形式（在《铸刑书》里），亦即将刑典刻在铜器上，至于刑法替代礼治的理由与后果，都未曾写及。当然他也记录了同一月份的晋国大卿叔向所寄的内含评论的一封书信。最后，传文还记录了子产同僚士文伯大卿的事。士文伯曾尖锐地表达过他的建议：虽然天上火星还未出现，但是郑国生火（指含有“火气”的刑典）一定会引发影响郑国的火灾。这就是运用“应同”原理解释事情的一个典型例子。它意味着对社会有害的政治动乱必将引发相互感应的宇宙混乱，而宇宙混乱亦会引发其他相互感应的灾难。

《春秋》经传的史论体例在当时是有变化的，一般认为中国史学之父司马迁所撰写的《史记》开创了所谓纪传体，但纪传体的中心精神仍然是按照编年体的"本纪"方式。这种写法一直延续到20世纪。我认为二十五史的史论体例基本延续《史记》体例。

另有一说是司马迁死后，撰写国史的官员不再被封为"（太）史"，但他们仍属于政府部门。班固做兰台史令，后来继承他的责任的官员被称为郎、舍人、内相等，都隶属于国史院的制官体系范围。总之，编纂史书是被当局控制的，甚至可以说是被相当严格地控制着。众所周知，西汉时司马迁被汉武帝判处宫刑，所以他不敢发表《史记》，而将之藏到他女儿家中。清代最严重的"文字狱"涉及抱有激进意见的私人史书撰写者，如康熙二年（1663）不惜千金编纂《明史辑略》的庄廷鑨虽已死去，仍被皇帝命令戳尸毁棺。同时参与纂修明史工作的十八人被凌迟处死，遭斩首者达七十人之多，妻妾子孙被流放为奴者更数以百计。

当然，正史、野史仍世世代代地延续着，不断被撰写，其中一类是编年体等类似体例的作品，如通史、通典、学案等，另一类是编年体本身演变的作品，如通鉴、纪事本末体等，直到20世纪初叶西洋史学的史书体例被中国完全采用。值得注意的是，属于中国马列主义史学的一派学者，他们消化并运用了典型西洋历史哲学的辩证唯物论。

1. 历史唯物主义理论分析的社会经济基础与社会意识形态、上层建筑之间的关系，表面上很像中国思维中使用过的"感应"理论。

2. 所有的社会历史都具有相同分期，先是原始社会时代，再是奴隶制时代，再经过封建制时代、资本主义时代，一直向共产主义时代发展，看起来类似于中国的"五德相生"。①

---

① 本文原题《中国思想史中的历史观》，为汪德迈先生在"第二届饶宗颐与华学暨香港大学饶宗颐学术馆成立十周年庆典国际学术研讨会"上的演讲，李晓红译。后以《中国思想史的历史观是什么？是如何形成的？》为题收入郑炜明执行主编的《饶学与华学——第二届饶宗颐与华学暨香港大学饶宗颐学术馆成立十周年庆典国际学术研讨会论文集》，上海：上海古籍出版社，2016年，第9—11页。

中国传统中的至高社会标准：文学的“文”和伦理的“仁”

在香港大学饶宗颐学术馆的“饶宗颐讲座”中第一个发言，我感到莫大荣幸。这个荣誉，我不敢归于我个人的什么成绩，仅仅因为我是饶宗颐先生教授的学生而已。因此我讲的题目关系到我个人—— 一个外国人，如何感谢伟大老师饶宗颐先生的教诲，是他使我明白了中国文化及其最独特的非物质性结果，即文学的“文”和社会关系的“仁”①。

请诸位允许我首先表达我对于中国文化的“文”的看法。

我们西洋的文化并不是“文”的文化，而是说话的“话”的文化。当然它也有文字，没有文字的文化不会发展，要获得发展，需要先稳固好发展的第一阶段，安排好一个跳板，并依靠它跳到下一个阶段。然而，在稳固文化发展过程的每个阶段，社会记忆力来不及保存各种各样的文明成果，而我们也并不知道哪些成果将成为进步因素，而能看到这些的只有文字。所以没有文字的社会只能无休止地重复文化开始的阶段而难以发展，相反，

---

① “文”，许慎曰：“错画也。象交文。凡文之属皆从文。无分切。”段玉裁注曰：“错画也。错当作逪，逪画者这逪之画也。《考工记》曰：‘青与赤谓之文。’逪画之一耑也逪画者，文之本义。彣彰者，彣之本义。义不同也。黄帝之史仓颉见鸟兽蹏迒之迹。知分理之可相别异也。初造书契。依类象形，故谓之文。象交文。像两纹交互也。纹者，文之俗字。无分切。十三部。凡文之属皆从文。”引自［汉］许慎撰，［清］段玉裁注《说文解字注》，上海：上海古籍出版社，1988 年，第 425 页。“仁”，许慎曰：“亲也。从人从二。忎，古文仁从千心。𡰥，古文仁或从尸。”段玉裁注曰：“亲也。见部曰：‘亲者，密至也。’从人二。会意。《中庸》曰：‘仁者，人也。’注：人也，读如相人偶之人，以人意相存问之言。《大射仪》：‘揖以耦。’注：言以者，耦之事成于此意相人耦也。《聘礼》：‘每曲揖。’注：以相人耦为敬也。《公食大夫礼》：‘宾入三揖。’注：相人耦。《诗 · 匪风》笺云：‘人偶能烹鱼者，人偶能辅周道治民者。’《正义》曰：‘人偶者，谓以人意尊偶之也。’《论语》注：‘人偶同位人偶之辞。’《礼》注云：‘人偶相与为礼仪皆同也。’按：人耦犹言尔我亲密之词。独则无耦，耦则相亲，故其字从人二。《孟子》曰：‘仁也者，人也。’谓能行仁恩者人也。又曰：‘仁，人心也。’谓仁乃是人之所以为心也。与《中庸》语意皆不同。如邻切。十二部。”出处同上书，第 365 页。

文字一旦发明，社会就可以得到发展。只不过，文字系统不同，对各个文化发展方向的影响也不同。西洋文化，至少直到目前，发展得算是“痛快”的一种文化，这多亏了它的文字—— 一种非常方便的文字系统，一种字母系统。但是这个系统的本质特点在于字母仅仅代表说话的“话”的音素，它属于所谓表音文字的种类。可以说，这是一种没有文、只有字的系统。我们不应该把文和字母混同起来，文本身是有意义的，即使丧失所依据的特征；而字母本身则一点意义都没有，它仅仅用来书写，标注出所说的话，字母对其所代表的话的声音是完全透明的。因此，表音文字文化中，上古时代的人以为人“说”的“话”是神的能力（创造宇宙和万物），而且以为字母中包含万物存在的理由，因为它们都为这个神所创造。最明显的例子是印度宗教，它把世界的创建和神性的实体结合在一起，归纳为神圣的音节“唵”（AUM）。基督教同样以为上帝所发圣言的性质是灵神，其性质是“形而上”的全能理解力。另外一方面，《圣经》第一卷起始说：

> 起初“神”创造天地。地是空虚混沌，渊面黑暗；神的灵运行在水面上。神说，要有光，就有了光……神说，诸水之间要有空气，将水分为上下。神说，地要发生青草和结种子的菜蔬，并结果子的树木，各从其类，果子都包着核。事就这样成了。于是地上发生了青草和结种子的菜蔬，各从其类；并结果子的树木，各从其类，果子都包着核……神说，天上要有光体，可以分昼夜，作记号，定节令、日子、年岁……事就这样成了。[①]

创造宇宙和万物的道理，在于说话的“话”。

中国的传统则完全不一样。第一，没有创造，只有造化。宇宙没有开始也没有终结，但是常常有自然变化。第二，所有宇宙和万物变化（中国文化基础性的范畴不是存在而是变化）的道理不在于什么“形而上”（métaphysique）说的话，而在于映照“形而上”原则的“文”，代替我们《圣经》中上帝“说”的“话”（声音）创造万物。中国神话中先有伏羲看天象、地理而制造八卦，再有皇帝之史仓颉看鸟、兽足迹而制造文字，用来书写“文言”（即不是口语而是“文”的语言），解释伏羲所制造的原始

① 《圣经》，上海：中国基督教三自爱国运动委员会、中国基督教协会出版，2009 年，第 1 页。

“卦言”，进而从文言发展出后来的“文章”。

在这个神话里，一个非常重要的内涵是中国文化的“文”有三个层次。“文字”的“文”是第一层次，比较具体的层次。此“文”是仓颉制造的，用以将伏羲制造（非常抽象）的八卦具体化。用爻来组成八卦和重卦的“文”是第二层次，属于伏羲通自然“形而下”现象而明了“形而上”原则的水准。[①] 天象和地理是第三层次的“文”。该“文”是自然的，不属于文化，但其意思还在“形而上”水准。其实，这些现象的构形映照“形而上”的阴阳五行原则，只有圣王伏羲通晓并能创造符号代表它们。天象和地理只是这些自然之文的部分比喻，还有很多其他自然的“文”，如老虎皮毛条纹、蜻蜓细细的翅脉、黎明时天上的金黄色、水汩汩之声……但非圣王者无法通晓。

以上概述的“文”的系谱都源于神话。最奇怪的是，这些神话对于与中国文字起源关系最密切的、历史上最重要的事件，即用甲、骨占卜及甲骨文，竟一句话也未讲。也许是因为这些神话的创造时间需要追溯到周朝初年，彼时殷朝传统历史都属于禁忌。在我看来，“文”真正系谱如下：兽肩胛占卜→龟甲占卜→用钻凿甲骨办法来得到“卜”型兆纹→甲骨文→文言→数字卦→《易》卦。关于这个系谱，我已经发表过好几篇文章，此不赘述。

至于文字的“字”，它们都是以“文”造出的“会意字”和“形声字”。总之，中国文字不仅是表意性的，甚至有特别的本质——“文”的本质。

这方面，中国文字不但与西洋文化的字离得很远，而且与苏美尔和埃及的表意文字离得也很远。因为苏美尔和埃及的文字，尽管是表意性的，但与西洋的表音字一样代表声音，仍然没有“文”的本质。所以，苏美尔和埃及的文化与西洋文化一样，也有有神论的宗教。相反，中国文化是一个以“文”性为基础的文化，所以也是一个废除宗教的文化。（佛教是从另一个文化——印度文化传来的，道教是受到佛教的影响而将道家思想宗教化的。）

请允许我阐明这一要点。中国文字不代表声音，也不会导致人们思

① “形而上”（métaphysique）指所有在物理世界之上的或曰超越物理世界的，即超越现实的、确认存在的、可测量的物理世界的现象之上的；“形而下”（réel, existant, constatable, mesurable）指现实的、确认存在的、可测量的物理世界里的现象。参见《与西方文化基础的神学相比较之中国的占卜学》。

辨“形而上”的说什么神圣话的神圣人物。这种文字导致人们思辨关于与“形而上”对应的“文”有什么原则（阴阳五行）。进行这样思辨的人是创造中国文字的占卜术专家，他们是上古时代萨满教巫师的继承者。萨满教的世界观认为人世间有形（“形而下”，réel，existant，constatable，mesurable）的自然，被上世界（或曰天上世界）没有形（“形而上”）的对应的“上自然”控制，这种宗教的信仰者认为万物之中的每个物（每座山、每条河、每棵大树、每个像龙的动物等）都有灵神。他们的上帝只不过是整个万物的灵神（所以后来这个宗教容易生成阴阳五行论的“上天”看法）。当然，占卜术专家进一步思辨到“形而下”与“形而上”的相关论，尤其是思辨到通过占卜得到的代表“形而上”的、决定未来的图纹结构（早期是“卜”形的甲之坼纹结构，后来是“卦”结构）和“形而下”世界里发生的事情之间的联系。这样，中国文化就渐渐发展出与西洋文化神学迥异的“占学”。

在思想方面，神学与占学的根本差异表现如下。第一，在神学里，“形而上”的主要概念是上帝。上帝永远存在，绝对不变。因此，从神学中发展出的思想认为先有不变的本质，再有可变的属性，即本质是绝对的，变化是相对的。但从占学中发展出的思想则相反，它认为变化是绝对的，本质是相对于变化而存在的。为什么呢？因为所有占卜的物件都是要发生变化的。比方说，希腊思想家所讲四要素风、水、土、火都是万物本质要素，而中国思想家所讲五行木、火、土、金、水不是万物要素，而是引起万物所有运动或变化的五种主要动力，即木性动力（曲直力）、火性动力（炎上力）、土性动力（发芽力）、金性动力（烙化力）和水性动力（润下力）。第二，上帝拥有至高无上的权力，没有任何可以脱离上帝而独自存在的活动，这个神学原则成为西洋思想中最重要的范畴——因果律，即“没有无因的果”。虽然中国思想家不说存在无因的果，但在占卜学范围内，原因与后果的关系并不明显。在这个范围里，变化的道理基于类似结构的现象互相感应，因此他们用结构性的相关感应论解释因果关系不明的现象。结构性相关的特点在于相关现象之间取代掉连串的因果关系，代替以虽无接触但可以互相感应的关系。比方说，中国医学针灸疗法中，刺激的穴位与反应的器官间没有器质性关系，但通过耐心的“望、闻、问、切”过程，经过观察与审视，中医师会针对身体内器官结构、身体表面有结构性的腧穴，有技术地刺激相关穴位，届时彼器官便会发生感应。结构性的相关道理也体现了中国思想的特殊性。不过，这种特殊性对于基于因果关系（causalité）而建立的西洋思想来说显然难以理解，或被认为是不合理的。中国科学传统中最能体现这个道理的是中医，因为在医学、生物学上，大多数病理其生理现象原因不明。相对应性理论用来解释它们显得非常恰当。因此，在占学发达的中国思想中，中医是科学之王，但同时也是中国科学体系中唯一一个无法与西方近代科学潮流相融合并共同构成世界性科学体系的学说。

相对应性理论的一个奇妙应用体现在汉字字汇的组织里。这个组织是按照该道理逐渐条理化的。演变完成以后，整个字汇的汉字差不多都依照形声字构形标准化了。现在，形声字占整个字汇的百分之九十五以上。这就是说，宇宙万物一被汉字的“渔网”捉住，相应的字就进入一个有干系又有支系的字亲族，进入每个干系的字有若干形旁相同的字，进入每个支系的字则有若干声旁相同的字（图6）。整个字汇有几百字族，这些字族的字并不一样多。比如“构”字亲族的字很多——“木”干系有550余字，“勾”（“句”）支系有20余字，但是“鼐”字亲族的字很少——“鼎”干系只有2—3个字，“乃”支系只有7—8个字。在别的文化里，代表“话”的符号也有系统，可是无论是表音符号（字母）还是表意符号（意符），都没有这样讲究的组织，而只有又复杂又不明确的词源组织。西方对词源问题不是没有兴趣，可是我仅重视语言的历史。西方文学中，词源问题大概没有直接作用，汉语文言却相反，字族，尤其是字族干系，在文学上作用非常重要。

文学是什么？文学是观察世界并用“文”做文章来表达具体看法的一种方式。如果看法是科学的，那么得到的就是科学的文章。但是，我们一般所称的文学不是依靠科学的看法，而是依靠别的看法，即审美。所以刘勰《文心雕龙》将文学的“文”与非常好看的一些动物皮毛上的“文”相类比（此处“文”同“纹”），说文学是一样的“心”之“文”。[①] 事实上，“文”字原指在人胸部上刺画花纹，后演变为：（1）装饰，（2）花纹，（3）象形字，（4）文字，（5）文章。刘勰的论法是把那些意义都合在一起，以使“文”成为人和自然验合而成的、很美的、代表人类的自然装饰。这种

① 刘勰《文心雕龙·原道》：“故形立则章成矣，声发则文生矣。夫以无识之物，郁然有彩；有心之器，其无文欤！”见［南朝梁］刘勰著，范文澜注《文心雕龙注》，北京：人民文学出版社，1958年，第1—2页。

看法不知不觉地受文字来源的占卜技术启发。经历简单观察自然火焰在兽骨上引起缝隙这种占卜技术初步阶段后，“占学”时期，巫师（文学作者的前辈）细心预备甲骨，与自然合作，产生讲究的“卜”形兆坼（文字原型），所以基于占学思想的文学理论非常强调作者和自然的融合。

	homme 人，亻 *ren*	**force** 力 *li*	**cœur** 心，忄 *xin*	**arbre** 木 *mu*	**eau** 水，氵 *shui*	**soie** 纟 *si*	**herbe** 艹 *cao*	**parole** 言 *yan*
moitié 半 *ban*	compagnon 伴 *ban*		rétif 怑 *pan*	sébille 柈 *fen*	fondre 泮 *pan*	entraver 絆 *ban*		
direction 方 *fang*	imiter 仿 *fang*			campêche 枋 *fang*	voguer de conserve 汸 *fanf*	filer 紡 *fang*	parfum 芳 *fang*	s'informer 訪 *fang*
diviser 分 *fen*	part 份 *fen*		colère 忿 *fen*	orme blanc 枌 *fen*	(nom de rivière 汾 *fen*	emmêlé 紛 *fen*	bonne odeur 芬 *fen*	bredouiller 訜 *fen*
travail 工 *gong*	gros 仜 *hong*	exploit 功 *gong*	anxieux [illegible] *gong*	banc 杠 *gang*	fleuve Bleu 江 *jiang*	rouge 紅 *hong*		discorde 訌 *hong*
ancien 古 *gu*	prix 估 *gu*		confiance 怙 *hu*	bois mort 枯 *ku*	vendre/acheter 沽 *gu*	espèce d'arbre 結 *gu*	amer 苦 *ku*	gloser 詁 *gu*
broutilles 戔 *jian*	pâle 俴 *jian*		nuire [illegible] *can*	magasin 棧 *zhan*	peu profond 淺 *qian*	fil 綫 *xian*	espèce d'herbe [illegible] *shen*	éloge 諓 *jian*
se croiser 交 *jiao*	élégant 佼 *jiao*	imiter 効 *xiao*	attentif 恔 *xiao*	vérifier 校 *jiao*	nom de rivière 洨 *xiao*	serrer 絞 *jiao*	espèce d'herbe 茭 *jiao*	appeler 詨 *xiao*
ruisselet 巠 *jing*	habileté 俓 *jing*	robuste 勁 *jing*	rancœur [illegible] *xing*	ensouple 桱 *jing*	fosse 涇 *jing*	fil de chaîne 經 *jing*	tige de plante 莖 *jing*	contredire 誙 *xing*
phrase 句 *ju*	obtu 佝 *gou*	labeur 劬 *qu*	ignorant 怐 *kou*	néflier 枸 *gou*	nom de rivière 泃 *ju*	lacet 絇 *qu*	négligemment 苟 *gou*	outrager 訽 *gou*
pouvoir 可 *ke*	quel ? 何 *he*			branche 柯 *ke*	fleuve Jaune 河 *he*	fine soierie [illegible] *e*	rigoureux 苛 *ke*	gourmander 訶 *he*
chaque 每 *mei*	outrager 侮 *wu*	vif 勄 *min*	regret 悔 *hui*	prunier 梅 *mei*	mer 海 *hai*	foisonnant 繁 *fan*	fraise 莓 *mei*	enseigner 誨 *hui*
en fleurs 甬 *yong*	poupée 俑 *yong*	courageux 勇 *yong*	exciter 恿 *yong*	baquet 桶 *tong*	jaillir 湧 *yong*			réciter 誦 *song*

图 6　同形旁字干系和同声旁字支系表（部分）

至于西洋文学理论则与之完全不同。自亚里士多德《诗论》开始，西洋传统中，文学作者最高使命就是“模仿”自然，这并不意味只要创作就必须复制自然，而意味着作者必须要像自然一样自己创造新作品。将作者视作与创世上帝一样的唯一创造者这个概念正与神学相合。所以，正如上帝是世界上最高实体一样，文学作品作者被认为是文学作品独一无二的创造者，作品应专一地从他那里来。中国古学思想则相反，作品准确性要视作者如何让自然发挥其主体性作用而定。扬雄《太玄经·玄莹》说：“夫作者贵其有循而体自然也。其所循也大，则其体也壮；其所循也小，则其体也瘠。”①

这不是说以自然代替艺术技巧，而是强调要想让自然降生于文学，必须更讲究文章形式。为什么呢？因为自然降生于文字并在文章中表现出来的过程，是《文心雕龙·神思》所说“物以貌求，心以理应”②。“理应”按照相关道理安排文章形式，使其得以感应“物貌”所求。作者应精心考虑文章结构，即文章形式，使它尽可能完善地反映“物”的结构，这就是刘勰所谓“物沿耳目，而辞令管其枢机”③。有了讲究的辞令，才能使得文与物、心与自然融合无间。

这里还有西洋文学区别于中国文学的特点。西洋文学也很讲究文章形式，但认为形式和内容是分开的。中国文学则不分开二者，形式与内容相互切合，形成形式、内容相互渗透的特别写法，尤其体现在以“对文”为表达方法的诗中。“对文”写法可以归结为通过两个句子形式结构的对称，引起两个词意义上的对称，这就是说，文章的“文”（句子的对仗）感应自然的“文”（句子以外，词的意义所指的“物”）。唯有中国文言才能产生这种写法。因为唯有中国文言的词都是字，且唯有中国文言字汇中的字都属于恰当字族，以文言作文章者可以比较容易地找到两个字族间的关系，并可回避文字扭曲或用字、用词不当问题。字族的每一个字应与相对仗句子的那个字对称。

“对文”写法是中国文学讲究技巧的关键。中国诗非常讲究的诗律大概也是用来加强“对文”的“感物”效果。如此，中国诗人们“登山则情满于山，观海则意溢于海”④。“文”打破主体与客体间的隔膜，同时，客体性时间、空间限制也被取消，“寂然凝虑，思接千载；悄焉动容，视通万

---

① ［汉］扬雄撰，［宋］司马光集注，刘韶军点校《太玄集注》，北京：中华书局，1998年，第190页。

② ［南朝梁］刘勰著，范文澜注《文心雕龙注》，北京：人民文学出版社，1958年，第495页。

③ 同上书，第493页。

④ 同上书，第493—494页。

里”①。有学问的人可通过“神与物游”而感应到被“形而下”万物反映出的“形而上”的“道”。这不但是中国文学的理想，也是中国文化一般审美观的“神思”。

“神与物游”不光是审美观的神思，也是中国文化一般审善观的理想。如果所感的物是别的人，“感应”则换为道德，而审善观也就体现为伦理观。在这种情况下，被引起的不再是文学的“文”，而是伦理的“仁”的行为。中国文化的“仁”，更确切地说，儒家的“仁”，是人与人之间相互关系感应天道的合宜行为。文章的“文”表现人和自然合一，行为的“仁”却表现人与天的合一。《易纬·乾凿度》以《易》卦六位对该“天人合一”情况做出了解释：

孔子曰：“易有六位三才，天地人道之分际也。三才之道，天、地、人也。天有阴阳，地有柔刚，人有仁义。法此三者故生六位。六位之变，阳爻者制于天，阴爻者系于地也，天动而施曰仁，地静而理曰义。仁成而上，义成而下。上者专制，下者顺从。正形于人，则道德立，而尊卑定矣。此天、地、人道之分际也。天地之气必有终始，六位之设皆由上下。”②

“仁”本来是天道的。天道之“仁”无言地表现于自然造化：“子曰：‘天何言哉？四时行焉，百物生焉，天何言哉？’”③人感应天道需要敬意，而“人之超然万物之上而最为天下贵”④，故尊敬他人亦尤为重要。人之道德在于人与人之间非常讲究相互关系的行为。为了表示这一概念，儒家或孔子本人代替此前“忎”（“千”+“心”）字而创造了一个新字——“仁”（“人”+“二”），意思是两个人在一起，表明相互间都有亲近要求，否则不会走到一起。这一概念为最高道德境界，不像忠、恕、礼、知、勇、恭等类似概念仅指道德某一方面，而是指道德本身。

简单地说，仁就是“爱人”⑤。在这方面，中国“仁德”概念与基督教“爱德”概念可以进行比较。两个概念看起来十分类似，但探究起来相差很

① ［南朝梁］刘勰著，范文澜注《文心雕龙注》，北京：人民文学出版社，1958年，第493页。

② ［汉］郑玄注《易纬·乾凿度》卷上，见林忠军著《〈易纬〉导读》，济南：齐鲁书社，2002年，第86页。

③ 程树德撰，程俊英、蒋见元点校《论语集释》（第四册），北京：中华书局，1990年，第1227页。

④ 苏舆撰，钟哲点校《春秋繁露义证》，北京：中华书局，1992年，第465页。

⑤ ［清］焦循：《孟子正义》，北京：中华书局，1987年，第595页。

远。基督教“爱人”道理源于上帝按他的模样来造人，因此，每个人作为上帝之“像”，应该相互尊敬。而中国，“仁”的道理与天象无关，只关系到与天象相应的“形而上”的“道”，也就是自然造化原则。仁德的内容在于使自己的行为与自然相融合，正如四季运行那样体现天道。

基督教的“爱德”可以归纳为这个训令：“你应当像爱自己一样爱他人。”[①] 其特点在于即使很疏远的人也应当像爱自己一样爱他，这是很不自然的。可是教义说，由于人都一样地与上帝相像，因此不应当区别对待我和他人，人本来都是平等的。儒家方面，则有这一规则：“己所不欲，勿施于人。”[②] 但是这是“恕”，不是充分意义上的“仁”，远低于“仁”的标准。表示“仁”的标准，有这一积极训令：“夫仁者，己欲立而立人，己欲达而达人。”[③] 意指自己的成功和功勋，也应当帮助他人得到。可见，西洋文化和中国文化“爱德”“仁德”训令存在根本不同。西洋文化方面，“爱德”内容在于自己尽力培养对他人的爱情。（要使自己爱他人。由于爱情是纯真的，代表至善之美的感情，所以能引发人们对他人做出最好的行为。）中国文化方面，“仁德”内容并不在于培养感情，而在于培养行为，培养感应自然的规规矩矩的行为。这一论点需要发挥。

儒家的人类学理论认为爱情是自然产生的，是与阴阳五行观念影响下形成的家庭俱生的。班固《白虎通》写道：“人承天地施阴阳，故设嫁娶之礼者，重人伦、广继嗣也。”[④] 建立在嫁娶之礼基础上的家人间自然而然产生一种爱情，它是至高的爱，即“亲亲”。《中庸》写道：“仁者，人也，亲亲为大。”[⑤] 从普遍人类角度来看，“仁”是爱人，而《中庸》告诉我们“亲亲”是爱人的最高表现，所以要在一般人伦中实践仁德，应该以家庭中的人伦为榜样。儒家区分五种人伦：君臣、父子、夫妇、兄弟、朋友。中间三个（父子、夫妇、兄弟）是家庭内人伦关系，是自然而然、直接产生的，为《易经》第三十卦《离》卦（内容为男女关系）特别考虑，《说苑》称之为“小仁”（因为关系到核心小家）；两端的两个人伦（君臣、朋友），《说

① 《圣经》，上海：中国基督教三自爱国运动委员会、中国基督教协会出版发行，2009年，第112页。

② 程树德撰，程俊英、蒋见元点校《论语集释》（第四册），北京：中华书局，1990年，第1106页。

③ 同上书，第428页。

④ ［清］陈立撰，吴则虞点校《白虎通疏证》，北京：中华书局，1994年，第451页。

⑤ ［宋］朱熹：《四书章句集注》，北京：中华书局，1983年，第28页。

苑》所谓“大仁”[①]，关系到家庭以外的整个社会，是根据家庭内最规矩和最松懈的关系推衍到家庭以外的两个极端关系。家庭内的人所处的人伦关系不一样，并且也不平等。最重要且最不平等的关系是父子关系，最不重要且几乎平等的是兄弟关系。家内人伦和家外人伦相似，按照它们关系的不同，礼所决定的言行也不同。《中庸》说：“亲亲之杀，尊贤之等，礼所生也。”[②]礼决定子对父尊敬是孝，妇对夫是听，弟对兄是悌，而且决定父对子温良是慈，夫对妇是义，兄对弟是惠。以此为起点，所有人际关系都可以根据家庭内人伦关系外推而合礼化。总之，按照彼此间辈分不同、性别不同、长幼不同等，从各种各样差异出发，任何人伦都被礼仪制度所规定。君臣关系根据父子人伦而合礼化，臣子对国君的忠等于儿子对父亲的孝。广义而言，对于所有权威的尊重都是通过推演家庭孝德而来。在官员辖区内，官员是“百姓父母”。兄弟关系常用以推演其他人际关系，朋友关系以外，还有同乡关系、同学关系、同僚关系及同胞关系等。正如儒家子夏对司马牛所言：“四海之内，皆兄弟也。”[③]中国旧制度下的社会便是这种主要依靠礼仪制度的仁德主义社会，当然也有刑法制度，用以制止反叛社会的行为，但刑法只是万不得已的办法，用得越少越好。至于超出“仁”的能力范围的经济因素的关系，官僚机构不管，这种关系通过商人和工匠同业公会所拟定的条例加以规定。

西洋文化方面，最反映人伦平等原则的是契约，即“个人与个人的合同”，本来是安排两个人买卖方面相互关系的一个办法。签订契约的各方之间，利益和相对的义务原则上应当平等。中国传统中契约也有作用，但在社会上，其作用远没有礼仪重要。西洋文化传统中，契约的形式作用等于中国文化传统中礼仪的作用。甚至西洋思想从契约模型推演出成为现代社会基础的“社会契约”理论，从主体权利中派生出非常恰当的人权概念。

中国传统中没有关于权利的清楚概念。“权”原意是用天秤平衡（估

---

① 有关“小仁”“大仁”，《说苑·贵德》提出二者之别：“小仁者，止于妻子”，“小仁”是局限于家庭内部（夫妻与父子）的情感；“夫大仁者，爱近以及远”，指从关爱身边的人转到关心离自己远的人；“及其有所不谐，则亏小仁以就大仁”，当远近亲疏间发生冲突时，应牺牲小仁（家庭血缘关系）以维护大仁（社会公义关系）。参见［汉］刘向著，向宗鲁校证《说苑校证》，北京：中华书局，1987 年，第 99 页。

② ［宋］朱熹：《四书章句集注》，北京：中华书局，1983 年，第 28 页。

③ 《论语·颜渊》，见程树德撰，程俊英、蒋见元点校《论语集释》（第三册），北京：中华书局，1990 年，第 830 页。

量）一个重量。明治时期，把西洋文化作品翻译成日文的日本译者，用这个词来表示西洋思想家由契约论派生的“权利”和“权力”这一对概念。中国传统中类似概念，只有与仁德有关系的宜人的“宜”和正义的“义”。这两个概念的原意关系到祭祀：正义的“义”初指屠宰兽物以祭祀，引申指应当实行合适仁德的行为；宜人的“宜”初指放肉在祭坛前行祭祀，引申指所执行的合乎仁德的行为。两个概念并不对称，人伦学说中，一个有“义”的人是一个表现“宜”的行为的人。义德的主体是父，父对子表示“义”的行为就是“宜”。“父义”对称的是“子孝”[①]，但不能说“义”是“孝”的对称。两个概念都是“仁”的特别形态。

西洋传统中，没有与权利对称的概念，任务、义务、责任等都不是权利（right）的对称。正如“父义”和“子孝”相互对称，权利（right）的对称只是与之相关的他人权利：自己权利的极限仅仅在他人权利。因此，西洋文化以为人权是绝对的。以中国传统中没有这个绝对人权概念为理由，西方若干评论家（也包括若干盲目崇拜西洋文化的中国学者）主张中国文化不承认个人，只承认集体。这显然是不对的。事实上，中国思想的确非常仔细地考虑义务，而不太考虑权利。但如果我们承认，自己的义务毫无疑问地以他人义务之不足为极限，则中国仁道主义便等于西洋权利主义，只不过它们是从相反的观点看待社会上的个人义务和权利。

从以上两个观点看的道德都是理想的，实际生活中不可能得到完全的遵守。历史告诉我们根据每种观点组织的每个社会都有体现其特性的歪曲倾向。依靠仁道主义的中国传统社会的特殊毛病是权威主义及关系主义。不平等的人伦理论本身并不算错，但容易被歪曲成父亲、当局等的绝对权威，并且不容许有异论，甚至社会本身肯定不宽容主义。至于关系主义，它是一种发生于中国的特别的文化慢性病——朋党之争。其中有名的例子十分多，我们只需要提及东汉党锢之祸、唐代牛李党争、宋代新旧党争、明朝东林党争等，不必说到 20 世纪历史。而在依靠权利主义的西方国家，现代社会的毛病是过分的个人主义。西洋文化社会中，个人主义使人与人之间关系变得非常冷酷，连礼貌也几乎消失了，强调的仅仅是失掉人性的经济关系，以致引起生产消费回圈不能控制，超速运行，损害环境。

---

① “父义”“子孝”，《史记·五帝本纪》：“举八元，使布五教于四方，父义、母慈、兄友、弟恭、子孝，内平外成。”参见［汉］司马迁撰，［宋］裴骃集解，［唐］司马贞索隐，［唐］张守节正义《史记》（第一册），北京：中华书局，2014 年，第 42 页。

欧洲启蒙时代，哲学家颂扬中国仁道主义。1697 年，莱布尼茨（Gottfried Wilhelm Leibniz，1646—1716）在《中国近事》（*Novissima Sinica*，用拉丁文撰写的关于康熙帝国的最新消息报告）序文中，将欧洲与中国做了如下比较：他认为，欧洲在数学上一定超过中华，但在伦理上中华却超过欧洲。现在情况完全不一样，中国科学的落后差不多补回来了（目前世界上最大功率的电子计算机在中国），然而中国的道德价值标准却好像丧失了，仁道主义无人敢说，权利主义很少人懂。如此情况下，我觉得最令人遗憾的是，大多数思想家仅仅拘泥于经济和政治因素，相互之间纠缠不清，难以注意到文化。虽然文化只是上层建筑，但能引起社会发展的因素只会从上层建筑中来，而不会从下层建筑中产生，否则，没有文字的社会便会与有文字的社会一样得以发展。

文化动力方面，中国社会和西方社会也处于相反的发展阶段。西洋权利性个人主义的文化目前处于上升阶段。它面临的危险，最宏观的结局是由于无节制地追求个人利益而导致对环境的巨大破坏甚至最终毁灭地球，最微观的则是由于利己主义导致家庭消失和出生率降低进而社会自然消亡。中国礼仪性人伦主义文化因为自身的衰落，在 20 世纪初叶受到西洋文化强烈影响，几乎消失了十分之八。替代它的是初步的权利性文化。

21 世纪初叶，中国根本问题在于应该建立一种新的社会组织类型。不应该混淆这个问题与经济、政治性的资本主义或社会主义两条路线间选择哪一个的问题。虽然经济、政治制度方面与资本主义不同，但其本身也是一种权利性社会体系，特点只不过在于形式与实际的主体权利的差异。

那么，中国社会的前途，将依靠何种文化进行建构呢？当然，这是中国人的问题。然而，在全球化世界，这个问题也关系到所有别的国家的人民。确定无疑的是，如果中国继续像西方国家一样更严重地依靠权利性文化进行发展，那么下个世纪末年以前，地球末日就会到来。中国未来不但是中国人的希望，也是整个地球人的希望。

当然，与这种希望相符的措施不会是恢复礼仪制度，也不是把西洋文化中强调的价值抛弃不要。我作为西洋人非常喜欢西洋文化，尤其是我本身的文化——法国文化。虽然目前欧盟经济停滞不前，财政半毁灭，但我仍以身为欧洲人而光荣，因为欧盟成立国际法庭，使国际尊重人权（法国好几次被判罪，我感到羞愧，然而法国认判，这是我值得自豪之处）。只不过，我认为，与其在霍布斯引用的“人对人，本性就是狼（homo homini lupus）”基础上创建社会[①]，毋宁在孟子所谓“每个人都跑去拯救将要落井的小孩”基础上创建社会[②]。

根据非常丰富的汉字古典文学来探索中国文化非物质遗产，并将之与西洋文化精神合体而创造新人道主义，这正是像饶宗颐学术馆这样的机构会着手的事情。更重要的是，像饶公那样一位代表中国文化，同时又具有广泛西洋文化知识的伟大人物，其无与伦比的渊识足以成为引领我们前进的英明导师。

最后，请诸位允许我借饶公欣赏的一位17世纪前辈之言作为结语：

风声、雨声、读书声，声声入耳，

家事、国事、天下事，事事关心。[③]

---

① 托马斯·霍布斯（Thomas Hobbes，1588—1679），英国政治家、哲学家，其《论公民》（1642年）一书中引用这句话，为古罗马喜剧作家普劳图斯（Titus Maccius Plautus，约前254—前184）《驴的喜剧》（*Asinaria*）中所说。

② 孟子《孟子·公孙丑章句上》：“所以谓人皆有不忍人之心者，今人乍见孺子将入于井，皆有怵惕恻隐之心。”参见［清］焦循《孟子正义》，北京：中华书局，1987年，第233页。

③ 明代顾宪成题无锡东林书院一副楹联。本文为汪德迈先生2012年3月10日在香港大学“饶宗颐讲座”上的演讲，译者待考。

重新研究和翻译“五经”的意义

20世纪初，重新研究和翻译中国最古老的“五经”有什么特殊意义呢？早在两千年前的汉朝，这些经典已经是很古老的了。而现在呢？我只能引用“五经”项目主持人、我的老朋友施舟人（Kristofer Schipper，1934—2021）的话来回答这个问题。施舟人把多语种“五经”翻译和基督教《圣经》的翻译做比较，我认为这个比较方式是对的，尤其从年代上来看，这两套经典是同一时代完成的。

汉代“五经”是后来“十三经”的基础；《摩西五书》（*Pentateuque*，也译为《摩西五经》）是《圣经》的基础。这两套经典都是在公元前1000到前600年间完成的。我们可以把“五经”看作中国的《摩西五书》。直到如今后现代时期为止，《圣经》并没有失去它的价值，当然中国“五经”更是这样。只要我们真正了解它们的内容，“五经”就不会失去它们经久不衰的重要价值。

《易经》对中国文化的极大贡献是众所周知的。在当今全球越来越严重的环境保护危机之下，《易经》哲学不但没有过时，而且应该说比以前更重要了！《易经·文言·乾九五》云：

> 夫大人者，与天地合其德，与日月合其明，与四时合其序，与鬼神合其吉凶。先天而天弗违，后天而奉天时。天且弗违，而况于人乎，况于鬼神乎！[①]

《圣经》的《创世记》云：

> 神造人之后……就赐福给他们。又对他们说：要生养众多，遍满地面，治理这地，也要管理海里的鱼、空中的鸟和地上的各样行动的

① ［魏］王弼注，［唐］孔颖达疏，李申、卢光明整理，吕绍纲审定《周易正义》，见李学勤主编《十三经注疏》，北京：北京大学出版社，1999年，第27页。

活物。①

大家很容易看出，这两个思想是完全不同的，甚至可以说是正好相反的。

《尚书》内容有时更重要、深入。《尚书·大禹谟》颂扬天子治天下权威曰：“帝德广运，乃圣乃神，乃武乃文。皇天眷命，奄有四海，为天下君。”② 我们可以注意到中国古代关于“天下”两个字的概念。古代“天下”并没有现在“国家”的意思。“天下”两个字不是说古代中国人认为他们的王国包含全世界，实际上是在说，古代“天下”思想把“形而上”的宇宙论和“形而下”的人生社会放在一起。因为世界只有一个“天”，所以全世界只会有一个“天子”。意谓世间需要一种比所有国家更高的权威，像以前中国天子对诸侯的权威一样，这是一个真正的“治天下”体系，跟目前存在的联合国制度十分不一样。

《尚书》以后有《春秋》所记载的历史现象，它让我们了解个人贪权如何完全消灭古代优秀的“天下”思想，同时也能看到古代“天人合一”政策基本不会侵犯地方社会自治权。因为天子治天下的原则是“无为而治”。这一古代原则与今日欧洲“辅助原则”（subsidiarity）类似。

最后我必须强调的是，我认为“五经”思想核心概念是“礼仪主义”。按照这个很有文化特色的哲学，“礼”是社会各种矛盾和冲突最好的协调方式。《礼记》所载举止和行为科学中，社会组织安排尤为明显地超过了西方社交仪式，比较而言，后者相当粗糙。由于后世人们逐渐忘记礼仪意义，最终出现完全没有礼教者的暴行。

在历史过程中，西方基督教的道德规范慢慢被忽略，“五经”思想原则也逐渐被遗忘。很早以前，中国人对天地的崇敬使自然环境免遭破坏。后来黄河流域两岸森林逐渐被毁灭，以至黄河多次改道。以后的帝国中，上古王朝道德概念也变为一个历史回忆。宋代以后的新儒学把礼教变得非常生硬古板，但“五经”一直持续影响着中国知识分子的思想，他们常常批判、反对时政。那种“忧国忧民”之行，可以说渗透着中国人文主义精神。

我希望通过“五经”翻译项目的实施，将来能够把中国固有的人文主

---

① 《圣经》，上海：中国基督教三自爱国运动委员会、中国基督教协会出版发行，2009年，第1页。

② ［汉］孔安国传，［唐］孔颖达疏，廖明春、陈明整理，吕绍纲审定《尚书正义》，见李学勤主编《十三经注疏》，北京：北京大学出版社，1999年，第87页。

义思想与其他世界主要文明融合在一起。我认为在目前后现代文明危机的情形下，没有比多语种翻译中国“五经”更紧迫的事。只有这样我们才能够希望在不太远的将来，可以举行一个新的全球性道德论坛。为了人类的将来，为了地球的将来，这是我们现在必须做的大事。①

① 本文为汪德迈先生在“五经”研究与翻译国际学术委员会第一次工作会议上的演讲（为记者采访稿，北京：2009 年 7 月 27 日），后刊于《周易研究》2009 年第 5 期，第 5—6 页。

霍布斯的个人主义与儒家的人伦主义

西方文明的物质优势，使许多期望自己国家强大起来的中国知识分子对自己的文化产生了一种怀疑与排斥心理。直到 1979 年以后，随着国家转型带来的巨大经济腾飞，我们看到重新找回自信的中国正对其文化做着正面价值的考量。这一思考可谓来得正是时候，因为市场经济引入所激起的致富竞逐，正在使中国社会失掉过往儒教社会中最珍贵的一种价值，即对人际关系的意识，而不断滑向西方超级个人主义的颓势一边。我想就这一价值的意义，通过简略比较今日西方社会人际关系之恶化，提几点自己的看法。

个人主义是西方国家现代社会自由文化发展到极致的表现。它代表一种诉求，即把个人要求放入社会组织中，而非像传统社会那样，考虑家族或部落利益。其相应而生的原则是平等，一个社会里所有成员，无论社会地位高低如何，都同样享受这一平等权利。个人主义由于承载自由与平等普世价值，便成为发达社会中展现活力必不可少的组成部分。然而，当它不受限制地超越自己存在的理由，即体现个人在社会中至高无上地位之时，它便转变成一种危害社会纽带的腐蚀剂。有学者在谈到美国民主时这样批评“个人主义”：首先还只是使公共道德的源泉枯竭，但长此以往，将侵袭并破坏掉别的所有道德，最后迷失在自私自利中。这就是个人主义演化成超级个人主义的原因。今天的西方社会深受其害，其特征反映在个人与他人之间“僵硬化”的关系上。他人作为主体的性质经过物化而变成了纯粹、简单的客体对象。

但实际上，人既是个人又是社会人。如果说个体存在确实具备本体意义（ontologie）上的优先性，那么很明显，社会存在仅通过构成它的所有个体而存在，因此便具有意识上的优先地位——因为没有对他者的意识便没有自我意识。当社会存在的意识优先性被夸大到掩盖个体存在的意识时，个性便会窒息于集体的过度沉重中，传统社会那种超级群体主义的例子便是如此。但是当个体存在的先决性被夸大到掩盖社会存在时，社会便成为一个空洞空间，个人利益繁复无序的交织往来便纯粹受控于经济权力的力量制衡——而这则是后现代社会超级个人主义所带来的恶果。

超级个人主义根源何在？要找出这一根源，让我们暂且回到现代西方起点。西方传统社会转型指17世纪，原有的君权神授的社会组织基础这一神学教义被社会契约理论取代，国家基础转而被建立在所有个体一同达成的契约之上，即每个人都放弃直接行使自己权力，转而一同服从国家法令。为什么会达成这一契约呢？以这一理论的创造者霍布斯的话来说，是因为每一个个体在自然状态下都对一切事物拥有权利，而为了避免人与他人权利冲突中发生彼此杀戮，唯一的办法就是所有人都服从一个大家都一致接受的维持秩序的权力。所以说到底，个体主义社会是像霍布斯所引用的那句话一样，建立在“人对人，本性就是狼”这种观念基础之上的。而从这样一个前提出发所发展出来的社会当中，每个成员彼此间产生越来越强的攻击性，且各自孤立于对自我最大限度的保护姿态中，即发展到超级个人主义状态，也就不足为奇了。

与托马斯·霍布斯（Thomas Hobbes，1588—1679）这种人人互相攻击的自然状态理论相反的是儒家思想，它把社会意义——“仁”建立在孟子所描写的本然恻隐之心（怵惕恻隐）中，就像人看到小孩快要掉到井里去，总会伸手救助一样自然。[①] 当然，中国古代社会与所有传统社会一样，社会建构的基石还是家庭。《易经》中家庭结构由第三十七卦“家人”表示，其内是表示火的《离》卦，其外是表示风的《巽》卦。也就是说，社会融合其内有家庭保持温暖，而后像风一样吹遍整个社会机体。换句话说，同一家庭各个成员间的关系，即《易经》规定的三种基本关系——父子、夫妻、兄弟，已是形塑社会集体的根本关系。那是如何形塑的呢？在这一点上，儒家思想有别于传统社会的宗族主义。

在传统社会中，家庭结构的延伸乃是由血缘关系本身向外延展，逐步形成由近及远的亲属网络，涵盖同一家族所有成员。在古代中国，这种宗族主义也广泛实施，而儒家思想更为之限定了一套规则，即“宗法”。但

① 《孟子·公孙丑章句上》：“所以谓人皆有不忍人之心者，今人乍见孺子将入于井，皆有怵惕恻隐之心。”参见［清］焦循《孟子正义》，北京：中华书局，1987年，第233页。

在严格意义上的儒家社会结构，即所谓人伦，并不是亲属血缘关系自身的延展，而是将亲属关系加以礼教形式化，变成可以在家庭之外所有社会关系中都同样适用的基本模式。这样，父子关系便成为所有权威关系的样本，首先便体现在君臣关系中，也体现在地方官员与百姓一级，或师徒关系间。同样，兄弟这一关系便成为所有同辈间人事关系的模式，首先便包括朋友关系。家庭内部亲属关系礼教升华转换而成的形式化非家庭社会关系，同样可以从《易经》中三种“家人伦”变为孟子笔下系统化“五伦”中看出端倪。这才是儒家人伦主义，在理想当中它乃是适用于全人类的——子夏所谓“四海之内，皆兄弟也”[①]。这种理想性的向外延伸，超越了以同一家庭内部成员彼此感受的自然情感为基础得出的仁，它的基础在于孟子所言：每一个称得上“人”的人都自然对他人怀有同情之感受。《说苑》对这一理论加以说明，并提出“小仁”“大仁”的区别，所谓“小仁者，止于妻子”，指“小仁”情感局限在家庭内部（夫妻与父子），而“夫大仁者，爱近以及远”，即指从关爱身边人转到关心离自己远的人，“及其有所不谐，则亏小仁以就大仁”，当远近亲疏关系间发生冲突，则应牺牲小仁（家庭血缘关系）利益以维护大仁（社会公义关系）。[②]

不过，我们也必须看到儒家人伦主义（interpersonnalisme confucianiste）与霍布斯个人主义（individualisme hobbsien）不属于同一层面概念。个人主义，乃是在社会“契约”层面，即法律、法治层面上运作；而人伦主义，则在礼教层面，即外在行为模式层面上起作用。礼教哲学认为，在一个适度培养礼仪意识的社会当中，外在行为对社会规范的遵从会导向对这些规范的内在化。但从前一层面到后一层面，社会秩序的“极化”结构完全不一样。法治秩序以个体“权利”为极限，个体权利在自由与平等的领域中形成意义。礼教秩序，则以个体“责任”为极限，个体责任只在权威与等级制度的范围内才产生意义。在礼教层面上，社会是优先于个体的，但这一先决性只存在于外在行为的层次上，因此在内在层次上还是保留了批判现行秩序的可能。比如说，在古代中国，当看到一个官僚行为不公，外在要求遵从的礼节不会阻止人们内心形成的不满情绪，这种不满情绪可能最终会浮现出来并找到法律或其他形式的办法来维护正义。尽管不满或憎恨

① 程树德撰，程俊英、蒋见元点校《论语集释》（第三册），北京：中华书局，1990年，第830页。

② ［汉］刘向著，向宗鲁校证《说苑校证》，北京：中华书局，1987年，第99页。

情绪常常为一种系统化的权力压迫所窒息，但这只是民主缺失的结果，而不是礼教机制造成的状态。同样，在礼教之下，对等级制度的尊重，也绝不是对个体平等权利的否定，而只意味着二者乃是处于不同层面而已。试问在哪一个法治体制之下，平等权利意味着儿子可以对父亲毫无敬意？但在礼教主义下，自由与平等纵使没有被根本改变，也的确只能处于次要层面。因此，这些价值观念被置于法制主义的最前沿，于西方社会中得到更有效的推广，成为现代民主建设的主干。

但反过来，在法制主义中转入了次要层面的则是社会关系的外部形式，因为形式不意味任何权利本身，而只被看作是简单的表面文章，因此甚至被斥为虚伪的面具。可这无疑忽略了一个基本的事实：即现实中外在行为层面乃是一切社会关系的第一层次，甚至是大多数社会关系都不会超越的那一层次。也就是说，每个人在日常当中必然要与许多“他人”保持日常接触。当然，西方也一直存在某种形式的礼节，包括所有经过精心打磨、避免任何可能冲击到社会俗成规范的举动或态度，人们称之为“文明”。尽管这一词汇从 18 世纪起才在法语或英语中出现，但自古以来在拉丁文（civilitas）和古希腊文中（politeïa）便一直有其形式存在，与古代中国礼节一样，区分文明与野蛮。但西方法治体系在社会秩序的形塑当中占据了一个巨大位置，以至于社会关系的礼节化随着时间推移，已被视为无足轻重或多此一举的东西，成了只需教给小孩子的一些良好行为而已。在今天，这种可有可无的文明行为甚至也正在西方社会中消失，这是它向超级个人主义沉沦的一个征兆。

日本与西方世界的演变不同，作为一个曾经受过儒家思想深刻影响的社会，其人际关系的礼节化迄今为止可以说出色地抵御了个人主义的极端化。至于今日中国，虽说人伦主义还相当具有活力，但其形式却往往只处于一种退化的状态——成为“人际关系主义”。人际关系在其真正意义上，应该是社会集体每一个成员与被他尊重的任何一个他者之间所体现的“仁”的美德。而中国历史也提供了众多的退化实例，把这一关系变成了朋党之间勾结串通的那种共谋结构。今天，在由于生活方式与社会经济行为飞速变化而造成道德坐标缺失的情况下，社会气氛日益恶劣，许多往昔朋党的翻版又开始繁衍——这便是腐败“关系”所形成的“黑金”类型的网络。

如果能够阻止真正的人伦主义向黑金败坏的关系主义退化，如果中国能够找到民主的道路（并不一定必须采取西方议会制），那么可以为整个受中国文化影响的东亚国家树立榜样，也许可以创造出一个以“仁”的观念阻止发达国家超级个人主义肆虐的新标杆。[①]

① 本文为汪德迈先生 1983 年在美国加利福尼亚大学伯克利分校出席中国占卜研讨会（Colloque sur les divinations chinoises）时的演讲，题为《霍布斯的个人主义与儒家的人伦主义》，译者待考。

第一次文化革新运动
——论孔子对中国文化的贡献

西方世界谈到孔子，可以与其相提并论的杰出历史人物除了佛祖释迦牟尼（Çakyamouni）外，便是耶稣（Jésus）。因其极为出众的名声，人们将其形象转变为纯粹而简洁的奖牌形象。人们对他很尊重，但是也有自命不凡者以为在圣人之上，看不起圣人。这些人虚张声势，似乎在伸张正义。他们寻找借口，锤击奖牌①，以伪善的腔调批判圣人，企图让圣人的形象消失。我批评这些评论家，他们自以为是，我很看不起他们。他们列举一些“故事”来贬低圣人，而事实恰恰相反。圣人虽然是伟大的，但同时也是可以被批评的。我认为释迦牟尼之所以成为佛陀、耶稣成为基督、仲尼成为孔夫子（拉丁文 Confucius），都说明一个道理，孔夫子与释迦牟尼佛及耶稣一样，都是伟大的人物，我对他们十分敬仰与钦佩。那些无礼“锤击”、蓄意诋毁丝毫无损这些圣人的形象，相反更丰富了他们的面貌。所谓“锤击”动作只能证明某些人的心胸狭窄，却实在无法令人佩服。对我来说，孔子最主要的贡献是他带来的文化革新运动（也是一种文化革命），这是他最令我钦佩的地方。这个革命对中国有积极意义，孔子带给人们人文主义的形式——“仁”的美德。

第一次文化革新运动确是孔子对中国文化所做的最大贡献，与《论语》不同。一般认为，《论语》是由孔子弟子及再传弟子们虔诚辑录的有关孔子及其弟子间的言论集，弟子们从孔子授课的记忆中汲取了宗师对他们的训诫。孔子整理国家档案，对“六经”进行系统编辑和修订（最终由他的弟子们完成了这一工作），就是我所说的孔子的贡献。

---

① 在法国，因功勋卓著而被授奖时，授勋者会得到铸有人头像的金或铜牌等纪念奖章。此处指法国文坛某些自恃清高者贬低人的一种比喻方法，指要敲打和砸坏奖章上的人像，以贬低人的功绩。

孔子，一位伟大的礼仪专家，意识到自己是奉天命委托来重建周王朝的制度，恢复“王道”的。这些均曾由周文王等在体现天地法则的礼仪中阐明过。周武王（姬发）奉天命灭商，取代商代最后的国王——暴君纣王。由于没有得到周公的正式授权，孔子只能用“无冕之王”的素王身份[①]，在编纂和修订国家档案的同时进行改革。正如庄子所述，这是一个革命性的破坏活动。

在殷代被称为“史官”的上层社会行政人员使用的文字，是由古代中国实施占卜的“史官”所创造的，是占卜者制作的图形语言（文言文）。用文字记事（最早以表意文字形式体现）是由“史”这一国家官吏开创的，用来为国家事务服务。开始时仅为有关社稷事务占卜，后来用于在青铜器上铭文，还用来记载国家大事，再后来用于记录、保存王宫使者从地方上采集来的礼仪之歌和民间歌谣。到了孔子时代，已有一大批各种各样的国家级别的文字档案，这些档案反映了周王朝的国家文化。当时官方使用的文字，是用以记载保存官方的档案的，不用于个人著书。在史官的作用下，这些文字的使用范围越来越广，超出了占卜的范畴，被史官们运用到签署行政管理用文中，扩大到各式文件的起草中。在占卜活动中，参与占卜的“史官”行文并加注，同时是占卜者的“史官”便因此成为文字处理的书吏，成了各种活动的公证人，甚至史学家。正是在整理修订国家档案的过程中，孔子授权自己校对官方文档。在校对过程中他突出所有与周王朝制度有关的事情，重申周王朝的价值观，并指出违背这些价值观的危害性。孔子以自己王道政治道路修复者的身份，用自己的理念去宣传自己的思想，重新构想、编辑和修改国家档案里的“六经”。所谓“经”，中国古人认为就是永恒的道理，是不可改易的伟大训诫。孔子用“经”的形式著书，成为“六经”（即《诗》《书》《礼》《易》《乐》《春秋》），“六经”的经典地位从此确立。《春秋》是中国最早的编年史书，当时这一特殊的历史体裁乃是直接来源于殷商甲骨刻辞的文献归档。孔子这一举动引起许多持不同观点的知名人士的反对，于是他们也用“经”的形式书写他们的观点，如《墨经》和《老子》的出现即为与“六经”对抗。“经”（en forme de canons）后有“传”（des recueils de “传”），“传”后有“诸子”理论，

---

① 无冕之王（Le roi sans couronne），古指有治理天下的德才而不居帝王之位的人。汉代一些儒者称孔子为“素王”。［汉］王充《论衡·定贤》：“孔子不王，素王之业在《春秋》。”参见黄晖撰《论衡校释》（第四册），北京：中华书局，1990 年，第 1122 页。

之后就出现了各种形式的文字作品，“六经”遂成为中国文化的基石。孔子根据宇宙法则（即模仿四季更迭法则的自然之法）认为社会法律应该模仿自然。他为天子及其臣民、社会、家庭和个人提供他治国的理念、修身的指南。孔子修正了官方内部的档案，创造了个人著书而非官方写作的范式。由于孔子的影响，来源于私有文章需求的文言文超越了史官和占卜者手中的功能，成为诸子百家的思维工具，使中国文学学科从一开始就拥有了其他学科无法比拟的地位。

诸子百家（Les Maîtres des cent écoles）初始理论是围绕孔子伦理道德形成的，这是伦理道德的核心。这个核心是中国礼仪主义的基石，即儒家人文主义的“仁”（La vertu de l’humanisme，le ren“仁”）。《说文解字》载有象征人文主义的字“忎”，由“心”和数字“千”组成，象征普世善意。[①]儒家用另一个会意字表达了这一文字的含义，由人的象形符号和数字“二”构成，“人”加上“二”，即“仁”。“仁”指仁德，它表达了社会成员的职责，是互惠性的更为详尽的道德品质。意为两个人在一起，表明相互之间都有亲近的要求，否则就不会走到一起。儒家礼仪主义完全不同于基督教一致主义（unananimisme）[②]。儒家礼仪主义符合古代中国人善良的行为模式。在一般的人伦中实践仁德，应该以家庭中的人伦作为榜样。儒家区分五种关系：君臣、父子、夫妇、兄弟、朋友。[③]以此为基础，所有人际关系都可以根据家庭内的人伦关系用外推法而合礼化。对于所有权威的尊重也是通过礼仪从家庭孝德推演而来。总之，按照彼此间辈分不同、性别不同、长幼不同等，从各种各样的差异出发，任何人伦都被礼仪制度所规定。君臣的关系根据父子人伦礼化，臣子对国君的忠等于儿子对父亲的孝。礼仪性哲学将社会秩序建立在构成群体的等级分别原则之上。这正是我们在《论语》中所读到的道理：“君君，臣臣，父父，子子。”[④]

---

① ［汉］许慎撰，［清］段玉裁注《说文解字注》，上海：上海古籍出版社，1988 年，第 365 页。

② “unanimisme”法语词义为“一致性”或“一致主义”，这里用其引申义“平等”。

③ ［汉］刘向：《说苑・贵德》。

④ 程树德撰，程俊英、蒋见元点校《论语集释》（第三册），北京：中华书局，1990年，第 855 页。

孔子所做类似于圣经故事里说的好人“撒玛利亚人”①，他号召“天下万民”应该相互爱戴。他不希望看到在冷漠中行使这种人道职责，而是倡导有类似父子 / 兄弟的特别的尊重、关心和爱护等相互友爱关系。社会成员之间所处的关系都应该被模式化。以此类推，先生对弟子的特别关注，相当于父对子的关照，而对待比自己年长的人，就如同弟对兄之爱。礼仪主义愿所有这些关注都是真诚的，这使仪式化远远超出简单“装饰”作用。按照原始学说的精神，它导致了一种人道主义，这种人道主义与基督教人道主义大不相同。

最后，让我们回到孔子的“天命”（mandat du Ciel）说。根据《论语·为政篇》说法，孔子在 50 岁时才明白“天命”道理。②那时他已不辞辛劳带领弟子一起周游列国二十年了。他希望宣传恢复政治社会秩序的主张，却到处碰壁，虽执着追求，但最终没有成功。五年后，他经过匡城时，匡邑人看见当年与阳虎③同行的孔子弟子颜刻，再加上貌似阳虎的孔子，便以为是鲁国阳虎来了。该城人对曾经掠杀过当地人的阳虎恨之入骨，于是在匡地围困住孔子一行人。面对担心自己生命的弟子，孔子满不在乎地抚琴度日。他认为：上天给我天命，让我延续周代，我不会死的。④故事证明孔子对自己有可能承天命、被授予“准皇权”有清醒认识。同时，最常使用的《易经》文字和《系辞》注释都隐喻了孔子的这种命运。这些术语，是圣人的占卜学，与他的名字相连。孔子颠覆了萨满的宗教迷信，他的理论取代了萨满的超自然论调。孔子认为周代比商代更有革新理念，商相信神，而周则相信礼仪。礼仪的道理就是阴阳五行，阴阳五行的要素来自自然。孔子所承的天命实际上来自于自然，它超越人类、超越自然现象。

① 撒玛利亚人：有一个人从耶路撒冷到耶利哥去，落在强盗手中。他们剥去他的衣裳，把他打个半死，丢下他就走了。有一个祭司从这条路下来，看见他，从另一边过去了。又有一个利未人来到这地方，看见他，也照样从另一边过去了。唯有一个撒玛利亚人来到那里，看见他，动了慈心，上前用油和酒倒在他的伤口上，包裹好了，扶他骑上自己的牲口，带到店里照顾他。参见《圣经》第 10 章《新约·路加福音》，上海：中国基督教三自爱国运动委员会、中国基督教协会出版发行，2009 年，第 82 页。

② 程树德撰，程俊英、蒋见元点校《论语集释》（第一册），北京：中华书局，1990年，第 73 页。

③ 作者原注：另有说“阳虎”名“阳货”，恕本文不究此论。

④ “子畏于匡”典故：“文王既没，文不在兹乎？天之将丧斯文也，后死者不得与于斯文也；天之未丧斯文，匡人其如予何？”参见程树德撰，程俊英、蒋见元点校《论语集释》（第二册），北京：中华书局，1990 年，第 578—579 页。

正是这种思辨的思维，使孔子不再相信宗教，他把对宗教的崇拜转化为对政治社会礼仪理念的设计，后由邹衍将其思想系统化。

在孔子的文化遗产中特别重要的有两点：（1）什么是真正意义上的文化革命？（2）孔子的人文主义之爱比无差别的均等之爱更加精致。孔子创立中国文学而不是破坏文化，他希望通过礼仪使人们能够更好地适应社会需求，而文明理念则应成为生活宜居的首要追求。孔子第一次革新运动促生了中国古典文学，诸子百家的大师们模仿的儒家经典著作也由此派生。如果说孔子是中国历史上所有伟人中最引人注目的一位，那应归功于他所进行的第一次文化革新运动。[①]

① 本文为汪德迈先生 2018 年 4 月 28 日在中山大学外国语学院的演讲，李晓红译。

在曲阜孔子研究院成立大会上的致辞

今天可以在孔子故乡曲阜新成立的孔子研究院致辞，我感到极其荣幸。这次“曲阜·儒学文化与空间发展国际论坛”得到论坛领导、地方政府以及各个研究单位领导和学者等诸方面的倾力支持，才得以顺利举办。我想借此机会，在孔子诞生之地，谈一谈孔子作为伟大榜样的意义，并和各位分享几个我个人觉得重要的感想。

中国古代王朝因为君主专制的体制，曾导致国家腐败。中国历史上，儒教被君主专制制度当作国家政权意识形态所用时，常常有偏离初心之处。然而，孔夫子本人终其一生亲力亲为，体现了儒家道德典范和理想。他并未像当时某些思想家一样，因受腐败社会风气影响而改变自己的理念。这些随风起舞、逢场作戏的思想家，蓄意歪曲或背离孔子思想的真谛，他们不配被称为思想的传承者，反倒像是指鹿为马的诡辩者。在中国古代王朝君主专制政权体制掌握下世世代代不间断的歪曲悖逆的假象中，正是正直、诚实的孔子标杆形象，成为对抗那一个接一个朝代种种堕落腐败现象的精神武器。

在这一点上，我认为值得我们深思和反省的，正是他不同流合污的一面。事实上，我们常常忽略，在孔子生命晚期，他本人就是一个异议分子。当时的情况是，孔子流亡于卫、曹、宋、郑、陈、蔡、楚等国，历经磨难，处于四面楚歌的境地。直到孔子辞世前不久，经由一位沽名钓誉而不被孔子认同的门徒冉求的出面恳求，鲁国执政者王公季孙肥才终于默许孔夫子回到故乡，结束了他 13 年的流亡生活。实际上，孔子曾在 13 年前位居大司寇职位，堪称一人之下，万人之上，是什么原因造成了他和君主政治体系间的分歧？原因是他揭发了当时鲁国执政者鲁定公的所作所为，即鲁定公中计，接受齐景公馈赠的 80 名舞妓及 30 辆马车一事。这一行为的代价是孔子远离政坛 13 年的流亡生活。

时代改变，腐败的独裁者用来收买国家的手段也不再是舞妓和马匹，而是石油。然而我们没有看到有哪位总理或首相以放弃官位作为诤谏的代价，反倒是都接受了用于贿赂的石油。《论语》中所赞赏的“无求生以害仁，有杀身以成仁”[①] 的那些“仁人志士”到哪里去了？在西方，反抗纳粹主义和其他独裁者这些非常时期时衍生出来的英雄主义，在现今这个没有限制的消费型社会中已完全消失，作为替代品的轻轻松松、锣鼓喧天的示威游行正变成一道捍卫人权的廉价防线，而中国至少还保存着像李贽这样反语嘲讽的所谓“痴”：“若夫不听复谏，谏而以死。”[②]

最后，请允许我对“曲阜 · 儒学文化与空间发展国际论坛”的举办表示真诚的祝贺！祝会议成功！[③]

---

① 程树德撰，程俊英、蒋见元点校《论语集释》（第四册），北京：中华书局，1990年，第1073页。

② ［明］李贽著，张建业主编《李贽文集》（第五卷），北京：社会科学文献出版社，2000年，第270页。

③ 本文为汪德迈先生在曲阜“儒学文化与空间发展国际论坛”上的演讲，2008年5月31日，李晓红译。

通过齐鲁文化的起源探讨汉语“革命”的概念

在汉语中，“革命”一词过去通常指朝代倾覆，从 19 世纪末开始才有“通过群众暴力行为倾覆政权”的含义。这一含义由日本翻译家于明治时期从西方著作中引入，用来翻译“révolution”（后文中称为“* 革命”）一词在近代西方的含义。[①]在西方，“革命”含义直到 18 世纪才出现，相对较晚。值得注意的是，西方语言和汉语中该词含义转变是平行的（即同时发生的），而顺序则相反。我们接下来会谈到这个问题。

无论是中国思想中的“革命”，还是欧洲思想中的“* 革命”，在出现纯政治性含义前，都指向宇宙学，涉及“一个循环的宇宙性动作”。汉语中，《易经》谈到“天地革而四时成，汤武革命顺乎天而应乎人”[②]。“革命”第一个含义指四季循环往复的天则，“阴阳五行家”将其理论化，即“五行相生相克”（左右宇宙不同阶段）。在西方，拉丁语“révolutio”（欧洲语言中 révolution 来自此词）[③]出现在 1190 年左右，同汉语一样指“循环的宇宙行为”，具体而言指一个天体重新回到它出发的轨道上这一动作，这与“五行”这一纯中国概念不相关。18 世纪思想家（法国启蒙时代的思想家们）开始，才将“* 革命”一词含义引申为“政治倾覆”。这一含义最初被运用于 17 世纪英国革命中，尤其是 1688—1689 年英国二次革命——被称为

① “革命”现在的用法来自日本语。旅美学人陈建华指出，晚清王韬《法国志略》（1890年）第一次使用现代语义的“革命”“法国革命”，而王韬这个用法和他这本著作的很多地方一样，出自日本冈千仞《法兰西志》和冈本监辅《万国史志》。参见陈建华《“革命”及其流传》，《读书》1998 年第 6 期。

② ［魏］王弼注，［唐］孔颖达疏，李申、卢光明整理，吕绍纲审定《周易正义》，见李学勤主编《十三经注疏》，北京：北京大学出版社，1999 年，第 238 页。

③ Alain Rey, *Le Robert-Dictionnaire historique de la langue française*, Paris: Dictionnaire Le Robert, 1992, p.1800.

“光荣革命”时期，但只是以隐喻的方式。直到该词被运用于1789年法国大革命，其词汇方面的隐喻才形成一个新概念，在“政治倾覆”引申含义上，增加“群众暴力”含义，正是卡尔·马克思将这一概念理论化。

回到汉语中“革命”一词的古老概念。从这个词的起源开始，其宇宙学意义就与“朝代倾覆”这一政治含义联系在一起。在前文中我也谈到，根据宏观—微观—宇宙学感应原则，“革命”一词在《易经》中指成汤覆灭夏朝和周武王倾覆商朝。这一概念应是在周朝初期出现于中国人思维中的。与此同时，上帝的宗教形象被包含在了“天”和“形而上”的新概念中。“革命”一词建立在这一新概念基础上，用来证明周朝覆灭商朝不再是宗教性事件，而是宇宙学事件。此外，我们还可以参考被视为先例的商朝覆灭夏朝，人们后来对其做了理论性推广。正是为了解释周朝覆灭商朝这一事件，人们才用近乎科学道理、比宗教信仰更为牢固的研究，得出汉语中“革命”的概念。

近乎科学的道理是什么？用四季更替法则阐释朝代倾覆，即将历史事件之准则以外的特殊性重新带入自然现象的客观“科学”正常性。这种归纳掌控了汉语词汇意义的演变，使其从特殊历史性（通常用给出“命令”的宗教性神圣意愿来解释）想法转变为自然宇宙学规则。这种归纳与西方词汇的演变相反，因为西方词汇将天文规则标准化与自然环境结合到一起，来解释自然规则以外的纯历史性事件的不可抗力。

中国思想由历史特殊性到宇宙学标准化的跳跃性转变，标志大事件再现的转变（无论是什么大事件），如“上帝”再现重大事件的神圣强大力量，又如天地引起的自然变化。这种转变与占卜学、预言科学或占学进步相联系。占卜学在分析诸多记录于“甲骨文”之上预言的基础上建立起来，它分析超能力如何导致大事件产生及预言揭示方式，即以构型方式使预言变得可感：首先是灼龟见兆（龟甲裂纹），然后是抽签（《易》卦）。这些构型的科学价值得到极大认可。《易经·系辞》向我们阐述了重大技术的发明如何孕育出卦，如从渔网和捕鱼工具中发明出第三十卦《离》卦，从犁的犁铧中发明出第四十二卦《益》卦，从船中发明出第五十九卦《涣》卦等。占卜学趋于精细化催生《易》卦，这一过程发生在殷朝到周朝的转折期。从这一角度讲，虽然宗教信仰仪式因是加强社会关系的最佳方式而仍继续进行，但不再出现于中国文人思想中，这正是《礼记》谈到周朝时提到的

“周人尊礼……事鬼敬神而远之”①。此后，它们仅作为仪式方式留存下来，以“命”来解释宇宙学的“理”也仅以隐喻方式保留下来。与此同时，“文言”的缓慢成熟过程最终形成适用于宇宙学的术语。新的表达方式最终出现在邹衍文章中，出现在用于引起朝代倾覆的宇宙周期理论术语的转变中：这些转变不再与“命”相关，而与“五行相生”或“五行相克”相联系。

中国思想中，这种“生”或“克”性质是一个万有引力场，与组成这个场的词的宇宙学意义的“德”相适应。这个概念本身就是一种宇宙学万有引力式的“德”，经由中国理论运用在“革命”这个词上，引发宇宙状态改变。正如根据历史唯物主义理论，欧洲思想中“* 革命”具有引发大事件的“历史意义”。从这两个角度讲，“革命”或“* 革命”的政治变化带有群众暴力印记：西方“* 革命”中，暴力是群众性的；中国思想中，“革命”是气象学的（中国思想中“革命”往往指地震或其他大气现象）。从宇宙运动抽离出西方思想中的不可抵抗性，用于正在进行“* 革命”的群众力量；从伦理道德抽离出中国思想中的道德意义，则用于宇宙学的“德”。从这里可以发现宗教价值的宇宙论：从行为上讲，由宗教思想孕育出的精神力量（“上帝”创造统治朝代的圣王，违背其命令的暴君则丧失这种精神力量）被重新定义为与阴阳、天地五行所代表的动力论相一致，这就是君主行为的宇宙相位差，从与事件意义相对的政策上显示出“革命”灾难性。

汉语“革命”中，“天”的力量无非指“克”和“生”的转变。这是一个有机的过程，因而五行的元素间并不相违背。五个宇宙阶段有机而又不相违背的自然变化如下：

木→火→土→金→水（五行相生）。

违背事理的行为引发宇宙秩序相位差，导致非暴力接续转变为暴力接续。其顺序截然不同，五行中每个元素都由其相克的元素颠倒了顺序：

木→金→火→水→土（五行相克）②。

这就是中国历代关于“五个宇宙道德”简化版的历史理论。古代中国密集性地开展占卜，并将其运用在占星术中（尤其是用在占卜日、月蚀

① ［汉］郑玄注，［唐］孔颖达疏，龚抗云整理《礼记正义》，见李学勤主编《十三经注疏》，北京：北京大学出版社，1999 年，第 1486 页。

② 这一由其相克元素颠倒了的顺序应用在后来朝代（正统）推演中，如在汉朝引发许多论战性探讨。一些理论学家曾想依靠“革命”的有机排序来克服这个问题，而没有考虑到如果这样做，宇宙学基础很有可能引发朝代更替。

中），这类占卜很可能就是这样产生的。在殷朝，占卜曾作为国家行政部门之一为王权服务，但先周变得非常强大，自己也能开展占卜，从发现占卜用钱币只能由先周使用便看出此点。因而，“文王（即西伯）即位四十二年，岁在鹑火，文王于是更为受命元年，始称王”①，这一论断出现很晚，但建立在如今已消失而晋代还留存的资料基础上，因而这段历史毫无疑问是存在的。从中可以看出，如果周朝的宇宙道德被鉴别为火，那么朝代创始者在西伯时就通过占卜知道了“岁在鹑火”这一占星中所指的“火”即为他进入皇权的标志。中国占卜的思辨就是这样由占星术扩展为宇宙学，从而得出“革命”的汉语意义。

在所有中国古代思想思辨性的发展中，其思想本身的理性占有主导地位，这种理性尤其受到中国占卜学理论的支撑。以甲骨文的发明为标志，殷朝时占卜学有了决定性的发展，因而延续了商朝初期龟甲裂璺变为标准化“卜”形分裂（在龙山文化最后时期发生的由龟甲替代甲骨）所代表的显著进步。当时商朝百姓生活在如今河南郑州附近，很大程度上吸收了这种当时盛行于山东的文化。随后，他们延伸了这个进步，在移民到殷（今河南安阳）之后继续进行卜璺的合理化程序。正是这种与商朝相近的丰富文化环境，才培育出周朝“革命”中最重要的历史人物之一——姜子牙，即师尚父，别名太公望。后来，文王任命他为自己的谋士。太公望当时是正在找工作的穷困移民，又是繁荣东夷文化的传承人，因此他始终未忘记自己的责任，即对未来君主产生影响。最初，在周朝权力机构的意愿和威力震慑下，太公望成功联合了所有殷朝的支流民族；随后，也正是太公望在文王殡天之后，指导文王之子周武王获得牧野之战的胜利（牧野之战发生于公元前 1046 年）。这一战最终导致殷朝最后一代君主纣王（帝辛，后世人称纣王）的覆灭。牧野之战结束后，太公望第一个受到封赏，甚至在周武王亲弟周公旦之前。他被授予齐国封地，最终以姜太公之名建立齐国；而周公旦则受封鲁国。这两个封地不仅仅是两个皇都，后来更是成为周文化的两个策源地：鲁国是孔子的诞生地，而齐国则在不久后成为中国历史上第一所高等学府——稷下学宫的摇篮。

回到周文王的话题。文王的名字被孔子援引为周文化的象征，《论

---

① 张守节《史记正义》引西晋皇甫谧《帝王世纪》语，参见［汉］司马迁撰，［宋］裴骃集解，［唐］司马贞索隐，［唐］张守节正义《史记》（第一册），北京：中华书局，2014 年，第 154—155 页。

语·子罕》曰：“文王既没，文不在兹乎？天之将丧斯文也，后死者不得与于斯文也。”[①]这只可能是由于时代错误，孔子才在这里将文王的“文”和“文学”意义联系在了一起，“文”字在周文王时期不应该有这个意思。那么当“文”被用作周朝两位建立者中的第一位周文王的荣誉性修饰语时，它代表了什么含义呢？同样地，另一个用于周武王的荣誉性修饰语“武”（战争的）又有什么含义呢？正如周武王获得牧野之战的胜利，人们便将“武器”的战争性修饰语冠于周武王之上，人们应当同样是将“文字”作为修饰语加诸周文王之上。那么是什么样的文字呢？在殷朝末期，“文字”只是占卜学文字一类的甲骨文。因而，文王是作为“占卜文字学者”才被冠以“文”的修饰语。传统上我们将这一点归功于“阴阳”重卦的发明（阴阳重卦通过复制伏羲发明的著名八卦而来）。然而，我们需要特别警惕，并不能去考证伏羲发明八卦传说的正误，在《易经》前没有任何关于占卜卦的考古结果能说明这一点。从 1899 年开始，王懿荣发现成千上万牛胛骨和龟壳上记载的殷朝占卜标志，代表当时唯一一种占卜形式。在殷朝末期周文王生活的时期，出现了什么新的占卜形式呢？新的占卜形式并不多，数字卦非常具有创新性，尤其是篆刻在占卜钱币上的“数字卦”。我们应当如何解析这些数字卦呢？肯定不能用纯属传说的伏羲八卦，只能用当时所运用的唯一占卜术，即将其放在火烧占卜钱币而产生的璺上，作为预言来译码。很清楚的一点是，数字卦的数字替代了这些璺。产生这种替代的原因在于璺标准化后成为“卜”兆的坼纹形式，其变体则减少到不同侧面的五六种类型，占卜者随之为具有发明性和意念的编码，以便于抽签。这要比通过火烧产生卦象方便很多。替代占卜璺的数字卦如今被所有专家认为是《易经》中卦的原型。我们完全可以认为后来热衷于占卜的周文王[②]曾在羑里的监狱里仔细思考过阴爻和阳爻代数卦，并为完善代数卦做出了巨大贡献——《易经》中也有相应理论。问题在于，真正占卜理论中的发明创造实质完全为伏羲八卦衍生《易经》的传说所遮盖。

为什么这一传说会遮盖周文王对发明占筮所做的贡献？因为占筮发明本身只能从历史角度说明占龟源于殷朝文化，而周朝百姓出于对殷朝的憎恨将之完全抹去。这种憎恨起初源于殷朝末帝纣王臭名昭著的暴政，随

① 程树德撰，程俊英、蒋见元点校《论语集释》（第二册），北京：中华书局，1990年，第578—579页。

② 占卜是周文王当时整个战略部署的根基理论，在前文中我提到过先周也使用过占卜。

后由于殷朝百姓对新的周朝皇权的负隅顽抗而扩大至所有殷朝百姓。周武王在牧野之战胜利后，将殷朝国土分为三块封地，一块封给纣王之子武庚（或称禄父），令其负责俾守殷祀；其他两块封赏给协助监管殷朝的管叔、蔡叔（周成王的叔叔）。我们知道，“三监”后来利用周武王之子周成王年幼进行叛乱，后被周公旦镇压，周公旦由此摄政。周武王时期，为祝圣“革命”，没收所有标志殷朝皇权荣耀之物，包括仪式用铜器和玉器，这足以说明问题。考古学家已在周代诸侯墓穴中找到许多他们当初受赏的殷朝皇家器皿。叛乱平定后，周公旦又为根除前覆灭王朝旧势力做了很多事情。他处决武庚，流放两位兄弟（蔡叔为其弟，管叔为其兄），后将武庚封地封赏给纣王庶兄微子启，令其归附周朝。微子启是商王帝乙长子，和纣王同母，是其母未成妃时所生。启在殷朝时建立微国（商朝故都，今河南商丘），再次受封同样在这里，但封地名称变为宋。

此后，商朝祖先祭祀活动就在宋国举行，而在殷朝故都（今河南安阳，黄河另一边，距离宋国西部200多公里的地方），殷墟王陵遭到蓄意破坏，近期新考古学发现证实了这一点①。考虑到中国古代社会中葬礼祭祀的重要性，毁坏殷朝陵墓表明周朝百姓对这些陵墓的极深憎恨。随着这些陵墓彻底毁坏，殷朝和周朝文化的前后连接也被彻底抹去，这两种文化的核心——殷朝甲骨文和周朝文言的前后联系以及周朝占筮源于殷朝占龟的事实也被抹去。随着时间推移，殷朝被毁坏的陵墓遗址、伏羲发明重卦的传说以及中国文字来源于卦的传说，都被殷时起源于《易经》中卦的中国表意文字完全覆盖。孔子也从鲁国移民到宋国，他是帝乙和微子启的后代。（微子启替代纣王子孙，选择归附周朝，成为宋国的建立者。）此外，孔子也是《易经》汇编的发起人，这是儒家学说的第一准则。在这一准则的最高明解说性评论中，《系辞》给出了伏羲发明重卦的真实依据，并为文言起源于卦提供了依据。四千年后的1899年，人们在一味名叫“龙骨”的药上发现了神秘的“符号”，历经半个世纪的博学研究，终于恢复了中国文化的真正渊源。周朝“*革命”是让这些真正渊源完全消失的根本原因。②

---

① 何毓灵：《殷墟王陵早期被盗年代研究》，《考古》2014年第6期，第97—98页。

② 本文原题《探讨发源于齐鲁文化的“革命”一词的汉语概念》，为汪德迈先生在上海同济大学与法国索邦大学远东研究院合办的“空间·文明·可持续发展论坛”上的演讲，2010年9月29—30日，“空间·文明·可持续发展论坛”会议组译，林志宏审订。后以中、法文同题收入林志宏主编《孔子故里·曲阜：迈向可持续城市》，上海：同济大学出版社，2018年。

汤一介
——21 世纪儒学研究的复兴者

我与汤一介和乐黛云夫妇相识是在 20 世纪 80 年代时，通过我的朋友李中华认识的。李中华夫人齐彦芬女士是我在艾克斯地区（Aix）的普罗旺斯大学（Université de Provence，现名为艾克斯·马赛第一大学［Aix-Marseille Université］）和巴黎第七大学的学生，后任职于联合国教科文组织。联合国教科文组织的总部就在巴黎，位于我家附近，因此我们得以经常于巴黎会面。当我有时暑假期间经过北京，常常又正是她回北京度假的时候，因此我就成了她家的常客，去位于北京大学校园中她和她丈夫李中华先生的公寓拜访他们。这也给了我一个机会去认识汤一介教授，因为李中华是汤一介先生的助理。我了解汤一介的父亲汤用彤有关魏晋南北朝佛教和道教的研究，但当时并不了解汤一介本人和他的儒学研究。他的研究让我非常感兴趣，因为我曾全身心投入到儒学领域研究中。1979 年，我被任命为法国高等实践研究院第五科研究导师（任中国宗教研究学科儒学研究导师［Directeur d'études des Religions chinoises à l'EPHE-Vème section］），离开大学教职也在同一年。基于这个缘故，我于 1980 年 9 月去曲阜参加了儒学国际讨论会。在同一年，我订阅了《孔子研究》月刊，并在这一年于法国创建"曲阜之友"协会。我是该协会的创始人之一。该协会每两年夏季在曲阜当地政府协助下组织召开国际研讨会，我参加了历届研讨。每一次均要经北京到曲阜，趁此机会，我于北京停留两三天，访问汤一介和乐黛云夫妇，一直受到他们两位的热情接待。我们很有成效地交换意见、探讨问题。难以忘怀的是他们在北大的家，那个很简朴的屋子里放着用得很旧，甚至磨得发亮的家具。椅子、凳子也许是无数来访、求教的学生们坐过的吧？谁能想象这就是中国最著名大学中大教授的家！普通的木制书桌、沙发，旧的皮革椅子、简易的板凳……但在这样简单的屋子里却居住着拥有无比丰厚精神财富的人。桌子后面升向天花板的书架引领着我的视线：那堆积成山的书就是他们夫妇自己的《四库全书》。

这些书中也放些新的藏书，如《儒藏》（精华编），随着我两年一次的造访所见，这些书一直在增加厚度。这个艰巨庞大工程的指挥者就是汤一介先生。他自己也承认，这个任务常常让他一想到就会出一身冷汗。在接受《现代教育报》的记者采访时，他说这个他自己制定的出版计划可谓雄心勃勃，但绝非仅仅靠他个人的努力就能完成，需要各方人力和财力资源的支持。他深知其难度。是什么样的力量支撑着他，在 75 岁高龄时承担一个需要工作 20 年的重要任务呢？这需要何等的勇气！虽然汤一介先生未能参与至最后完成阶段，但至少在生命的最后时刻，他看到了不久的未来近百册《儒藏》的出版。一位老人领导了一支来自 30 多所大学 400 多名研究人员的队伍，研究项目涉及 600 多部作品，共计 1.5 亿字的研究成果，涵盖两千余年历史，这一惊人的学术研究成果填补了学术界的空白，这一不可思议的庞大出版计划令人惊叹！

编纂《儒藏》（精华编）这一壮举，把汤一介先生推上 21 世纪中国儒学研究领导人物的位子。他成为国家级新儒学研究的核心人物。我希望看到的是，用新的观点去解释儒学，让人们了解孔学丰富的历史渊源，摒弃容易让西方误解的东西。我在这里要谈的是在汤一介先生领导下我的研究，我对孔子——中国文化历史上最伟大人物的研究。

在西方，人们不大看得起孔子学说，认为他只不过写了《论语》，而《论语》又是“三纲五常”等很平庸的伦理学说教课本[①]。他们顶多把孔子当作中国的苏格拉底，只寻求真实的基础真理，却见不到希腊、雅典人所聪明运用的辩证法。为什么这样一位普通的伦理学家，能成为中国历史上如此重要的人物？西方人以西方视角，还把他看成是某个宗教的创始人，与释迦牟尼和耶稣一样被信仰者神化。

再回到《论语》上来，它非孔子所作，而是其弟子们对其言语的记录。儒家思想不是宗教，而是一种治国理念，即礼的规范机制（礼理的治理），非如西方体制那样以权的规范机制（权理的治理）去管理国家。真正反映

---

① ［汉］班固《白虎通·三纲六纪》：“三纲者，何谓也？谓君臣、父子、夫妇也。”参见［清］陈立撰，吴则虞点校《白虎通疏证》，北京：中华书局，1994 年，第 373 页。［汉］王充《论衡·问孔》：“五常之道，仁、义、理、智、信也。”参见黄晖撰《论衡校释》（第二册），北京：中华书局，1990 年，第 408 页。

孔子思想的是孔子所编的“六经”，孔子也因此成为中国古典文化的创始人，而非宗教创始人。我对这一观点作如下论述。

孔子在他二十岁时（前 532），在鲁国充任委吏一职。当时中国文字只表现为行政文书，由殷代被称为“史”官的上层社会行政官员使用。“史”官们负责占卜，为其占卜之需而创造甲骨文，之后运用范围越来越广，超出占卜范畴，首先是作为礼仪所用的青铜器铭文，然后是记录并存档用的行政管理用文（要保存的公文）。这些活动都由曾参与占卜的“史”官们去行文并加注。作为占卜者的“史”官们，从其主要职能看（从某种程度上说）就转变成了文字处理的书吏。他们在丝绸、木牍、竹简等物品上抄写文字，作为档案保存起来。当时这种广泛使用的文字只限于行政管理层内部使用，此外没有人会想到运用这些官方礼仪仪式上的文字。这些官方用的丝绸币或竹简，曾非常仔细地被作为档案归档，但与甲骨文和金文不同的是，由于丝绸的柔弱性和竹简的易腐性，孔子时代还存在的档案，后来全部消失了。但是我们知道当时曾存在过的档案中有关系到占卜的《连山》《归藏》，也有关系到其他类型国家重要事件的《三坟》《五典》。这些档案记载了孔子以前周朝二十五个王朝的真实历史数据，研究它们，可以明白建朝者周文王、周武王、周公旦所创建的很有道理的政治制度，也可以明白东周时代以后那些政治制度何以遭到越来越多的反叛。孔子生活的时代，周代思想和制度处于严重下滑的危机中，这个变化的过程全部隐含在当时的档案记录里，孔子力图恢复曾经强盛的周朝，便特别重视这批资料。

孔子三十四岁时（前 518），与学生南宫敬叔到周都雒邑阅览典籍式的文本文件（《史记索隐》记载过此事）。他此行为何呢？当时孔子已授课四年，他感到自己的思想趋于成熟，并越来越意识到他的职责是遵天命，更感到他有挽救濒于灭亡的周朝的使命。因此，为恢复周朝政治制度，孔子开始整理、编修他所收集的大量档案，细究制度“礼崩乐坏”和王朝衰落的原因。[①]

实际上，孔子阅览、修订并编录文档这样庞大的工作，就是完成他一生抱负的成果。而这个成果不可能用私人书写作品的形式，任何一种这类

① 《论语·阳货》：“君子三年不为礼，礼必坏；三年不为乐，乐必崩。”见程树德撰，程俊英、蒋见元点校《论语集释》（第四册），北京：中华书局，1990 年，第 1232 页。

的书写都不被允许，留下来的只是那些为国家撰写报告的书吏们所抄写的文字，所以，孔子把国家档案材料加以修订，用“微言大义”[①]的方式仔细修改，同时有意隐约注入自己观点，这就是孔子所谓“述而不作”[②]。这种诠释、修订著作的方式一直延续到他生命结束之时，到完成“六经”第一部主干部分以前，后来传至他的学生一代。在此过程中，孔子担负极大风险，齐国三个史官为写就官方齐国春秋年鉴，于公元前 521 年被齐庄公时大夫崔杼相继杀害，这就是著名的崔杼弑君斩史官的故事。崔杼竟敢越权下令杀害史官，以逼他们更改档案。孔子先后任司空和司寇，他何以决定要自己去更正国家档案呢？因为他自认为奉天命，替天行事。因此儒学家认为，孔子修《春秋》是代王者立法，有王者之道，而无王者之位。在汉代时，孔子确有“素王”之称，即“无冕之王”。王充《论衡・定贤》说：“孔子不王，素王之业在《春秋》。”[③]唯有《春秋》可视为“六经”转喻，“六经”中，《春秋》最具儒家王道概念。

孔子对国家档案的修订是一种非礼行为，无人敢效仿。事实上，第一个大胆的举动，就是他的弟子们撰写《论语》。《论语》形式模仿王的左、右史（王的“秘书”）记录王言行的一种模式，自发而成。[④]实际上，《论语》只是孔子最亲近的弟子所录，是对孔子与弟子们对话的提炼。弟子们相信孔子承天命，认定他就是“素王”，如左、右史一样记其言。可以想象当时孔子弟子记录“素王”语录，就如同左、右史记录王室言行一样，继续写下去就是收入《春秋》的“编年故事”。孔子弟子撰写的不是国家档案，也算不上私人写作，只是“素王”的一种记录性的阐释。《论语》被孔子门徒视为国家档案额外的序列，后来才被纳入经书范畴。

周王室时期到处都有斗争。一些人尤其对刚刚冒头的新兴儒家学派充满敌意，儒家学派备受诽谤。那些攻击者企图以《论语》为模本去复制、

---

① 班固《汉书・艺文志》：“昔仲尼没而微言绝，七十子丧而大义乖。”见［汉］班固撰，［唐］颜师古注《汉书》（第二册），北京：中华书局，1999 年，第 1351 页。

② 《论语・述而》：“述而不作，信而好古。”见程树德撰，程俊英、蒋见元点校《论语集释》（第二册），北京：中华书局，1990 年，第 431 页。

③ “无冕之王”：古指有治理天下的德才而不居帝王之位的人，汉代一些儒者称孔子为“素王”。［汉］王充《论衡・定贤》：“孔子不王，素王之业在《春秋》。”见黄晖撰《论衡校释》（第四册），北京：中华书局，1990 年，第 1122 页。

④ 《礼记・玉藻》：“动则左史书之，言则右史书之。”见［汉］郑玄注，［唐］孔颖达疏，龚抗云整理《礼记正义》，载李学勤主编《十三经注疏》，北京：北京大学出版社，1999 年，第 877 页。

辩驳，他们只把《论语》当作普通作者所写著作，认为它仅是私人书写作品，并未视为经书。实际上在古代，从此时才开始出现私人书写文章。孟子告诉我们，第一个挑战来自于春秋战国时期的杨朱、墨翟之争。[①]杨子与墨子各陈己见，杨朱追随者热衷与墨翟门徒论战，并效仿孔子弟子著书——是他们与师父间的争论，即他们的经书，这就是《庄子·天下》里百家争鸣的章节。从第一部书《论语》发展到其他流派著作，出现最早的带有私人思想倾向的著作，逐渐形成中国文学的内在核心，孕育、发展了含有散文与诗体的中国文学。

中国古代国家政权因集权垄断需要，以占卜为目的发明文字，以巩固国家体制，直至孔子时代。但是为什么占卜的操作方式会被当时国家政权保存呢？《国语·楚语》说："民神杂糅，不可方物……家为巫史，无有要质。"[②]从此时起，经过灼甲见兆（裂纹）过程而派生出"文"，使其成为一个创造，这个问题我已重复解释多次，此处不赘述。占卜文字从创造之初就被权力阶层垄断，它的使用范围渐渐超出占卜领域，被用作"史"官们文件记录副本及其他非占卜工作。

至于孔子改革所产生的影响，这里应该强调的是当时"史"官们并不是为了"普及"文字书写而用占卜精神（《国语》称为"神"）附会一般通用语言。相反，来自占卜的文言能在更高语言层面上处理事物，能够给予万物（或事物）表象（"形而下"的，l'aspect phénoménal des choses）一种博学的表达，这种表达含蓄地隐藏了对其超现象（暗含其"形而上"，l'aspect supra-phénoménal）的理解。

受孔子影响，源于私人著书需求的文言文，其作用超越了史官和占卜者，成为诸子百家的思维工具，使文学在中国享有无与伦比的地位。正如《文心雕龙·原道》所言："文之为德也大矣，与天地并生者何哉……此盖道之文也。"[③]西方世界完全不同，文学的流行只是简单地用表音文字记录民间故事。就此状态而言，中国政治制度体系用科举制度来变更官僚主义，

① "杨朱"与"墨翟"之争，《孟子·滕文公章句下》："圣王不作，诸侯放恣，处士横议，杨朱、墨翟之言盈天下。天下之言，不归杨，则归墨。"见［清］焦循《孟子正义》，北京：中华书局，1987年，第456页。

② 《国语·楚语》："民神杂糅，不可方物。夫人作享，家为巫史，无有要质。"见徐元诰撰，王树民、沈长云点校《国语集解》，北京：中华书局，2002年，第515页。

③ ［南朝梁］刘勰著，范文澜注《文心雕龙注》，北京：人民文学出版社，1958年，第1页。

让人们重视有学之士是理所当然的。更为重要的是，孔子所修的经书导致作者为私人的文学作品诞生。因此，经书成为中国文学的基础。《文心雕龙·宗经》说："三极彝训，其书言经。"①

经书之首是《易经》，它于中国的地位相当于西方文化里的《圣经》。据说当年孔子读《易经》时，三次翻断系竹简的皮绳，可见这部书是圣人深奥哲理之宝。汤一介先生研究中国先秦时代重视《易经·系辞》的阐释学。他认为类似西洋文化阐释学（l'herméneutique occidentale）基础为《圣经》注释一样，中国先秦的阐释学基础即在经书的经传，这是汤一介先生非常重要的思辨。而且他以为，三种不同的中国经传，即《易经·系辞》《春秋三传》与《韩非子》中《解老》《喻老》，最重要的是《系辞》。我十分同意汤一介先生这一观点。而且，从纵向的角度广而言之，我认为汤一介先生编纂《儒藏》的伟大工作很像孔子编修"六经"。当今大部分史学家认为孔子是一个完全的反动派，因为他要恢复周朝初期的政治制度。我绝不同意，实际上正相反，孔子编修"六经"，开启了编修个人文章之路，开启了中国文学之路。这一方面，他是革命家（即"素王"），其贡献非常具有革命性，使中国文字开启民主化第一步。并且我认为，汤一介先生编纂《儒藏》，同样旨在为当今中国思想拓开一条新路，这就是不模仿西洋的现代化，而要于中国本地文化基础上开辟中国本地现代化的新道路。

我很高兴终于有今天这样的隆重机会，向汤一介先生诸位同事、诸位学生表达我心中对汤先生的敬意。我最敬重他，原因就是他专心致力于他的汉学和中国文化研究。我生于 1928 年 1 月 7 日，从阴历上讲，与汤一介先生同年，仅仅比他年轻 10 个多月②。他对儒家思想有着深刻的分析与理解，是我的榜样，我希望向他学习。③

---

① ［南朝梁］刘勰著，范文澜注《文心雕龙注》，北京：人民文学出版社，1958年，第1页。

② 按：汤一介先生生于 1927 年 2 月 16 日。

③ 本文为2015年9月9日，汪德迈先生应乐黛云教授邀请于北京大学哲学系、北京大学儒学研究院、北京大学《儒藏》编纂与研究中心联合举办的首届"一介学术讲座"暨汤一介先生学术思想座谈会上的演讲《忆汤一介先生》（« En mémoire de Tang Yijie »），李晓红译。后以《汤一介——21 世纪儒学研究的复兴者》为题收入汪德迈著《中国文化思想研究》，北京：中国大百科全书出版社，2016 年，第 90—100 页。

庄子对语言与文字的评说

——以《老子》和禅宗公案故事为对比

《老子》(又名《道德经》)的语言是通过否定的论述方式叙述的。庄子也有他的评论语言，他用的是肯定的语调，即以隐喻方式讲述“寓言”，借用寓言来阐明他的主张。他的语言是超越了普通思辨性的神秘性语言。禅宗的体系承袭了庄子学说，佛教进入中国之后，曾将庄子“寓言”系统化地改编为“公案故事”(禅宗文化)，但其实庄子“梦蝶”故事已经是公案故事，它唤醒了人们对存在与非存在的认识意识。①

本文从老子之道、庄子之道及禅宗之道的共通性与相异性展开，从《老子》中运用的语言谈到《庄子》用寓言阐述的“不可道”之道。我认为语言文字本身只是工具，最根本的是直指大道、直指本心。《庄子》继承和发展了《老子》的思想，与《老子》在同一条线上，但更深刻。《老子》拒绝文字，认为文字不可以解释“道”；庄子并未拒绝文字，他说文字可以用，但要用语言来谈；比庄子更深刻，不但拒绝文字，也拒绝普通语言的是禅宗公案。禅宗公案语言比《庄子》语言更深，它是一种奇怪的语言，在文字、书画等形式中的诙谐、怪异等表现方式与《庄子》寓言在语言上的悖论有相似之处，《庄子》寓言悖论导致佛教禅宗公案先验性。

《老子·第八十一章》说：“信言不美，美言不信，善者不辩，辩者不善。”② 文字是不可靠的，所以应该取消文字，应该回到以前处于自然状态之时，有语言，但是没有文字，只需要用手势即可。《老子》所谓“道可道，非常道；名可名，非常名”③，意思是语言毁坏了“无为而治”的“自

① ［清］郭庆藩撰，王孝鱼点校《庄子集释》，北京：中华书局，2012 年，第 118 页。

② 陈鼓应注译《老子今注今译》(修订本)，北京：商务印书馆，2016 年，第 349 页。

③ 同上书，第 73 页。

然”与“道”。《老子》理想的状态就是无文字、无政府的“小国寡民”[①]。道家只需要“小国”即可，因为道家是无政府主义（anarchie）的。这些理论与儒家的理念完全相反：儒家非常佩服文字，道家看不起文字，他们认为文字是错的东西，是人们不承认的、假的东西，是人们刻意创造的。所以说，道非常道，不可言，可言的不是真的道。

《庄子》对语言文字的评论又进了一步，将语言分为三个层次，即“卮言”“重言”和“寓言”[②]。“卮言”指人们喝酒时相互交流，给人以美感的语言；“重言”指重复援引或摘录古人的言语；“寓言”（allégorie）以虚构的故事寄托意味深长的道理，庄子用“寓言”阐述“不可道”之道。所说的“道”不是真的“道”，真的“道”不会有“话”。儒家重视文言，道家抛弃文言。中国的文化叫“文”，道家拒绝文化，要恢复“自然”，因此他们也拒绝文字。因为“话”不能表现真的东西，要通过语言来表现。语言是一种特殊的方法，其本身只是一种工具，用来表现文字不能表现的东西。后来的禅宗也用庄子对待“话”的态度来对待“语言”，因此禅宗也拒绝语言，“不立文字”。

《老子·第一章》说：“道可道，非常道；名可名，非常名。无，名天地之始；有，名万物之母。”[③]连“道”都不是恒常不变之“道”，更何况“名”呢？“名”如果可以用辞或文来命名，那它就不是“常名”。《老子·第十一章》认为车毂“三十辐共一毂，当其无，有车之用”，同样道理，“埏埴以为器，当其无，有器之用”[④]。三十根辐条汇集到一个毂的空洞里，要让轮子运动——有中心空的轴心，才有车的作用。《老子》强调常理，于常理上赋予实物以坚实存在的积极意义，以虚无反论之。《老子》并不论“道”，而论本来无理性的“道”的论法。这种辩论语言的意思不同于公孙龙子的“白马非马”[⑤]。公孙龙子的论法仅仅关系到逻辑问题，而老子的论法关系到现实，这是“本体论”（ontologie）的思路。这些语言我认

---

① 老子《老子·第八十章》：“小国寡民，使有什伯之器而不用，使民重死而不远徙。虽有舟舆，无以乘之，虽有甲兵，无所陈之。使民复结绳而用之。甘其食，美其服，安其居，乐其俗，邻国相望，鸡犬之声相闻，民至老死不相往来。”见陈鼓应注译《老子今注今译》（修订本），北京：商务印书馆，2016 年，第 345 页。

② ［清］郭庆藩撰，王孝鱼点校《庄子集释》，北京：中华书局，2012 年，第 1091 页。

③ 陈鼓应注译《老子今注今译》（修订本），北京：商务印书馆，2016 年，第 73 页。

④ 同上书，第 115 页。

⑤ 王琯：《公孙龙子悬解》，北京：中华书局，1992 年，第 42 页。

为没有尊重现实。老子的批评语言中所体现的理想国家是不要文字的，他认为应该回到结绳时代，即“使民复结绳而用之”[①]。

庄子深化了《老子》的理论。他认为，不可解释的“道”可以用一种办法解释，即通过“寓言”来阐述不可言之事。比方说，《逍遥游》一章谈的就是与道相融的具有精神超越性的自由。这则寓言借鲲鹏乘风翱翔于整个宇宙来隐喻自由。隐喻不是普通的比喻，鲲鹏是超现实的比喻，关系到超越（“形而上”）之道。寓言不是神话，神话是可以解释的历史事件，《庄子》中简洁的比喻是不可解释的东西。

《老子》还没有从神话思想中完全解脱出来，如《老子·第六章》谈及宇宙起源时说“谷神不死，是谓玄牝，玄牝之门，是谓天地根”[②]，即是证据。

庄子认为语言文字仅仅是工具（用来表达意思），所以不值得重视：“荃者，所以在鱼，得鱼而忘荃；蹄者，所以在兔，得兔而忘蹄；言者，所以在意，得意而忘言。”[③]庄子的理论走得更远，他的“寓言”就是导致佛教禅宗公案先验性的悖论。禅宗自称“不立文字”，而用一针见血的“寓言”直指大道，直指人心，顿悟成佛。这就是公案。禅宗公案是自相矛盾的，它会唤醒人们，启迪人们反思，使其顿悟；它有时有故意的、令人震惊的、超越普通的言论。如《五灯会元》里记载，僧问文偃：“如何是佛？”文偃答道：“干屎橛。”[④]此话不合常理，但却是云门宗之祖云门文偃禅师对某僧之“如何是佛”一问所作的机缘语句。“干屎橛”指拭人粪之干橛片，乃是污秽之物，而佛为清净身，云门以不净之物答清净身之问，乃示人当离净、不净二见，以纯一无杂之心参究。《庄子》中亦有相同叙述：

东郭子问于庄子曰：“所谓道，恶乎在？”庄子曰：“无所不在。”东郭子曰：“期而后可。”庄子曰：“在蝼蚁。”曰：“何其下邪？”曰：“在稊稗。”曰：“何其愈下邪？”曰：“在瓦甓。”曰：“何其愈甚邪？”曰：“在屎溺。”东郭子不应。[⑤]

其文虽异，其意一也。此类悖论最初有一佳例，《庄子·齐物论》：“昔

---

① 陈鼓应注译《老子今注今译》（修订本），北京：商务印书馆，2016 年，第 345 页。
② 同上书，第 98 页。
③ ［清］郭庆藩撰，王孝鱼点校《庄子集释》，北京：中华书局，2012 年，第 936 页。
④ ［宋］释普济著，苏渊雷点校《五灯会元》，北京：中华书局，1984 年，第 929 页。
⑤ ［清］郭庆藩撰，王孝鱼点校《庄子集释》，北京：中华书局，2012 年，第 745 页。

者庄周梦为胡蝶，栩栩然胡蝶也，自喻适志与！不知周也。俄然觉，则蘧蘧然周也。不知周之梦为胡蝶与，胡蝶之梦为周与？周与胡蝶，则必有分矣。此之谓物化。"[①]"庄周梦蝶"寓言告诉人们现实中的梦之幻觉与梦中的现实之幻觉是难以区分的。我们以眼、耳、鼻、舌为媒介来认识世界，并以这些感官认识来确认世界的状态，人们无法确认超越这一种感官性认识的具有真正本体性的理性，亦即"道"。此一明了，便顿悟成佛。禅宗画家喜欢用一种诙谐、怪异的画法来画佛与和尚的像，梁楷的画就是公案编程之典型例证，如《泼墨仙人图》，画面上形象是一位袒胸露怀的"仙人"，宽衣大肚，步履蹒跚，憨态可掬，像行走在云雾之中，其脸部的眉、眼、鼻、嘴拥成一团，下巴胡子邋遢，似乎形象猥琐，但却尽脱俗相，透出傲骨仙气。梁楷作品中的僧侣形象，是除去佛教长时间发展中种种礼仪束缚而直接体悟佛的根本精神的人物形象。梁楷正是借用这一仙人形象，来传达对传统修行、打坐、静默等形式的反抗，主张外在的自由：即心是佛。[②]

与道家老庄及禅宗相对的是儒家。儒家的礼制模仿自然界运动规律，如同四时周期性运动。他们认为要使社会安稳，应当模仿自然。儒家之道重视礼仪，认为基于自然之法的礼仪应作为社会基准，因此他们尽力创造礼仪。

道家拒绝礼仪，他们不要人为制度，要从人的机制中解脱出来，认为人与自然间不需要媒介。他们希望直接融入自然，回复到纯粹的自然界。道家强调的尊重自然并没有模式，只是简单地要求回到自然。建立大国需要政府与制度，道家希望抛弃制度及政府，所以只需"小国"即可。

儒家重视起源于占卜技术的文言，认为文言可以表示"道"的道理，认为"道"的道理不会错。他们借助文言建立礼仪制度，并用周代典籍遗产尤其是文言精华编成"五经"。相反，道家不要人为机制，看不起文字。他们拒绝"五经"，更不要杜撰的描写礼仪的文字。道家编撰另外一种经——《道德经》，即《老子》。其开篇就阐述了"文"的不可辨别之理："道可道，非常道。""道"指道家谈论的道理，不可用语言表述。道家认为儒家所谈之论会使"道"变质。《老子》阐述的不是真正的"道"，它辩论的是本无理性的"道"。因此，老子所论述的语言纯属解构性语言

① ［清］郭庆藩撰，王孝鱼点校《庄子集释》，北京：中华书局，2012 年，第 118 页。

② 梁楷《泼墨仙人图》，纸本墨笔画，48.7cm × 27.7cm，现藏于台北故宫博物院；梁楷《布袋和尚图》，绢本设色，82cm × 33.2cm，现藏日本香雪美术馆。

（déconstruire）。他们用与常人相反的“辩证”逻辑：老子倒骑牛背的象征意义完全颠覆了事之常理；认为最弱的人是最有力量的人；强调陶器最重要的是中空，作壶之用的陶器指的就是里面的虚空，这些都取用普通句子的反意。《老子》用无法解释的话语解释，《庄子》用语言解释。[①]

① 本文为汪德迈先生2018年5月3日于福建师范大学文学院的演讲，李晓红译，欧明俊审订。

中国与西方传统中“法律”概念辨析

大家好！很高兴参加今天的论坛，我的演讲题目是《中国与西方传统中“法律”概念辨析》。

西方传统理念的“法”和“法律”说的是天、地女神在社会和宇宙层面监督司法的实施。在古罗马时代，天、地女神就是指“法”的化身，拉丁文中的“法”意为在社会上应履行的正确规则，即正义的定律。中国上古时代字词发展的规律则完全不同。“法”的概念就是受国家强制力保证下的一种行为执行准则。从字源上解释，先看“灋”字（“法”的古字），它由三部分组成：“水”，代表执法公平如水；“廌”（zhì），“獬豸”（xiè zhì），是一种能辨明善恶是非的神兽；“去”，是去除坏人的意思。而“令”或“命”的字源，指对跪或坐的人下命令，“令”是动词。再看“律”，“聿”指手持笔，左边的“彳”表示正在写字，“律”就是用手写字。“灋”变成“法”，指的是执天命之法，而这上天的命令遵循的就是阴阳五行“形而上”之道。“刑”则是指对犯罪嫌疑人进行体罚。

中国最重要的“法律”理念源于《周易》。这个理念以一年四季春、夏、秋、冬的运行为基本。中国原始的萨满教通过占卜派生出“形而上”的宇宙概念。他们的传统行为方式就是依靠宇宙万物和阴阳五行的运行，去指导外在的个人层面，即人与人之间的关系。这种关系重视的是礼仪，讲究礼节、礼貌，其中体现了阴阳五行理论。这是我的新观点。

中国中古时代经济在逐步发展。在这趋势下，中国也诞生了类似西方“权理”的系统，这就是行会。手工业者们为保护其个人利益不受侵犯，限制本地同行业手工业者间竞争，同时阻止外来手工业者的不正当竞争，建立起一种城市手工业行业组织，即行会。行会在开始阶段起了积极的作用，但是后期的种种规定却限制了自由竞争和商品的大量生产，甚至限制了新生产工具的运用。中国古代商业发展不太好，是因为其未受代表士大夫阶层利益的政府重视。政府重农抑商，因此商人们得不到“合同式”的“权益”与“权理”的保障。西方源于合同法的“权理”理念在中国并没有得到发展。但在中国，礼仪方面的模式却发展得很好。“礼仪”成为统治阶级上层社会人士调节人与人之间关系的唯一准则。“权理”直接规范经济行为，而礼仪则影响伦理。这就是通过阴阳五行学说实施的礼貌，如马王堆《五行》所论“仁义礼智信”与“金木水火土”的匹配。

“权理”，拉丁文 jus，指社会各集体间的规范和准则，是整个罗马法制的骨架。最古老的十二罗马法典中含有教会法、程序法、民法、刑法、税法、行政法、合同法等分部法典，其中最重要的就是合同法，本文所论的“权理”概念正源于此。以古罗马为例，地中海周边所有国家在古代一直有发达的对内商业和对外贸易，因而在当时的社会关系中，买卖双方关系尤为重要。他们之间讲究的是合同法。合同的原则就是双方始终保持平等。不仅经济方面，政治上，政府的权利与人民的权益也要保持平等，这些都在合同法中体现出来。合同法的原则即是整个西方法律范畴内最核心的思想。我们通常所说的“人权”就来源于西方古代“合同法”中政府和人民平等的理论。

实际上，要促进社会的和谐，我们既需要“权理”，又需要“礼貌”，两个因素都是必不可少的。权理规范社会关系（尤其是经济关系），礼貌规范社会内人与人的接触与交往（尤其是没有关系的个体间的交往）。“权理”好似机器，“礼貌”则像是防止机器摩擦的润滑油。西方人应该学习中国传统中的“礼仪”概念，而中国人应该学习西方传统中的“权理”概念。

谢谢大家！[①]

---

① 本文为汪德迈先生在“文明通鉴与文化创新——第二届深圳大学饶宗颐文化论坛”上的演讲，深圳，2019 年 11 月 26 日，李晓红译，欧明俊审订。后收入国际考古学与历史语言学学会《考古暨历史语言通讯》2020 年 1 月 1 日报道《“饶宗颐文化论坛”于深圳举行，汪德迈等中外专家学者探讨“中外人文传播与互鉴”等议题》。

中西绘画之比较

无论在中国还是西方，从最初的文化起源开始，绘画艺术一直都是最古老的美术。但后来，在不同的审美价值、文化心理以及艺术创作观念的影响下，基于完全不同的绘画技术，中、西方绘画的发展路径截然不同。

在新石器时代的原始阶段，绘画不论以壁画还是陶瓷形式出现，都有一定的标识含义，也就是说，无论它们有何标识含义，这些图像都是具象的。陶器上的画，有为识别陶器制造者或拥有者的含义。自然界山洞里或山崖上绘制的图像，有原始人所做的宣扬精神得到欢愉的萨满魔法或驱赶邪恶灵魂巫术的含义。不管是西方还是中国，当时的绘画仅仅用于表现人、动物与其他世间存在的生物，而当纯原始的“偶像主义”（iconisme）[①] 绘画开始出现在美学视线里，即仅仅为了识别狩猎动物和真正“好看”的作品开始出现时，中、西方的绘画路径就开始分道扬镳。哪些基本因素促使中、西方走向不同的发展方向？我们首先从西方谈起。

在希腊和拉丁文化中，亚里士多德提出的所有艺术创作的黄金法则是:“艺术应该‘模仿自然’。”在所有造型艺术中，这条法则都要求人们对自然界实物实现尽可能逼真的描绘、模仿。据普林尼《博物志》第三十五章记载，古希腊杰出画家宙克西斯（Zeuxis，前464—前398）画的葡萄十分逼真，以至于飞鸟都来啄食。柏拉图引用古希腊哲学家普罗塔哥拉斯（Protagoras）的格言“人是万物的尺度”，强调艺术中“人”作为主体的特权，这被视为具有“宇宙旗舰”（法国谚语）的作用。自此之后，“模仿自然”和“赋予人特殊的权力”便成为西方绘画区别于中国绘画的两个明显不同的特征。当然，这些美学观念在历史长河中有很多发展。对“人像”主题的宗教辩论延续了一个多世纪（726—843），即在神学“偶像崇

---

① 纯原始的偶像主义是针对“标识性”（绘画）而言，前文定义（这种）图像为“具象”（figurative）是指，绘画仅用于代表某一事物，没有美学价值。

拜”中安放基督雕像或“圣像绘画”问题上出现了混乱局面。某些基督徒抨击纯粹“偶像崇拜”的表现。这种“偶像崇拜”指的是有些信徒只崇拜神的雕像或圣人图像（认为太美、太圣洁），而忽视了上帝（神）精神存在，甚至在教堂里出现亲吻神像的现象。拜占庭绘画中以安放基督像和圣人图像为时尚，提倡“偶像崇拜”，批评者认为，我们应该崇拜的是上帝本身而不是绘画。另有一批教徒不愿在教堂里放置代表“人”形象的圣像，他们认为，图像并不重要，重要的是心中崇拜的上帝。在这场较量中，摧毁圣像的恶举遭到谴责。神职人员找到了办法，即通过深化神学意念驱散信徒困惑，允许具有上帝神之面容和人形象的基督化身出现（承认基督的全部人性并谴责“一元论”[monophysisme]的异端邪说），以人物（偶像）为模型，采用《圣经》人物和场景（不论在《旧约》还是《新约》里）。自此，以人物画和《圣经》场景画为代表的宗教绘画占据了西方绘画最重要的位置。

基督教的圣像绘画当然与原始圣像主义所表现的完全不同，特别是它不再只是集体性的发散，还回应了众信徒的虔诚愿望。它可以使画脱离公共聚会场所或有壁画装饰的礼拜堂，甚至在附近提供放置支撑物和可移动木板等。就这样，它逐渐摆脱了为宗教信徒传播虔诚心境的奉献任务，绘画艺术开始逐渐独自占据新领域，尤其体现于中世纪特别出色的手稿插图中。大约在 15 世纪左右，弗拉芒的画家结合意大利绘画传统，发明了油画技术。不久后，他们发现其最显著优点是修图极为方便，远超用蛋清调剂的壁画湿画法，便于修改，而中国画则反对笔道的重复，戏称其为“悔”图（repentir）。

同时，在西方，对自然的模仿是通过博学的现实主义方式来转换的，即用绘画中的两维空间来反映客观的三维体积，通过微妙的阴影渐变和光线来呈现立体物体，以达到完美模仿自然的目的。

在中国，原始绘画标志性革命是开始使用毛笔绘画。传说“笔祖”蒙恬将军改良了毛笔，以便于定期把战况传递给秦始皇。汉代时期，用新毛笔在美学上激发出新风格的是中国书法中的草书。这时书法作为艺术门类在中国地位已经上升到所有美术的最前列。六朝时期，不断的政治动乱与公共事务使得文人选择与世隔绝，这种与政治生活保持距离的僻静隐士生活使文人从他们创作的诗歌中吸取灵感，开始画他们隐居地的自然美景。中国古典绘画中的水墨画开始诞生，在纸或丝绸上的表意绘画也随之出现。

它们源于书法，反映了书法表意的一面，而书法的表意则源于表意文字。西方绘画脱离墙壁而独立成画，中国文人在竹简或木牍上撰写文字，然后从文字中提炼出中国画，并将文字表达的诗歌转换为意象表达的诗歌。

中国绘画创作的过程与亚里士多德所定义的艺术创作原则一样，依重于自然创作，但完全不是依靠模仿，而是通过中国文化中“天人合一”的融合方式进行，被创造出来的艺术品是浸透了阴阳五行因素的艺术家之心与自然的融合体，它感染着观者。这种文化与自然相合作的理念与西方绘画艺术追求完全不同。西方画家是根据现实中的图（图案）或景（风景）来写生，将画架放在风景前面，并在画布上复制（reproduire）他所看到的东西，即物象的外形与颜色；中国画家则游走在风景中，吸取灵感，直到在内心深处产生冲动并感受诗意，然后用笔画出带有诗意的情感，不因追求形似而涂抹。最后他得到的是充满生气、深得自然韵味的作品，是写意而不是写形的。正如绘画作者所言，中国画是表意画（即写意画）。1966年，我陪饶宗颐先生来法国。他去看了阿尔卑斯山并画了速写，回到香港后又创作了很多幅画。他说他不想模仿，他画的山是他心中的山。这就是中国画的意象。

中国水墨画源于书法，它的笔法特征受到文字影响，形成毛笔笔法的标准化规则——绘画的用笔方法与书法一脉相承。书法或绘画的笔法、墨法所产生的不同形状和效果都被“编码”，其中书法比绘画少。尽管当时“编码”规则并不十分严谨，但艺术家各自遵循的某些程式和规则，则世代流传，不断完善，历经数百年而最终形成。明末出版的《芥子园画谱》就是一例。它汇集大量标准、规则、归类和编目。这本以绘画收藏者的花园名字为名的书，列出了详尽的绘画“编码”清单，清楚地写明了类似于今日数据库一样的、循序渐进的学画步骤。正是这种形式的绘画技法规则的“编码”，更深层次地将中国绘画与西方绘画区分开来，提炼出中国绘画的法则，标记着它的风格是写意的而不是现实主义的照搬。一方面，对绘画形式的“编码”归类，始终存在于中国画家的不断创作中，以至我们难以详细地对其进行准确的阐述；另一方面，中国山水画也曾出现过不同的绘画风格。对于绘画流派的划分，山水画“南北宗”绘画理论曾长期左右中国画坛。“南北宗”画派体现的艺术风格也世代相传。很多学者认为明末画家兼理论家董其昌（1555—1636）第一个提出了山水画“南北宗论”——与禅学分南北宗论一样。他的理论成就在于由禅悟画、以禅论画，这突出了他画、禅一致的美学理论。“南”与“北”这两个方向性明确的字眼很容易让人联想为画家所在的地域，其实，“南北宗”的绘画流派不是依地理位置划分的。许多画南宗绘画风格的画家出生并居住在北部，而表现北宗绘画精神的画家则可能出生并居住在南方。“南北宗”绘画的差异其实在于艺术特色。对此，既不能够简单用技法作为评判标准，也不能纯粹以风格特征来定乾坤。比如北宗马远（1160—1225），他的画风属于南宗。南宗画风比较虚和萧散，风格自由；而北宗画风格则较严谨规矩。佛教禅宗的南北两宗也显示出类似现象，南宗更注重感觉（intuition）。绘画和佛教南北两宗与地域南北没有关系。

18 世纪，耶稣会的传教士到达中国，他们让中国人了解到西方艺术，但此举并没有改变中国传统艺术。直到 1919 年五四运动时，西方思想大量涌入中国，影响中国年轻一代。从那时起，中国画家才开始转变并接触这个离他们如此远的艺术，他们打开了具象写实主义的大门，注意到物体的立体形状和色彩的逼真程度，甚至有人开始采用油画技法。这个转折点的代表人物是徐悲鸿（法文名 Jupéon，1895—1953），他 1919 年至 1927 年于巴黎美术学院留学。

但就在这个时候，西方绘画自身却突然从具象现实主义画风转向抽象主义画风，以至于当时中国前卫艺术家冒险向抽象画风靠拢，从而中断了他们通过打破传统来进行绘画方面的西方化革命及刚刚开始接受的新具象写实主义倾向。但他们的作品却与西方的大不相同。康定斯基（Kandinsky，1866—1944）画的只是抽象的颜色，没有现实中具象的图，他把所有具象的形象都抽象化了；蒙特里安（Mondrian，1872—1944）发明的只是几何图形（或方或圆），没有现实中具象的形，他把所有具象物体的形状都抽象化了。康定斯基和蒙特里安的艺术作品中都试图追求“敏感”，一种纯粹的“敏感”度，即感知存在于现实事物中或事物存在之前就已有的那种“敏感”，只是这两位艺术家在形象抽象化的探索过程中研究得更深，走得更远。西方的抽象艺术吸引了一大批中国的优秀艺术家，同样，他们也为如何抽象形象的问题而苦恼。然而，中国画与西方绘画传统非常不同：中国画不是对敏感事物的两极分化，而是对观念的两极分化。我曾这样形容：“中国绘画追求的是‘表意’，西方画家追求的是‘表感觉’。”因此，中国画家在绘画最深层发现的不是笔触的敏感度，而是纯粹的语义。是什么概念引导了中国当代书法家的抽象思维呢？首先，以简单方式将表意符号分解为表述文化根源的表意成分，重构自己创造的表意符号，作为构思源泉，最终表述在“准”写意文字（pseudo-idéogrammes）的理论和实践之中。这就是吴华（1959—2017）以书象（graphimages）为代表的课题研究内容。潘公凯（1947— ）致力研究的纯线性艺术是更深入研究的例子，他的作品用简单的线条将图形边缘或人物轮廓抽象化。另外，让我们看一下北岛（1949— ）作品中反映的激进隐喻的表现方式，大量的云状小点让人联想到中国思辨思维范例中的事“理”——好似由玉器表面无穷尽的点、线元素交织而成的画面，又好似雕刻家劈开石块后的“打散构成”，如同表意文字赋予图形文字和诗人的含义，汇同墨与诗歌的元素共同指向神秘。当然，这种语义的“点彩派”不同于“后印象派”画家修拉（1859—1891）和毕莎罗（1830—1903），后者绘画不是抽象的而是具象的。“点彩主义”不是语义的，而是由原色的细微碎点堆砌而成的，它通过视觉凝视合并为这种似乎有振动的色彩。

就赵无极（1921—2013）而言，其与康定斯基追求的绘画精神截然不同。他善用纯正的色彩作画。他的画需要从中国宇宙观意义角度去解释：绿色赋予东方，表示春天的到来；红色赋予南方，表示夏天的到来；黑色赋予西部，表示秋季的到来；白色赋予北部，表示冬季的到来；黄色赋予中部，表示中央季节的到来。江大海（1949— ）的抽象画作品以墨黑色奠定更基本的沉郁色调，表现了阴影、云和“气”（原始呼吸）的范式。

通过中国艺术家的实践，抽象艺术已经在改变世界。①

① 本文原题《中西艺术的差异与相互影响》，为汪德迈先生2018年4月19日于中国国家博物馆的演讲，李晓红译。

作为反语言的艺术“语言”

很多艺术评论家都很想知道艺术作品所要表达的是什么意思，他们常常按习惯解释被人称为带有艺术“语言”的作品：“它们的含义是什么？”他们想用语言来表达，然而他们却不太明白艺术与语言的形成过程恰恰相反。语言要把现实物体转换成符号，用这些符号代表一定的思想；而艺术作品则是把思想转变成现实的作品，也就是创造出的作品，这些艺术作品看得见、摸得着。语言的形成需要运作和转换，即将感知掌握的现实图像转化为语言符号。这些符号往往带有被人的大脑所分析接受的信息含量，而分析出的结果则以推测和思辨方式发展成为思想，形成符号概念。当我们说话时，就是在使用语言，在指定事物。如何指定呢？首先我们从对它们的感知开始，通过敏感的认知来感知对象。因为敏感认知来自大脑，是大脑在运作。哪些是我们所说的敏感认知呢？是视觉、听觉等。在人的大脑中需要词汇，因此，我们需要将现实的东西转化为单词（在中国指词汇）和语言。词汇和语言是什么？它们是由现实实物转化成的象征符号。语言的程序指的是语言如何工作，即它如何把世界万物变成语言的象征符号。单词就是事物的象征符号。例如，我说“这张桌子”，是因为“桌子”本身代表一件实物，而我看到了它，我的视觉感官摄入了它的形象图像。这时大脑直接反射给我的不是图，而是意思。我接收到的是单词的意思，即它的含义。这个单词就代表“桌子”，这就是大脑接收的信息。语言的创造是由词构成的，词能够指导精神通过各种推理——包括认知推理和诗意推理，操控现实中运用的语言符号。艺术正相反，它的转化混合了经过理想性推测或思维后产生的合适材料。从这个意义上讲，它是一种反语言现象（即语言的反面）——语言将物质现实转化为思想，艺术家从思想中获取灵感，把有思想的东西创造成现实（作品）。艺术的这种反语言现象，更普遍地反映在以心理方式构想问题的人创造的作品上。

从新石器时代的“创造者”（拉丁文 l’homo faber，工匠）切割石块的过程开始，一直到今天各个行业乃至现代工业化进程中所做的都是作品，是人做出的作品。这些作品经历了从简单到复杂的制作历程，都与语言发展和形成的方向相反。为什么工匠或工程师制作的作品不能被称为“语言”呢？因为这些作品仅是通过工艺和技术制造的。而艺术作品（由艺术家创作的）是一种艺术“语言”，技术部分仅是它的材料，而材料之外的东西才是个性化的艺术创造。艺术作品既是技术手段的表现对象，又带有艺术家从精神上获得的灵感。此时，通过审美推测和思辨思维过程发展起来的艺术作品显现了自己特殊创造的意念，它们非常个性化。这种有个性化的作品才是艺术的个性体现。它所包含的文化意味和审美效果才可能吸引人们，成为各种审美的评论话题。

审美思辨是个性化的，但它属于艺术赖以滋养的文化传统的一部分。西方传统艺术的要则是模仿自然。这可以追溯到《圣经》中神的人性说（按照神的形象创造出来的人本身也是艺术的创造者），用亚里士多德的话解释，即从神的创造回归到万物的能动创造（natura naturans），并将焦点聚集于已经被创造的万物（natura naturata）中的人（特别是女性美和女性的人体美）。所有西方绘画中最著名的是《蒙娜丽莎》（*Mona Lisa*）。中国艺术的要则与之截然不同。这种人与自然合一的要则可以追溯到阴阳五行占卜元宇宙论（卦占中将人等同于中央图，介于与之配合的上天、下地之间）的“天人合一”说，其聚焦点是宇宙自然（中国文人画中最具代表性的便是山水画）。

西方艺术创作的反语言是语言倒置：上帝用“话语”创造，《圣经》中，上帝说：“让光来吧！”[①] 于是就有了世界和光。在中国，语言的反置就是表意文字，即占卜成果由灼龟见兆转至《易经》卦象，再到龟骨文字。这就是为什么西方所有艺术门类中，最有学问的反语言事项是人嗓子的“唱”。它首先在“唱”中改变了语言的美学，然后再通过乐器——表现力更为丰富、精妙的方式，来使得“唱”变得更加精准。在中国，以“水墨”

① 此处法文“verbe”一词是古代语言用法，指“话语”（parole），即“上帝用‘话语’来创造”（Dieu crée par le verbe）。《圣约翰福音》以“起初是‘话语’开头”，这是古老的“上帝之道”的说法。根据《圣经》第一章《创世记》，上帝说：“让光来吧！”于是造就了世界。参见《圣经》，上海：中国基督教三自爱国运动委员会、中国基督教协会出版发行，2009 年，第 1 页。

为内容的表意文字的反语言就是书法，它走在中国美术最前沿，使表意文字富有乐感，并用水墨画作为它的乐器。语言把实实在在存在之物（视觉等）转变成超现实“符号”，艺术作品把超现实“思想”或“概念”变成现实“作品”。艺术作品和语言是相对的。①

---

① 本文为汪德迈先生2019年3月29日于法国阿尔多瓦大学文本与文化研究院和巴黎索邦大学远东研究院联合主办的“中西方诗画会通研究：文字与图像的交叉启示”国际学术研讨会上所致闭幕词（«Le langage de l’art comme antilangage»），李晓红译。

饶公选堂之故事

对于一位青年学生而言，一生最大的荣幸莫过于能受教于一位德高望重的大师。我作为一位汉学研究者，年轻时曾有幸师从于三位杰出学者，即巴黎学者保罗·戴密微（Paul Demiéville，1894—1979）、京都学者内田智雄（Ushida Tomoo，1905—1989）与香港学者饶宗颐先生。如今，三位学者中仅饶公尚健在，并在国际上享有极高声望，仍活跃于世界汉学研究舞台上。虽然，对于他们三位我均怀有无比崇敬、感恩之心，对另外两位老师的崇敬和追忆于我同样弥足珍贵，每每想起，难以忘怀。但事实上，在与三位老师的交往中，我与饶公的关系最为亲近，他也是至今唯一一位我能与之见面并继续合作的导师。因此我将讲述他的故事。但是，在讲述饶公故事前，我要在文章起首处向已故的戴密微先生和内田智雄先生致敬。在我看来，这两位学者绝不逊色于饶公选堂。

我何以能成为饶公的学生呢？这缘于我的第一位导师保罗·戴密微。他是我1945年于巴黎东方语言文化学院读书时的第一位中文老师。十年以后，我被聘为法国远东学院（École française d'Extrême-Orient，简称EFEO）研究员，那时保罗·戴密微老师已成为法兰西学院（Collège de France）教授和法兰西学士院（Institut de France）院士。他当时负责中文教学研究，我在他属下研究机构工作。那时保罗·戴密微老师刚刚认识饶公，那是在1954年，饶公来英国剑桥参加第二十三届东方学家国际会议。当时饶公发表了一篇有关编号为S6825的敦煌残卷（现存大英博物馆）的演讲，内容涉及《老子想尔注》抄卷（当时尚未获鉴定）。饶公的演讲引起了保罗·戴密微的注意，戴密微邀请饶公到巴黎伯希和基金会（le Fonds Pelliot）手稿资料库做编纂整理工作。饶公在后来的巴黎旅行中，不仅请人介绍了存于伯希和资料库的手稿，同时也让人介绍了至今仍存于法兰西汉学院、巴黎塞努齐博物馆（Musée Cernuschi）和吉美博物馆（Musée Guimet）的26片甲骨文残片。当饶公回到香港后，他在《选堂丛书之三》

中发表了关于这个目录的研究成果，并寄给了戴密微先生。戴密微先生对饶公的这一研究成果非常赞赏，他承认自己对甲骨文研究知之不多。事实上，在欧洲当时还没有人从事这方面的工作。至于我，此时已受聘于法国远东学院做汉学研究。我在河内期间已承担越南北部汉代中国明器铜镜目录编纂收尾工作，1958 年回到法国。在当时的环境下我不可能去中国工作，同年被派往京都，在那里工作三年，直至 1961 年。1964 至 1965 年，我第二次去日本，被允许参加内田智雄教授在同志社大学（Dôshisha University à Kyoto）的学术研究会，选修了以“中国二十四史内刑志篇的日文翻译”为题的研讨专题，受内田智雄教授指导。此外，京都大学的吉川幸次郎（Yoshikawa Kojirö，1904—1980）、重泽俊郎（Shigezawa Toshio，1906—1990）、小川环树（Ôgawa Tamali，1910—1993）等人的课程都让我收获良多。当我从日本回去时，饶公已经给戴密微先生寄去了他 1959 年由香港大学出版的关于殷代占卜研究的两卷本经典著作《殷代占卜人物通考》。这些书籍的问世，更让戴密微先生感觉到必须要马上培养一位研究甲骨文的欧洲年轻学者，于是派我到香港跟随饶公学习，请饶公对我进行甲骨文研究启蒙教育。这就是我当时在香港作为饶公学生学习三年的最初缘由。同时，我在马蒙先生为校长的香港大学语言学校普通话系修了汤象先生的课程，于港大中文系修了罗锦棠先生的元曲研究课程，还研究了中国民族文化，特别是客家文化著名学者罗香林的著作。在香港第一年，我和夫人及女儿住在离港大不远的、位于巴丙顿道（Babington Path）的一栋大楼内的公寓。后两年，因夫人和女儿回法国，我便借住在语言学校教授陈哲先生家。陈哲先生是北京人，他们一家人都十分好客，我曾与他们长久地保持联系。

自从我与饶公开始交往以来，我一方面于港大修了他的《文心雕龙》研究课程，一方面得到他在家中为我特别讲解、教导古文字学的优越条件，尤其是他曾细致详尽地为我解读过《说文解字》。初次与饶公接触，我发现他最特别的性情便是慷慨——我当时仅仅是普通的外国学生，他却为我牺牲了如此多的时间。如今通过半个世纪的实践，我深刻感受到对于一位研究人员来说，最宝贵的便是时间。在大学里，许多教师都自诩视金钱如粪土，却对时间极为吝啬。他们不会为任何人留出一点时间，并因自己学生不合时宜的打扰而大发雷霆。饶公正从事着那么重要的研究，连他自己的时间都不够用——时间对他来说特别宝贵，他却从未吝惜为前来求教的学生答疑的时间。

（20世纪）60年代时，饶公在他家为我和另一位外国学生上课。这个学生本来是印度外交官，是印度浦那市（Poona）一位婆罗门种姓学者（Brahman）的儿子，他的名字叫白春晖（Vasant Vasudeo Paranjape，？—2010）。他曾于北京大学学习过中文，甚至在中国给尼赫鲁（Nehru）当过翻译。他当时任印度驻港领事馆一等秘书之职。饶公教他《说文解字》，而白春晖则教饶公梵文。1963年，白春晖有一个非常好的主意，建议班达伽（Bandharkar）东方研究中心邀请饶公暑假期间去浦那市学习。我年少时，在喜爱中国文化之前就已对印度哲学感兴趣，自认为会跟白春晖一样是一位出色的学生，所以我便毛遂自荐，提出我的想法，即陪伴饶公，在此次行程中充当他的秘书和助手，同时请法国远东学院在本地治里（Pondichery）的负责人——让·菲琉匝（Jean Filliozat，1906—1982）先生邀请饶公去本地治里的远东学院研究所。让·菲琉匝先生是一位杰出的印度学家，他通常在印度远东学院研究所度暑假。（他也是我在行政部门的直接联系人，亦是戴密微先生学界好友。）我的建议随即被采纳，实现了我去实地考察的梦想：三个月单独陪伴饶公，在浦那、本地治里两地做学习考察性质的旅行。我同时去参观访问了卡尔里（Karli）的佛教寺庙（Chaitya，是印度僧众共住的园林“僧伽蓝”之一，又称“支提”），泰姬陵（Taj Mahal），德里（Delhi）的红色要塞（Fort Rouge），马杜赖（Madurai）地区的佛教寺院（Mînâkshî），科罗曼德（Coromandel）海滨城市马哈巴利普拉姆（Mahäbalipuram）地区的袖小（袖珍）婆罗门教堂，马德拉斯（Madras）、迈索尔（Mysore）和班加罗尔（Bangalore）的城市，噶次（Ghats）西部的佩里亚尔（Periyar）公园等很多地方。那段时间使我大开眼界。之后我们的行程延伸至锡兰岛（Ceylan），访问了斯里兰卡中部的城市康提（Kandy）、波隆纳鲁奥（Polonnaruwa）和斯里兰卡的首都阿努拉德普勒（Anuradhapura）等地，在之后的一周还去了缅甸（Birmanie），游览了仰光（Rangoon）、蒲甘（Pagan）和曼德勒（Mandalay）。我们还在泰国停留了几天，在那里结识了曼谷（Bangkok）的潮州人社团，到了暹罗古国（Royaume de Siam）的首都大城府（Ayutthaya）。最后一个星期，我们到了柬埔寨（Cambodge），游览了吴哥（Angkor）古迹。

此次旅行让我和饶公印象最深刻的却是一段不愉快的插曲。其中最让人恼火的事件起于印度警察无端的怀疑。我们于1963年7月自香港抵达孟买机场，此时距离1962年10月20日至11月20日的中印边境战争未满一年。反华情绪笼罩印度，尤其是印度北部，可怜的饶公被怀疑为一个可能从事某些对印度共和国造成威胁的来自中国的敌人。从我们下飞机开始，警察就显示出怀疑的态度，并通过我作为翻译对饶公进行长时间的询问。在之后，饶公每到一处，都被强制带到当地警察局，申报之后才能入境。最糟糕的是，我们正要离开印度从马德拉斯前往斯里兰卡的科伦坡时，被限制不许搭乘已购买机票的航班，而要重回孟买申报出境。因为饶公是中国人，只有入境地警察才有权允许他出境。饶公完全托付我代他处理这些事，他用一言不发的态度抗议来自印度警方无休止的刁难。我强调了饶公作为一位著名科研专家的地位和重要性，并强调了他此行是受到印度著名研究机构的邀请，且法国大使馆官员已在科伦坡等候接待等。我已记不清争辩进行了多久，但肯定超过一个小时，且当时早已超过飞机起飞时间，这使我几乎放弃了协调的希望。最后，警察局公务人员由于厌烦了我的辩驳，最终允许我们出境，并恶狠狠地在我们的护照上盖了章。幸运的是，由于控制室了解到我们在警察局进行争辩，飞机推迟起飞。因此尽管有所延误，我们仍搭乘上了原先的航班。我难以忘记当时饶公像白床单一样惨白的面色。当飞机到达一定航线高度时，空乘人员向我们每人发放一小杯酒以示欢迎，我看见素日滴酒不沾的饶公将酒一饮而尽，借以忘却这段刚刚过去的不堪经历。

当然我也不能忘怀印度大学教员对我们的热情款待。不同于在警察局的待遇，印度梵文学者们尽全力满足饶公各种需求。十分明显，饶公此行有两个目的：一是作为迷恋古文字学的碑铭学者，研究印度河谷古文字摩亨佐达罗（Mohenjodaro）图形文字；二是作为中国佛教历史学家，希望找到玄奘足迹。饶公第一个愿望得到满足，他在班达伽研究中心图书馆找到所需全部资料。在此期间，我开始向白春晖的父亲学习梵文，每天早上上课三小时，下午反复咀嚼复习。我和饶公同住研究所宿舍，各自做自己的工作。我温习梵文课程，饶公解读古印度文字。我们每晚11点睡在相邻小床上，饶公仅睡二至三小时，于凌晨一二点醒来，重回书桌继续工作二至三小时后再睡一会儿，至六七点又重新开始新一天工作。可以说，饶公每晚仅睡五六个小时，余下时间都留给了工作。在这样的状态下，饶公却毫无倦意。而我比饶公年轻十岁，却因饶公夜晚起来工作点亮的灯光而常常无法安稳睡觉，一个月后便已承受不住。我还记得，中午和晚上，我们时常在一家小型印度餐馆吃饭。我们常点全素的薄煎饼（chapati）、一碟米饭，并淋上一些装在细颈小瓶里的咖喱酱，再配以一些生的菜，如番茄、黄瓜和莴苣。印度既没有长棍面包，也没有叉子，我们用左手三个手指抓着食物，一口口迅速吞咽。

饶公和我都不会遗忘在卡尔里的远足旅行。此行目的是参观世界最大、保存最完整的历史悠久的佛教原始寺庙。这座寺庙如实地展现了阿育王（Asoka）时代的修道生活。寺庙离浦那市有60多公里，我们乘坐大客车前往。当时正值八月季风时节，所到之处都是倾盆大雨。正当我们快到达目的地时，巨大的水坑淹没了所有前行的道路。司机停下车告诉我们，虽然距离卡尔里已不远，但客车已无法前行，否则发动机将进水。乘客只能自行想办法前往。幸运的是，水坑并不深。我脱下鞋，背着我的导师。由于饶公身形瘦弱，轻如羽毛，我得以轻松趟过积水。在欲拜访的遗迹不远处，我们进入一家卖众多印度神像（Saint-Sulpicerie indienne）的店铺。我们惊讶地发现，在这个淹没于印度深处的乡村中卖印度神像的店铺老板竟是一位德国商人。让我自豪的是，回到香港后，饶公为了纪念这次涉水经历，为我创作了一幅绝妙的山水画卷轴，画的内容为印度山水，画面底部一片积水前有两个微小的人物，其中一人正背着另一人。（饶宗颐先生另有诗《冒雨游伽利［Karli］佛洞，汪德迈背余涉水数重，笑谓同登彼岸，诗以记之。用东坡白水韵》。）

在本地治里地区，饶公与前文提到的让·菲琉匝先生谈论了许多道教长生术和瑜伽苦行禁欲的相似点。我记得一次南部寺庙的参观活动使我们对大象有了深入了解。那次参观由本地治里远东文化学院中心梵文研究负责人邦迪（Pandit N. R. Nhatt）先生驾车。我们来到一座寺庙，在一个小屋里午睡。此屋不远处关押着一头大象，它作为寺庙的一员参加节日游行。它被沉重的锁链拴着，双足缓慢地交替移动以保持平衡，锁链拖在地上，发出烦人的噪音。天气燥热得让我们无法合眼。随后，在佩里亚尔自然公园，我们怀着对此地大象的好奇，站在旅游卡车的平台上四处游览。我们靠近一头独处的大象，它似乎要攻击我们，这可吓坏了饶公。我们与大象最为亲密的接触是在锡兰，那回我们散步到一个池塘边，一位驭象手正在为大象洗头。我们被这一景观吸引，等大象结束洗澡、出水擦干后，我们靠近过来。驭象手友好地用手臂扶着饶公，让他坐在象鼻顶端弯曲处，如同坐在跷跷板上。谁能想象，一位中国文人竟变成了马戏团杂技演员。

我记得旅行结束后在缅甸仰光机场飞机跑道上看到令人惊骇的一幕。当时我们已坐在去蒲甘的小型客机上，突然看到一位“勇敢”的缅甸妇女在飞机周围运送行李包裹。她取出一截藤草作为香烟抽着，全然不顾可能点燃空气中汽油分子的危险，无视他人安全。我还记得从蒲甘至曼德勒的行程，我们坐吉普车在丛林中前行，一整天毫无人影。

缅甸之行后，饶公在曼谷受到潮州同乡的热情接待。在泰国的潮州人很多，大都能很好地融入当地，他们多姓 Thai。饶公告诉我，1767 年，一位中国的将军被加冕为国王，他的父亲祖籍澄海（今广东东部），后来移居潮州，最后定居在柬埔寨暹粒（Siem-Reap）。我的老朋友——已故的吴哥寺庙管理负责人哥里益教授（Bernard Groslier），接待我们住在一栋惬意的柬埔寨吊脚楼内。这座吊脚楼专为接待远东学院贵宾所建，配有一辆四马力的雪铁龙轿车。我亲自驾驶这辆车和饶公四处游览吴哥寺院。记得一晚满月，我们于子夜时分站在巴永寺高台眺望四方，数百座巨大的阇耶跋摩七世像，在明亮的月光下变得晦暗，这样壮观的景象使我们仿佛脱离了现实世界。我还记得我们在吊脚楼上的小屋内享用午餐，两只栖息在对面槟榔树上的长臂猿—— 一只黑色雄性、一只白色雌性，注视着我们。它们属于一家小型宠物商店。这家宠物店由附属于寺庙管理机构的远东学院人种学家让·布勒贝（Jean Boulbet）照看。由于当地习俗，我们的客厅窗户没有玻璃。有一回吃午餐时，我们惊奇地发现一只黑色的庞然大物突然从窗户闯入，它迅速吞咽了置于餐桌中央水果篮中的香蕉，过了一会儿，它看了一眼另一扇窗，准备重新跳跃至吊脚楼高处，那里有它的伴侣正等着它。

随后的一年，我离开香港，重回日本京都，在内田智雄指导下工作。我十分幸运，于日本再次遇见饶公，他此行作为大学教授开展一系列讲座。我介绍饶公认识了福井文雅（Fumimasa Fukui，1934—2017，日本汉学家，早稻田大学教授）和福井康顺（Fukui Kôjun Bunga-Fumimasa，1898—1991），后者是我同窗福井文雅的父亲，是我一位重要的日本朋友。他既在佛教天台宗中拥有极高的头衔，又是研究道教的重要专家。一年后，在戴密微先生促成下，饶公受到法国国家科学研究中心（CNRS）邀请前往巴黎，帮助研究敦煌手抄本卷宗。我再次要求充当饶公此行助手并获得批准。从 1965 年 12 月初至 1967 年 8 月末，饶公住在我家，他的卧室紧邻着我的卧室。每日，饶公或在法国国家图书馆，或去伯希和基金会（le Fonds

Pelliot），或去巴黎各汉学研究中心研究和工作。到了晚上或节假日，他便在那间紧挨着我卧室的房间工作，这为我提供了很大的便利。每当我在中文文本上遇到疑难问题时（其实当时经常是这种情况），我便叩响饶公卧室的大门，随即便能获得答案，省去了我跑东跑西去各种字典中查询的麻烦。经历了河内、京都和香港的十五年，我当时已拥有充足的汉语、日语和越南语工具书，饶公也常常借用这些书，并习惯于在书页上折角作为标记。若非饶公，我无法忍受这样的习惯，然而对于饶公，我却视其为为我的书籍赐福。如今，当我偶尔看见在“二十四史”或“十三经”上的折角时，我仿佛感受到与饶公共同生活过的时光，并回想起他不时关切地为我解答某一页上的疑问的场景。

当时，我的妻子作为牙医被聘用至法国南部城市弗雷瑞斯（Fréjus）工作。在巴黎，由我的母亲负责家务，但母亲只会做法国菜。饶公完全迁就我们。他是我认识的最朴实、最无苛求、最随和的人。我记得很有趣的是饶公发现在母亲准备的一桌菜里有两种他能吃的东西，当然它们的味道是我们法国人喜欢吃的味道。罗克福（roquefort）奶酪、朝鲜蓟（artichaut，饶公称其为法国“百合”）这两样东西，让饶公充满好奇。人人皆知中国人对奶酪的恐惧，所以饶公除了罗克福奶酪，当时从没尝过其他奶酪。奇怪的是虽然羊奶酪的味道特别强烈，但他特别爱吃。其中的缘由我无从知道，不过，饶公吃面包时的确习惯仅用极小量的羊奶酪配一大块面包。关于朝鲜蓟，他极为高兴能有一种蔬菜像一朵花。因为他极爱花草，当我邀请饶公来到我位于法国南方蔚蓝海岸边的弗雷瑞斯的家时，他十分钟爱那里的含羞草和夹竹桃。

我很荣幸于 1966 年 1 月向饶公介绍了霞慕尼（Chamonix）的高山自然景观，这深深触动了饶公，激发了他的绘画灵感。此次游览最初是由戴密微先生提议的。当时正值冬日，他非常希望通过此行让饶公一睹大雪的风貌，因为饶公总是在夏天才离开中国的南部去外地参加研讨会，他从未见过雪景。出生于阿尔卑斯山脉中部的戴密微先生酷爱此山，他希望饶公能在阿尔卑斯山上观雪景。但由于他在巴黎脱不开身，所以便邀请我来替他陪伴饶公。我们在霞慕尼游玩了三天。我记得很清楚，当看到被大雪覆盖的勃朗峰时，饶公发出惊叹。我们所在的雪站当时到处都是滑雪的人。饶公也强烈希望能像他们一样在雪地上游玩，但在没有滑雪板的情况下，如何能在积雪深及膝盖的雪地上行走呢？旅馆向我们提供了雪鞋，我和饶公便穿着雪鞋去寻找最佳观景点，饶公还带上了他的速写本。回到旅馆后，我和饶公开始讨论诗歌。我记得我尝试着向饶公介绍法国诗人兰波（Rimbaud），饶公对他极为倾慕。他写下了不少因兰波的诗《醉舟》而得到灵感的诗，如《读 Rimbaud 诗　用〈庐陵王墓下〉韵》，这些诗收录于饶公的《白山集》（Poème du Mont Blanc）中。六个月后的夏天，饶公应戴密微先生之邀去他的故乡庄山（Mont-la-ville，饶公译为市山，戴密微小说中译为庄山）时创作了诗集《黑湖集》。“黑湖”并不是位于孚日山脉的地理学概念上的“黑湖”，而是在马特洪峰（Mont Cervin，德文译为 Matterhorn）脚下的小湖泊，饶公为它取名“黑湖”，是为呼应其《白山集》中的“白山”。《白山集》描绘了冬日法国一侧的阿尔卑斯山脉，而《黑湖集》刻画的是夏日瑞士一侧的阿尔卑斯山脉。《黑湖集》由饶公赴瑞士及流连瑞士一周过程中所得诗 30 首汇编而成，1968 年刊于瑞士《亚洲研究》第 22 期。

饶公到新加坡大学工作和受聘于香港中文大学（从 1974 年 4 月 1 日到 1976 年 11 月 30 日）期间，被任命为法国远东文化学院驻港学术代表。在 1975—1976 学年期间，他被法国高等实践研究院邀请作为学术负责人重回巴黎，于是饶公又重新住在了我家。在此期间饶公考察了拉斯科（Lascaux）史前洞窟壁画。他很喜欢那些野生动物壁画的严谨风格，他认为甚至早在 18 000 年以前，就有类似于中国画家笔下的毛笔线条出现。在这段时间，饶公还结识了法国亚述学泰斗蒲德侯（Jean Bottéro）先生，并在蒲德侯先生启迪下了解到楔形文字及介绍古巴比伦历史的文献史诗《吉尔伽美什》（*La vieille épopée babylonienne de Gilgamesh*），并且首次译出《近东开辟史诗》这本巨著——该书之后于 1998 年由辽宁教育出版社出版。由于饶公的佩里格（Périgueux，法国西部城市）之行给蒲德侯先生和他的女儿法朗索瓦丝（Françoise）留下极深刻印象，就此法朗索瓦丝决定向饶公学习中文，之后她所作《说文解字》语言学博士论文成绩优秀，获得博士学位。

法国大学不可能不承认饶公获得的杰出学术成就。1962 年，法兰西学士院铭文与美文学院（Institut de France，Académie des Inscriptions et Belles-Lettres）授予饶公“儒莲奖”——以斯塔尼斯拉斯·儒莲命名的奖项（Stanislas Julien，1799—1873）。斯塔尼斯拉斯·儒莲于 1833 年被法兰西学院授予院士衔，这是第一位获此殊荣的汉学家。1980 年，法国亚细亚研究会（Société Asiatique，始建于 1822 年）授予饶公荣誉会员称号。1993 年，法国高等实践研究学院授予饶公名誉博士学位，并同时授予二等功勋章。1992 年 12 月 7 日，饶公又当选铭文与美文学院外国院士。饶公最近一次到法国（2000 年 12 月）是为出席巴黎远东学院举办的建校百年庆典仪式。这次旅行尤其体现了他对法国文化的热爱。2003 年 9 月，香港大学饶宗颐学术馆开始运作时，他将法文 Petite École 翻译成“小学校”，用以命名香港大学饶宗颐学术馆。这不完全是用汉语中与“大学”对应的“小学”（文字学）之意，而有更深层含义，这源于法国历史与文化中的一段故事。①

饶公在 1993 年 11 月回到巴黎被授予法国高等实践研究院名誉博士时，正值该学院创立第一年，他也是第一批获此荣誉的三位外国学者之一。为了庆祝这一殊荣，在巴黎的饶公潮州同乡——陈克光和陈克威（1976 年欧洲最大中国商企陈氏兄弟公司的创立者），于巴黎索邦大学大厅准备了丰盛的中式、法式自助餐。不仅如此，他们还热情地帮助我一起准备了随后的一个周日在乡间皇港（Port-Royal des Champs）的远足旅行。在那里，我向饶公介绍了“小学校”（Petites écoles）的遗迹以及相关历史，这些介绍令饶公极为感动。以下便是关于“小学校”的故事。

Port-Royal 中文直译为“皇家 - 港口”，我们暂且借用这个译法。这个名称其实与任何皇室或港口无关，仅仅是个地名，位于巴黎南面 40 多公里的谢夫勒斯山谷里。13 世纪初，此地建造了一座女修道院，创建者根据此地地名保洛娃（Porrois）稍做变化，将修道院命名为“乡间皇港修道院”（Abbaye des Port-Royal des Champs）。到了 17 世纪初，这座女修道院的院长变为昂热立克嬷嬷（Mère Angélique），她出生于非常显赫的法官世家阿尔诺（Arnauld）家族。这位院长对院规做了极为严格乃至近乎苛刻的改革。这一改革吸引了许多大家庭出身的年轻女子前来修道院。然而，“皇家 - 港口”（Port Royal）这个地区曾是块沼泽地，卫生条件极差，会危害大批汇集而来的修女们的健康。到了 1625 年，修道院的修女已达 80 人之多。昂热里克嬷嬷于是决定将修道院搬至巴黎，在圣·雅克（Saint-Jacques）路的南边，即今“巴黎皇港”（Port-Royal de Paris），现为一所军

① 即下文中提到的乡间皇港（Port–Royal des Champs），地名，也指位于巴黎南面 40 多公里的谢夫勒斯（Chevreuse）山谷里的一座女修道院，人称“乡间皇港修道院”（Abbaye des Port-Royal des Champs）。

事医院。昂热里克嬷嬷出于严谨的考虑决定请她的一位旧同僚，冉森派的徒弟圣・西兰（Saint-Cyran）修士前来做修道院精神辅导神甫。这位修士圣・西兰的信念与冉森派相近。于是“皇港”成为法国冉森派基督教之家。这种极其严格的精神修行方式源于拉丁最伟大思想家圣・奥古斯丁（Saint Augustin）的基督教哲学和文学思想，这与当时一些教会的知识分子很相近。昂热里克嬷嬷的兄弟和侄子爱好拉丁文学和希腊文学，他们过着严格而简朴的生活，放弃世俗婚姻，却又不愿受规则约束，也就是说他们不愿当真正意义上的修士。人们称他们为“修士先生”（les Messieurs de Port Royal），我们暂且翻译成皇家－港口的“修士先生”，以此区别于之前的修女（moniale）称呼。然而，冉森派基督宗教宗旨与新教（Protestant）教义相近，不久便受到皇室镇压。当时法国皇室无法容忍除罗马天主教之外的任何其他宗教，他们要求君主制的绝对权威，因此圣・西兰修士于 1638 年被监禁，而皇家－港口的“修士先生”们又只能再次移居原先修道院旧址。为了区别于巴黎的新修道院（Port-Royal de Paris），人们将旧址称为“乡间皇家－港口”（Port-Royal des Champs）。由于圣・西兰修士迷恋人文科学，曾为他的侄子们和亲戚的几个孩子开办教育会所，因此热爱人文科学的“修士先生”们教育孩子们学习古典文学，所以人们称那里为“皇港小学校”（Les Petites écoles de Port-Royal）。圣・西兰在 1651 至 1652 年间被遣送回“皇港”，在毗邻修道院的农庄里搭建了自己的居所，并命名为“农庄”（les Granges）。

正是在那所“小学校”里，革新者的语言哲学和逻辑学新思潮开始流行，也正是在那所“小学校”里，现代语言学的面纱开始被揭开。由尼高乐（Pierre Nicole）助手阿尔诺（Antoine Arnaud）建构的“皇港逻辑学”（Logique de Port-Royal）和克洛德・朗斯洛（Claude Lancelot）创立的“皇港语法学”（La Grammaire de Port-Royal）就是其中最有名的学说。帕斯卡尔的思想由于得到他父亲—— 一个冉森派思想者的教育和培养而形成。帕斯卡尔的姐姐雅克琳于 1652 年在“皇港修道院”成为修女。同时，在乡间，她与另一位修女负责朋友家孩子的教学。她们共同斟酌，创造了一种学习语言的简易方法（Une nouvelle manière pour apprendre à lire facilement en toutes sortes de langues）。这就是“小学校”那些“修士先生”们建立的方法论。勒梅特・德・萨西（Lemaître de Sacy）先生发展、完善的新《圣经》法语版翻译比此前译本完善得多，这就是后来大家所熟知的被称为

“皇港《圣经》”的译本。法国教育学大师让·拉辛（Jean Racine）能够成就他的诸多著作就是受益于15到20岁期间在这所“小学校”学习所获得的知识——他最终著称于世。

由于来自大家族的修女们和他们政教分离派的朋友们的影响和干涉，皇室对冉森派十五年的镇压势头有所减轻。1679年，“皇家–港口”再次禁止修女进入。路易十四重又驱散那些非教徒和修女，他最终彻底铲平“乡间皇港修道院”的教会机构与教堂，连同1711年建成的小礼拜堂。那些至今仍矗立在寒冷冬日里的断壁残垣给饶公留下了不可磨灭的印象。

“皇家–港口”故事让人联想到坚持自由思想的东林书院。他们就如同法国旧时“修士先生”们一样被遣散，书院像那座“小学校”一样被完全拆除。四个世纪过去，君主制政权已被推翻很久，不复存在，乡间皇港修道院废墟却仍植根于人们精神之中。饶公心中被注入的这种力量，使他在理想“小学校”中建立理想框架。一种超精神的纯净力量和奇妙的来自精神食粮的非政治性动力，促使饶公像东林时代的李贽与皇港时代的帕斯卡尔一样，有着极简洁生活标准的同时，又具有极严谨且极高深的学养及自由开放思想。①

---

① 本文为2006年汪德迈先生在潮州韩山师范学院召开的“饶宗颐教授九十华诞学术研讨会”上的演讲，李晓红、周轶伦、房维良子译。后应北京大学国际汉学家研修基地袁行霈先生约稿，收入《国际汉学研究通讯》，北京：北京大学出版社，2014年，第241—251页。

我与我的老师饶宗颐先生

首先，感谢香港中文大学中国文化研究所邀请我担任2015年的“饶宗颐先生访问学人”，这对我而言是一种荣誉，同时，我也怀着感激之情来参与这件事。这可以让我回忆起与恩师饶宗颐先生相处的五十年经历，特别是我年轻时候于香港大学作为饶公学生的那两年经历。半个世纪以来，我跟我的老师之间这种特殊的师生关系，在任何情况下都没有中断，甚至没有一刻松弛。我现在只是一个普通的大学院校的学者，而饶公则是一位伟大而博学的大师，我非常荣幸，我和饶公还有来往。可是我们之间差距太大，以至于自己羞愧地感觉没有资格在这里谈论他。然而，自觉有失礼仪的心态却被他谦逊的目光所扫去——这是大师众多的高尚品质之一。所以我仍然坚持向你们谈论他，准确地说是介绍他——我的老师。但我向你们谈到的不是他的学识方面，这方面我以为应该有人比我更有资历来介绍他，下面我将用我能有幸陪伴他至今历程中的经验，介绍作为凡人的饶宗颐先生——伟大的世界著名学者背后作为凡人的饶宗颐先生。

我记得饶公最初与法国汉学之间的联系，缘于他与法国院校汉学界最杰出的代表人物保罗·戴密微之间令人难忘的友谊。这种友谊是如何产生的呢？1954年，饶宗颐先生到英国剑桥大学参加由英国皇家亚洲学会主办的第二十三届东方学会国际会议，戴密微先生后来告诉我，他是被饶公破译编号为S6825的敦煌残卷（今存大英博物馆）之事所吸引。在这之前，这篇内容涉及《老子想尔注》的抄卷尚未获鉴定。戴密微在巴黎的法国国立图书馆做编目工作，做伯希和敦煌资料研究，经验告诉他，要弄明白这类文件有多么的困难。这正是为什么在戴密微先生之前，其他西方汉学家没能看到这样一位中国知识分子的天赋—— 一个来自重视商业胜过文化的地区、没有大学学历的学者，甚至比戴密微先生还年轻十五岁。饶公当然也看出了这位对中国文化如此了解且极有水平的法国大汉学家对他工作的欣赏。两个伟大的心灵一拍即合。饶公于是在西方汉学广阔领域中选择了法国汉学界希冀他选择的和他所钟爱的研究领域，而法国汉学界也因此授予了他很多荣誉：

1962 年，获“儒莲奖”（斯塔尼斯拉斯·儒莲，Stanislas Julien，1797—1873，法国汉学家）；

1980 年，获巴黎亚洲学会荣誉会员头衔；

1993 年，获索邦高等研究院荣誉博士学位；

2013 年，被授予法国金石和文学院外国院士头衔。

饶公曾经来过巴黎七八次，其中三次他用完整时间和他的法国同事一起参加研究活动，1958 年和 1964—1965 年两次是由戴密微先生以法国国家科学研究中心名义邀请他来的。1978 年那次是我以法国高等实践研究院（École Pratique des Hautes Études，简称 EPHE）名义邀请他来参加我所领导的研究项目。另外，饶公在 1972 年至 1973 年间被任命为法国远东研究院驻香港学术代表。他还参观了法国远东学院驻印度本地治里的研究中心（1963）和驻越南河内的研究中心（1992）。

至于我，其实我从事中国文化方面研究没有受到任何人影响——我的亲人都不了解中国，也不是为了这样或那样的某种职业生涯需要，而是由于一次偶然机会读到乔治·冯·德·格贝勒茨（Georg von der Gabelentz，1840—1893）的一本中文语法书。它使我发现中文不仅与我的母语法文不同，也与我在中学时期学过的其他外国语言如拉丁文、希腊文和德文等都不同，我很快对中国语言萌生了极大兴趣。正是因为如此，在 1945 年至 1951 年间，我于巴黎大学用六年的时间学习了哲学和法律，同时也于巴黎国立东方语言文化学院开始学习中文和越南文。1951 年到 1954 年间我在西贡（即现在的胡志明市，旧称西贡）的一所高中担任法国文学和西洋哲学教师，接着 1955 年于河内一所高中任教。1956 年，我被河内法国远东学院聘用为研究员。在当时的远东学院里，汉学方面的学术研究是由戴密微先生领导的。戴密微先生已经认识我，因为在我 1945 年进入巴黎国立东方语言文化学院（Institut national des Langues et civilisations orientales［Inalco］de Paris）读中文时，他还不是法兰西学院的教授，而是在这所语言学院里教中文的教师，我当过他的学生。1958 年 6 月，当我从河内回到巴黎之后，我非常渴望能继续学习中文。可是因为一些原因，我没能去成中国内地，但是来香港很容易，我在河内工作的时候已经来过一次（那是我 1957 年第一次在越南工作期间，假期时来香港），于是我请求戴密微先生，如果可能的话，请派我到香港学习。可戴密微先生回答说，香港只重视商业，而不重视汉学，如果要到东亚留学读中文而又不能到北京的话，那么最好去日本。20 世纪 20 年代时，戴密微先生在东京从事佛教研究，他知道日本汉学家很了不起。所以我在 1958 年 12 月到京都留学三年。在 1961 年我回到巴黎的时候，戴密微先生已和饶公成为好朋友，他不但同意派我到香港从事研究，还特别叫我跟饶公学习甲骨文。于是，从 1962 年到 1964 年的三年间我到香港留学。

当时，我对亚洲的了解，除日本外，仅仅是越南战争和战争以后的无产阶级革命。我在香港终于可以追求普通中国人的生活。一些香港的好心朋友同时又是著名学者帮助了我。在此，我想表示我将永远感谢他们。第一位是陈哲教授，他是一位画家，教我初步的书法。第二位是港大语言学校的汤象老师，他为我选了很多由他精心选摘的有意思的书，让我欣赏。要感谢的人还有我特别喜欢的香港历史专家罗香林老师，他给我介绍了《浮生六记》。其中尤其是饶公对我的帮助最大。由于他们的教诲，我阅览了尽可能多的中国书籍。但是中国文字的著作这么丰富，即使尽我所有可能，靠一个小“顶针”的容量又如何能把大海的水都舀空呢[①]？最让我难以忘怀的是我一到那里，他们就让我和他们一起生活，用一种简单却让人感到如此温暖的生活方式。这是我于香港学习的书籍内没有的，是文献以外的中国文化——中国人的生活方式。在汤象老师让我读的书中，我曾看到有这样一句老子的箴言：“是以圣人之治，虚其心，实其腹。”[②]告诉我用圣人的方法教像我这样的学生，让我品尝非凡的、极富滋味的中国菜，这种体验是我无法从书籍中学习到的。至于饶公，他则喜欢带我去香港最好的陆羽茶舍品尝最好吃的香港点心。在这里，我讲一件我从未提起过的趣闻。饶公带我去九龙很远的地方，超出最远的居民区地界，只为让我品尝一道他很喜欢但被英国政府禁止的菜——炖狗肉。这家餐厅很小，地处偏远，偷偷地为我们料理了这道菜。不久后，饶公来法国旅行，他住在我家，我也以相同的方式招待饶公，带他品尝与中国菜口味截然不同的法国料理。饶公特别高兴能在这里品尝法国“百合”（即前文提及的“朝鲜蓟”）和一

① 法国谚语：法国顶针形状像小碗一样。意为大海容量之大，小小顶针难以舀空。

② 陈鼓应注译《老子今注今译》（修订本），北京：商务印书馆，2016 年，第 86 页。

种味道特别浓的羊奶干酪。他风趣地说，吃法国“百合”的乐趣是吃花瓣。在羊奶酪方面，他从来没有告诉我他为什么喜欢吃。我很惊讶，因为这种奶酪是大家都知道的有史以来最厉害的一种，它的口感甚至超越中国臭豆腐。法国人通常见而避之，但饶公却对它很感兴趣。这种具有开放性味道的奶酪可能是开放给所有文化的，饶公对它的独特喜好体现了他的开放精神。1963 年起我陪伴饶公去印度、锡兰、缅甸、泰国和柬埔寨的旅途中也同样体现了饶公的这种精神，使我更为佩服他。

饶公的开放精神首先体现在对于异国文化的各方面的学识。他是一位汉学家，同时精通文学、古文字学、佛教、道教、历史、绘画，甚至音乐。其异于常人的工作研究能力造就了这样一位百科学术大家。我们于印度旅行期间我便明白了他的工作能力。当时我和饶公同睡一间小屋，两床相邻。每天晚上饶公仅有两次两三个小时的睡眠。他每晚习惯于凌晨两三点醒来，点亮灯工作一两个小时，然后再睡一会儿，直到清晨。对于饶公这便足矣。通常，饶公亮灯的时候我都会醒来，因此，我也被迫和饶公养成相同的生活节奏，每天最多睡六至七个小时。一个月后，我便已承受不住。而饶公比我年长十岁，却总是精力充沛。为何一位身体如此单薄的学者在从事脑力工作时却可以如此精神饱满呢？如此高效率工作的饶公竟然可以记住所有阅读过的书籍。在旅居巴黎期间，每当饶公住我家时，他便在那间紧挨着我的卧室工作，仅两步路我就能找到他。每当我在理解汉语文学典故上遇到困难，或是想了解某位历史人物、找出某一地名的地理位置，抑或是找寻某一注解时，我都会向饶公求教。每一次，我都能很快得到答案。饶公于我而言就是一本活字典，许多文章他都熟记于心，如同一个活图书馆。

饶公于其所阅有惊人记忆力。因此，饶公工于文本学研究，更是一名卓越的文献学家。在众多法籍汉学大师中，饶公最为敬仰伯希和（1878—1945）。伯希和除精通古欧语、现代欧语、梵文、古中亚几种语言，以及蒙古语和土耳其语外，还熟知所有汉语典籍。作为一名掌握了如此多种语言的文献学家，伯希和可以被列为研究敦煌手稿的首席学者。虽然伯希和获得的文书数据较少，但是他选出的却都是资料中之绝品，价值极高。这些被送往法国国立图书馆的敦煌文卷成为该图书馆的无价之宝。饶公于法国度过的大多数时光都花在法国国立图书馆伯希和手稿数据库中，做编纂和整理工作。伯希和也从中国带回一些字画，现藏于吉美博物馆。饶公对这些字画也极感兴趣，这些字画也为其创作敦煌风格人物画带来灵感（我本人收藏的饶公所绘的一幅观音就是这种风格）。

另一位让饶公评价颇高的法籍汉学家是爱德华·沙畹（Edouard Chavannes，1865—1918），伯希和便出自其门下。沙畹一生最重要的学术成果是翻译《史记》前五十篇，这本翻译著作以大量充实的注解附录成为文献学典范。沙畹学识丰富，在完成司马迁《史记》前半部的翻译工作后就过世了，虽然当时也出现了其他完整的《史记》翻译著作，但没有一部著作能像沙畹翻译的那样优秀。斯坦因曾带来大批竹简，沙畹受其委托，也成为第一位研究竹简文字手稿的西方学者。他还是第一位将考古学、石刻学与文献学联系在一起的西方学者。1893 年，沙畹第一次去中国旅行，当时他收集了许多拓片和照片。他在 1907 年出版的《中北调查考古研究旅行》一书中加进了这些珍贵的拓片和照片。饶公不仅使用这些数据以说明其研究，而且追随着沙畹的足迹，研究法国远东学院于 1981 年出版的《唐宋墓志远东学院拓片图录》和古兰（Maurice Courant，1865—1935）带来的拓本资料。这些研究当时还未曾有人涉足。

但是，更值得注意的当然是戴密微先生与饶公之间的紧密关系。科学地讲，戴密微先生的汉学植根于欧洲既古代又现代的高深文化学问之中。他不但学过拉丁文和希腊文——因为他生于洛桑，还和所有瑞士人所受的教育一样以法语、意大利语和德语三种语言为母语。之后他又学习英语和俄语，再稍后又学习了日语。饶公在丰富多样的汉语世界里也精通多种方言语言，除了普通话，他还会说潮州话、粤语和闽南语。此外，在当今学者中，罕有人精通音律。饶公如古代文人善于弹奏古琴，而戴密微则是一位杰出的钢琴家。他有深厚的音乐文化修养，第一部学术著作就是 1914 年在巴黎大学（今索邦大学）的有关“组曲”类型学的博士论文。[①] 而他和饶公合著的《敦煌曲》《敦煌曲续论》都是非常重要的研究成果。总而言之，正是两位大师渊博的文化知识和永不疲倦的求知欲及好奇心造就了他们在汉学上的卓越成就。但他们并未因此变得傲慢，而正相反，他们不知疲倦、慷慨地将知识传授给他们的学生。韩愈说过：“师者，所以传道受业解

---

① 谢和耐（Jacques Gernet，1921—2018）：《法国20世纪下半叶的汉学大师戴密微》（*Notice sur la vie et les travaux de Paul Demiéville*）；载戴仁（Jean-Pierre Drège，1946— ）主编《法国当代中国学》，耿昇译，北京：中国社会科学出版社，1998 年，第 105 页。

惑也。”[①] 在我看来，这是两位大师最难得的品质。我极为荣幸分别师从这两位大师，他们对我而言，正可谓“内圣人，外老师”（Sainteté intérieure, Royauté extérieure）。[②]

---

① ［唐］韩愈著，马其昶校注，马茂元整理《韩昌黎文集校注》，上海：上海古籍出版社，2014 年，第 47 页。

② 本文为汪德迈先生 2015 年 3 月 17 日于香港中文大学“饶宗颐访问学人讲座”上的演讲，李晓红译。后以中文同题发表于香港中文大学《中国文化研究所通讯》，2015 年第 2 期。

饶宗颐先生的典范作用

饶公是中国当代社会一位百科全书式的学者，他几十年如一日地辛勤耕耘，在人文领域写下鸿篇巨著，誉满寰宇。在当代中国文化界，饶公是一位继承传统、承上启下、开辟新路的典范。

有很多人语言掌握得不少，但是目的只是交流。饶公既不会说德语，也不会说英语，然而我认为他不需要会说很多种外语，正因他的睿智超越众人，能很快进入“文化语境”。他有一种文化意识，只要看过，即刻明白，且非常深刻，甚至不需要专门为他解释。比如，他与别人去看法国远古时代的拉斯科洞穴壁画，马上便能明白那些画的意义。他对史前文化很敏感，对史前艺术家所作艺术品的质量和绘画语言一目了然。饶公对艺术的认知与理解超越许多专家。法国有很多史前史学者前去观赏，但对史前画深度的了解有的却不及饶公。再如去卢浮宫参观西洋绘画，他马上能看明白画的意思。正如《老子》所言，可以说明的“道”不是真的“道”，同样，不必用语言来解说的文化才是真的文化。饶公明白真的文化是什么，他的思维是一种思辨思维。

饶公之所以取得如此丰硕的成就，成为学界楷模，作为跟随他学习多年的学生，我认为有以下几点原因。

第一，他不参与任何政治活动，在他身上体现了隐士的传统。但他并非像山中隐士那样从世界中抽身出来，相反，他异常活跃，从世界的一端到另一端——从香港到北京，从剑桥、巴黎、华盛顿到布鲁塞尔、罗马、马德里，从日本到印度。

第二，他被公认为中国古典学界杰出代表人物。他从未停止对楔形文字和象形文字的研究，对中国、日本、韩国及越南的考古学研究也是如此，甚至对希腊、罗马或更久远的欧洲史前文化研究也同样如此。

第三，他最钟情的研究领域是中国古典文学，他擅长其中各类研究，尤其是词研究。他对法国古典文化也颇为偏好。

第四，饶公具有伟大的人文主义胸怀。他认为，所有的人都有各自优点。他从未看不起人，无论什么文化程度的人他都很尊重，积极地与他们交往，向他们学习。我认为他是真正的人文主义者，他有“仁”的一面。

饶公以其个人诸多学术著作和艺术作品为中国文化国际地位的提升做出了独特贡献。可以说，他所做出的贡献有些无法估量，他的贡献既不靠权力的强加，也不靠其他“软实力”，因为这都不是它真正的价值。在世界范围内，要想发挥中国文化的优势，重要的就是培养更多像饶公这样伟大的精神领军人物，最主要的是于中国本土加强对中国文化特有价值观的支持和推介，包括文学艺术创作、政治、道德等诸多方面，并对教育、媒体及当今所有社会活动和行为给予正能量支持。

饶公崇高的人格不只影响 20 世纪，他永远是我们的榜样。当我们想到伟大人物时，我们通常想到伟大的政治人物。例如，在 20 世纪，我们想到的是罗斯福、斯大林、戴高乐和丘吉尔等人。我认同他们是伟大人物，但我认为我们不谈论饶公是不行的，饶公对我来说比其他人更重要。他的重要性不在政治方面，而在文化方面。恰恰只有文化的力量可以穿透几个世纪。[①]

---

① 本文为2018年11月22日汪德迈先生在“文化创新与人类命运共同体——第一届深圳大学饶宗颐文化论坛”上的演讲，李晓红译，欧明俊审订。

第五届“会林文化奖”颁奖典礼获奖演说辞

“会林文化奖”旨在表彰为中国文化做出突出贡献的中外杰出人士。作为一个法国人，今天能够获此殊荣，是黄会林先生和“会林文化奖”评委们对我七十年来研究和传播中国文化工作成绩的肯定和表彰，我感到非常荣幸，也非常激动，在此深表谢意！中国文化源远流长，博大精深，我一生都受到中国文化的恩泽，得到中国朋友们的热情鼓励和积极支持，应该说中国文化是我取之不尽、用之不竭的精神源泉。

发现中国文化的魅力是在我十八岁时，那是在阅读一本德语写就的古老中文语法书时所得到的启示。这本语法书现在看来已经过时，在当时却是我能找到的最好的中文语法书，它是 19 世纪一位著名的德国语言学家乔治·冯·德·格贝勒茨所撰写的。这本书的撰写极其严谨，文字书写和语言表达方式，甚至思维方式的阐述，都远远超过了我的想象，是我从未见过的，完全不同于我学习法语、拉丁语、希腊语和德语时所用过的语法书。这本书让我着迷，我产生了学习中文的冲动，很快便到巴黎东方语言文化学院的中文班进行注册。从那以后，我没有一天停止过阅读中文书籍，包括中文词典，常常沉浸在阅读中文的喜悦之中。

我主要研究中国语言学，尤其是古文字学，研究儒家和法家思想、中国古代政治制度、中国思想史以及“汉文化圈”国家的历史文化，对中国文学和书法也有些心得。我倾注了大量时间做与甲骨文有关的中国文化研究。最古老的汉字是在占卜材料上发现的，这绝非偶然，说明中国人在史前时代就创造了文字。当时用来占卜的甲骨文，已经不是简单意义上的标识系统文字，而是真正的表意文字。我认为表意文字是中国文化的核心，我主要研究这个核心，这是我研究生涯的一个重要方面。许慎《说文解字·序》说仓颉创造文字是为了宣扬教令，有助君王施政，引起我对中国古代行政、政治机构及其功能的浓厚兴趣。经过研究，我认为中国最初的封建主义诞生于周朝时期，远在欧洲中世纪之前。中国封建主义以宗法为基础，追求一种理想化的礼仪制度。礼仪的诞生源于中国古代宗教中“宇宙而上学”（métacosmologie）的合理性，通过表意文字演变、发展为带有理性的“礼仪主义”。我后来不仅研究了代表贵族土地所有制的井田制，还研究了维护官僚体制的科举制度。我的研究证实，中国古代政权的特征不是那个表面上代表政权的皇帝力量，而是隐于这个皇权背后的文人权力，这种具有文化权力的政治制度是中国所特有的。中国古代沿用千年选拔人才的考试制度——科举考试，一种最佳的行政招聘手段，流传到了世界各地，先在古代“汉字文化圈”里的中国、越南、韩国和日本流行，后来在世界上被广泛推广和运用。近代的科举考试是由17世纪英国东印度公司重新开始传播的，并影响了现代西方社会。

我想补充说明的是，我始终被中国文化的魅力所感染，我迷恋它，它让我情不自禁尽心尽力地传播它。中国的诗歌、书法、绘画和建筑都魅力无穷，像一幅幅美丽的画卷无比生动地展示在世人眼前，这是世界上任何其他文化都无法比拟的。中国文化和中国人民的友谊向我展示了中国特有的宽厚人文主义，我不禁想到我于香港大学做学生时，教授我中国文化精髓的恩师饶宗颐先生。在我看来，他是近百年来最伟大的中国学者。饶公一直教我以高标准的“内圣”（sainteté intérieure）人格严格要求自己，我努力尝试，但是距离“内圣”的境界还很遥远。对我个人而言，作为一个文化人，作为一位热爱中国文化的法国汉学家，我想努力做到的是向我的学生们传播中国文化教会我的一切。

再次感谢黄会林先生和“会林文化奖”评委会对我的信任！感激中国文化带给我的力量！我走过漫长的人生道路，也积累了比较丰富的教学和研究经验，我仍将不懈努力，竭尽绵力，继续以我之所学为中国文化做出应有的贡献。[①]

---

① 本文为2019年1月18日汪德迈先生在由会林文化基金、北京师范大学中国文化国际传播研究院联合主办的第五届“会林文化奖”颁奖典礼上的演说辞，李晓红译，欧明俊审订。

中国文化研究七十年

我对中国文化的兴趣不是来自他人的影响，而是因为一次偶然的机会，我读了乔治·冯·德·格贝勒茨的一本中文语法书，便立即对中国语言产生了极大兴趣。我发现中文不仅与我的母语法文有很大的差异，也与我在中学时期学过的其他外国语言如拉丁文、希腊文和德文不同。我对中国的兴趣最初是关于中国语言的，广泛而言，是关于语言所折射的中国文化。我读完这本中文语法书后，马上拜托一位朋友介绍我认识他的中国朋友陈荣生。1945 年 6 月，陈荣生便成了我的第一位中文老师。后来陈荣生在欧洲加入“二战”法国抵抗运动，对抗纳粹，中法客运交通恢复后，他便返回中国投身中国共产革命。离开法国前，他介绍我认识了他的朋友李治华（法文版《红楼梦》译者）。李治华从此成为我的第二位中文老师，“汪德迈”这一中文名字便是他为我取的，出自《尚书》。同年 10 月，我进入巴黎国立东方语言文化学院，开始跟随保罗·戴密微先生学习中文。

那年我 17 岁，还没结婚。我大学学习的主要专业并不是中文，当时我于巴黎大学主修哲学与法律，但我对律师这一行业不感兴趣，我关心的是法律中的哲学。记得在巴黎大学上学时，我的一位老师让·瓦尔（Jean Wahl）教授是现象学（Existentialisme）专家。在一场考试中，他问了我一个问题，我回答时提到了马赛勒·葛兰言（Marcel Granet）对中国哲学的评价。瓦尔教授果断地打断了我，并说他对中国哲学没有兴趣。这让我很惊讶，原来伟大的思想家也有其狭隘的一面。那个时代，巴黎大学很多法国思想家都很藐视中国，看不起中国文化。

1950 年，我结婚了，需要找一份工作，并且我仍希望能到远东去。当时的情况不允许我到中国，而法国政府正在招募人员到越南。越南文化在很大程度上汉化了，我的妻子也是于西贡出生的华裔（她的曾祖父母是中国潮州人，早年移民越南西贡），西贡似乎成为我最理想的去处。1951 年至 1954 年间，我于西贡工作了三年，并在 1955 到 1958 年间于河内工作了两年半。在这之间，我还回到巴黎大学读了一个学期的法律和哲学。读完后本打算回到西贡，但那时日内瓦条约签订，时局发生了变化。法国远东学院越南主要中心在河内，我因此决定自愿到其他人都不愿意去的河内法语中学教书。后来证明我的决定是对的。我到河内后很快便在法国远东学院中获得职位。但三个月后，当地新成立的政府废除了法语教学，我无事可做。恰逢法国远东学院需要替换博物馆馆长一职，我便进入博物馆工作，随后还参与了法国远东学院的中国研究项目。1957 年，我还在越南，我的朋友蒋信邀请我到北京外交学院与他一起教法文。我答应了，并收到外交学院教授聘书。然而，当我向法国远东学院院长提出把我送到北京的请求时，他以中法没有建交为由拒绝了。我仍然坚持我的请求，最终获得河内法国外事处代表的批准，但前提是我必须等到有人接替我的职位后才能离开。几个月后，接替我的新职员雷维安（André Lévy）才来到河内，但在这期间，在我准备出发前往中国教书的 1958 年 2 月，驻河内中国大使通知我，我的合同被中国外交部拒绝。我因此取消了北京之行，并于 5 月回到巴黎，之后被派遣到东京，后来被派往香港。

20 世纪 60 年代初期，我曾分别在日本和香港停留，我的学术生涯也同时开始。1965 年我回到法国巴黎，继续为法国远东学院工作，被指派为饶宗颐先生的助理。当时饶宗颐先生受邀到法国协助戴密微先生进行敦煌资料的整理和研究工作，1965—1966 年间，饶公住在我家。1966 年我在法国南部的普罗旺斯大学担任教职，并负责指导新成立的中文系。1973 年我从普罗旺斯大学转入巴黎第七大学，并在 1979 年从巴黎第七大学转到法国高等实践学院。于法国高等实践研究院任教期间，我同时还赴日本，担任东京法日会馆法国馆长（1981—1984），后来任法国远东学院院长（1989—1993）。1993 年退休后，法国远东学院院长一职悬空。我推荐饶宗颐先生继任，饶公同意代任三个月，再次住在我家。我于法国求学时并没有修读语言学，我是在后来对中文产生兴趣后才开始接触和熟悉语言学研究的。我仅仅把语言学看作研究中文特性的一个工具。然而许多研究东方语言的学者却恰恰相反，他们学习中文是为了把语言学理论套用到中文里。因此，许多语言学家因为其本身对语言的预设而无法透过甲骨文认识中国象形文字的真正特征。他们仅关注口语，且不认为象形文字会存在表意形式以外的文字形式。王力是我所知道的最好的中国语言学家，但他也受到同样的影响。他的语言学老师是法国享有盛誉的语言学家安东尼·梅耶（Antoine

Meillet），梅耶教授是法国研究印欧语言的权威专家，但他一点儿也不了解中文。王力所受的法国语言学熏陶持续影响了部分中国语言学家。我本身没有受到这种影响。我的研究更贴近于符号学、哲学及语言学方法。饶公的研究则是纯文献学方法。我尝试从全球视野来看问题，文献学家关注的是精确的特定数据。

年轻时，我还希望能到香港与真正生活在中国的人们用中文交流。我认为要真正理解中国思想，首先必须与中国人进行真正的交流。1945—1948 年，我于法国东方语言文化学院学习中文，谢和耐先生也于同时在该校修读过一段时间的中文课程，但他从来不说中文。他仅对文本感兴趣。我非常钦佩他在文献学方面的成就，却不赞同他认为“鹦鹉才需要说话”的观点。戴密微先生很喜欢说中文，但当我提出到香港学习，特别是要练习中文口语时，他并不赞同。他认为香港是个商业社会，如果要学习中国文化，可以去日本。因此 1958 年我被派遣到京都。我在日本果然有机会进入几位伟大汉学家如吉川幸次郎、小川环树和内田智雄等的教学讲堂。他们都能说一口流利的中文，这更加坚定了我后来去香港的决心。戴密微与饶公后来成为朋友，最终我在 1962 年成行。大学时，我起初对西方哲学感兴趣，但一直保持对中国思想的好奇。中国思想与西方思想如此不同，这本身就是一个哲学问题。为了解答这一问题，我不断深入追寻中国文化的根源。因为我本身的法学基础，我对中国思想的探究是从法家开始的。我意识到韩非子的哲学实际上根植于诸子哲学，而诸子哲学的核心则是儒家思想。后来我又发现，要理解孔子，就必须理解儒家思想背后的根基。再后来我终于了解到中国思想起源过程，那就是甲骨文所记载的占卜学说。感谢戴密微介绍我到香港跟随饶宗颐先生学习甲骨文，让我有机会认识到甲骨文的重要性，更让我有机会进入到饶公课堂学习《文心雕龙》。这不仅是中国修辞与诗歌的经典之作，更是一部中国哲学经典。饶公还在他家中为我单独授课，讲解《说文解字》，我因此得以接受古文字学训练。1962 年，我终于能够就饶公的《殷代贞卜人物通考》写出一篇报告，发表于《法国远东学院院刊》（*Bulletin de l'École française d'Extrême-Orient*），第 2 期（总第 50 卷），1962 年。

我本身没有专注于甲骨文的研究，我认为这样的研究只有中国学者能胜任。一般来说，中国研究的文献考察领域必须先由中国学者开创，西方学者才能进行后续研究。我记得我曾就法文版《国语》翻译中的一个问题请教饶宗颐先生，他认为西方学者翻译这部中国经典为时过早，因为中国学者自己也没有真正破解这一经典。正是因为此，我研究、考察中国学者对甲骨文的研究，而不研究甲骨文本身。我关注中文表意文字的词源学，这是中国文化的基础。饶公教我《说文解字》，总是允许我到他家里去，每周两三个小时。他先给我看书中的几段文字，然后再解释，并就每一个字词详细地讲解。我也由此开始对词源学产生兴趣。《说文解字》本身有不少错误，但这是因为成书时没有适合的参考来源。在同时期公元 1 世纪的欧洲，根本没有可以与之相提并论的研究著作。饶公百科全书式的知识以及他的勤奋给我留下深刻印象，但最让我钦佩的还是他的生活方式。他身上展示出一种真正的学者风范，全神贯注地投入到研究工作中。当时香港大学及西方汉学界几乎没有人发觉他的天赋，戴密微先生是唯一例外，他让我也见识到饶公的才华。饶公的天赋最终在香港中文大学得到认可和发挥。他把全部时间都投入到研究中，生活极为简朴。

20 世纪 60 年代末，我回到法国开始教授中文时，法国汉学正处于一个变化的时期。40 年代，整个法国仅有三个单位开设中文课程，分别是巴黎国立东方语言文化学院、法国高等社会实践学院和法兰西学院，而法国大学没有开设任何中文课程。直到 60 年代，法国的大学才逐渐开始开设中文课程。70 年代的法国仅有三位有博士学位的汉学家，吴德明（Yves Hervouet，1921—1999）是第一个，谢和耐（Jacques Gernet，1921—2018）是第二个，我是第三个。随着越来越多的大学开设各种中文课程，研究中国问题的博士生也越来越多。新一代的法国学生都能说一口漂亮的中文，但很少有人能够阅读文言文。从耶稣会传教士的时代开始，法国汉学有着很长的历史。在耶稣会创立以前，中世纪的法国并没有学者对拉丁语、希腊语及希伯来语以外的语言感兴趣。文艺复兴时期，法国国王弗朗索瓦一世创立法兰西学院鼓励学者研究阿拉伯语。法国与奥斯曼帝国（Ottoman）关系密切，阿拉伯语由此获得重要地位。几年后，耶稣会的成立仪式于 1541 年在巴黎举行，发起人依纳爵·罗耀拉（Ignace de Loyola，1491—1556）教士和他的朋友都在巴黎大学学习。他们都受到当时包容非欧洲文化的开放精神影响，决心开始对欧洲以外没有受到新教影响的人们传道，反对新教教义。耶稣会的历史是法国历史的一部分，因耶稣会活动所带动起来的西方汉学也成为法国历史的一部分。自此以后，其他西方国家也受到影响，开始发展汉学，那是 19 世纪以后的事情了。

中国传统文化是过去中国问题学术研究的重点，现代学术研究重心则转向当代中国。我同意并理解当代中国的重要性，正如我希望到中国实地生活，自己能够开口与中国人面对面交流，说中国话，以便更深层地了解和熟悉中国文化，避免某些西方汉学家只从书本上了解中国的“教条式”汉学研究方式。同时，我也认为仅仅研究中国古代的传统文化是不够的——我很感激饶宗颐先生带领我接触活生生的香港文化。但另一方面，我对现在学界缺乏传统中国文化研究感到遗憾。我认为，这正是目前西方学者仅仅关注中国政治经济发展，而彻底忽略中国传统文化的原因所在。

作为“饶宗颐访问学人”，我这次于香港中文大学访学一个月，很高兴能与对我的汉学研究有兴趣的人们见面交流。要接受一个外国人对中国文化的阐释，对很多中国人来说恐怕有些困惑。相比于和有欧洲中心视角的西方学者用先验论（préjugé）讨论中国文化，我更乐意与中国人交流，我也喜欢听批评的声音。语言学家们质疑我对中国象形文字的阐释，与他们的辩论也让我更加深入地理解中国文化。另外，香港大学饶宗颐学术馆也让我印象深刻，我记得过去这个中心还很小，现在却已发展得这么好。我很惊讶香港能够为饶宗颐先生设立一个如此了不起的图书馆。在法国，我们从来没有为与饶公同样地位的重要知识分子或艺术家设立类似机构，可见中国人对文化的重视。香港的确是以经济为重心的城市，但却仍然留有充足的文化空间。我第一次到香港时，还是英国人统治时期，全港只有一所英属大学。现在香港已有 9 所大学，其中香港中文大学中文系能媲美欧美顶级大学文学系。

回顾以往 70 年与远东文化的紧密接触，我希望中国可以保持并发扬、创新自身宝贵文化传统，为创造新的人文主义做出自身贡献。20 世纪 20—40 年代对中国知识分子而言是一个非常宝贵的时期，鲁迅、胡适、顾颉刚、郭沫若、梁漱溟等人都急于探索中国现代化道路。现在中国已成功成为世界制造工厂，我希望在像饶公这样的中国文化坚守者与西方学者公开对话的带动下，中国也能成为杰出新观念的汇聚地。[①]

① 本文为2015年3月汪德迈先生于香港中文大学“饶宗颐访问学人讲座”上用普通话所作演讲，后以中文同题发表于香港中文大学《中国文化研究所通讯》，2015 年第 2 期，第 1—5 页。

附　录

汪德迈先生学术访谈录

欧明俊　李晓红

汪德迈先生长期以来执法国汉学界之牛耳，研究领域广，学术视野宏阔，成果丰硕，影响广泛，享有国际声誉，可以说他就是当代一部活的国际汉学学术史。我们有近距离接触汪老的条件，有幸常亲闻謦欬。2018年3月，欧明俊正式提出《汪德迈学术思想研究》的计划，并按计划中学术访谈录的部分拟定了《汪德迈先生学术访谈录》访纲，与李晓红商定，由她按访纲采访汪老。李晓红利用与汪老同住巴黎之便，不定期登门拜访，并抓住一切机会录音访谈。我们一直与汪老密切联系，随时请教，交换意见，核对文献，随时增补访纲，修订访谈。三年多来，记录文稿累计已达33本，大约可整理出50余万字的录音资料。我们还通过各种途径，与汪老同事、学生、学界友人取得联系，寻找线索，获得不少宝贵的信息和资料。诚挚感谢汪老对我们的信任、鼓励和教诲！感谢访谈整理过程中为我们提供无私帮助的学界朋友！限于书稿体例和篇幅，此访谈录仅是目前整理出来的一部分，我们将继续访谈汪老，有序整理出全部访谈稿，完成访谈计划，希望全方位呈现汪老学术思想。

问：汪老，您好！您长期于法国高校和研究机构工作，取得非凡学术成就，享誉国际汉学界。首先请您接受我们崇高的敬意！祝您宝刀不老、健康长寿！非常高兴，也非常荣幸您能接受我们的学术访谈！

答：辛苦你们了，谢谢！很高兴和你们一起交流研究心得。

问：汪老，可否请您首先谈谈所受启蒙教育和初等教育情况？

答：我出生于1928年，启蒙教育和初等教育是这样完成的：5—8岁半在家自学，没有去上学（跟饶宗颐先生一样），家里当时有一位私人教师。直到8岁半以后，才进入私立普罗维登斯耶稣教会学校（Collège de la Providence à Amiens），那是总统马克龙就读的学校，在第二次世界大战中被炸毁，"二战"后重建。（2019年，在寄给马克龙总统《中国教给我们什么?》新书时，他这样回答我："感谢您给我上的中国课。"）这个学校是寄宿学校，提供耶稣会（Jésuite）从小学到高中这一中、小学教育链相连的教育。8岁时，我进入该校的八年级学习（相当于中国的小学四年级），一直读到法国高中三年级（Terminale，相当于中国高中三年级）。亚眠市这所称为"Collège"（即"中学"）的私立学校，体制与同一名称的法国公立学校的"Collège"（即"初中"）或"Lycée"（即"高中"）其实不同。这所学校是为小学、中学连读后能继续上法国精英学校"大学校"（Grande école）的预科班（Prépa）做准备的。我在该校一直连读高小、初中、高中，读到第二次世界大战爆发。我当时一心就想毕业以后，先上私校读预科班，再考一所"大学校"，我心仪的学校名叫圣·西尔陆军学校（École Saint Cyr），是一所有名的理工科学校，在巴黎凡尔赛附近。

问：您家在法国北部靠近比利时边界，普罗维登斯教会学校在离您家不算近的亚眠市，您的父母为什么希望您读这样的教会学校呢？您能够适应寄宿的集体生活吗？您一定很喜欢读书，当时喜欢哪些课程，课程时间是如何安排的？

答：我父母希望将我们家的孩子陆续安置在寄宿制学校里，比如亚眠的一所学校，离我法国北方的家有80公里，坐火车要一个半小时，他们希望把孩子放在尽可能远的地方上学，那样可以让孩子们独立一些、自理能力强一些、成长得更好一些。我父母不希望孩子们有依赖父母的习惯。同时，上这所学校是因为他们认为耶稣会学校的教学比一般公立学校的教学质量要好很多，于是1936年10月（8岁半）时，我就在该校注册，当了住校生（pensionnaire）。

我的家庭信奉天主教，极其严谨。父亲莱昂·汪德迈（Léon Vandermeersch）（我的名字与父名相同）和母亲普沃斯特（Marie Prouvost）给孩子们传递的是良好的基督教道德理念，他们强调尊重和诚实，要求孩子们严守规矩、做事认真。家里10个孩子，我排行第6。当时，我年仅8

岁半，上寄宿学校，平时不能回家，这对还是小孩子的我来说太难了。好在我哥哥在同一所学校里读三年级（相当于法国公立学校的初中四年级），所以我有机会在课间休息时见到他。因为住校，母亲每周四来探视我们，总要带我们去好餐馆打“牙祭”，几个孩子都像饿汉一样狼吞虎咽地恶补一顿，暂时弥补崇尚苦修的餐饮制度带来的饥饿感。我不太喜欢住校生那类的寄宿生活，相比住校，我更喜欢住家里。这是肯定的。不过，我因此结识了很多小伙伴，我很喜欢我的同学。

我和兄弟们所读的教会学校延续了父母在家里对我们进行的极其严格的天主教教育，延续的是严谨的基督教道德理念。我在学校的学习没有感觉吃力，反而很喜欢学习，甚至感觉很放松，所以也很努力。我尤其喜欢阅读，喜欢读儿童读物。对于语言学习，我喜欢古代的语言，比如拉丁文和希腊文。成年后对事物的是非判断、道德品质的培养、认真的学习习惯和一丝不苟的学习态度应该都是来自童年和中学时期的教育理念和教育方法。家长们希望男孩性格坚强一些，将来独立生活后可以面对人生的艰难困苦。

当时学校的时间安排是这样的：6:20，起床；6:30，弥撒；7:00，早餐；8:00—10:00，第 1 节课；10:00—10:15，课间休息；10:15—12:15，第 2 节课；13:00，吃午饭；13:00—14:00，课间休息（大休息）；14:00—16:00，第 3 节课；16:00—16:30，课间休息；16:30—18:30，第 4 节课。上午 4 小时课，下午 4 小时课（上课实为 45 分钟课，含 15 分钟课间休息）。

问：希腊文、拉丁文都是您中学时喜欢的语言课程吧？您还学过其他什么课？

答：当时我年纪很小，很难说能对其中几种语言做出比较，但是我喜欢读拉丁文，也喜欢读有关罗马和希腊的历史。比如拉丁文，我喜欢读的是《凯撒大帝的战争》（*La guerre de Gaule de César*）。希腊文，我喜欢读的是《亚历山大班师回朝》（*Anabase*，*Le retour des guerriers d'Alexandre*）。我读这类历史书比读古希腊荷马史诗《伊利亚特》《奥德赛》等书还要喜欢。我记得当时一共学习了四门语言，除了母语法语外，希腊文、拉丁文、德文都是外语。法文词“langue vivante”，即“活着的语言”，其实就是外文，而“langue morte”，即“死去的语言”。我的语法不太好，拼写常会有错。德语学习对当时的我来说有一定的困难。法语课里有听写、拼写、语法。我在这个学校没有学英文。我还上过地理课、历史课、自然科学、数学课（课的名称叫“计算”）等。

问：教会学校的规章制度和教学方法有哪些特点？考试情况如何？学校收外国学生吗？

答：谈到该校的考试，当时是每三个月一次小考，一年再进行一次学年考试。老师经常在课上提问，有口头提问，也有笔试。每周四的法文课有“语言构成”测验，为时一个小时，根据老师布置的测验要求作答，然后交卷。数学也有“数字计算”测验。对老师提出的问题，我的回答一般都不差。我的考试成绩都很好，除了德语。我很喜欢写作文。我们的论说文课（dissertation）要到三年级（相当于初中四年级）才有，也就是说，在我 15 岁时才有作文课。记得上小班课时，我们学写记叙文，上大班课时，学写论说文。我的记叙文写得很好，论说文也不错。

我的班级里绝大多数都是法国人，有很多学生的家庭条件都不错。外国人很少，我记得班上只有一个阿根廷小孩，是跟着家人来法国上学的。

问：后来的中等教育您是如何继续的？

答：第二次世界大战期间，我的家人在布列塔尼，而我在兰斯的圣·约瑟夫（Saint Joseph）耶稣会学校继续读书，直到 1944 年学年结束。在兰斯圣·约瑟夫耶稣会学校读书时，我用两年的时间分别拿到了业士文凭（Baccalauréat，即法国高中会考文凭）的第一部分学分[①]和第二部分学分（初等数学）。

1944 年 10 月，我转至凡尔赛的圣·热纳维耶沃（Sainte Geneviève，简称 Ginette）耶稣会学校读书。该校同样是一所私立的教会学校，有“预科班”，专门培养学生将来考“综合理工”“中央理工”“圣·西尔”等精英学校。我为上圣·西尔陆军学校，在这个学校读了一年预备班（classe préparatoire），做了许多努力，最后却由于视力问题未被录取，我只能放弃。上这类“大学校”，不仅要参加非常严格的入学竞考，还需要健康检

① 法国当时的业士文凭（Baccalauréat，简称 BAC，即法国高中会考文凭）分两部分——分两年进行，第二年分专业进行考试。1944 年，先生在兰斯的圣·约瑟夫学校获得第一部分学分，而第二年，即 1945 年，在圣·热纳维耶沃耶稣会学校攻读“初等数学”专科，该专科属数理类，相当于今日法国高中会考文凭中的“Science”—— 科学类。如果考过学校录取分数线，且入围规定的极少的招生名额以内，加之圣·西尔陆军学校特别要求的健康条件，即可以考入该校。

查，要身体各项指标达标。那时我才 17 岁，一心一意想上圣·西尔陆军学校，可是进不去，不知自己的未来该怎么安排，心里很困惑。

问：那您是什么时候、什么原因开始想学中文的？

答：我 17 岁上大学以前，我所上过的任何学校都没有开过中文课。因此，我对中国一点儿都不了解。最先让我感兴趣的是印度，比对中国感兴趣要早得多。这是源于我的一个叔叔，他是一位传教士，他那时在印度孟买（Mumbai）的一所中学里当校长，而我当时只有十二三岁。我特别喜欢这个叔叔，他总是给我讲老虎、大象的故事，那些故事很吸引我。我也很喜欢读有关印度的书。那是我对远东地区文化感兴趣的开始。

我在圣·热纳维耶沃耶稣会学校的预科班读书时，遇见一位越南老师，名叫张工宪（Truong Congcui）。他常来我们学校作讲座，主题就是介绍越南和远东国家的情况，我很感兴趣。受这位越南老师的影响，我开始迷上了远东地区，也开始对中国感兴趣了。我那时住在凡尔赛，而张工宪老师住在巴黎。为了能够继续听他说远东的情况，我每周日下午放假时，就到他在巴黎的住所听他的课。我未被军校录取这一突如其来的变化，让我不得不放弃继续报考军校的愿望，于是在张工宪老师介绍下，我跟随一位名叫陈荣生的中国老师学习中文。他是 1939 年到的法国，想来学法语，由于战争的原因，他只能滞留于法国避难。在我跟他学习的那段时间，他创造了一种学中文的方法，叫《我说中国话》。我跟他学习了一两个月，战争就结束了，他于是动身回中国去了。他说他要回去参加中国的抵抗运动。临回中国之前，他给我介绍了一位朋友李治华，这位李先生后来成了我的挚友，他翻译了中国的《红楼梦》，是法国很著名的学者。

至于发现中国语言的魅力，是在我 18 岁时。在距离我念书的巴黎学校不远，有一位神父，他要去远东传教，我曾去拜访过他，想让他帮助我弄明白印度的思想与哲学。他回答说，很遗憾，他在印度研究领域是外行，但是他说他要到中国去。他有很多中国文化的书，他说，如果愿意，可以借一本去看看。我当时对中国还兴趣不大，出于礼貌拿了一本书回去。没有想到，就是这本用德语写就的古老的中文语法书给了我重要的启示。[①] 这本语法书现在看来已经过时，在当时却是我能找到的最好的中文语法书，

① 参见汪德迈《中国文化思想研究》，金丝燕、董晓萍主编《跨文化丛书》第一辑，北京：中国大百科全书出版社，2016 年，第 3—4 页。

它是19世纪一位德国著名的语言学家乔治·冯·德·格贝勒茨撰写的。这本书的撰写极其严谨，文字书写和语言表达，甚至思维方式的阐述，都远超我的想象，是我此前从未见过的。它不仅与我的母语法文语法书有很大的差异，也完全不同于我学习拉丁语、希腊语和德语时用过的语法书。这本书令我着迷，于是我有了学习中文的冲动，很快便去巴黎东方语言文化学院的中文班注册。从那以后，我没有一天停止过阅读中文书籍，包括中文词典，常常沉浸在阅读中文的喜悦中。就这样，在我逐渐了解了一点中文之后，1945年10月，我决定去巴黎东方语言文化学院学中文。我当时并未赚钱，学费只能由父亲支付，可是他认为学中文将来没有办法生存。他希望我学法学，只愿意支付我学法学的费用。后来我学法律是为了我父亲，而学中文和哲学是为了我自己，我非常喜欢学习。

问：请您介绍一下在巴黎读大学时的情况。除中文外，您还学习哪些学科？同时读三门大学课程，一定很不容易，您是如何攻读的呢？

答：1945年10月，我进入巴黎国立东方语言文化学院学中文，当时的东方语言文化学院是高等学校，不是大学，文凭的叫法也有区别。同时我进了巴黎大学（Université de Paris，即今日索邦大学［Sorbonne Université］）的法学部学习法律（droit），并在文学部学习哲学。当时巴黎只有这一所大学，不像后来有13所大学。巴黎大学总部所在地就是后来的巴黎四大，当时已开始称作巴黎索邦大学。我当时准备第四年的法学博士论文，写的是《中国的法家》（*Légiste chinois*）。后来，论文扩充为法国高等实践研究院毕业论文《法家的形成——古代中国特有的政治哲学形成研究》（*La Formation du Légisme. Recherche sur la constitution d'une philosophie politique caractéristique de la Chine ancienne*），1965年由巴黎远东学院出版社出版（1987年再版）。[①]

同时读三门大学课程确实很难，尤其是法学，要非常努力才行。虽然说学法律是为了我父亲，但实际上我还是很喜欢法律的，而且法律在我后来走向学术研究的人生轨迹中起到很大作用。几门课程同时上课是常有的事，而我总是首先选择中文课，因为最感兴趣。三门课同时选修，在第一

① 后因远东学院院长让·菲琉匝要求，该论文转注册为法国高等实践研究院毕业文凭。该校无博士学位，此文凭相当于硕士学位。由于该校在法国高教界的地位相当于法兰西学院，该文凭十分特殊。

阶段考试时就碰到问题，我不可能三门课都同时通过，所以只能先考一部分，没有通过的部分在假期中再补习，例如 6 月考试没通过的课就在假期后的 9 月份补考，这样我就成功了。我真的很爱学习。

我在巴黎国立东方语言文化学院读了三年（1945—1948）中文后得到中文文凭，名为高等学校语言毕业证书，也叫文凭，但它和在大学拿到的学士文凭（Licence）不一样，是初等的高等学校文凭（Brevet），这个文凭现在不存在了，所以我现在只称其为中文毕业文凭（Diplôme de chinois de l'école des Langues Orientales）。我在读中文的最后一年（1947），又开始攻读为期两年（1947—1949）的越南文。1951 年 4 月 7 日，获颁中文毕业文凭；1949 年，获得越南文毕业文凭（Diplôme de vietnamien de l'école des Langues Orientales）。请注意，重要的一点是我在当时并没有去读日文。我直到去日本后才学习日文。这里说的只是我在东方语言文化学院的两个语言学位的文凭。

1945—1951 年期间，我于巴黎大学的法学部注册学法律，同时又在文学部注册学哲学。我的法律学位文凭是这样获得的：学士本科学位（Licence，三年，1945—1948 年）；硕士（两年，1948—1950 年，含法学高等教育文凭［DES du droit］一年［DES，Diplôme des études supérieurs，相当于硕士学位］）；法学学科的博士论文（Doctorat，一年，1950—1951 年，即六年制的第五年开始准备，成绩优秀），题目是《麦克斯·施蒂纳的思想理论》（*Max Stirner Les idées économiques de Max Stirner*）①。麦克斯·施蒂纳是 19 世纪一位德国人，此篇巴黎大学法律学博士毕业论文至今没有出版。1945—1950 年间，我于巴黎大学文学部的哲学文凭是这样获得的：学士（本科，Licence ès lettres d'enseignement）三年；高等教育文凭（DES）两年，相当于硕士。凭借哲学高等教育文凭（DES de philosophie），我在法国教育部的两张被称为"小名单"和"大名单"上注册。

问：在"小名单"和"大名单"上注册，是不是相当于现在要报考教授的准教授资格证书（Qualification）？

答：是的，这样我就可以争取当教授，可以在大学教书。我当时获得的

① 麦克斯·施蒂纳（Max Stirner，1806—1856）是一位思想很激进的德国哲学家、思想家，影响了后来的虚无主义、无政府主义。

文凭已经可以让我拿到教授资格，哪怕当时我还没有做完博士论文。给你们看我当时的学生证，可以了解那时法国教育部高教局的一些规则。第一本是我在巴黎大学法学部的学生证（法律学），学生证编号是：54651。其中标明：1. 姓名：Vandermeersch（姓）；Léon，Gérard，Marie Joseph（名）；2. 出生年月：1928 年 1 月 7 日；3. 出生地址：维克维尔·南村（Wervicq-sud）；4. 国家：法国；5. 省份或地区：北部；6. 学生住址；7. 学生签名；8. 校长或学院院长签名。

这本学生证上面有我每年的注册记录，还有我数次考试记录（含分数）。记得我无数次跑到秘书处，为在学生证上注册和登记分数。学生证上不仅注明我在本校在读的几个文凭，也记载着在他校在读的学位，一共四个科目：东方语言文化学院的中文、越南文；巴黎大学文学院的哲学学科本科及硕士文凭、文学高等学位证书。

下面举例说明我第一本法学学生证上记录的每年注册日期与考试时间：

1945 年 4 月 30 日，法学。

1945 年 6 月 11 日，法学。

1945 年 6 月 8 日，法学。

1945 年 10 月 15 日，法学考试第一部分，笔试。

1945 年 10 月 27 日，法学考试第一部分，口试。

1946 年 3 月 1 日—6 月 6 日，法学考试第二部分，笔试。

1946 年 6 月 24 日，法学考试第二部分，口试。

1946 年 10 月 19 日，法学考试第二部分，笔试及口试。

1947 年 4 月 21 日，法学。

1947 年 6 月 14 日，法学，学士考试，第 1 年，笔试及口试。

1947 年 7 月 12 日，法学，学士考试，第 2 年。

1947 年 7 月 3 日，法学，学士考试，第 2 年，口试。

1947 年 10 月 22 日，法学，学士考试，第 2 年，口试。

1947 年 10 月 27 日，法学。

1948 年 3 月 1 日，法学。

1948 年 4 月 22 日，法学。

1948 年 11 月 14 日，法学。

1949 年，法学。

1950 年 10 月 30 日，法学，法律学博士学位注册（Doctorat inscription）。

当时巴黎大学的法律学博士学位很容易获得，我读了一年就拿到了。1951 年我获得法学的博士学位，评价是优秀（très honorable）。后来的文学国家博士我读了十年。我读国家博士的时候，没有安排课程，所以有充足的时间准备论文。我的论文集有两大本，在我到巴黎工作的第三年（1975），国家博士论文才得以答辩，我花费了十多年时间。1975 年，我以《王道：中国古代体制精神之研究》论文获得法国国家博士学位文凭。《王道》第一卷《文化结构与家庭结构》（*Wangdao ou La Voie royale: Recherche sur l'esprit des institutions de la Chine archaïque. I: structures cultuelles et structures familiales*），巴黎：远东学院出版社，1977 年出版；《王道》第二卷《政治结构与礼仪》（*Wangdao ou La Voie royale: Recherche sur l'esprit des institutions de la Chine archaïque. II: Structures politiques les rites*），巴黎：远东学院出版社，1980 年出版。

我第二本法国巴黎大学文学部的学生证（哲学）上的编号是 137。其中标明：1. 姓名：Vandermeersch（姓）；Léon，Gérard，Marie Joseph（名）；2. 出生年月：1928 年 1 月 7 日；3. 出生地址：维克维尔 · 南村；4. 国家：法国；5. 省份或地区：北部；6. 学生住址；7. 学生签名；8. 校长或学院院长签名。

下面是我在第二本文学部学生证上（哲学）记录的每年的注册日期，或考试时的记录：

1945 年 11 月 13 日，哲学。

1946 年 4 月 28 日，哲学。

1947 年 1 月 9 日，法律。

1947 年 12 月 5 日，法律。

1948 年 12 月 17 日，哲学。

1950 年 3 月 3 日，哲学。

1950 年 12 月 21 日，法律。

1950 年 11 月 30 日，巴黎大学签发文学部哲学本科学位证书及文学高等学位证书（含哲学硕士学位）。

问：看了您保存这么好的几本学生证，记录着您读书的轨迹，您同时读两个学校多门学科，令人敬佩！您方才说还有其他一些文凭？

答：是的。下面是我的一部分文凭。

1950 年 11 月 30 日，我获得巴黎大学文学部哲学本科高等学位（Licence ès lettres，certificat d'études supérieur）。获哲学本科高等学位证书必须获得以下五个学科证书：首先需先读一年以获得该学科证书预科文凭（propédeutique），再读另外四个学科（学科名后面分别是考试日期）：心理学（psychologie），1946 年 6 月 29 日；伦理学与社会学（morale et sociologie），1946 年 7 月 9 日；通用哲学与逻辑学（philosophie générale et logique），1948 年 11 月 25 日；哲学通史（histoire générale de la philosophie），1948 年 11 月 26 日。1952 年 3 月 22 日，取得巴黎大学文学部签发的哲学硕士学位证书。①

1951 年 4 月 7 日，我获得教育部长签发的东方语言文化学院中文毕业文凭（Diplôme de chinois de l'école des Langues Orientales）。

问：您的大学经历非常丰富，同时读几个不同学科，前后经历那么多年，很不容易。您说过，法国高教系统对学历要求很高，学校间和高教部门相关规定极多，且十分复杂。您是怎么一步步走过来，从学生身份逐渐取得资格，进入法国高教系统执教的？

答：我于 1961 年 8 月 31 日获由教育部颁发的法国高等实践研究院的"实习生"证书（de la Section des Sciences économiques et sociales de l'Ecole Pratique des Hautes études, l'élève stagiaire ci-après dénommé）。当时，必须获得此证书满两年，才有资格正式到该校学习。（那时的"实习生"[l'élève stagiaire] 是当时法国高教部的特殊资历，是专指。）这是该校获得教师资格过程中必须经历的过程，是法国教育部特殊规定之一。

1965 年 5 月 12 日，我成功注册教育部高教局签署的高等教学能力资格表（l'Aptitude de l'Enseignement Supérieur），即"小名单"（la petite liste）。根据当时法国教育部规定，要当教授，必须有"小名单"和"大名单"注册资格。如果只有"小名单"注册资格，那这位老师只能是副教授衔

① 1950年，汪德迈先生读完大学哲学本科以后，准备过一篇论文，即巴黎大学（今索邦大学）高等学位的毕业论文，相当于今天的硕士毕业文凭。这篇题为《莱布尼茨和中国思想》的哲学论文，讨论中国思想，讨论《易经》。莱布尼茨（G. W. Leibniz，1646—1716），18 世纪德国哲学家、思想家，数学领域颇有建树，曾接触中国思想。其了解中国文化的两种途径是遣华传教士的书信和传教士用拉丁文写的书籍。莱布尼茨与意大利遣华传教士闵明我（C. F. Grimaldi）、法国传教士白晋（J. Bouvet）等有来往。他认为二进制数与中国《易经》的符号体系有一致性。

的“代课”教师，但可以在教授位置上教课（maître de conférences comme chargé d’enseignement ou maître assistant, mais sur un poste de Professeur）。1966年，我注册“大名单”，成为教授（Professeur）。注册两个名单就有资格当教授。在拿到国家博士学位前（1975），我已经有教授资格了。

问：大学读完之后您是如何选择继续学习的？

答：当时，我准备了哲学高等教师资格证书（Agrégation，此证书在法国允许教高中，也可以在大学教课，但只是助教，可算作进入高校教学第一步）的考试，但是落第了。原因是口试时，教师出题不怀好意，问我如何看待越南战争中的法国？我因反殖民主义，拒绝回答，后未被录取。这个文凭，我考了三次，没有成功。正如谢和耐先生反对对阿尔及利亚的战争，我反对对越南的殖民侵略。

问：请您谈谈于越南西贡、河内的工作情况？

答：我于西贡当中学教师时还很年轻，才23岁。先是1951—1955年于西贡颇负盛名的张永记中学（Lycée Petrus Truong Vinh-Ky，高中）[①]任教。1955年6月结束在该校的工作。1955年9月至河内的阿尔贝尔·沙罗中学（Lycée Albert Sarraut，高中）[②]任教。其间，我曾回法国度假。1955—1958年期间，我一直在河内工作。1958年的5月我结束工作，回到法国休假。同年12月至日本东京，次年1月前往京都。这是后话了。

先谈谈我于西贡时的事。当时有两所中学，一所是法国中学，一所是越南中学，他们问了我的意愿，想去哪一所？我选择去越南中学。于是开始了三年的西贡教书生涯。我原想教哲学课，因为我是学哲学的，不是学中文的，可是越南中学不开哲学课，我只好教文学。河内大学西贡分部的法学系主任告诉我，他需要找教罗马法的老师，学校的负责人凯彦先生（Kéryan，亚美尼亚人，入了法籍）就请我教这门课。这不是我的主课，是兼课。我当时是这个学校最年轻的老师。在第二次世界大战之后，越南有了独立运动（Viet-minh/Viêt Nam quôc dan），当时在学校里只有我是工会的。政治上我是反战的，所以我只有越南朋友，而没有法国

① 以越南语言学家、翻译家张永记（Truong Vinh-Ky或Petrus Ky）命名。

② 这所学校是河内一所著名高中，于1923年以阿尔贝尔·沙罗（Albert Sarraut，1872—1962）的名字命名。

朋友。

我反战的政治态度在后来的法国高等教师资格考试口试答辩时，竟然也成了问题。记得那次我要参加的是哲学口试，考试过程中，评审委员会中一位考官给了我一篇有关康德的文章，并说："汪德迈先生，这是一篇课文，是要让您给我们上一课的。"其实他是在谴责我的反战思想，不愿让我这个有反殖民主义倾向的学生合格，所以根本没有给我留回答的余地。因此，我最终还是放弃了考试。

问：您在西贡是如何学习中文的，交到过与中国文化有关的朋友吗？那时是否中断了巴黎大学的学习？

答：于西贡彼得吕斯·张永记中学任教时，我交到一位好朋友，他是我的越南籍同事，叫阮文儒（Nguyên Van-Nho），在该校教越南的文言文。他经常与我聊中国文学，尤其喜欢与我聊汉—越（sino-vietnamien）文学，课余时间他还教我越南文言文。他有六个儿子，五个参加了越南反抗运动（résistence Viet-minh），一个在切博代（Chezbodai），当时是越南战争时期。法国从 19 世纪开始就对越南实行殖民侵略，而我是非常反战、反对法国殖民主义的。我与越南人都谈得来，因为我们之间有反战的共同语言。

我于1954年在巴黎大学注册博士学位①，开始构思准备博士论文，这篇以《法家的形成——古代中国特有的政治哲学形成研究》为题的研究法家的论文，最初是 20 世纪 50 年代初我在巴黎大学（即现在的索邦大学）读法学时就想写的题目。1958 到 1961 年，以及 1964 到 1965 年，两次赴日留学期间我都在酝酿此文的思路，并着手撰写。我的学位论文指导教师是白乐日先生（Étienne Balazs，1905—1963），原籍匈牙利人，因战争来法，是一位研究中国法律的专家。

问：请谈谈您的国家博士学位论文情况？

---

① 汪德迈先生在巴黎大学注册了以《法家的形成——古代中国特有的政治哲学形成研究》为题的博士论文，后因远东学院院长让·菲琉匝迫切希望汪先生早日成为远东学院的研究员——远东学院研究员必须具备法国高等实践研究院毕业文凭，汪先生便根据菲琉匝院长的要求，将博士论文转入法国高等实践研究院。转学时，汪先生撤回了在巴黎大学读博的注册手续，改为到法国高等实践研究院注册学位论文（该校的一种特殊论文，相当于一般大学的硕士学位）。

答：我在巴黎大学攻读法国国家博士学位，1975 年，完成了另一篇重要论文，即研究古代中国制度的《王道：中国古代体制精神之研究》，获得国家博士学位[①]，指导教师是谢和耐教授。在法国，一开始没有汉学博士学位，直至 20 世纪初才有。后来有资格指导博士论文的教授只有三位：谢和耐、吴德明，第三位就是我。

问：您于 1954—1955 年回到法国度假？

答：我在越南工作三年，因此获得三个月假期。1954 年 8 月，为了报考法国高等教师资格证书（Agrégation），我回到法国。获得法国高等教师资格证书后，就可以在法国教高中、教大学，这是进入高校教学的第一步。1955 年，我去参加考试，这是我第三次报考。面试时，主考官问我对越南战争的看法，正如谢和耐先生反对阿尔及利亚战争，我也反对越南战争，所以未被录取。1954—1955 年，我在巴黎大学文学部听了一个学期哲学课，同时听高等教师资格证书的备考课，还到法兰西学院听戴密微先生的中国文明课。在法国考试结束以后，我又回到越南，但这一次去的是河内。

问：您为什么选择去河内？您于河内阿尔贝尔·沙罗中学工作？

答：我是第一次去河内。我希望进入法国远东学院工作，而法国远东学院在越南的中心位于河内，因此，1955 年，我决定前往河内阿尔贝尔·沙罗中学工作。也正是由于这个机缘，后来我才能进入法国远东

---

① 汪德迈先生读的是法国国家博士学位（thèse d' État），该论文《王道：中国古代体制精神之研究》（*Wangdao ou La Voie royale Recherche sur l'esprit des institutions de la Chine archaïque*）共两卷，第 1 卷《文化结构与家庭结构》（*Structures cultuelles et structures familiales*），第 2 卷《政治结构与礼仪》（*Structures politiques les rites*）。该论文的两卷分别于 1977 和 1980 年在法国远东学院出版社出版。汪德迈先生读博士的时代，法国有两种博士学位：（1）第三阶段博士（doctorat de troisième cycle），攻读时间为 2—3 年。（2）国家博士（thèse d' État），学习时间一般为 8—10 年，可以按学生要求延长。读书期间相当于教授助手（assistant des professeurs）。攻读者获得学位后可以得到相当于副教授（即目前的 maître de conférences）的教职。该国家博士制度于 1984 年废除，取代以上这两种博士学位的是新改革制度博士（doctorat nouveau régime），一般学制为 4 年制（用以区别仍存在数年的国家博士学位及原已注册国家博士且提交国家博士论文主题的博士生）。这项改革是为了与盎格鲁 – 撒克逊博士（PhD）保持一致。但是在盎格鲁 – 撒克逊国家，拥有博士学位就可能成为大学教授，而在法国，除了博士学位之外，还必须具有监督研究 HDR（即博导文凭）的资格才能成为教授。

学院。

我于河内阿尔贝尔·沙罗中学工作 2—3 个月后，学校变归越南民主共和国所属（原执行法国海外部教学大纲，是法国学校）。因为学校归属权改了，课被停掉，但是我还有薪水（由远东学院付薪）。1956 年，我进入远东学院。那是一个非常复杂的时期，法国签署了《日内瓦协议》，越南民主共和国（République démocratique du Vietnam）诞生。在河内，同时还有另一个代表法国政府部门的由圣·德尼（Saint Denis）先生负责的法国中心（Maison de France）。

问：后来您还进了路易·菲诺博物馆（Musée Louis Finot）任馆长？

答：是的，1956 年，远东学院所属的路易·菲诺博物馆需要更换馆长，于是我被任命为馆长，我的《河内博物馆藏铜镜》（*Les Miroirs de bronze du Musée de Hanoi*）一书就是那个时期编撰的。当时远东学院驻越南主要负责人是杜兰德（Maurice Durand，1914—1966），他接受我进入远东学院工作。1957 年他离任后，由我接替他做远东学院越南中心负责人。远东学院越南中心规模不小，有一百多位越南雇员。我是法国政府远东学院越南代表，为履行《日内瓦协议》，处理法国远东学院相关交接事宜，我将原先远东学院越南中心的图书馆、博物馆等财产均移交越南政府，同时在新设施中重建远东学院河内中心。[①]1998 年，法国政府表彰我在越南河内时期的工作，授予我法国国家荣誉军团骑士勋章。

问：您何时结束于越南的工作？

答：1958 年 5 月，我结束河内工作后回国，同年 12 月赴日本。此后有三次赴日的经历。

第一次赴日时间：1958—1961 年，京都留学（京都大学人文科学研究所助理研究员）。

第二次赴日时间：1964—1965 年，京都留学，以京都大学人文科学研究所助理研究员身份，跟随内田智雄教授在私立大学——同志社大学上课，旁听他的教学课程和学术研究活动。当时，内田正与同事一起从事古代汉语典籍和文献的翻译研究。

---

① 法国远东学院最终于 1959 年与越南当局中断关系。

第三次赴日时间：1981—1984年，东京，任日佛会馆法方馆长（Maison franco-japonaise, Nichi-Futsu Kaikan）。

问：您为何选择去日本留学，能否请您谈谈于日本求学时的情况？

答：我第一次赴日，是在1958年至1961年间。由于我非常憎恨日本军国主义者在第二次世界大战中犯下的罪行，一开始并不愿意去日本。中国才是我向往的目的地，但当时中国我去不了。我的老师戴密微先生于1926年至1930年间在日本工作，他认为日本汉学家水平很不错，与他们在一起可以学到知识，建议我去日本。1958年5月，越南工作结束后，我从河内回到法国，12月从法国前往东京，在东京停留一周后，1959年1月初到达京都。

问：您去日本时会日文吗？您的日文是如何学的？

答：我原来不会日文，当时我读的日文书上大部分都有中文，一开始只读简单的书，并不是文学，所以觉得没有太大的压力。刚到京都时，在京都大学课程之余，我还到一所那格拉玛（Nagulama）的私立外语学校学习日语。同学中有很多美国传教士，但是我们学习目的不同，他们为传教而学日语，而我为了读书，继续留日深造。

问：您于京都大学学习期间，如何安排上课与研究的时间？

答：那时我的主要身份是京都大学人文科学研究所助理研究员，并不是学生，只是到京都大学旁听。这两个听起来像是不同的机构，但实际上人文科学研究所隶属京都大学（Institut for Research in Humanities, Kyoyo University）。

在京都求学期间，我住在京都大学农业部的一位教授家里。他叫坂本庆一（Sakamoto Keiji，1925—2017），教农学和经济学。他住的地方离我读书的人文科学研究所不远，所以上学很方便。我们不是师生关系，但是我非常喜欢与他交流。他人很好，一直到现在我都无法忘记他。我与另一位在大阪大学（Osaka University）工作的教授关系也不错，他叫丰田隆（Toyoda Tacashi ）。那时，我们互相学习语言，我教他法语，他教我日文，这对刚到日本、日语又不熟练的我非常有益。他不是汉学家，但是他让我对日本文化有了深入了解。1973年，他来法国时曾住在我家，那是我调到巴黎七大工作的第一年。我于日本工作时，人文科学研究所里只有做研究的办公室，没有上课的教室。接待我的是一位研究中国唐代诗歌的教授。当时我主攻的是古文字学，唐诗不属于我的研究范围。这位教授允许我用他的研究室，我就很幸运地拥有一个可以自己学习和研究的空间。课余时间，我喜欢实地考察，我希望能更深入地了解日本和日本文化。在日本，我去过很多地方，从南到北，除了冲绳岛（Okinawa，又称琉球［Ryūkiu］）没去。

问：您第二次赴日主要任务是什么？

答：1962 年，我赴香港跟饶宗颐先生学习。1964 年，我结束在香港的学习，第二次前往京都，直到 1965 年离开。这一次，我主要跟随内田智雄教授上课。内田智雄教授是一所私立大学——同志社大学的教授。那时，他正和几位京都其他大学的同事一起从事古代汉语典籍和文献的翻译研究，我很荣幸地旁听了他的教学课程和学术研究活动，当时我的身份还是京都大学人文科学研究所的助理研究员。

问：请您谈谈第三次赴日期间的情况？

答：1981—1984 年，我第三次赴日，工作地点在东京，职务是日佛会馆法方馆长。日佛会馆是法国与日本于 1926 年共建的，1928 年开始依据中日文献编纂《法宝义林》（*Hônogirin: dictionnaire encyclopédique du bouhdhisme d'après les sources chinoises et japonaises*），这是一部佛教百科全书，由日本帝国科学院赞助并由其两位奠基人——法兰西学院教授烈维（Sylvain Lévi，1863—1935）和日本学者高楠顺次郎主持，我的恩师戴密微先生于 1926—1930 年在日本时任这部研究佛教重要事典的主编。我当时的工作主要是安排法、日两国的交流活动。一方面，邀请法国学者访问日本，这需要我对日本的高等院校以及日本政府的文化、艺术等部门非常熟悉；另一方面，组织日本专家去法国进行学术和文化交流。不过主要工作还是邀请法国作家、学者或艺术家访问日本，每年邀请的人也不多，一般五到六人。记得有一次日本研究当代文学的学者希望我邀请法国著名作家阿兰·罗布-格里耶（Alain Robbe-Grillet，1922—2008），他是很时髦的流派“新小说派”的代表人物。部门有经费，允许我邀请这些专家来日本访问、旅行。我组织的活动都是讲座，听众都是对讲座主题感兴趣的人。

一般安排在晚上 6 点钟，来的人从 50 人到 100 人不等，愿意参加的都可以来。通常讲座结束，我会再办一个酒会，规模不大，邀请 20 人左右。当时这些法、日文化交流活动很红火，日佛会馆组织的活动很受日本民众欢迎——日佛会馆的性质有点像位于法国的中国巴黎文化中心，也给法、日文化交流活动增添了不少西方色彩。

问：在京都的大学听课时，您听过哪些老师的课？您的时间如何安排？课程如何设置？

答：我在京都待了三年。在京都大学，我每周上 3 到 5 次课，学习中国思想和思想史。除了每周上必修课，每天早上，我还要去人文科学研究所，一工作就是一天。研究所里有图书室，我可以静心读书。当时我是跟以下这几位老师学习的，他们有的教过我，有的我只是看过他们的书（他们与我的关系远没有与饶宗颐先生那样近）。首先是吉川幸次郎教授，他是一位文学教授，是研究《尚书》《论语》和《史记》的专家。然后是小川环树，教授文学、散文，我特别喜欢听他的课。还有一位重量级的汉学家，重泽俊郎，是中国思想史和中国哲学的专家，我也听过他的哲学课。还有同志社大学教授、中国法律研究专家内田智雄，我跟他学习了中国的法律。但那是日本的研究，法国没有相关的独立科目。还有一位日本中国学专家白川静（Shirakawa Shizuka，1910—2006），他的专长是甲骨文、金文、古文字学和语言学。我去的时候，他正好在美国教书，所以我从未见过他，但是人文科学研究所有很多他的甲骨文、金文方面的论著，我非常崇拜他。由于在日本时我就开始写作《法家的形成——古代中国特有的政治哲学形成研究》论文，涉及法家思想，所以我也受到当时日本研究这方面小学派的大阪大学（University of Osaka）教授木村英一（Kimura Eiichi，1906—1981）的影响。有一位老师，我并没听过他的课，就是泷川龟太郎文学博士，号资言（1865—1946）。我去时，他已离世，这非常遗憾。他的《史记会注考证》是一套非常重要的著作。那时我很年轻，刚开始研究中国，所了解的中国古典文学知识很少，看过的古典文献也不多，这些老师都很耐心地帮我解释中国的古文。

问：您在人文科学研究所看了哪些书？为何对甲骨文产生研究兴趣？

答：京都大学人文科学研究所的汉学书籍藏书量相当大。据有关学者介绍，狩野直喜博士任职东方文化学院京都研究所所长期间，多次指示要重点购入以中国清朝考证学为中心的各类学术著作，奠定了今天京都大学人文科学研究所藏书的基础和规模。在人文科学研究所的图书馆，有不少关于甲骨文、金文的书。而在那个时期，我开始研究中国上古时代的国家制度，需要了解中国古代文化，就必须使用古文字查阅文献资料，便对甲骨文研究产生了兴趣。在人文所时，我开始念中国古代文字学，学习甲骨文和金文。白川静老师的《文字逍遥》，介绍了中国古代文字甲骨文、汉字的结构，以及古代中国人的思维方式等。我于法国读法学时，学习的是西方中古时代的制度和罗马时代的法律，所以我很容易对中国古代制度产生兴趣。要了解中国古代制度，就必须了解甲骨文等古文字。在人文科学研究所中，中国古文字、甲骨文、金文等方面的书籍令我惊叹，这也许就是我后来研究甲骨文的契机，否则我可能就失去走汉学研究这条道路的机缘了。

问：您在法国学习法学，到日本以后，开始研究甲骨文、金文和中国古代历史，您在博士论文《王道：中国古代体制精神之研究》撰写中受到哪些影响？

答：是的。我原先于法国研究法学，就萌生研究社会制度的想法。到日本学习，接触中国文化后，我对 1954 年注册的法国国家博士论文《王道》的撰写产生了新想法。我注意到中西文化在根源上的差异，即一个立足于罗马法系统，另一个则植根于礼乐制度。因此，要了解中国法律制度的历史和发展动力，就必须回归《周礼》，回归儒学。我跟日本老师内田智雄教授学习中国古代法律时，意识到可以将其与之前在法国大学学习的西方古代法学基础相比较。赴日之前，我曾到越南工作，研究过越南历史，越南史与中国史有联系，这段工作经历，也为我日后研究中国史打下基础。

我真正研究中国历史是于日本开始的。戴密微先生要求我学习甲骨文的目的，就是希望我了解中国文化的源头以及中西文化之间的联系。为了实现博士论文的设想，首先要学习儒家，而这必须具备古典文字基础，即古文字学——甲骨文。随着在日本学习的深入，我对中国思想史兴趣渐浓，也逐渐了解了中国汉字与中国思想的关系。中国思想的两种理性：“占卜”和“表意”，形成了我著书的思路。在研究中国思想之前，我开始思考中国思想是如何形成和产生的。我认为研究重点是中国思想和表意文字之间的关系。汉字的产生与占卜有关，占卜与表意文字的书写有关。中国的汉字是一种概念性语言，而白话（或口语）不是概念，它只是事物的标签。最初的汉字很简单，没有科学概念，只是标明事物，是象形的，而文言文是概念。文字源于思想，思想促进语言发展，创造语言。人们思考如何保存那些要永久记忆的东西，因而创造文字，从而促进语言发展。表意文字是中国古代的准科学。直至20世纪中叶，虽然有很多人研究甲骨文，但没有人以此为切入点，这是我个人的发现。当然，外国人不可能异想天开、凭空猜想甲骨文，我研究的基础是中国学者的研究成果。我的贡献是将自己的研究成果拿出来，供大家分析探讨。从这个角度看，外国学者反而更有优势，容易发现新观点。

问：您学术研究的核心部分是什么？您学过法家，也学过儒家，您一生汉学研究的兴趣在哪里？

答：我一直潜心研究中国的表意文字，关注汉字起源研究（即语言现象），这是我研究的核心部分。我认为，西方语言学家不关注汉字的研究，只注重表音与白话，不注重文言文。中国学者虽然知道甲骨文，也承认甲骨文与占卜间有关系，但没有真正透析文字与占卜学之间的关系。与西方和宗教有关的历史不同，中国未来的文化与历史仍然会受到文字影响。西方的《圣经》是上帝之“话”，而中国文字是由占卜学家发明的，是人创造的文字。文字源于占卜，六十四卦组成的《易》卦，可以解释世界规律。中国文字与占卜有关，所以问题导向不朝向宗教，而朝向文学。总的来说，我注重研究中国文化中文字与思想之间的关系。

我的学习是先从法家开始的，为了更好地理解法家而学习儒学，法家是反对儒家的。在我之前，法国没有人学习儒家，我指的是专门学习，不是普及水平的学习。在施舟人的时代，法国汉学界由道教引领学术界潮流。我的一生关注或研究的汉学项目：（1）法家思想；（2）儒家思想；（3）中国古代政治制度；（4）中国思想史以及汉文化国家的历史文化史、语言学、古文字学；（5）中国文学、书法、绘画、建筑。实际上，我对中国文化的所有门类都有浓厚兴趣。

问：拜读过您的文章《我和我的老师饶宗颐》[①]，其中谈及戴密微先生让您拜饶宗颐先生为师，能否谈谈具体过程？

答：1954 年，饶宗颐先生曾经出席由皇家亚洲学会主办，在剑桥召开的第23届东方学家国际会议，会上作《老子想尔注》为题的演讲[②]。我的法国老师戴密微先生第一次听到饶宗颐先生的名字时，就知道自己发现了一位学术奇才。饶宗颐先生回到香港后，给戴密微先生寄来一套《殷代贞卜人物通考》。戴先生向我介绍了这套书，但他对书中谈及的深奥古文字——甲骨文并不了解，因此对我寄予厚望，要我拜饶宗颐先生为师，跟他学习甲骨文。此前，欧洲没有学者学习甲骨文，世界范围内，只有加拿大一位传教士学习甲骨文，甲骨文的书也是他本人从中国带回去的。要知道，研究任何思想，都应该弄清楚它背后的精神世界，甲骨文是一种准科学，这种准科学会影响思维发展，促进思想形成。戴密微先生还专门邀请饶宗颐先生到巴黎，帮助法国国家科研中心整理和研究敦煌经卷。同时，他也有意识地培养法国年轻学者。这就是 1961 年我从日本学成回国后，立刻被戴密微先生派去香港跟饶公学习甲骨文的原因。戴密微先生希望经过这段时间的学习，我能帮助欧洲人明白什么是甲骨文。[③]

问：能否谈谈您的哲学硕士学位论文？

答：1948 年，我读完大学哲学本科以后，准备了一篇巴黎大学高等学位的毕业论文，相当于今天的硕士学位论文。那时读这个学位是不需要上课的，仅准备一篇论文即可。我的这篇题为《莱布尼茨和中国思想》（*Leibniz et la pensée chinoise*）的哲学论文，也谈中国思想，谈《易经》。莱布尼茨是 18 世纪德国哲学家、思想家，在数学上颇有建树，也曾接触中国思想。他了解中国文化主要通过两种途径：遣华传教士的书信和传教士用拉丁文写的书籍。如德国传教士阿塔纳斯·珂雪（Athanase Kircher，1602—1680），又译作祈尔歇，1667 年在阿姆斯特丹出版远东知识百科全书《图解中国》（*China illustrata*），又译《图说中国志》《中国图说》。18

① 汪德迈：《我和我的老师饶宗颐》，载杜泽逊主编《国学茶座》第9期，济南：山东人民出版社，2015 年，第 40 页。

② 《老子想尔注》主题演讲，于 1956 年以《敦煌本老子想尔注校笺》为题出版。

③ 汪德迈：《中国文化思想研究》，载金丝燕、董晓萍主编“跨文化研究”丛书（第一辑），北京：中国大百科全书出版社，2016 年，第 8 页。

世纪，了解中国的西方人只有传教士，他们通过书信或报告向本土传递消息。因此莱布尼茨与耶稣会神父频繁来往，希望了解中国文字与数字符号，以解学术之谜。莱布尼茨与意大利遣华传教士闵明我（Claudio Filippo Grimaldi，1639—1712）、法国传教士白晋（Joachim Bouvet，1656—1730）等也有很多来往。莱布尼茨给闵明我（1689）和白晋（1701）分别寄去关于二进位数字的信件。白晋于同年 12 月给莱布尼茨的回信中说，二进制数字与中国《易经》中六十四卦图的符号有联系，他同时把宋代邵雍（1011—1077）所制六十四卦方圆图寄给莱布尼茨。正在处理数学难题的莱布尼茨得到《易经》卦图后，意识到中国文字和符号语言的重要性。他是数学家，认为《易经》是一种数学，重卦就是二进制数字（De l'arithmétique binaire），认为二进制数与《易经》的符号体系有一致性。我的这篇高等学位毕业论文至今没有出版，手稿还在家里。①

问：您的手稿用何种方式书写？

答：当时没有电脑，是用打字机打出来的。记得在香港，我还买过中文打字机。我特地请店里人安装标上四声声调的程序，用起来非常复杂。现在当然不需要这种打字机，直接用电脑就可以了。这个打字机至今珍藏在我的阁楼上。（汪老给采访者展示他的著作《法家的形成——古代中国特有的政治哲学形成研究》一书里用打字机打出来的中文字注音上面的声调标号部分。）

问：日本学者如何看待古代文学与现代语言及文学之间的关系？日本汉学家侧重什么？您于日本如何学中国文言文？日本老师如何对外国学生解释汉学？

答：在日本，教汉学的老师普遍中文很好，采用中国文言文教学。即使对一般的日本学者来说，古老的中国文化基础也十分重要，就如同拉丁文（古代的）对于法文的重要性（近现代的）一样。法国大学者的拉丁文水平都很高。同样，在日本，文化人都要了解中文。

日本的中国文言文对我影响很大。我于法国东方语言文化学院读书时，只学过白话文。当时中国内地进出不便，我去日本主要学习中国的文言文。

---

① 汪德迈：《莱布尼茨和中国思想》（*Leibniz et la pensée chinoise*），巴黎大学高等学位毕业论文，相当于硕士论文（DES 或 DEA），1950 年。

那时日本汉学书难度不大，可以帮助我入门。因为我是法国人，日本的汉学老师们必须使用另一种方式来解释，比如解释文学的形式、诗歌的形式和构成等。中国学者只用传统概念解释，对自己的文化有时解释得不太清楚。日本人懂英文，学习过西方文化，也更容易明白外国人的思维方式，所以他们用西方概念来解释中国文化和语言，这比中国学者直接帮我们解释更容易理解。比如，在文学方面，“比”与“兴”，日本人比较容易明白。当然，我相信，日本学者了解中国文化，也会遇到与我类似的困难。我从日本汉学家那里学到很多，对我后来学术思想的形成起了很大作用。

问：您当时学习日本文学吗？您是如何看待日本文学的？

答：日本汉学与日本文学不是一回事，对我来说，读日本文学很难，但是我仍然非常喜欢日本文化。我的理解中，它与中国文化不同，有的是日本化的中国文化，有的则是日本本土文化。最开始，我还看不懂日文书，只能通过译本学习日本文学，当时有法文、英文、中文译本。我学日本文学，纯粹是个人喜好，因为我觉得日本文学中有小说。日本的小说从中世纪开始就有了，那是一种很经典的文学风格，我把它作为了解日本当地文化的途径。

问：您说过古代日本学者热爱并接受唐代文化，在一定程度上助力了中国古典文化的传承，可以举例说明吗？能否谈谈您了解的日本当代汉学家与中国学者的关系？

答：中日交往最早的足迹，可以追溯到一个在中国流传的故事，即秦始皇派徐福率三千童男童女东渡日本寻求长生不老之药。那是传说中中国人第一次踏进日本，当时他们并不知道那是日本，日本也没有今天的名字。他们以为那里只是仙岛。唐代以前，中、日交往较少，唐代以后，才逐渐频繁。古代日本人运用的漢文（Kambun）①，用唐音发音，用日文文法解释，很特别。日本人接受唐代文化留下的痕迹很多，京都至今仍保留许多具有唐代风格的建筑。日本流传的圣德太子（Shotoku）与中国佛教的故事，几乎无人不晓。圣德太子曾根据唐代法律立了一条法律，并在死前几年用佛

① 漢文（Kambun）是日本古代文言文，它与通行日文的关系如同中国文言文（古代）和白话文（近现代）的关系，也相当于西方拉丁文（古代）和法文（近现代）的关系。

教观念对此进行了解释。[①] 日本汉学家研究汉学的模式与今天中国学者大致一样，日本的汉字用法也与中国一样。

日本当代汉学家与中国学者之间多有交往，都表现出对对方的欣赏，我在日本京都留学时，日本学者都知道罗振玉、王国维、郭沫若，很多日本学者甚至去北京或中国其他地方学习或生活过。当时中国东北地区被日本占领，内田智雄就在伪满洲国学习过，大汉学家吉川幸次郎也于 1928—1931 年到北京学习，小川环树在 1934—1936 年到香港留学，重泽俊郎也在 20 世纪 30 年代到中国留过学。我到日本学习时，“二战”已经结束，中国已经成为中华人民共和国。我当时认识的日本学者年纪都很大，他们都到过中国。

问：请您谈谈师从日本汉学家吉川幸次郎和小川环树的情况，您如何评价他们的汉学成就和地位？

答：吉川幸次郎、小川环树都在京都大学授过课。京都大学以前叫作京都帝国大学，1945 年之后才改名为京都大学。我去日本的时候，吉川幸次郎是研究中国古典文学最有名的汉学家[②]。他是日本研究唐诗的第一大家，教授文学和诗歌，也会写汉诗。他父亲是商人，喜欢佛教和道教，对道教更有研究，而吉川本人对佛教不感兴趣。我跟吉川学中国文学和中国思想史，主要是学习《史记》。吉川有一位美国学生，叫伯顿·沃森（Burton Watson，1925—2017），不会中文，只会日本的文言文。我们上课是这样的，首先由美国学生沃森读《史记》，吉川老师边听边修改他的日本文言文。我没有英译本，读的是日文本的《史记》，就是内田老师送给我的《史记会注考证》。吉川老师是一位非常严谨的人，我有些惧怕他，跟他只是教授和学生的关系，不像与内田智雄的关系那么亲切。他是

① 参见《日本历史》，东京：株式会社 – 飞鸟书房，1987 年，第 31 页。

② 吉川幸次郎（Yoshikawa Köjirö，1904—1980），日本京都大学教授和名誉教授，与小川环树同为东洋史学京都学派第二代中国古代文学史家、中国戏曲史研究大家。他们二位都师从日本汉学泰斗狩野直喜和铃木虎雄。1923 年，吉川考入京都帝国大学文学部。1928 年 4 月，到北京留学。1931 年，返回日本后在京都帝国大学文学部任讲座副教授，后任讲座教授。1967 年，自京都大学退休。1980 年 4 月病逝。他用中文撰写大学毕业论文《倚声通论》（1926），后以《元杂剧研究》为题获文学博士学位。吉川著有京都帝国大学东方研究所所藏陶湘氏明清线装古籍目录《东方研究所汉籍目录及作者书名索引》，出版《杜甫论集》（1980）等唐诗研究著作，翻译《尚书正义》《诗经·国风》《论语》《水浒传》等著作。

典型的中国通，经常穿长袍、马褂，但是给我们上课时偶尔穿西装。我能感到他对中国的热爱甚至超过日本，把自己国家称为“贵国”，而把中国称为“吾国”。他中文写得很好，也说得很好，有中国人时，他愿意跟他们说中文。吉川幸次郎是日本最有名的汉学家，用现代话说，他“很红”。我看过日本筑摩书房出版的《吉川幸次郎全集》，但没有全部看完。根据在日留学的我的朋友刘正教授介绍，1967年，吉川幸次郎从京都大学退休。1969年，他获日本政府文化功劳者勋章，同一年获法兰西学士院铭文与美文学院“儒莲奖”。1975年，他作为日本政府学术文化访中使节团团长访问中国，受到邓小平和郭沫若接见。1980年病逝，日本政府追赠勋一等瑞宝章勋章[①]。他卓越的成就得到日本政府乃至国际汉学界的高度评价。

小川环树是日本20世纪最有名的汉学家之一[②]，与吉川幸次郎齐名，他的散文写得特别好。他实际上是被收养的，用的不是亲生父亲的姓，是收养人家的姓[③]。那时的日本如果家中无子，就会去收养一个男孩，这是日本文化中的祖先崇拜。他会与自己本来的家庭和收养他的人家都保持联系。[④]

---

① 刘正:《京都学派汉学史稿》，北京：学苑出版社，2011年，第172—173页。

② 小川环树（Ôgawa Tamali，1910—1993），日本著名中国语言文学家和中国文学史家，汉学家铃木虎雄、狩野直喜和内藤湖南的弟子。主要研究司马迁、《昭明文选》、散文、唐诗，也写中文诗文。1929年，考入京都帝国大学文学部，后在铃木虎雄指导下专治中国古代文学。1934年，赴华留学，1936年回国，1947年升为帝国大学文学部教授。1950年4月，转任京都大学文学部中国语学、中国文学科讲座教授。1951年，小川环树以《元明小说史の研究》论文获得文学博士学位。1965年，兼任京都大学人文科学研究所教授。1974年，从京都大学退休，转任京都产业大学外国语学部教授。1981年，再次退休，1993年病逝。他对中国古代文学史（特别是唐宋文学）研究建树颇丰，著有《汉文入门》（1957）、《唐诗概说》（1958）、《唐代诗人——李白传记》（1975）等，与吉川幸次郎合著《唐诗选》（1969），参与译著《王维诗集》（1972）、《李白》（1973），日本筑摩书房出版过《小川环树著作集》（全5卷本）。

③ 小川琢治（Ôgawa Takuji，1870—1941），小川环树父亲，被学术界誉为日本人文地理学和中国历史地理学研究的创始人。一生来华多次，除学术上享有极高声誉外，还有声名显赫的五个儿子。除第五子小川增树死于“二战”外，其他四子均是日本一流学者：冶金学家、东京帝国大学教授小川芳树（长子），东洋史家、京都帝国大学教授贝塚茂树（二子），日本首位诺贝尔物理学奖获得者、京都帝国大学物理学教授汤川秀树（三子），汉学家、文学史家小川环树（四子）。因为他的研究被应用在日军侵华战争中，后遭受学界唾弃。1930年退休，1941年11月病逝。参见刘正《京都学派》，北京：中华书局，2009年，第127—128页。

④ 小川亲弟弟汤川秀树也被另一个家庭收养，他后来成为一位著名的物理学家，1960年得过诺贝尔奖。

小川环树建树颇丰，对中国的深厚感情溢于言表，他在《我所遇到的中国人》中写道："我来看重学问的国家了！"[①]吉川和小川合作研究过一些课题，共同编纂中国文学作品，我觉得他们比一些中国学者还了解中国古典文学。二人联合编辑、校阅《中国诗人选集》，日本岩波书店1959年出版。书中选用现代人仿印的水墨汉画砖图案，其中题为《大螭图》的水墨汉画砖图案隐喻地说明了中国诗和画所追求的意境，也说明了两位杰出的汉学家对中国文化的深刻理解。他们编纂《中国诗人选集》，还有都留春雄注《王维诗集》（第6卷），里边有日文的译诗与注释。小川环树曾任日本中国学会理事长，曾获日本政府授予的勋二等瑞宝章勋章。1989年，他当选为日本学士院院士[②]。

问：您在人文科学研究所看过很多甲骨文、金文的书，哪位老师对您影响最大？您的体会是什么？

答：我受日本著名的甲骨文、金文专家白川静影响最大。他出版了约百部著作，他的书启蒙了我的表意文字研究，同时我开始考虑博士论文的题目《王道》。中国古代思想如何产生？它来源于文字。必须先学甲骨文，再研究中国思想，所以我学习了白川静老师的《甲骨金文学论丛》。我最主要的研究与中国思想和表意文字有关。甲骨文是一种准科学，中国的易学是一门科学，没有人从这条路去研究，而我在中国人研究的基础上再去研究，以后还可以进行比较研究。

问：您是如何跟随日本汉学家白川静学习的？您如何评价他的汉学成就及地位？

答：我跟随白川静教授学习的主要方法是阅读白川静老师的书。我去日本的时候，他正好被聘请去美国一所大学任教。他自学成才的经历与国学大师饶宗颐先生的经历相似。他是一名研究者，还是日本白鹤美术馆馆长。这个美术馆在京都附近，实际上是一个博物馆。白鹤美术馆藏有相当多珍贵的中国青铜器。他编纂出版的《字统》辞典，在当时可以说是世界上独一无二的。这部辞典有两种索引，一是字音索引（日本发音），一是

① 刘正：《京都学派汉学史稿》，北京：学苑出版社，2011年，第178页。
② 同上书，第177—178页。

部首索引。每个字都有甲骨文、金文、现代文字的字体，并有日语翻译。查字时，可以知道该字的甲骨文如何写，金文如何写，还有词源的变化和解释。白川静《字统》辞典有几种不同的索引方式，在当时出版的中国辞典里都没有。我在读他的著作过程中，注重学理研究，学习他用考古类型学的比较方法，对出土品和传世品的器型、年代及器物上的铭文等进行比较；在诗学方面，学习他的历史学、民俗学和比较学研究方法。白川静搜集了大量文献资料，对典型墓地时代分期进行断代研究。他的各种方法论给我留下深刻印象，为我日后的研究打下了重要基础。

白川静非常有学问，有众多学术研究成果，出版了大量甲骨文、古文字学、语言学和诗学方面的著作[①]。我有他全套 50 本《白鹤美术馆志》，这套丛书非常珍贵，介绍的青铜器有他自己馆里的，也有其他馆里的，甚至有世界其他国家的。他在《馆志》里介绍过一例中国青铜器，其中器型、图饰、铭文的解释和论述都非常详细。白川静研究金文的书——《金文通释》，共 7 卷 9 册。《甲骨金文学论丛》，如此厚度的散页“书”，我复印了 5 大本。我用日本的装订方法，把散页装订成书的样子，自己加上硬壳封面。我也一直在用他的词源类字典，字典里都印有汉字古文字字体，如《字统》（平凡社，1984 年），有 1013 页，里面有甲骨文、金文等内容。我从中学习中国哲学史、中国考古史。白川静用历史学、民俗学的观念解读《诗经》。他非常严谨，如《白鹤美术馆志》丛书不论是研究铜器，还是古文字，都标明年代、出土地与时间。铜器上有铭文的，他都解释得很详细。尽管目前有些清代文物已丢失，但白川静书中却还保存有清代铜器的研究实例，这对文物保存与研究都意义非凡。白川静对我的影响相当大，我是通过他的论著和学说学习中国哲学史、考古史的，还从中学习了甲骨文和金文。

---

① 白川静（Shirakawa Shizuka，1910—2006），日本著名的中国文献学家、古文字学家，京都学派代表人物。他在读夜校过程中开始接触中国古典文学。1938 年，考上立命馆大学法文学部汉文科，在老师中田次郎指导下接受正规大学教育，毕业后留校任教，1954 年，晋升为京都帝国大学文学部教授。1962 年，他以论文《興的研究》获得文学博士学位。他是世界范围内唯一对《说文解字》进行全新考证和注释的外国学者。古文字学研究巨著《说文新义》利用甲骨和金文对《说文解字》进行全新研究；《金文通释》集中考证并解释商周青铜器铭文的意义，对商周青铜器的分期和断代作科学论断。《金文通释》和陈梦家《西周铜器断代》为研究商周青铜器铭文和断代的经典著作。他的《诗经——中国的古代歌谣》用历史学、民俗学、比较学对《诗经》进行全新研究。主要著作还有《金文的世界》《甲骨文的世界》《中国的神话》《中国的古代文学》等，共40多部。有十二卷本《白川静著作集》和二十二卷本《白川静著作集·别集》出版。

如果让我在白川静先生与饶宗颐先生之间做比较的话，我会说，他们的学术水平可以相提并论，但个人研究的方向各有不同。吉川、小川与饶公的水平也是相等的。不过，我认为，对中国古典文献学的研究，饶公比他们都厉害。但是，日本学者的英文水平很好，对西方文化、历史以及汉学都很了解，这是他们的优势。他们在这方面的水平比饶公要强。1998 年，白川静获得日本政府颁发的“文化功劳者”称号。2004 年，获得日本政府颁发的文化勋章，还获得过日本十几项研究奖项。京都帝国大学特地为他成立了“白川静纪念东洋汉字文化研究所”“白川静纪念馆”“白川静纪念东洋汉字文化基金会”。

问：能否请您谈谈师从重泽俊郎[①]的情况？您如何评价他的汉学成就和贡献？

答：我跟随重泽俊郎学习中国思想史和哲学，主要是战国思想史和诸子研究。他著作等身，教中国哲学教得非常好。他的博士论文是《原始儒家思想和经学》(《原始儒家思想と経学》)。记得他上课时总穿和服，有大学教授风范，坐下来必盘腿。我看他，总觉得他是古代人，不是现代人，我很喜欢他这种风度。重泽俊郎在日本是一位重量级的汉学家，主要著作有《周汉思想研究》，译著《先秦政治思想史》等，我听过重泽老师的课，读过他的书，但很惭愧，对他的学术成就了解得不是太多。他主要研究中国经学和儒学，成就非凡。京都大学中国哲学史讲座教授池田秀三介绍了他的学术观念和方法，他的评价很有参考价值。[②]

① 重泽俊郎（Toshio Shigezawa，1906—1990），日本汉学家。1928年，考入京都帝国大学文学部，1932 年，大学毕业入大学院（研究生院），师从小岛祐马研究秦汉哲学。1942 年，任京都帝国大学文学部讲座副教授，1950 年，晋升教授。1970 年，从京都大学退休，1990 年病逝。著有《周汉思想研究》《原始儒家思想和经学》《荀子研究》等专著，从社会学角度研究儒家历史观、革命观、王道思想和社会进化思想。参见刘正《京都学派汉学史稿》，北京：学苑出版社，2011 年，第 209—210 页。

② 刘正《京都学派汉学史稿》引用京都大学中国哲学史讲座教授池田秀三对重泽俊郎的评价，池田秀三《日本京都大学的春秋学研究之传统》一文认为，重泽俊郎一直坚持运用严密的文献实证主义方法，《今古文学的本质》与《谷梁传的思想与汉的社会》的研究方法即是明证。他选择经学为研究对象，认为经学才是中国思想的根干，是中国式思考方式的典型。《原始儒家思想和经学》一书定义经学：“儒家是对于称之为经的这一一定范围内的古圣典所作的创造性解释学。”池田认为，虽然重泽的研究对象扩及法家与道家，但他主持的京都大学中国哲学史研究室机关杂志《东洋的文化与社会》数年连载他的《周礼的思想史研究》一书的研究中心依然是经学、儒学。

问：您说过受到木村英一的影响，表现在哪些方面？

答：我于法国高等实践研究院的毕业论文《法家的形成——古代中国特有的政治哲学形成研究》，实际上就是 1960 年前后在日本期间开始写作的。当时日本基本没有关于先秦时代思想和历史的书籍，这些内容只在中国哲学常识的书中有介绍。中国学者对道教、佛教很重视，但对法家和墨子的学说不太重视，没有专门写法家的著作，而日本学者对这些小的学派很有研究，日本大阪大学的木村英一[①]就是其中之一。我非常尊重他，虽未曾谋面，但读过他很多著作。除了他获得博士学位的《老子的新研究》（创文社，1959 年），还有《法家思想的研究》，是我《法家的形成——古代中国特有的政治哲学形成研究》一书写作的主要依据[②]。在法国，我在巴黎索邦大学读法学时，就想到过写中国法家这个题目。同时，作为著名的中国哲学研究学者的木村教授，他的哲学思想也深刻影响我此书思路的形成。我的论文从法家研究开始，扩展到中国法律、政治制度研究，其中还包括哲学。

问：能否请您谈谈师从汉学家内田智雄[③]的情况？他对您的学术影响主要在哪方面？您如何评价内田智雄的汉学成就以及他在汉学界的地位？

答：内田智雄是日本非常有名的汉学家，他的专长是研究中国法律。我在京都大学上过很多课，却没有上过内田老师的课。1964 年至 1965 年（即第二次至日本），我于京都大学人文科学研究所做助理研究员时，专门去听过内田老师的“工作坊”翻译课，每周一次。内田老师是我研究班课

① 木村英一（Kimura Eiichi，1906–1981），京都府人。1930年，京都帝国大学文学部学生。后任京都大学助理教授。1949 年，晋升日本大阪大学文学部教授。1960 年以《老子的新研究》为题所作论文获得京都大学文学博士，1967 年退休。主要著作有《法家思想的研究》，东京：弘文堂，1944 年;《中国民众的思想与文化》，东京：弘文堂书房，1947 年;《中国实在观的研究》，东京：弘文堂书房，1947 年;《孔子与论语》，东京：创文社，1971 年。与加地伸行合译《老子》，东京：河出书房新社，1968 年；与铃木喜一合译《论语》，东京：平凡社，1970 年。

② 《法家的形成——古代中国特有的政治哲学形成研究》是属于法国高等试验研究院的高等学位论文（该院独有），相当于现在的硕士学位。当时汪德迈先生就读的法国高等实践研究院无博士文凭。

③ 内田智雄（Uchida Tomoo，1905—1989），私立大学同志社教授。1957年，以《中国农村的分家制度》为题获同志社法学博士学位。主要著作有《中国农村的家族与信仰》《论语私感》，翻译著作《译注中国历代刑法志》《大唐六典》等。

的指导教授。内田老师与我关系特别好，20 世纪 70 年代他来法国时就住在我法国南部的家中（因为我夫人在那里当牙医），我还陪他一起去法国南方著名的峡谷游玩。我对他的中国法学相关研究非常感兴趣。我在日本时他还没有退休。内田教授优待我，"工作坊"的小型研讨会通常是教授之间的讨论，但他允许我也参加。内田作为负责人，与来自京都其他高校的几位同事商量着一个大计划，准备把汉代至清代直至 20 世纪中国史书中的刑罚、法律、法制及礼仪、礼乐等内容辑录出来，一章一章地翻译成日文。比如将《汉书》《宋史》《明史》等史书中相关史料辑录出来，最终形成一套大型法律丛书，用日文介绍中国的法律、法典。"工作坊"翻译研讨会上，我只是仔细聆听，不发言。当时我还年轻，学问不够好，希望听他们讨论，听内田老师的研究理念。内田老师和同事们的研究课对我的影响，主要在中国法律知识方面。

我第一次到日本留学期间，读过很多以日语写就的研究中国古代法家的书，这是使我思路开阔、撰写法学论文的重要原因。另一个原因是我曾于法国学习法学的经历，这令我对中国法学历史产生浓厚兴趣，于是以法家为主题构思我的论文。再后来，我有幸旁听内田智雄先生的"工作坊"研讨，才能一窥老师们专攻中国法律和法制的奥秘，启迪我写作思路的发展。

内田智雄教授和他同事的翻译讨论课给我很大启发，可以说对我终生影响都很大。当我要离开京都时，他送给我一个极其珍贵的礼物，一套泷川龟太郎的《史记》研究，书名叫《史记会注考证》①，这套书一共有二十多卷，堪称"百科全书"。当时，我已经师从他几年了，他这样对我说："现在您不是我的学生了，您是我的同事。"这是日本老师对我的鼓励，也是终生的鞭策（汪老说到这里有些激动）。我一直在用泷川龟太郎的《史记会注考证》，这是最好的辞典，对我研究中国古代文化非常有帮助，我去北京时都带着。我个人认为，至今为止，世界范围内汉学研究著作的水平没有超过这本辞典的，这本书可与法国《拉鲁斯大辞典》（*Larousse*）媲美，但《拉鲁斯大辞典》重在语言学方面，而《史记会注考证》是中文辞典。可以说在日本，凡是有一点学问的人都人手一套。

① 〔日〕泷川龟太郎:《史记会注考证》，东京：东京大学东洋文化研究所，1960 年。

问：还有哪些日本汉学界的朋友与您有学术交往？

答：我有一位很要好的日本汉学家朋友，他叫福井文雅，是我 1962 年于法国高等实践研究院读书时的同学，后来成为早稻田大学宗教系教授，研究佛教、道教及敦煌学，2017 年去世。他女儿来巴黎留学时，他曾托我做她的监护人。福井文雅的父亲是日本大汉学家福井康顺。福井文雅来法国学习时，我和他一起听谢和耐先生的课，还去法兰西学院听汉学讲席教授们的课。当时，我和施舟人、福井文雅经常交流学习体会，我们三人是很好的朋友。我不仅希望跟随日本汉学家学习，也希望通过与他们的友人和亲属交往，汲取知识，增强对日本文化的理解，提高日语语言水平，提高文化修养，增进法日文化交流。

福井康顺是汉学界老前辈，饶公知道他。我曾陪饶公到他日光市（Nikko）的家中拜访。他会说漢文、日本文言文和唐朝遗音。很有意思的是，他与饶公交流是用汉字笔谈，我有时也在一旁翻译，我和他则用日语交谈。

问：您曾强调过在日本学习时工具书的重要作用。可以想象您当时远离您的祖国和您熟悉的语言，在异国的学习环境里，对书籍的渴望和废寝忘食读书的热情。除了日本老师对您的影响以外，您怎么看待他们的学术著作给您的启迪，以及您与日本汉学书的缘分？

答：在日本，除了上课和研究，我阅读了大量的日本书，查阅了日本大量的汉学工具书，可能其中一些辞典的水平超过现在最好的汉学辞书。可以说这些书就是我的老师，对我很有启发，给我研究中国文化提供了极大帮助，它们伴随我一生。我使用、珍藏的书，在我学习的不同阶段给我很大帮助。有一些奇书，是日本人在中国买的书（后来我买下来了一些），如《三才图会》[①]，这是一套中国出的书，书本身是奇书，买来的方式更奇，现在在我书架上珍藏着。

我到日本时，买的第一部书是诸桥辙次主编的《大汉和辞典》（大修馆书店，1960 年）。我认为《大汉和辞典》是那个时代世界上最大型的汉和辞典，是研究中国语言学的辞典，和中国的《辞源》类似，是语言学

---

① 王圻、王思义辑：《三才图会》，万历三十五年（1607）槐荫草堂刻本，为百科式图录类书。

的辞典，而不是百科全书类的书。我个人认为它比《辞源》好。诸桥辙次（1883—1982）花了数十年时间完成，他在学生帮助下搜集了近 5 万个汉字，汉语词语词条达 50 万个。书的封面上是“三连体”式的“后天八卦”，即：乾、坤、震、巽、坎、离、艮、兑，而非“六连体”式的“六十四卦”（按：三连体，三划结构；六连体，六划结构）。汉字是：千秋万岁富贵不断。中间是龟形指南针，外圈是“云纹”。这是一部非常珍贵的文献。我还买过一套百科全书大词典，即《东洋历史大字典》，东京平凡社 1938 年出版。这套辞典我经常用，此书是用日文写的，同时介绍了中国、韩国、越南等国的历史。我还有一本东京平凡社 1938 年出版的帕皮诺神父（Jacques Edmond-Joseph Papinot，1860—1942，法国人）所著《日本历史地理辞典》（*Historical and Geographical Dictionary of Japon*），一共 9 卷，装帧精致，是百科全书类型的历史大辞典。下面这三套书都是我珍藏的好书:《日本学者对于日本与东洋之研究》《中国法制史研究——土地法、取引法》《明律国字解》。① 它们在我留日期间与我朝夕相处，给我学习和研究日本汉学和日本文学无尽的帮助。日本学者对学术敬畏的态度、严谨的治学方法，以及对中国文化深爱的情怀影响我的一生。直至现在，我还每年订阅日本的中国研究所编《中国年鉴》，我家里也藏有很多日本书籍。

问：您如何评价您的京都大学汉学老师们的学术成就和影响?

答：他们汉学水平非常高，可以说比法国的老师要高得多，甚至比东京大学的老师水平都高，他们的中文都写得很好。当时，在中国古代史学、文献学和文学等方面，京都大学的水平都是日本最高的。东京大学教中国现当代史，京都大学教中国古代史。这些汉学家都曾至中国学习。他们丰厚的学养、对学问的敬畏之心、对中国文化的无比尊重，是我一生的榜样，也令我终生敬佩。日本汉学家于中国很有影响，中国古典文学学者都知道他们，就如他们知道中国著名学者罗振玉、王国维、郭沫若一样。当然，他们在法国是不会有名的，因为法国有些学者连汉学这门学科都不一定知道。在西方，一般来说，学者们都不太了解汉学，但也有一些有名气的汉

---

① 邓嗣禹:《日本学者对于日本与东洋之研究》（*Japanese Studies on Japan & the Far East*），香港：香港大学出版社，1961 年；仁井田升:《中国法制史研究——土地法、取引法》，东京：东京大学出版会社，1960 年；徂徕物茂卿著，内田智雄、日原利国校订《明律国字解》，东京：创文社，1966 年。

学家，尽管数量不多。他们也知道日本著名的汉学家。

问：日本汉学和法国汉学在国际汉学界影响都很大，能否请您比较评价一下？您如何看待日本汉学家和中国学者的学术水平？

答：我认为日本和法国的汉学性质是不同的。我在日本京都时，是20世纪60年代，法国当时的汉学家很少，主要是伯希和、戴密微。至于伯希和在法国学术界的知名度，我可以说，他很有名气，但只是在汉学圈内。西方知识分子圈、学术圈还不太了解中国，更不了解汉学界的事。我可以肯定地说，日本汉学研究远超法国。对于日本学者，汉学的重要性就如同拉丁文对于法语的重要性。不同的是，拉丁文如果在日本，是没有什么发展前途的，但是在法国，拉丁文发展得很好，相比较而言，汉学却没有什么太大的发展。法国虽然有很优秀的汉学家，却没有出版系统解释古文字、青铜器或中国历史的辞典，所以戴密微派我去日本，专门学习汉学。他认准了日本汉学的水平和在世界汉学中的杰出地位。而我通过自己的实地考察和与日本汉学家的交往，才真正知道到底谁厉害！

当年，在引领我进入汉字文化圈学术研究的老师戴密微的安排下，我赴日做学术研究，正是老师高瞻远瞩，认为日本汉学在国际上有重要地位，才安排我去的。在那里几年，有幸目睹各位汉学大家风采，亲炙教诲，体会到日本汉学的强势。所以直至今日，我一直强调日本汉学水平之高，特别崇敬研究甲骨文与古文字学的白川静和研究中国古典文学的吉川幸次郎。我的学术理念和研究方式受到日本汉学影响很深，甚至感到自己接人待物的态度都有日本文化的影子。

单说中国历史研究，日本汉学家与传统中国学者的观点应该是一致的，但与现代中国学者差异比较大。

问：您认为日本汉学有何不足？日本汉学与欧美汉学有何明显不同？

答：有时候，日本的中国学家们在解释和评价中国学术时过分机械。欧美汉学有西方学说的根基。受中世纪、古罗马学术影响，汉学家在用自己的思想去解读中国思想时，会充分表达。

问：您一生三次去日本，对法国、日本与中国三者间的学术交流与汉学研究做出巨大贡献，听闻您也获得过日本政府的表彰？

答：是的。因为求学和工作，我三次赴日（当然，不包括我后来去日本参加研讨会和文化活动的次数），让我对日本的中国古代文学、考古学和语言学的研究与成就有了全面了解，让我学习了日本汉学家独到的学术观点和研究方法。我永远不会忘记这些给过我教育和指导的老师，我曾经在博士论文《王道：中国古代体制精神之研究》一书首页写道："谨以此书向饶宗颐先生、戴密微先生、内田智雄先生致敬。"以表我终生感谢这些老师们指导我之心意（内田智雄先生只是我众多日本师长的代表）。这是 1990 年日本政府奖励给我的日本"勋二等瑞宝重光章"。（汪德迈先生出示奖章）

问：能否请您谈谈于中国香港期间（1962—1964）的求学情况？

答：作为一位汉学研究者，年轻时我曾有幸师从三位杰出学者，即巴黎学者保罗·戴密微先生、京都学者内田智雄先生及香港学者饶宗颐先生。这三位在国际上享有极高声望的学者如今均已仙逝，他们在我人生的不同阶段分别指导过我。我本来是戴密微先生的学生。他和饶公是 1954 年在英国剑桥大学参加由英国皇家亚洲学会主办的第二十三届东方学会国际会议过程中认识的。饶宗颐先生在会上发表了一篇演讲，是他破译的敦煌遗书中编号为 S6825 的敦煌残卷（该残卷现藏于大英博物馆），涉及当时尚未鉴定的《老子想尔注》抄卷。这些有关敦煌的材料以及一些非常有意思的东西，引起了戴密微先生很大的兴趣，所以戴密微先生邀请饶宗颐先生到法国去帮助他整理在法国的敦煌材料。他们很快成为朋友。那时欧洲没有人研究甲骨文。戴密微后来收到饶公寄给他的刚于香港出版的研究甲骨文的著作，他看不明白。但是他很快意识到，必须马上培养一位年轻学者到香港跟饶公学习。于是他选派我去香港，让饶公用他那刚出版的书《殷代占卜人物通考》（1959 年）对我进行启蒙教育，以便将来回来教欧洲人学习甲骨文。同时，我也希望跟中国人接触，学汉语口语。这就是我去香港求学的最初动机。

20 世纪 60 年代时，法国政府与英国政府间有一个特别协议，即军人在港有权以香港英属大学大学生的资格学习中文。当时香港唯一的大学是香港大学，是一所英属大学。当时有很多人穿梭不停地来往于中南半岛与香港之间。比如，当时河内很多法国人会每周航寄一次衣物床单等到港享受漂白服务，认为中国人漂白功夫特别棒。我在河内工作时，曾于假期到过香港。1962 年前后，法国没有军队人员使用此协议申请赴港，我即刻去有关部门申请此项目。我并不赞成有些法国汉学家只从书本上了解中国的“教条式”研究方法，比如谢和耐先生等，他们研究古代的中国文化，但是他们的中文说得不是太好，只看书本，缺乏与中国人的直接接触。我当时渴望到香港，实地生活于中国人中间，我认为要真正理解中国的思想，需要与中国人共同生活，体会其喜怒哀乐。而且我以为，只有了解古代中国文化，才容易了解当代中国文化。因此我趁这个机会申请到港学习，在跟随饶公学习的同时去语言学校学习中文。

在港第一年，我和夫人及女儿住在离港大不远的，位于巴丙顿道一栋大楼的一间公寓房内。后来家人回法国后，我就住在陈哲老师家里。当时，除了在港大中文学校正式的语言学习课程外，我还在家里跟陈哲先生学普通话。他还是位画家，给予我书法方面的启蒙教育。陈哲先生是北京人，不说广东话，我非常喜欢他。饶先生当时没在港大中文学校教语言课，那里除了陈哲老师以外，还有一位汤象老师对我的帮助也很大，他曾经精心给我挑选了一些中国书籍。在这些老师的教诲与影响下，我看了很多书，其中包括一位研究香港历史的史学家罗香林先生推荐的《浮生六记》。饶公也特别为我推荐了很多书。当时，我与马蒙先生接触很多，他是香港大学中文学校的校长，他的弟弟马林后来成为香港中文大学（前身是新亚学院）的校长。我当时没有上新亚学院的课，但是常有那里的老师来给我们作讲座，比如钱穆先生。通过讲座，我与钱先生相识。回想起来，香港简单的生活方式常常让我倍感温暖、难以忘怀。饶公和中国朋友们还带我了解香港的风土人情，认识有着另一面文化的香港。他常常带我去香港一家靠近中央市场的他认为最好的陆羽茶舍，品尝那里的好茶、点心，如萝卜饼。我曾在饶公陪同下到离香港中心 35 公里的新界一个小餐馆里寻狗肉吃。饶公特别喜欢吃狗肉。他问我好吃吗，我跟他说，没觉得有什么好吃的。我跟汤象老师学习之时，有一句话谈到孟子喜欢熊掌，于是他说：“有机会我带您去九龙吃熊掌。”有一次，他知道来自大陆的罕见熊掌到货了，便带我去吃，然后问我：“好吃吗？”我说：“不太好吃，太油腻。”这都是些与文化、生活直接相关的学习场景。那些情境，让我感到自己如同一个中国人，如同他们文化海洋里的一滴水，而我融入了他们，感到中国文化似涓涓细流，滋润着我。在香港的学习有理论、有实践、有文化。我在法国本土、在书本里绝对找不到这种感觉。这些体验都是书本里没有的另一面的中国文化。在这种中国文化中，有你中有我、我中有你的感觉，它让我更深刻地了解中国文化。至今回味起来，犹如昨天。我忘不了那些老师朋友们生活中教给我的每一课，生动而有内涵。

我在做饶宗颐先生的学生时，很多人看不起他，不论是英国人还是中国人。第一位欣赏他的人是法国汉学家戴密微先生。饶先生也非常尊重戴密微先生。戴密微先生是我的老师，他的言行教导直接感染了我，让我深感饶公的伟大。戴密微先生希望我跟随饶宗颐先生学习甲骨文，因此我在香港最重要的任务就是随饶公学习。虽然在日本时跟随日本汉学家学过一些文言文，但是基础还很差，水平不高。记得饶先生于香港大学上课时，总是不厌其烦地与听课同学解释《文心雕龙》和《文选》等中国古代典籍。我学习《文心雕龙》以后，一直认为这本书是最能代表中国文化精神的古代著作之一。周末时，我会去饶先生家，跟他学习《说文解字》，识别甲骨文。那时去他家学习的还有另一个外国学生——印度外交官白春晖。

问：您提及于香港时与印度外交官白春晖一起跟随饶公学习，后来又一起到过印度等地，可以谈谈这段经历给您带来的收获吗？

答：20 世纪 60 年代初，我于香港学习时，认识了也在那里跟随饶公学习的印度白春晖先生，他曾于北京大学学习过中文，还给尼赫鲁当过翻译。他当时在香港的印度驻港领事馆任一等秘书。1963 年，饶宗颐先生受聘任印度浦那市班达伽东方研究所研究员。[①]我则毛遂自荐，当了饶公此行的秘书及助手。这是一段很有意义的考察学习旅行，历时三个月。我们在印度就待了一个月。不愉快的一段经历就是从马德里前往斯里兰卡科伦坡登机之前，被警察刁难了。饶公的开放精神首先体现在他具有囊括所有异国文化各个方面的学识。饶公是一位汉学家，他同时也精通文学、古文字学、佛教、道教、历史、绘画和音乐。他如饥似渴地学习各国文化经典。饶公作为迷恋古文字学、碑铭学的学者，希望搜集印度古图形文字摩亨佐达罗文字的资料，这是位于现今巴基斯坦境内的一种古老印欧语言，是最古老的图形文字，公元前 2100 年左右在巴基斯坦境内运用。这种语言没有人明白，至今无人破译。在饶公预先提出要求，抵达印度班达伽东方研究所后，印度梵文学者给予饶公热情接待，并竭尽全力地满足饶公的

① 印度外交官白春晖请他的父亲——梵文学家老白春晖（V.G. Paranjape）教授邀请饶公去浦那天竺古梵文研究中心进行中印关系及古文字研究。

要求，给饶公提供他希望得到的一切研究材料。与那段不愉快的经历相比较，这一次饶公搜集到了他要找的材料，满载而归。白春晖的父亲老白春晖（Vasudev Gopal Paranjape，1887—1976）教授还教饶公印度古吠陀文字，即《梨俱吠陀》，饶公为纪念此行，特地将自己工作室命名为“梨俱室”。

饶宗颐先生在法国时，喜欢吃朝鲜蓟，还喜欢吃法国奶酪。这从侧面反映出饶公对各种文化热爱的程度和开放包容的态度。他在印度不仅尝试吃生菜，还尝试用印度人吃饭的方法，用左手的三个手指抓饭吃，然后迅速吞咽。此行正值中印关系冲突时期，饶宗颐先生凭借其在法国的学术地位和印度学研究员身份，在我的陪同下，经印度朋友的帮助，顺利到达印度中、南、东部，还游历了缅甸、柬埔寨、暹罗（即泰国的古称）、锡兰等国。饶先生推断：“历史上的玄奘没有到过印度南部，法显也只到过印度西南部。”饶先生将我们此行与历史上玄奘、法显等人之行分开来看。他认为，玄奘、法显是站在佛教立场上看问题，而他自己则是以一个历史学家的观点来看印度文化，按他的话说是“到天竺非求法”。饶先生认为，禅宗是中国对佛教的一个创造，与印度完全不相干。饶先生关注中国禅宗生活艺术的一面。[①] 他认为禅宗在艺术方面能够引起中国文人的共鸣，比如语言艺术，苏轼、黄庭坚等都运用得非常好。他说，除了语言艺术，还有书画艺术中的禅境，它开拓了中国文学的新领域。他还认为，佛教能于中国流传，是因为它适合中国文化而演变成人世间的禅宗。经过几个月的考察，饶先生在比较中审视不同文明发展的内在道理，以及中印文明的相互影响。他着手翻译了《梨俱吠陀经》，并发表了大量论文。他的《梵学集》开辟了中国学术研究的新前沿。在印度游览之际，饶公还有感而发，多有吟咏之作，于1965年编成《佛国集》。同年11月22日，饶公在泰国曼谷做了一场《禅门——南北宗之汇合与传播》的学术报告，在泰国佛教界轰动一时，很多当地华侨领袖前来出席。当时很多侨领都要跟我喝酒，结果我酒喝多了。

问：作为饶宗颐先生的法国弟子，饶先生对您的主要影响是什么？

答：不仅饶公教我学习古文字学，其他中国朋友也教我很多生活中的

① 陈韩曦：《饶宗颐学艺记》，广州：花城出版社，2011年，第51—53页。

中国文化，这是当代活的文化。实际上应该说，这在西方并没有得到发展。西方所有汉学家的中国学识都是书本上的，没有直接在中国参与生活实践的体验，而我特别喜欢听中国朋友说他们自己的中国文化观。因此，我不但关注古代的中国文化，也很喜欢看当代中国思想家的书。我没有专门研究当代的中国文化，但是却深受现代中国人生活文化的影响。

饶公对我的另外一个重要影响就是他做人的态度。我非常喜欢他对生活的态度。他代表的实际上是中国传统文化精神，他让我明白人“活着的意义”。我认为，饶公对我影响的重要之处，不仅仅是他书上写的、课上教的，最重要的是他人生中给我做出的榜样作用。我跟饶公一起生活，感觉就像跟朱熹一起生活，因为他就好像是中国古代文人的代表。中国学者的生活态度跟西方学者完全不一样。他继承了中国文人“隐士”的传统。所以我感到运气非常好。恐怕别的西洋人没有这样好的运气。有些西方的文人看不起中国文化，他们虽然研究中国文化，但是他们始终觉得中国文化不及西方文化，而我没有这样的看法。

问：您是如何跟随饶公学习的？您的汉学研究与饶公的国学研究有何不同？您在他的研究基础上有哪些新发展？

答：饶公是我尊敬的老师，他研究的领域是文学，我是哲学。但是我受饶公的影响，也很重视中国文学的研究。饶公对古文字的深入研究引起了他对文学如何从甲骨文、金文发展起来等问题的兴趣。饶公的长处是文献学，他是甲骨文的专家，他从甲骨文研究中国文化，寻找甲骨文里具体字的解码，即字的构成、字义与字形等，注重的是字的意思，以及与其他文字之间有什么区别。而我强调首先要明白字义，依靠的便是饶公古文字学的研究成果。在他的基础上研究占卜学，注重甲骨文对中国思想的形成所产生的影响，从思想史、哲学史角度研究，看文字如何演变成概念，如何成为哲学概念。但是，饶公没有特别明白占卜学与古代文字之间的关系，在这个问题上他的思辨不足。我特别注重研究甲骨文与占卜学之间的关系，这个关系很重要。我认为中国后期发展的文学是受此影响的。饶宗颐先生的古文字学水平极高，在他面前，我不敢说我对古文字有研究。但是饶公没有系统研究中国思想史，他喜欢研究中国文学史。当然，他看得到文学里的思想，对他而言可能是不知不觉的。

在我看来，中国文化中思想和文学有非常密切的关系，然而在西方这是分开来的。中国的文学家爱用文字来表达自己的意见。比如说庄子，他有深邃的哲学思想，但他是用文学来表达自己意见的。当强调哲学学科时，可以说中国没有哲学，只有西方有哲学。在西方很少有像中国一样既是文学家又是思想家的例子，当然个别情况也有。比方说，法国文学历史上的蒙田（Michel de Montaigne，1533—1592）、布莱兹·帕斯卡尔（Blaise Pascal，1623—1662）、卢梭（Jean-Jacques Rousseau，1712—1778），他们是文学家，同时又是思想家。所以，我用很多时间研究《文心雕龙》，因为这是在文学里讨论哲学思想的一部经典著作，在西方很少有像这样从哲学思想入手谈论文学的书。当然，西方也有，像亚里士多德的《修辞学》（*La rhétorique*）中有一节论“说话的艺术”，就是从哲学思想入手的，当然那是另外一种观点。西方也有很多讨论文学的著作，但是一般都未从哲学思想谈起，而是从美学进入的。

饶公的研究几乎全部都是在研究中国文学的形式，比如他对诗和词的研究。饶公的选题是文学批评，他研究文学史的变化。饶公认为，在中国文化和中国的学问里，文学最重要。他没有哲学基础，他的基础是文学。他本人就是诗人、词人，创作了大量的诗、词、赋等，他的研究和创作相辅相成。而我研究的是中国思想，比如，饶公没有研究儒学，但是他了解儒学，因为他是文人。这方面他没有做过专门研究。他喜欢看中国诗人的诗，比如谢灵运。他知道“五经”是什么，但是他没有研究“五经”的历史。我研究了“五经”的历史及“五经”从哪里来，所以我写“五经”的历史，研究在孔子以前“五经”的档案。孔子生活的年代，只有周朝的档案。他认为，这些档案的写法不足以清楚、全面地概括周朝历史，所以他希望保留档案的意义，同时用特别的“微言大义”写法修改档案，写成“五经”。（编者按：孔子修编的是“六经”，后《乐经》亡于秦火，遂成“五经”。）这些周朝的档案后来成为孔子修编“五经”的基础。孔子认为自己是奉天子之命，他的编修开启了个人著作之路。所以我认为孔子的文化革命是中国的第一场文化革命，它是从文学开始的，这一点饶公则完全没有注意。饶公没有研究政治制度，我研究中国政治制度的变化。我一部分的学术基础是法学。我不太喜欢用“法学”这个词来翻译“Le droit”一词，我建议用“权理学”来翻译。

我注重思想是如何发展的。恐怕没有中国学者提出孔子“文化革命”（或曰“文化革新运动”）的说法。孔子修改《春秋》，但是我也觉得《竹书纪年》非常重要，因为这部书被学者称之为除《秦记》以外唯一留存的未经秦火的编年通史，具有特殊的历史意义。我在法国《中国研究》杂志上发表过一篇论文《占卜与书写之间——〈竹书纪年〉克隆文本随笔》，专门探讨过这些问题。[①] 在这篇文章中，我通过研究占卜典籍里的各种甲骨文材料来探讨中国史籍的编录、撰写过程和方法，以及其与古代希腊文化的区别。我对古史记载方法的体会是：通过对甲骨文的研究，可以明白《春秋》的形成，还可以明白《竹书纪年》的意思，因为《春秋》与《竹书纪年》是同类的著作，我还做了一个从《竹书纪年》和甲骨卜辞中节选出两组词仿制成一段文字的实验。

我研究中国历史上的政治制度，饶公研究中国历史上的文学变化。当然，二者之间有密切的关系，因为这些政治制度都是中国士大夫阶级制定的。中国士大夫同样也是文人。中国文化一个重要特点就是政治与文学、文字与文学及哲学都有密切的关系，这在西方是没有的。这方面饶公没有研究，因而他的理解是不自觉的。

问：您如何评价饶宗颐先生的书画？

答：我非常喜欢饶先生的书法与绘画，可能我更喜欢他的书法。特别让人感到惊奇的是，在百岁高龄以后，他的书法创作仍然非常注意布阵，笔画仍然那么雄健有力。2017 年 6 月 27 日，他来巴黎彤阁，亲自出席“莲莲吉庆——饶宗颐荷花书画展”开幕式。我也出席了此次开幕式，观赏他近期的书法作品。在接受人民网记者采访时，我说：“作为饶宗颐的学生，我非常欣赏自己老师的作品，尤其是书法，更佩服老师在百岁之年仍有如此有力道的笔画。”2005 年 6 月 20 日，我为饶宗颐先生《饶宗颐教授艺术创作汇集》撰写了序言，画册全套 12 册，收录了饶公 20 世纪 40 年代以来艺术创作的成果。

饶宗颐先生的书法、绘画是中国特有的，因为他的作品与汉字的写法系统有密切联系。饶公的书画反映了中国美学的思维方式，凝聚了传统文化的精髓，他所遵循的艺术道路强调与自然融合，强调“天人合一”。我在序言中强调说：在世界上的象形文字中，中国文字是至今仍在发展的唯

---

① 今以《占卜与文字的关联——试论〈竹书纪年〉中一段编年史的“克隆”式制作》为题收入本书，李国强、李晓红译。

一的表意文字，而其他文字则一直沿着表音文字的方向发展。表意文字呼唤着书法中的诗意，就如同歌曲里面的歌词呼唤歌曲的诗意。表意文字的诗意形式来自于绘画式的书法（即通过其形象理解的主观意念，加上被强化的抑扬顿挫的毛笔笔画），它既不同于一幅有寓意的图像，又不同于那种仅具有“装饰书法”效果的表音文字，它表现了个性、力量和孔学大儒的静气、禅宗大师的神奇。

问：您与恩师饶宗颐先生相处五十余年，您一直尊称饶先生为“饶公”，谦卑低调，恪守师道，令人尊敬，也令今天许多学者汗颜。您如何理解“师道尊严”？饶宗颐先生如何看待与您之间的缘分？

答：首先，我与饶公有非常深的师生情缘。近五十年来，他多次邀请我赴港参加香港大学举办的一系列学术研讨活动。他对中法文化交流做出了独特贡献。我用法文时，总习惯称他为“先生”，而不爱用中文称他为“饶公”。但是在中国，因为人们都尊称他为“饶公”，我也随着大家习惯的称呼，称他为“饶公”。“师道尊严”是中国儒家的说法，中国文化提倡尊敬老师。在法国，老师与学生间提倡的是“批评精神”。饶公没有专门研究儒家，他研究的是文学，但我认为他是真正的儒家，事实上，他自觉不自觉地践行着儒家理念。

2012 年 3 月 10 日，在香港大学饶宗颐学术馆“饶宗颐讲座”成立仪式上的讲话中，饶公这样描述他与我之间的缘分：“我与汪教授相识已经超过半个世纪。他是一位非常杰出的汉学家，对中国古代的法家和儒家学说都有深入研究。我们曾经在法国、印度和香港一起讨论学术，砥砺切磋，有许多非常愉快的回忆。这次，汪教授远道而来，使我能与老朋友重逢共聚，真是人生一件美事。”

问：请您谈谈恩师饶宗颐先生在国际汉学界的地位？

答：我在做恩师饶宗颐先生学生的时候，他的国际地位很低，当时没什么名声，也许是他不用英语演讲的缘故。我在香港跟饶公学习的三年内，和他一起参加了很多研讨会，也曾结伴远赴东南亚多国旅行考察。饶公对异国文化始终秉持着开放、包容的态度，他是一位大学问家。我的老师从没有因其在汉学上的卓越成就而变得傲慢，反而是慷慨地将学识授予学生。他最著名的学问是文献学、文学和文学史。饶公研究道教和佛教，他还研究文化的传播和国际汉学。饶公重视从古文字（主要是甲骨文）入手研究中西文化。饶公认为："汉字孕育中华文化核心，成为中国精神文明的旗帜。"饶公十分钟情中国的古典文学，也非常重视法国的古典学。

饶宗颐先生整个生命都是在20世纪政治的疾风暴雨中、在中华民族受伤最重的阶段里度过的。作为中国传统文人，可以说他是最后一位代表人物。我认为他不是古时的士大夫，但如果他出生在清朝，一定能考取进士。他有古代文人一般的精神世界。我一生最幸运的就是能拜饶公为师。在我看来，饶先生身上带着中国人文思想中最珍贵的东西：文学方面，用表意文字书写的有丰富内涵的文献；道德方面，君子人格的修为，即"内圣"（sainteté intérieure）高于"外王"（royauté extérieure）的修养。

20世纪，中国有很多伟大的中国学大家：罗振玉、王国维、鲁迅、郭沫若等，而我认为饶宗颐先生所从事的事业使他成为20世纪乃至整个中国历史上最伟大的中国学大家之一。

问：在中法两国1964年建交以后，您去过中国吗？可以谈谈您的经历吗？

答：1964年，我去过中国两次。第一次是7月，我独自前去观光，时间约一个月。我在香港饶宗颐先生那里学习，暑假期间从香港入境到广州，之后前往上海、苏州、北京、武汉等地，再回香港。此行目的地之一是苏州，我想造访苏州"紫兰小筑"盆景园。当时我慕名而去，通过苏州市人委交际处联系到了著名作家、盆景大师周瘦鹃先生。我7月31日到苏州，潜心经营"紫兰小筑"盆景园多年的周瘦鹃先生听说有一位法国朋友到苏州，还听苏州市人委交际处的人介绍说这位法国朋友不仅是文学家和著名历史学者，还当过大学教授，能说中国话，能读中国文字，还能讲出苏州历史人物吴王阖闾、伍子胥等，周先生非常兴奋，他做了周到的准备。到达的时候，我受到周先生和园内职工们的热烈欢迎。周先生致欢迎语说："我们两国建交以来，您是第一位到苏州来的友好使者，不用通译，可以直接交谈，实在使我兴奋得很，但您怎么会知道我而惠然肯来呢？"我跟他说："我先前读了您的文章，记住了您的名字。最近在广州又读了您新出版的《花弄影集》，这才驱使我到苏州登门拜访了。"我跟他说明了自己前来请教的目的："为了给法国的研究院写一篇关于'插花'的文章，我想向您请教一下有关中国插花艺术的问题。"周瘦鹃欣然与我谈了很多，谈到了明代袁宏道的《瓶史》，还谈到日本人创造的“宏道流”插法的隐喻等。他说，这种插法就是把花枝剪成上、中、下三个部分，喻为“天、地、人”。周先生又说：“据我瞧来，倒是十分自然的。”我当时不停地在小本子上记录。我跟他说，我此行来中国，去了广州、上海、杭州和苏州，下一站去北京。我和他道别时笑着说，回去后要写一部书，名叫《东游记》。周瘦鹃回复道：“很好，很好！我祝您成功！”在与我会见后，周瘦鹃撰写了一篇名为《欢会西茵河畔客》的报道回顾我们这次相会，于1964年8月16日在香港《文汇报》新风副刊上发表（我一直珍藏着这份报纸）。我与周先生相见恨晚，彼此相谈甚欢，他跟我谈的一些资料和他对盆景、插花以及中国古代园林文化的相关观点对我启发很大，我回法后在《中国“插花”》原文基础上加入了新的思考（该文法文版发表于吉美博物馆《亚洲艺术》[*Arts Asiatique*] 1965年第11-2期）。1965年，我到东京国际展览中心（Kokusai tôhôgakkai gakushi kaigi kiyô）作学术演讲《明代袁宏道〈瓶史〉中的文学创作思想》，演讲稿的思路亦有受周瘦鹃与他的“紫兰小筑”盆景园的插花及中国园林艺术思想影响的成分，我也谈及日本人创造的“宏道流”的来源。

同年，我与夫人李氏子专门到广东潮州寻根，希望找到李氏子曾祖父母曾经居住过的村子。记得我们是从香港入境坐公交汽车前往广州的。可是到了潮州，我只记得越南文的村名，不知道中文名字，因此最终没有找到我夫人曾祖父的村子，只找到曾祖母的村子。后来我带着女儿尚达尔（Chantal Dalmas）和两个外孙、一个外孙女及他们的孩子又多次回到中国寻根问祖。

问：您如何看待法国的“年鉴学派”？

答：受马克思启发，西方经济历史研究始于19世纪末。20世纪初，年鉴学派出现并发挥影响。“年鉴学派”（L’École des Annales）是法国的一个史学学术流派，得名于《经济社会史年鉴》（*Annales d’histoire économique et sociale*）学术杂志（1929年于法国诞生）。该杂志由史学家马克·布洛克（Marc Bloch，1886—1944）和历史学家吕西安·费佛尔（Lucien Febvre，1878—1956）在斯特拉斯堡大学创刊。1946年，该杂志改名为《经济、社会与文化年鉴》（*Annales. Economies, sociétés, civilisations*）。“年鉴”二字从杂志名称“annales”翻译而来，该词是拉丁语词根“年”（anno）的派生词，指年刊，同时也有鉴别之意。因为早期集会形式是几个学者在一起商讨问题，有一点今日“圆桌会议”的意思，所以也称作“圆桌会议学派”。这本杂志为当时新的跨学科研究学者提供了一个与传统史学领域学者进行论战的阵地，影响深远。法国哲学家奥古斯特·孔特（Auguste Comte，1798—1857）和社会学家、史学家涂尔干（Émile Durkheim，又译杜尔凯姆，1858—1917）都是这个学派早期主要代表人物。“年鉴学派”学者主要研究经济和社会方面的历史，主张用经济历史而非政治历史的影响解释现象，用社会学观念解释问题而不孤立地强调伟人、君主等个体的作用；强调长时间的或宏观的历史阶段，即总体历史，而不仅仅对短期历史事件（历史的间断性）进行分析。“年鉴学派”的历史研究以经济发展史、观念史、心态史为主题，用社会学的观点去研究历史和经济的发展，并将社会学科学化、系统化。该学派批评传统史学类似编年史的模式，反对他们只关注政治和国家关系，而忽略经济关系及社会道德理念。在此之前，历史学家认为造就历史学最重要的因素是历史上的伟人（即英雄），比如法国的拿破仑、中国的汉武帝等，并不关注不掌权的普通人，但“年鉴学派”则认为经济史是普通人创造的。

我生活在“年鉴学派”时代初期，对我影响很大的代表人物是法兰西学院杜比（Georges Duby，1919—1996）教授，他是研究中世纪史的专家，代表作有《中世纪》（*Le moyen âge*［*987-1460*］[①]）和《阿歇特法国历史》（*Histoire de France Hachette*）。他是我的前辈，我本人并没有参加“年鉴学派”，也不是其传人，但我欣赏“年鉴学派”的思想，与其中某些学者有过接触。在后来研究中，我运用了“年鉴学派”的观点解释中国思想和文化现象。

在我看来，传统法国乃至西方学术界认为历史是物质性的。直到 19 世纪，历史还是神学，换句话说，历史由神学主导。那时有一种说法：“历史的道理是上帝的旨意（La raison d'histoire c'est la volonté de Dieu）。”西方哲学基础的概念由希腊时期的柏拉图和亚里士多德创立。在中国，哲学的基础是阴阳五行。在西方，没有阴阳五行学，但有神学。“年鉴学派”出现

① 中世纪是一个很长的历史阶段，没有确定的开始和终结，各个历史学家认定的时间框架有所不同。此处是杜比自己认定的时间范围。

以后，推翻并淘汰了西方关于神学历史的理论。当然，在“年鉴学派”之前，这些神学理论就已经被启蒙思潮学者所推翻了，“年鉴学派”诞生后加大推翻力度。这个学派走得更远。

问：您说过最初对您影响最深的学术方法之一是法国“年鉴学派”，您受其中哪些学者的影响比较深？

答：我受“年鉴学派”杜比教授的影响很深，他是我在埃克斯大学同期教书的同事，年纪比我大得多，他女儿是我的中文学生。杜比教授的研究领域是欧洲中世纪史、心态学史，并创立方法论，他的书被译成世界上多种文字出版，他的所有著作都很权威。1979 年左右，我通过复旦大学教务部负责外事工作的鲍正鹄（1917—2004）教授邀请杜比先生到中国参加学术研讨会。此前，鲍教授曾来法工作，任巴黎七大客座教授（大约是 1979—1980 年 1 月至 6 月间），讲授《中国目录学》，并与法兰西学院杜比先生相识。那时我正在日本日佛会馆工作。本着该馆开展法、中、日学术文化交流的精神，我邀请杜比先生到日本讲学。后来杜比先生跟我谈起去这两个地方工作的感想。在北京时，他接触到一些中国学者，感到他们比较教条，有时固执己见，不太愿意听他人的意见和观点，而与日本历史学者一起举办圆桌研讨会，就比较轻松，因为他们愿意听取别人的意见。一些中国学者认为杜比先生的观点不够马克思主义化，杜比所谈的是“年鉴学派”的观念，是心态观念史，不是马克思主义理论。他本人也并不是马克思主义者，马克思主义者强调生产关系，与杜比谈的心态史不合拍，所以他与中国学者座谈时气氛不太融洽。可以说，杜比先生的史学观给我的研究起了奠基作用。此外，福柯提出的“知识考古学”新概念也给了我很多启发。

问：除杜比、福柯外，您与其他“年鉴学派”学者有接触吗？您有收藏“年鉴学派”代表人物的著作吗？

答：当时，我所在的普罗旺斯大学的很多著名历史学教授同事都属于“年鉴学派”。该大学的史学教学与研究机构是当时法国史学领域最好的团队，拥有当时法国历史学界举足轻重的教授，其中最重要的就是杜比教授。此外还有一些年轻学者，比如米歇尔·沃维尔（Michel Vovelle，1933—2018），是研究心态观念史、宗教问题和法国大革命问题的历史学家，曾推动死亡丧礼历史研究的发展。还有一位阿古隆（Maurice Aguillon，1926—2014），是研究19世纪史及当代史的专家，关注法国社会的社交、宗教和政治概念，他曾推动宣传法国大革命神话象征人物玛丽安娜（Marianne）缪斯女神的形象塑造，玛丽安娜后来成为法兰西共和国的象征代表。那时，第一代“年鉴学派”学者吕西安·费佛尔已经离世。我对普罗旺斯大学史学老师们的观点非常感兴趣，和他们接触很多，常在一起探讨学术观点。我也时常收到“年鉴学派”史学家的出版信息，看他们的文章和著作。直至今日，我还不断地收到“年鉴学派”的出版物。

勒华·拉杜里（Emmanuel le Roy Ladurie，1929— ）教授是“年鉴学派”成员费尔南·布罗代尔（Fernand Braudel，1902—1985）的学生[①]。他是我在巴黎第七大学的同事，后来在法国高等社会科学院（EHESS）工作。勒华·拉杜里在1968年与雅克·勒高夫（Jacques Le Goff，1924—2014）一起接任《年鉴》杂志主编职务，勒华·拉杜里是研究气候变化史的专家，认为气候变化对农业有很深影响，而农业是经济的命脉，经济将影响历史发展。

我有很多法国历史书籍，但有关“年鉴学派”的书不多，有代表人物之一社会学家莫里斯·哈布瓦赫（Maurice Halbwachs，1877—1945）的几本名著，一本是《自杀的原由》（*Les causes du suicide*），另一本是《与社会的联系》（*Le lien social*）。还有研究自杀问题第一人的社会学家涂尔干的著作，研究犹太问题的社会学家列维－布留尔（Lucien Lévy-Bruhl，1857—1939）的著作《史前社会》（*Des sociétés primitives*）等——《史前社会》影响了葛兰言先生（Marcel Granet，1884—1990）。

问：您可以具体谈谈杜比和福柯[②]史学的异同吗？您的汉学研究方法也受到福柯“知识考古学”的影响吗？

答：在历史和考古学范畴内，他们的研究方法在同一层次，都受到

---

① 勒华·拉杜里名著《皇族的国家》（*L'état Royal*［*1460–1610*］），阿歇特法国历史出版社出版，论述了从路易十一到亨利四世时期的皇族国家历史。勒华·杜拉里是汪老同事，饶宗颐先生到法国获颁巴黎索邦大学名誉博士时，是他为饶公授衔。

② 米歇尔·福柯（Michel Foucault，1926—1984），法国哲学家、思想史学家，还被称为性学家，曾为法兰西学院思想体系史教授。福柯与汪德迈先生是读巴黎大学文学部哲学专业时的同学。

“年鉴学派”心态史学研究方法的影响，但是各自研究的范围和观念都有所不同。杜比做的是史学与心态学的方法论研究，福柯做的是考古学的方法论研究，他的研究比杜比更深入一些。应该强调的是，杜比先生的研究范围是中世纪史，但他的方法论是心态学，他所创建的“杜比学术”的亮点是中世纪的心态史学。传统史学家所研究的是圣女贞德、路易十世、路易十一世等，而杜比的学术重点则是骑士心态史、女性心态史、兵士心态史等。杜比研究西方古代与中世纪心态史学之间的联系与变化、拉丁文化与中世纪文化之间的联系与变化。

福柯从深处研究心态史学的起源，他从古罗马到古希腊，甚至到现代，探究其思想和观念。福柯所做的这些研究近于杜比，如同考古学家针对物品考古一样，福柯做了心态史（histoire de la mentalité）的思想考古研究。他的研究范畴是思想，不是物质，是用传统考古学的方法去实施观念史学的研究。在福柯之前，观念史（l'histoire des idées，有创新性的小主意的意思）只存在于哲学家的谈论中。福柯之前哲学研究方法论的发展和继承是这样的：柏拉图的思想是什么？由亚里士多德解释；亚里士多德的思想到了中世纪，由中世纪学者解释；中世纪的思想由笛卡尔解读，这就是福柯之前哲学研究方法论的模式，以及它是如何继承与发展的。福柯向世人揭示了观念是如何在心态学里体现的，心态学观念的发展使观念产生变化，福柯做的是心态学的哲学史（histoire philosophique de la mentalité）研究。不仅仅是从柏拉图到亚里士多德，从亚里士多德到经院哲学派（La scolastique），而是再从拉丁世界到希腊世界，从拉丁世界的心态学到中世纪时代的心态学，这就是所谓福柯的“知识考古学”。所以，我认为福柯不算考古学家，而是一位哲学家。福柯的所谓“知识考古学”不仅指向出土文物。他用“考古学”来解释“思想的历史”，解释社会意识形态的历史。在这一方面，我学习了福柯的方法，把今日的认知结果与葛兰言对古代中国的认知理论挂钩，两者联系起来研究。当然，自古以来，中国历史变化很大，从先秦发展到汉代，又从汉代发展到南北朝时，西方始步入中古时代。中国处于唐朝时，西方正值中古时代末年，中国步入宋朝时，西方则处于中世纪时代。我试图把这些朝代之间的关联问题研究明白，再连接起来。直至今日，我所做的最本质的研究是中国思想的考古（L'archéologie de la pensée），我用的是“知识考古学”的方法，但目的不是做文物考古，而是强调中国思想的“考古学”。

问：请您谈谈法国汉学大师葛兰言对“年鉴学派”研究理念和方法的接受？您是如何接受“年鉴学派”影响的？

答：首先，“年鉴学派”（L’école des Annales）出现在对我影响至深的沙畹时代之后。中国文化中的家族理论研究学者葛兰言很了解“年鉴学派”，并受其影响，特别是在婚姻和亲情问题（parenté）上，受到结构主义（structuralisme）和人种学（ethnographie）学者列维－斯特劳斯（Lévi-Strauss，1908—2009）的启发。他论及婚姻在中国社会构建中的作用，说对社会产生影响的重要因素是婚姻。葛兰言则继而发展了婚姻制度对中国古代社会具有重要性这一观点，提出为巩固家族或部落的利益而“通过婚姻去交换部落的利益”的说法。葛兰言借鉴了列维－斯特劳斯论文中关于婚姻的论述。他认为古代社会中，女性通过婚姻关系起到的交换作用，可以平衡部落氏族首领间的关系。总而言之，他们都认为是婚姻制度影响了中国社会发展，而我不赞成他们的观点。我认为，异性与同性的关系固然重要，但影响中国社会发展的重要因素是祖先崇拜，也可以说是宗教。

对比福柯的思想考古学（L’archéologie de la pensée）和汉学界的考古学，我也学习中国考古，但这只是一种途径，目的是研究中国思想史。比如，葛兰言研究殷代，是从考古学角度研究中国的“国家”“战争”等观念，他研究得很深入。葛兰言研究的基础是刻在铜器上的金文（鉴于甲骨文当时刚被发现，鲜有研究），他受斯特劳斯影响，也研究一点中国神话，尤其是《山海经》中的神话，这可以说是“年鉴学派”的一点发展。我也研究一点神话，但只是为了学习文字。我认为文字比神话更重要，文字是观念的基础，因为文字影响思想，思想影响制度，制度影响政治。中国文字是表意文字，与思想有更密切的关系，我特别注重该方面的研究，“汉字”“汉文”对中国思想的形成影响最大。尽管我一开始研究的不是汉字，但后面的研究却越来越深入，从文字到思想，从思想到制度，再从制度到政治。大家都知道中国文字与思想之间具有某种关系，但似乎除了我以外，没有人对此进行研究。我分析中国汉字的形成、书写和如何影响中国思想等问题。中国的文字很特别，是表意文字（idéographie），表意而不表音。西方文化发展所运用的主要文字系统是表音文字，法文是“alphabet”，也译为“phonographie”，是口语语言文字学的说法（用中国人易懂的方式，可以说是西方的所谓“六书”的一种）。表音（alphabet）文字以前，有一种“白话”写法，语言学家称之为表形文字（logographie）。表音的“音”

即“白话”，我说的是西方文字。这种文字没有创造发明，只是从古代近东（即苏美尔［Sumer］、腓尼基［Phénicie］、希腊［Crète］）借来的，之后运用这种系统所建立的文学基础是对口述神话或口述文学《伊利亚特》和《奥德赛》的“剽袭”，而中国文言不是白话，它不仅影响本国，还影响到日本、韩国和越南。葛兰言重视传统，他的研究重在古代中国。法国当代众多汉学家只注重研究当代中国，不研究古代中国，而我与此二者均有所不同。我把中国古代和现代联系在一起研究，试图在这些线索中找到可以将古代中国与当代中国统一在一起的具有指导性质的线段。这种古代和现代社会的联系，正如福柯所说的“知识考古学”，也可以理解为将今日中国的心态考古学追溯到古代历史中。我感觉，在中国传统漫长的历史线段中，有两根起到支配作用的支柱，一是儒家，一是法家。法制主义非常专制，法家重要的一点是刑罚，而儒家则重礼教——含有礼教因素的“孝道”，儒家重视亲情关系。“年鉴学派”研究的一个特点是从事一种长期的历史阶段性研究，而不是一个短暂的“分裂”性片段研究。我借鉴了他们的方法，即“长时段”中国历史研究，从殷代直至当下。今天，在中国的政治领域里，看到的就是儒家与法家这两个方面。

路易·谢和耐（Louis Gernet，1882—1962），法国汉学泰斗雅克·谢和耐的父亲，语言学家、法学家、历史学家。他用法国“年鉴学派”的观点解释希腊历史，受他的启发，我在《中国思想的两种理论》一书里谈到中国思想的观念，也是使用法国“年鉴学派”的方法。

问：为什么法国不少汉学家的关注点只是当代中国？法兰西学院前负责人魏丕信（Étienne Will，1944—　）先生①是不是也属于这类学者？

答：法国不少汉学家只做中国当代研究的主要缘由是中国现在已经成为世界上一个强大的政治大国，西方许多学者都对当今地球村里的政治权威感兴趣，只对中国的现状感兴趣，他们没有研究中国当代社会与传统的关系，因此他们的研究走得不远。

魏丕信的研究不完全是这一类，他主要研究20世纪二三十年代民国时期的共和体制政权与美国之间的联盟关系，他对当代中国不感兴趣。毫

① 魏丕信1991年至2014年执掌法兰西学院中国现代史教席，他的法国第三阶段博士论文为《18世纪中国的官僚制度与荒政》（*Bureaucratie et famine en Chine au 18e siècle*），法文版于1980年出版；中文版于2003年由江苏人民出版社出版，徐建青译。

无疑问，这些法国汉学家的研究课题偏离中国今日现实很远，比我的研究还远。

今天中国社会的形成有深远的历史渊源，我们可以用思想考古的研究方法去发掘。比如，我依靠的是“年鉴学派”对历史的研究方法，特别主张研究中国社会传统与现代的关系。中国问题的研究实际上是一种心态考古学的研究，这正是我与法国当代某些汉学家的不同之处。

问：您说过您师从多位学术大师，记得您不止一次谈到他们的教诲，不仅教您中国文化知识，还为您树立精神上的榜样。2015 年，在香港大学饶宗颐学术馆邀请您的讲座上，您谈起戴密微先生对您一生的影响，能否请您再谈谈？

答：2015 年 3 月 17 日，香港大学饶宗颐学术馆邀请我参加“万古不磨意——饶宗颐先生百岁华诞贺寿专题”研讨会。在“饶宗颐先生访问学人讲座”上，我与大家分享和饶公亦师亦友的故事，为老师百岁华诞贺寿。我的发言以《我和我的老师饶宗颐先生》为题，谈到师从过的法国老师——法兰西学院汉学代表人物戴密微先生。在另一篇《饶公选堂之故事》里，还谈到师从过的另外两位汉学家——日本内田智雄先生和饶宗颐先生。他们在世界汉学界都享有极高声望。我写《我和我的老师饶宗颐先生》时，饶公还健在，现在这三位先生都已离开我，我非常感恩他们、怀念他们。

问：能否谈谈您师从戴密微先生的具体经历？

答：我最初与戴密微先生相识是在“二战”之后。1945 年至 1951 年间，我在法国东方语言文化学院上学。当时东方语言文化学院执掌中文教席的是戴密微先生，他在那里教课，助手是一位中国女教师，名为林立薇（音译）。那时东方语言文化学院第一年读中文的学生很少，只有十二三位同学。即便是这样，戴密微先生已经觉得很吃惊：“你们人太多了！（Vous êtes trop nombreux!）”当然这是戴先生幽默的话，因为那时几乎没什么人学中文，甚至没有什么人愿意学。我们每次上课的时候，林老师都会把戴密微先生准备的中文课文用旧式打字机打印出蓝色讲义（Sencyl），分发给每位同学，因为那时还没有电脑。然后她用自己补充编写的句子让学生操练，给学生做作业。这就是我在东方语言文化学院第一年跟戴密微先生学中文的情况。这位林立薇老师的先生叫林黎光（1902—1945）[①]。他先做了戴密微先生助手，但由于生活过于艰难，在1945年时不幸辞世。学校考虑到林太太生活困难，请她继任先生的职位，于是她成了法国东方语言文化学院给戴密微先生配派的中文助教。这样，林老师也成为我的中文老师之一。

问：在东方语言文化学院学习期间，您一直听戴密微先生的课吗？您是如何学习中文的？

答：1926年至1930年，戴密微先生一直在日本工作，1930年回到法国。在我进校之前，他就在那里任教。1931年至1946年，他主持东方语言文化学院的讲座和中文教学，我仅在1945年至1946年间，跟他学过一年的中文。1946年，东方语言文化学院的中文课不再是戴密微先生教了，因为他被法兰西学院聘为教授做研究去了，同时还要为法兰西学院的“汉学讲座”授课。从此他离开了东方语言文化学院。接替他教中文工作的是法国哲学家弗拉基米尔·扬科列维奇（Vladimir Jankelevitch，1903—1985，俄裔法国犹太人）的兄弟艾赫耐斯·莱昂·扬科列维奇（Ernest Léon Jankelevitch，1904—1999）先生，我与他们二人关系都不错，特别是与艾赫耐斯·莱昂·扬科列维奇关系更密切。后来我去法国南方普罗旺斯大学教书时，艾赫耐斯·莱昂·扬科列维奇也去那里教书。他俩的父亲老扬科列维奇先生早年从波兰移民到法国，翻译过弗洛伊德《梦的解析》，后来在索邦大学教书，这些事说起来都是很久很久以前了。在东方语言文化学院的那段时间，我同时修得其他几个文凭，有越南文、法学等。学习中文是1945年到1948年之间，1948年我拿到中文文凭时刚满20岁。

问：您说戴密微先生1946年以后到法兰西学院执掌汉学教席。法国设立“汉学讲座”教席至今已有两百年，这个教席意义何在？您听过他的“汉学讲座”吗？

答：2014年6月11—13日，法兰西学院举办“雷慕沙及其继承者：纪念法国汉学二百周年”学术研讨会，谈到延续了两百年之久并享有盛誉

① 林黎光是位汉学学者，他是法国汉学家（也是印度学家）烈维（Sylvain Lévy，1863—1935）的弟子，也是戴密微先生的弟子。他曾受列维委托，整理其从尼泊尔带回的梵文《诸法集要经》，林做成汉、藏、法文对照评注本，在中国佛经整理研究中属首次。

的“汉学讲座”教席建立的历史。1814年12月11日，法兰西学院阿拉伯语教授萨西（Silvestre de Sacy，1758—1838）经过多方游说及周密安排，推动法兰西学院教授委员会做出决议，设立“中国和鞑靼—蒙古语言文学”的教席，由雷慕沙[1]出任首位教席。至此，法国很荣耀地成为第一个在科学学术领域里建立汉学研究和教学机制的欧洲国家。19世纪时，欧洲正处于工业化、殖民化时期，一方面，哲学作为职业学科在大学教学体制里被制度化；另一方面，汉学作为以中国为研究对象的科学（学问）却被排除在哲学之外。后来，因19世纪时欧洲、法国刮起“中国风”（la chinoiserie）时尚，法国对东方的兴趣日益浓厚。所以，汉学与哲学同时作为建制的学科知识体系被引入大学。在法兰西学院两百年的“汉学讲座”史上，前后由十二位汉学家执掌教席。戴密微先生的老师沙畹先生是第四位。沙畹先生曾有三位杰出的法国弟子，伯希和（Paul Pelliot，1878—1945）、马伯乐（Henri Maspero，1883—1945）和葛兰言（Marcel Granet，1884—1940）。他的弟子还有外国人，其中之一就是瑞士籍戴密微（后加入法籍），还有一位是俄国人阿理克（Vassili Alexeiev，1881—1951）。1946年，戴密微接替马伯乐执掌法兰西学院“汉学讲座”教席，他是第六位执掌教席的教授，直到1964年退休。戴密微先生最重要的弟子有三位：侯思孟（Donald Holzman，1926—2019）、谢和耐和我。自设立“汉学讲座”两百年来，法国汉学界特别是法兰西学院“考据派”的汉学研究取得诸多成果。1991年起，接替谢和耐继任法兰西学院“汉学讲座”讲席的魏丕信（Pierre-Étienne Will，1944— ）教授以《中国近代史》为题开设课程，直至2014年退休。2014年，由法籍华裔学者程艾兰（Anne Cheng，1955— ）教授接替魏丕信继任法兰西学院“汉学讲座”教席至今。魏丕信与程艾兰是最后两位执掌“汉学讲座”教席的老师。

法兰西学院的设立，使法国的汉学研究从译注汉文经典、介绍语言语法进入到阐述中国概况的最初阶段，“汉学”首次进入西方大学的殿堂。旁征博引的汉学“考据派”占主要地位，使19世纪的法国走出权贵阶层对中国的沙龙式谈论，进入以现代汉学典籍为基础的探讨研究阶段，在近现代史学与史学方法研究方面走出新路子。十二位任法兰西学院“汉学讲座”教席的教授是法国汉学界薪火传承的主舵手，他们不仅为法国汉学界培养

① 雷慕沙（Jean-Pierre Abei-Rémusat，1788—1832），法国汉学家。

了很多后起之秀，还做了大量的学术研究，出版了大量誉满全球的汉学刊物和著作。法兰西学院“汉学讲座”形式，一般分两种，一种是大课，自由开放，听课者众多；一种是工作室研讨，听课者略少。导师每年的课题都会更换，谈论的课题偏于尖端。记得1958年我去日本工作以前，没有太多的时间去法兰西学院听戴先生的课，有时间我就会去索邦大学或是法国高等实践学院听课。后来我去日本工作，常常一从日本返回法国，就去听戴密微先生的课。戴密微先生治学广泛，在法兰西学院主持讲授佛教文献学、中国语言文学，授课内容讲的多是中国文学、中国文学批评史和佛教研究。他还有一个人文科学的课题是《清代的几位思想家》，专门研究章学诚这样的学者。他的多种课程中还有一门课讲授《庄子》。记得有一次课，他运用佛教观点和概念来分析解释中国文学批评中的现象，观点新颖，与众不同。

问：请您谈谈戴密微先生汉学研究的特色和成就？您的研究与他有何不同？

答：对于佛教，戴密微先生研究的时代主要是中国南北朝，翻译过不少中国佛教论著。因为戴先生跟他的老师沙畹学过梵文，功底很好。他重点研究佛教和文学，而我主要研究的是中国思想史和哲学史，还有中国的政治制度、法律、历史等，我们所感兴趣的学科领域不太一样。1962年，戴密微先生主持编译了《中国古代诗选》[①]，这是法国汉学家选编的第一部中国古典诗歌选集，书前有戴密微先生写的长篇《导言》，是法国第一篇中国古典诗歌通论。此书的编译汇集了法国汉学界中国古典文学研究的主要力量，名家戴密微、弗朗索瓦－伊夫·达蒙（François-Yves Damon），后起之秀桀溺（Jean-Pierre Diény，1927—2014）、吴德明（Yves Hervouet，1921—1999），以及华裔学者李治华、梁佩贞等皆参加编译，可以说是法国汉学界中国古典文学研究实力的一次展示，在法国汉学史上具有重要地位。

---

① 戴密微主编《中国古代诗选》（*Anthologie de la poésie chinoise*），载艾田蒲（René Étiemble，1909—2002）《认识东方丛书》（*Connaissance de l'Est*），伽利玛出版社，1962年。该书由联合国教科文资助，由国际哲学与人文科学理事会专家与艾田蒲合作，曾入《七星文库》。该书《中国分册》选译上自《诗经》下到清代204位文人的374首诗词，以诗样语言和火样激情评介中国古典诗歌的特征和价值，为西方批评中国古典诗歌短小、缺少史诗之论辩护。

问：在这之后，您得到戴密微先生哪些具体帮助？戴密微先生与您是怎样进行汉学教学和学术交流的？

答：那时，我想进入法国远东学院工作，希望终生研究汉学，但进入远东学院很困难，没有职位。戴先生那时是法国远东学院院务委员会成员，我去找他，希望得到他的举荐。戴先生住的地方离我家不太远，我经常去拜访他，他对我非常热情，问我都学了什么，特别希望知道我在读过东方语言文化学院后做了什么。我禀报戴先生：我注册了法学硕士，研究中国法律的源头以及法家的形成及观念；我注册了法国高等实践研究院，准备写一篇有关中国文化的博士论文。我常常向他请教问题，也讨论一些有争论的问题，我们之间也因接触得多，逐渐比较熟悉了。

问：戴密微先生知识结构合理完善，掌握多国语言，还精通中文，那一代和之前的多数法国汉学家们都懂得多种语言，这种超强的语言能力是如何获得的？

答：戴密微先生懂多门外语。他是瑞士人，会意大利文、法文、德文，这很自然。瑞士本身就是拥有多种语言的国度，这几种语言他都说得很好。因工作关系，他还学了英文，英文说得很棒。再者由于他的夫人是俄国人，又学了俄文。后来他还跟他的老师沙畹学了梵文、藏文。1921 年，他到中国工作，又学了中文。他还因去日本工作，学过日文。后来，他在东方语言文化学院执掌中文教席，成了中文教授，很懂白话文，更懂文言文。他两次前往中国：第一次，1921 年 6 月至 1922 年 1 月间，他受法国远东学院派遣去北京考察；第二次，他选择去海外工作的方式代替服兵役，前往中国厦门工作。

问：您也掌握多种语言，对您学习和研究汉学起到什么作用？

答：我掌握的语言有母语法文，在中学时学了希腊文、拉丁文、德文，大学里学了中文、越南文，后来学了日文、英文。韩文是跟巴黎七大李玉（Li Ogg）教授学的，不是太熟练。为了查圣彼得堡所藏的敦煌资料，我曾用俄文去查找，但不是太熟练。我的梵文仅是基础水平。除母语，我懂得九门语言：德语、英语、拉丁语、希腊语、越南语、日语、中文、韩文（基础水平）、梵文（基础水平）。我学术研究的中心是语言，特别是表意文字。但是，西方没有人主张表意文字，大部分的语言学家不承认有表意文字，这是一个很大的错误。不同的语言反映了不同的文化。比如，英文、拉丁文、希腊文是印欧语系（indo-européennes）；中文是汉藏语系（sino-tibétaine）；越南文是另一种语系；韩国与日本的文字更是另外的语言分类。[①]

我掌握多种语言，首先，方便我与国外学者交流，可以直接了解他们的研究成果，通过对比，提出问题，加深对研究领域深度与宽度的理解。同时，我可以与外国学者用他们的语言商讨学术问题，可以更直接、深入地融入那个国家的研究语境，拉近距离，深化研究。再者，我发现，在一个文化里面的人不容易发现自己的问题，而学习了外国语言，掌握了外国文化，便容易发现对方文化的优点，产生新观点，并对这一文化产生感情。比如，我前面谈到的，日本的汉学老师解释中国文学的形式和构成用的是另一种方式（应该是西方的概念），而中国学者只用中国概念解释，却往往解释得不太清楚。日本学者懂英文的很多，他们学习西方文化，并理解西方文化，很容易明白外国人的思维，知道西方文化的讲究，所以解释得非常仔细，比中国学者好很多。他们用西方概念来实施自己的研究。比如，在文学方面，"比"与"兴"，日本人比较容易解释清楚。善于学习外国学者的异向思维，能在研究中得到意想不到的效果。这是我从日本汉学家那里学到的研究方法，对我后来学术思想的形成有极大帮助。

问：您可以谈谈戴密微先生到厦门大学工作的具体情况吗？

答：我不太了解戴密微先生到厦门大学工作的具体情况，但他的学生谢和耐先生的回忆文章里谈到过[②]。1924年，他到厦门大学任教，教授西方哲学、法文、印度文明和佛教史。他曾经跟我说过，他在鼓浪屿遇见过中国的大文豪鲁迅先生，他时不时与鲁迅先生交谈。他跟我说过鲁迅的脾气很坏！

问：您到福建高校讲学，也与老师戴密微先生在厦门大学的工作经历有关吧？

答：我和戴密微先生关于厦门鼓浪屿和福建的话题不少，我印象很深，以至于后来到中国时，我还专程到过鼓浪屿。在福州，我还拜访过老朋友、

---

① 汪德迈在此指的是语言（即口语），而不是文字。

② 谢和耐：《法国20世纪下半叶的汉学大师戴密微》，载戴仁主编《法国当代中国学》，耿昇译，北京：中国社会科学出版社，1998年，第107页。

老同事——于福州大学任教多年的荷兰裔法国汉学家施舟人。2018 年 5 月，我还应学术研究伙伴欧明俊教授与福建师范大学文学院领导的邀请，在李晓红陪同下再度访问福州，到福建师范大学和福州大学讲学，还顺便考察了福州的名胜古迹和风土人情，收获颇丰。那是早年曾于福建工作和生活过的老师戴密微先生和朋友施舟人先生给我带来的美好印象的结果。

问：您因恩师戴密微先生在厦门大学任教过，所以希望看看老师到过的地方。您 1964 年到过苏州，是那一年到厦门鼓浪屿的吗？去鼓浪屿只是一次单纯的旅游吗？对您学习和研究汉学产生了什么作用？

答：我到过中国很多次，有可能是于日本留学期间（1958—1961）放假时候去的鼓浪屿，也有可能是 1964 年去中国的那次，我记得不太清楚了。到鼓浪屿是一次单纯的旅行，记得我是先到福州，然后去鼓浪屿。那里独具特色的闽南文化，如民居等，给我留下了深刻印象。还有，那里的外国租界保护得非常好，随处可见中国本土文化与外来文化的对话和交流，以及 19 世纪中期西方文化冲击所留下的痕迹，看得出经不同文明、不同语言对古老的传统文化冲击后，旧貌换新颜，看得出东、西方文化碰撞和交流的复杂性。鼓浪屿是个很有历史故事的文化遗产地，我可以想象这个岛屿历史信息的保存与再现，以及它在未来国际社会里的新角色。我深深感到语言学习一定要深入当地。只有身临其境，才能随处体会中国本土文化，直接与当地民众进行接触，还可以交流情感，进行当面对话。直接了解当代中国文化里生活的一面，是另一种文化必修课。当然，恩师戴密微先生难忘的足迹，和我六十年代与厦门鼓浪屿美丽的邂逅，都将永远留在我的记忆里。

问：前边您谈到当时法国远东研究院院长让·菲琉匝，是不是您《饶公选堂之故事》里提及的位于印度历史名镇本地治里的法国远东学院的负责人？是他 1963 年暑期邀请饶宗颐先生到远东学院研究所旅行考察的吗？

答：对，让·菲琉匝也是我与当时法国行政部门的直接联系人，法兰西学院文学院院士。他通常会在暑期到印度的法国远东学院驻当地研究所度假。童年时，因去印度工作过的叔叔给我讲印度故事，我对印度哲学、思想很好奇，十四五岁时就喜欢看印度哲学著作，憧憬着有一天去印度，那是在喜欢上中文之前。让·菲琉匝不仅是戴密微先生的学界好友，还通过邀请饶公旅行考察认识了香港的饶宗颐先生。

问：戴密微先生是您走上汉学研究之路的引路人吧？

答：是的。导师戴密微先生对我的人生道路影响极大。他一直安排、指引我到东南亚地区，还有中国内地和香港等地学习、工作及考察。1958年，结束在越南的工作后，我原本就想到中国，但当时中国内地进出不便，就想去香港，但戴先生认为香港是一座商业化城市，学习气氛不浓，所以他推荐我去了日本。于是我被戴先生派往京都，在那里工作了三年（1958—1961）。当我从日本回到法国时，饶先生已经给戴先生寄去了香港大学出版社1959年出版的新著《殷代贞卜人物通考》。这部书的问世，更让戴先生感觉到必须要马上培养一位年轻学者来研究甲骨文。事实上，当时欧洲还没有人从事这方面的工作。于是，戴先生派我到香港跟饶先生学习甲骨文，对我进行启蒙教育。这就是我当时到香港作为饶先生学生学习了三年的最初原因（1962—1964）。

问：戴密微先生与饶宗颐先生是如何认识的？

答：饶公和戴密微之间深厚的友谊起源于1954年，英国皇家亚洲学会于剑桥大学主办第23届东方学会国际会议，饶宗颐先生在会上宣布破译了一篇《老子想尔注》的抄卷（即现存于英国剑桥大学编号为S6825的敦煌残卷）。[①] 正是这篇演讲，引起了敦煌学学者戴密微先生对这位来自中国香港的年轻人的特别关注，于是他盛邀饶宗颐先生前来巴黎工作，两人从此结下了深厚的跨国情谊。饶先生来法国以后，戴密微先生让人给他介绍存于巴黎伯希和基金会手稿资料库的手稿，介绍了至今存于法兰西汉学院、巴黎塞努齐博物馆（Musée Cernuschi）和吉美博物馆（Musée Cernuschi）的26片甲骨文残片，还让饶先生在伯希和资料库做编纂整理工作，这是饶先生第一次接触流失海外的中国文物。饶先生回香港以后，1956年发表了研究成果《巴黎所见甲骨录》(《选堂丛书》之三），并寄给戴先生。戴先生承认自己对甲骨文研究知之不多，很感谢饶先生。至于我，1956年4月，已受聘至法国远东学院做汉学研究。在河内期间，我承担了越南北部的汉代中国明器铜镜目录编纂的结尾工作，1958年回到

① 汪德迈：《我与我的老师饶宗颐》，李晓红译，香港中文大学《中国文化研究所通讯》，2015年第2期。

法国。

问：您前边谈到您在巴黎大学师从戴密微先生的经历以及他引您走上汉学研究之路的过程。戴密微先生 1954 年在皇家亚洲学会主办的学术会议上发现了饶宗颐先生这样一位学术奇才，感到学习甲骨文的重要性和迫切性，因此派您到香港跟饶公学习甲骨文。能否请您详细谈谈戴密微先生与饶宗颐先生这一重要学术交往对您学习和研究中国文化职业生涯的影响？

答：是这样，饶宗颐先生回到香港后，给戴密微先生寄来两册一套的《殷代贞卜人物通考》。戴先生向我介绍了这套书，但当时他对书中谈到的深奥的古文字甲骨文并不太理解，所以要我赴港拜饶宗颐为师学习甲骨文，目的就是要我明白中国文化的源头。戴密微先生正是看到了甲骨文在中国文化中的重要意义与地位，因此对我寄以厚望。此前，欧洲没有学者学习甲骨文，世界范围内，只有加拿大有一位传教士学习甲骨文，甲骨文的书也是他本人从中国带回去的。要知道，研究任何思想，都应该弄清楚它背后的精神世界。甲骨文是一种准科学，这种准科学会影响思维的发展，导致思想的形成。戴密微先生专门邀请饶宗颐先生到巴黎来，为了帮助法国国家科研中心研究和整理敦煌经卷。同时，他也有意识地希望培养一些法国年轻学者。这就是我为什么 1961 年从日本学成回国后，立刻被戴先生派去香港跟饶公学习甲骨文的原因，戴先生希望过一段时间后，我能帮助欧洲人明白什么是甲骨文。饶宗颐先生后来成为我的中国老师，亦师亦友，“终身为父”。

问：1966 年，您在戴密微先生建议下陪伴饶宗颐先生游览霞慕尼，还到瑞士戴密微家乡，途中谈诗论画。对诗书画汇集《白山集》与《黑湖集》——戴密微与饶宗颐这一段交往的结晶，您有什么感受？

答：很荣幸，我于 1966 年 1 月向饶公介绍了霞慕尼的高山自然景观，这深深触及了饶公绘画的灵感，此次游览最初由戴密微先生提议。当时正值冬日，他非常希望通过此行让饶公一睹大雪的风貌，因为饶公总是在夏天才离开中国的南部，去外地参加研讨会，从未见过冰天雪地的山景。出生于阿尔卑斯山脉中部的戴密微先生，少年时代就是音乐家，他对敦煌发掘到的变文、民间诗歌与具有佛教倾向的诗人谢灵运的诗有着长期研究。他酷爱阿尔卑斯山，酷爱登山运动，在酷爱山岳方面与中国诗人灵犀相通。他最偏爱与宇宙相通的中国诗人谢灵运，所以他希望饶公能在阿尔卑斯山上观雪景，作诗、画。但由于他在巴黎脱不开身，所以便邀请我替他陪伴饶公。我们在霞慕尼游玩三天。我记得很清楚，饶公看到被大雪覆盖的勃朗峰时所发出的惊叹。在没有滑雪板的情况下，旅馆向我们提供了雪鞋，我和饶公便穿着雪鞋去寻找最佳观景点，饶公还带上了他的速写本。回到旅馆后，我和饶公开始讨论诗歌。记得我尝试向饶公介绍法国诗人兰波（Rimbaud），饶公对他极为倾慕，他写下不少因兰波《醉舟》诗而得灵感的一些诗，如《读 Rimbaud 诗　用〈庐陵王墓下〉韵》。他和谢灵运诗韵，赋诗 36 首，描绘了冬日在法国一侧的阿尔卑斯山脉，结集成线装《白山集》（Poème du Mont Blanc）[①]。同年夏天，饶公应戴密微先生之邀去他故乡庄山时创作了诗集《黑湖集》，饶公写了 30 首，描绘的是夏日瑞士一侧的阿尔卑斯山脉。1968 年，戴密微把其中 17 首译成法文，又用英文赋诗，题于卷首，刊于瑞士《亚洲研究》。[②] 2006 年，近两百位来自中国大陆、新加坡、日本、韩国、欧洲及美洲的学者欢聚香港大学，参加由香港九所大学联合举办的“学艺兼修 汉学大师——饶宗颐教授九十华诞国际学术研讨会”。为了向恩师祝寿，同时也代表法国汉学界感谢自 20 世纪 50 年代起饶公与法国方面的合作，我特地主持再版法文版《黑湖集》一书，由巴黎法国远东学院出版献给恩师。在再版前言中，我谈道：“饶公中文诗原作与戴密微先生法文译诗的交织融合充分体现了两国文学艺术的最高水平，美不胜收。”我盛赞了两位大师作品所体现的伟大人文精神。《白山集》后收入《清晖集》（海天出版社 1999 年出版）。戴密微称饶公是“当代最卓越的汉学家之一”，他也十分欣赏饶宗颐的诗歌创作能力。戴密微是一位杰出的钢琴家，他有相当高的音乐文化修养，1914 年在巴黎大学的有关“组曲”类型学的博士论文，是戴密微第一部学术专著[③]。他与饶公合著的《敦煌曲》和《敦煌曲续论》是非常重要的研究成果，这正是深受中国文学影响的两位大师的共鸣。

---

① 1985年，饶公往游雁荡山，途中复用谢灵运《庐陵王墓下》韵，怀念戴密微，即《临海道中，怀故法国戴密微教授，用大谢〈庐陵王墓下〉韵》。

② 谢和耐：《法国20世纪下半叶的汉学大师戴密微》，载戴仁主编《法国当代中国学》，耿昇译，北京：中国社会科学出版社，1998 年，第 114 页。

③ 同上书，第 105 页。

问：能否请您详细谈谈饶宗颐先生与戴密微先生的学术交往？

答：请允许我按年代顺序简单阐述。从1965年12月初至1966年8月末，在戴密微先生的推动下，饶宗颐先生受到法国国家科研中心邀请前来巴黎，帮助研究敦煌手抄本宗卷，并校勘敦煌曲子，也为《敦煌白画》搜集资料。此行我再次要求担任饶公助手并获得批准。在此期间，饶公住在我家，他的卧室紧邻我的卧室。每日，饶公都到法国国家图书馆和伯希和基金会（le Fonds Pelliot），或到巴黎各汉学研究中心做研究和工作。

1971年，戴密微先生与饶宗颐先生联合出版了属伯希和文库的《敦煌曲》（*Airs de Touen-Houang*），戴密微作序，饶公撰写前言，由法国国际科技设计中心以中法两种文字刊行。饶公凭借词乐研究的功底与音乐修养，以及他深谙的敦煌学与中国音乐史，与戴密微先生合作此书。他的《敦煌曲韵谱——附词韵资料举要》也收录其中。1973年，饶先生为庆贺戴先生八十大寿，特为他赋颂《戴密微教授八十寿序》，此文后收入《清晖集》。1978年，《敦煌白画》中、法文版于法国出版。

另外，《戴密微教授与饶宗颐教授往来书信集》也是推动中法之间汉学研究的一个绝好见证，书信集源起于饶公一部著作。饶宗颐先生1956年从法国回香港之后，将他在巴黎搜集到的甲骨文汇编成《巴黎所见甲骨录》，影印饶公手书出版，董作宾为书名题签。后来在此书基础上，饶先生又对巴黎大学国学院、赛努奇博物馆、归墨博物院所藏龟甲加以考释，剔去伪品，扩充为《欧美亚所见甲骨录存》，因此饶宗颐先生成为第一位研究巴黎所藏甲骨的人。1957年1月26日，戴密微致信饶公，告知已经收到《巴黎所见甲骨录》一书，对饶公深表感谢，同时惊叹巴黎竟然有如此丰厚的甲骨藏品。至1978年10月11日止的21年间，他们互通书信80余封。这些信由戴密微先生的女儿托我于2006年12月到香港开会时带去，随后由香港大学饶宗颐学术馆2012年编辑出版。信中有诗文唱和、学术讨论，反映了中、法两位学术大师的金石之交与学术互动，见证了中法文化和学术交流的史实。[①]

---

① 参见陈韩曦《饶宗颐——东方文化坐标》，广州：花城出版社，2015年，第108—110页；陈韩曦《饶宗颐学艺记》，广州：花城出版社，2014年，第41页。

问：除您以外，饶宗颐先生还帮助提携过法国汉学界其他学者吗？

答：饶公自始至终帮助和支持法国汉学界的发展。于港学习期间以及之后的职业生涯里，我不断给饶宗颐先生推荐法国学者赴港深造，而饶公也总是热情接待法国学者。他慷慨地帮助包括我在内的众多法国学者，如马克（Marc Kalinowski，1946— ）等，法国留学生的汉学研究都得到饶宗颐教授的亲自指导。基于饶公的热情和法国汉学界带头人戴密微的推动作用，法国远东学院决定在香港中文大学成立永久中心。

问：您与汤一介先生交往密切，能否谈谈您二人之间的学术互动？

答：我与汤一介（1927—2014）先生是通过我的朋友李中华认识的。李中华是汤一介先生的助手，李中华夫人齐彦芬女士曾是我在艾克斯地区艾克斯地区普罗旺斯大学的学生，后来又成为我在巴黎第七大学的学生。之后她在总部位于巴黎的联合国教科文组织任职，就在我家附近。我与汤一介先生第一次见面的准确时间已经记得不太清楚了，应该是在70年代末、80年代初。每一次我到北京都去看他，也因此结识了他夫人乐黛云教授。得知汤先生注重儒学研究，我非常感兴趣。1979年，离开巴黎七大，我被任命为法国高等实践研究院儒学研究学科（第五科）研究导师，全身心投入儒学研究。1980年9月，我与法国索邦大学白莲花（Flora Blanchon，1943—2012）教授、联合国教科文组织学者林志宏先生等一起前往曲阜，参与创建“曲阜之友”协会，成为该学会会员，并参加在曲阜召开的有关儒学的国际学术讨论会。此后，每隔两年的夏季，曲阜当地政府都会协助组织召开一次国际研讨会。我一直规律性地参与这一学术活动。每一次途经北京时，都要去拜访汤一介夫妇，和他们在一起交换意见、探讨学术。

2003年，汤一介先生邀我参加《儒藏》（精华编）的编写工作，希望我能够帮助他的团队搜集到欧洲国家收藏的儒学书籍。2010年，我和汤先生合著《天》，他主要撰写神话，我撰写中国古文字，分别出版了中、法文版，中文版由北京大学出版社出版，收录于乐黛云、金丝燕主编《远近丛书》。2014年9月，汤先生辞世，我很悲痛。2015年，我写过一篇题为《忆汤一介先生》的文章，是我应乐黛云教授特约，为在北京举办的首届“一介学术讲座”所写的演讲稿，是献给汤一介先生的，文中谈了不少交往细节。[①] 近年来，我继续与乐黛云教授有不少学术往来，参加过她于北京大学组织的有关比较文学领域的一些学术活动，并在她主持的一些杂志上发表文章。

问：您被汤一介先生誉为“法国第一大儒”，您有为中西文化交流奉献的精神，能否请您谈谈这方面的情况？

答：我认为，有些中国学者学问做得很好，有些问题的讨论值得介绍到西方。我曾经花费大量时间，竭尽全力地把中国学者的观点翻译成外文，介绍到西方学术界，再把自己作为法国学者的观点介绍到中国，希望适当转换视角。例如，我曾经把饶宗颐先生《由出土银器论中国与波斯、大秦早期之交通》（«Les relations entre la Chine et le monde iranien dans l’Antiquité historiquement revisitées à la lumière des découvertes archéologiques du dernier quart de siècle»）一文译成法文，发表于《法国远东学院院刊》，总 93 卷，2006 年。饶公这篇文章很重要，通过史志里波斯、大秦与中国早期交往的记录以及出土银器的所在地，说明古代中外彼此间往来的时空关系，推断出佛教传入中国的年代早于之前学者所提出的，在学术史上有特殊意义。

问：您在法国有很多学生，不少都承继了您的汉学、语言学研究，我们在整理材料时查看到法国 Persée 网站的介绍，您独立指导或参与指导的博士论文达百余篇，您可以谈一谈您带的学生情况吗？

答：我没有统计过，应该有不少学生。有一些博士论文我是与其他老师联合指导学生撰写的，记得我直接指导过的博士论文有 40 多篇。比如，我 1981 至 1984 年在日本工作期间，就曾作为弗朗索瓦·于连（François Jullien，1951— ）国家博士论文的实际指导教师之一，于连正式的指导教师为吴德明教授，他的国家博士论文题目为《含蓄的价值：中国传统诗歌诠释中的原始性范畴》（*La valeur allusive. Des catégories originales de l’expression poétique dans la tradition chinoise*），于 1985 年由法国远东学院出版社出版。法国目前在汉学领域里执掌中文教席的不少学者，如国

① 该文为2015年9月9日，汪德迈先生于北京大学哲学系、北京大学儒学研究院、北京大学《儒藏》编纂与研究中心联合举办的首届“一介学术讲座”暨汤一介先生学术思想座谈会上的演讲，李晓红译。后以《汤一介——20 世纪儒学研究的复兴者》为题收入汪德迈著《中国文化思想研究》，北京：中国大百科全书出版社，2016 年，第 90—100 页。

立东方语言文化学院戴思博（Catherine Despeux）、普罗旺斯大学白尚德（Chantal Zheng）女士、诺埃·杜特莱（Noël Dutrait）、贺碧来（Isabelle Robinet，1932—2000）、法兰西学院程艾兰、法国高等实践研究院马克、远东学院顾亭儒（Yves Goudineau，1953— ）、巴黎七大弗朗索瓦·于连、索邦大学白莲花等都曾是我直接指导的博士生。另外还有不少跟过我的课后来获得 HDR（即博导文凭）的学生，我曾任过他们（HDR）文凭答辩委员会的主席或委员，例如施舟人的学生、利玛窦学院院长劳格文（John Lagerwey，1946— ）等。

问：您多次提过您的一位老学生——西安外国语大学终身名誉教授让·德·米里拜尔（Jean de Miribel，1919—2015），您还与他合著《中国人的智慧——另一种文化》（*Sagesse chinoise, une autre culture*），您与他都是中西文化交流的推动者与见证者。可以谈谈您与让·德·米里拜尔先生的学术交往吗？

答：我认为，文化交流是双向的，学习也是相互的。让·德·米里拜尔先生是一位法国神父，我与他感情很深，他是我在巴黎七大教中文时的学生。1972 年，他带着巴黎马尔蒂（Marty）总主教的使命到西安外国语大学工作。1980 年至 1993 年，我退休之前，几乎每年暑期空闲时间（法国开学时间晚，要到 9 月下旬或 10 月），我都来往于法国与西安之间，到西安外国语大学帮法文专业的老师备课，和他们一起编词典、作讲座。这些特殊的文化交往都离不开这位被中国政府授予“中国好人”称号、被法国政府授予最高等级荣誉勋章“拿破仑勋章”的老学生的特殊帮助。他介绍我认识了西安外国语大学俄语教师陆栋先生——他的汉语教师。陆栋先生很有见地，经我推荐，他于法国《远东－远西》（*Extrême-Orient, Extrême-Occident*）杂志上发表过一篇学术论文。[①] 我建议让·德·米里拜尔写国家博士论文《明代地方官吏及文官制度——关于陕西和西安府的研究》[*L'administration provinciale et les fonctiounaires civils aux temps des Ming*（1368–1644）– *Étude de la province du Shaanxi et de la préfecture de Xi'an*]。1985 年 10 月，陆栋前来巴黎七大，担任让·德·米里拜尔博士

① 陆栋：《园林艺术于中国文化中的地位》（« Place des jardins dans la culture chinoise »），法国《远东－远西》杂志第 22 期，第 9—15 页，2000 年。

答辩中方委员。让·德·米里拜尔在中国工作多年，直到96岁高龄于中国去世。他是我的学生，但我认为他也是教我学习中国传统文化“慷慨助人”精神的老师。

我以为，作为一个文化人，作为一位热爱中国文化的法国汉学家，我应该努力做的是向我的学生们传播中国文化所教会我的一切。

问：您如何看待所谓中国古代“奴隶制度”？

答：我认为中国古代一开始没有“奴隶制度”，后来有了。在汉代，这个“奴隶制度”与西方希腊、罗马时代法学层面的“奴隶制度”不是一个概念。西方“奴隶制度”中，奴隶对奴隶主来说不是人类，而是东西，所以可以买卖。在中国，奴隶这个词有另外一个意思：指被刑罚处置的罪人，得强制做苦役。这与古代罗马不同，古代罗马把奴隶当做东西买卖，而在中国，奴隶是一种惩罚，比如在秦始皇时代被罚去修长城。

问：您如何看待所谓中国古代“封建社会”？

答：今日中国许多学者认为社会关系从生产关系中来，认为中国古代的“封建社会”一直延续到近代革命时期，即从战国时期到1911年期间没有发生变化。我认为这种观点没有道理。古代中国先是构建了一个局部集体化的耕作模式，即小型“村落”组合模式，后来发展到为土豪大地主所有的土地所有权制度模式。关于生产关系的问题，马克思没有继续研究下去，《资本论》他只写了第一部，后面由恩格斯续写。恩格斯有些教条，批评力度不够。他完成了马克思第二部、第三部草稿的编辑出版工作，第四部是考茨基继续写完的。中国的生产关系与西方不同，这个生产关系导致了地主官僚阶层与文人官僚阶层即士大夫阶层形成共同的利益链。因此，我们说，中国一切制度的起源与演变都建立于中国特有的生产关系观念之上，是生产关系观念而不是生产方式在指导。[①] 如果说，中国有“封建主义”，那么这个“封建主义”就是以周代宗法制为基础，追求一种理想化的礼仪制度。礼仪源于中国古代宗教中的“宇宙而上学”（métacosmologie）的合理性，通过表意文字演变发展成了带有理性的“礼仪主义”。所以说，

① 金丝燕：《译者前言》，见汪德迈著《中国教给我们什么？》，金丝燕译，香港：香港中文大学出版社，2019年，第XXV页。

中国这样的生产关系形成的社会制度与西方的奴隶制、封建制、资本主义是不可能一样的。中国属于帝国的时代，政治方面对社会影响最大的不是皇帝，是士大夫阶层，这是一批文人官僚精英。中国古代政权的特征不是代表皇帝的力量，而是奉皇帝为首位、隐于皇权背后的文人权力，这个文化权力的政治制度是中国特有的。这是我个人的看法。

问：2019 年，香港中文大学出版社出版了金丝燕所译您的新著《中国教给我们什么？》，您在书中提出中国的“新封建主义”新概念，能否请您详细解释一下该命名的含义？

答：我书中提出的“新封建主义”是与周代的“封建主义”和欧洲的封建制相比较的结果。我们说，南北朝时代很像欧洲中古时代，所以我们说南北朝时代是“新封建主义”。但实际上，这两种“封建主义”是不一样的。南北朝时代以前的中国与西方的封建主义相差很远。秦商鞅变法，尤其是第二次变法，废除井田制、通过新的税收制等方式间接促进了土地所有权的产生。到了汉代，部分恢复礼制，但是恢复得不彻底，到南北朝时代复兴了（我用的词是“复兴”）。这就是我所说的“新封建主义”。公元前 134 年，汉武帝启用董仲舒，他向汉武帝谏言独尊儒学，从此正统儒学得到关注，文人官僚开始起主导作用，文人官僚与地主官僚联合，建构中华帝国的国家机制。它与所谓周代“封建主义”大不相同，与欧洲中古时代罗马帝国崩溃之后的封建主义相比差距更大，生产关系也有所不同。上古时代到周代，生产关系的基础是井田制，周代没有土地所有制制度。南北朝时代，大地主成为土豪，借生产关系改变之势获得土地所有权，之后地主官僚逐渐变成文人官僚。

问：您如何看待中西“资本主义”历史发展的差异？

答：我认为，明末清初，中国就有资本主义萌芽，后来中国资本主义的发展印迹清晰地显示它已经走出萌芽阶段。2018 年 4 月，我应学界好友郑州大学刘志伟教授邀请，参观过河南巩义明末清初的“康百万庄园”，印象深刻，那里发展得并不差。但是，资本主义的发展却得不到中国贵族的支持。因为中国贵族只佩服士大夫阶层，看不起商人，不喜欢他们。在这些贵族眼中，商人虽有钱，却没有文化。士大夫阶层的文人能得到像进士这样的功名，中国贵族就佩服这种人。由于中国文人官僚的“轻商”思想，导致中国资本主义发展受到制约。从隋文帝时开始设立的科举制度，延续了千余年，直接催生了以考试产生“士大夫”阶层的社会秩序并维护官僚体制的政治制度。孟子说“劳心者治人，劳力者治于人”，中国社会其实由生产关系中的“劳心者”，即社会主流的士大夫阶层官僚文人，掌握所有的权力。我在《中国教给我们什么？》一书中论述过，中国资本主义与文人官僚结合，没有能够像19世纪资本主义在西方主导体制那样主导中华帝国，所以中国资本主义体制、观念都与西方不同。①

问：您如何理解与古罗马相区别的古代中国的生产关系？

答：古代中国的生产关系是地主官僚阶层与文人官僚（即士大夫阶层）相互依赖的关系，并非马克思所说的生产力变革起分水岭作用。依我看，马克思主义在中国不可直接套用的原因，主要在上古、中古社会制度上，中国没有经历“奴隶社会”，也没有真正意义上的“封建社会”。“封建社会”和马克思主义理论里的“封建”不是同一个意思，因为“地主”概念在东西方历史中作用不同。中国的文人群体在这个社会里有着特殊的地位，他们在皇权制度的保护下，通过科举制度进入社会上层的皇权职场，与有土地所有权的地主官僚相处融洽，不断输送和发展代表文人精神的文化理念，完善皇权社会的社会职能。在这种生产关系观念指导下的作用力就不是生产力在发挥作用了，同时还有文化的反作用力，以及政治力量、社会各阶级团体的相互制衡作用。这应该就是中国的社会特点。

问：您提出古代中国的“儒学主义”（confucianisme）和“地主主义”（potental locaux）概念，能否请您再解释一下？

答：我创造的“儒学主义”概念指的是儒学政治方面的力量。我认为，中国历史上最有影响力的不是皇帝，而是士大夫阶层，是官僚文治（littérocratie）。实际上，政治力量掌握在士大夫手中，皇帝少有实权，比如秦始皇时李斯权力很大，汉武帝时董仲舒权力很大。我认为中国最有意思的是选拔人才的官场科举考试制度，这种从隋朝开始的以招聘人才为目的的考试制度，强调机会均等原则。它的规律性使得它可以在不同朝代间

---

① 汪德迈：《中国教给我们什么？》，金丝燕译，香港：香港中文大学出版社，2019年，第81页。

延续。它完善统治阶级的管理能力，与社会背景形成一个相互需要、相互依赖的社会关系，这个关系就是地主官僚与占主导地位的文人官僚间的利益链。科举制度后来流传到世界各地，被广泛推广和运用。17 世纪英国的东印度公司使科举考试再一次得到传播，但那是现代的考试制度。科举制度催生了现代考试制度。中国从汉朝到 19 世纪，走的一直是士大夫政治制度、科举制度的路，实施的是儒学主义。其间有小的变化，但是没有大的变化，即革命。第一次革命是 1911 年孙中山领导的民主革命，中国文人变成了类似西方的现代知识分子；经过 1911 年到 1949 年共产党取得政权的革命，知识分子的成分改变了，成了共产党员。也就是说，在 20 世纪，过去的儒士渐渐演变成为共产党员，这就是个大变化。

“地主主义”，最初指小土地产权所有者，即小地主，他们只关心土地买卖。汉魏晋南北朝时期，中央集权慢慢发展之后，地方势力也变强了。地主成为土豪，即大地主，亦即我所说的“地主主义”。他们拥有很多土地，甚至还有武器，但是他们与西方地主不同。明清时，地主虽然继续买卖土地，但是他们蔑视商人和小手工业者，希望子女考取功名成为士大夫，不愿意继续成为土地产权的所有者、资产者。正是由于“轻商”、崇尚科举制度观念，资本主义在中国的发展受到制约。在西方，中古时代的地主也与中国一样热衷于土地买卖，但后来很快发展出工业，而中国没有形成工业，工业化已是 20 世纪之后的事情。

问：您是如何研究中国古代法律的？

答：法律实际上是国家政治制度的一部分，不是孤立的。我不是独立研究中国古代法律，是与古代政治、历史、文化联系起来研究，是合在一起研究。

问：您如何理解中国古代与西方“法”概念的本质差异？

答：古代中国没有真正意义上的“法”（droit）概念，强调的只是“法”的职能或功用。古代中国只有“刑法”或“刑罚”概念。这不是“权理”概念，与“法”沾不上边。中国的“法”字与西方的“法律”容易混淆。“法”（古字“灋”）概念是受国家强制力保证下的一种行为执行准则，指的是执天命之法，而这上天的命令就是遵循阴阳五行“形而上”之道。“刑”是对犯罪者进行体罚。中国强调“刑法”，西方强调“权理”。中国的“法”与天命有关，谈到“法”，即是老天的“法”，所谓“天法不容”就是这个意思，意指不可抗拒，是天法，而不是任何其他的“法”，西方人不这样认为。概念解释起来很复杂，但我认为欧洲文化的核心和中国文化的核心都体现于此。

西方文化的基础有两点非常重要：一是希腊哲学，一是罗马“权理”。我认为最重要的是“权理”。“权理”里有权利，权利的道理即“权理”。古罗马时代有最古老的罗马法典，这就是“权理”，法典保障权利，体现“权理”。这种权利在欧洲有，但在上古时期的中国没有。这是西方最重要的理论观点，一直延续到现在。在中国，人们对这些不是很理解，所以中国人谈人权问题，不讲究“权理”，这也不是中国的传统。中国讲究“礼仪”传统，而对“礼仪”，西方人则完全不明白。这就是为什么我常常比较西方的“权理”和中国的“礼仪”。

问：您谈到“权理学”概念，与中国的“权力”“权利”“法治”等概念不同，能否请您再深入解释一下？在文明和文化方面，您认为中西方应该怎样相互学习？

答：在我看来，西方超越中国文化的，就是“权理学”概念。法文“droit”这个词，拉丁文是“jus”，这个词不能翻译成“法学”，如果那样翻译是不全面的，应该翻译成“权理学”。这是古罗马的传统，不是古希腊的传统。拉丁文中解释“法”（loi）的词是“lex”，同时有“命”的意思，即“天命”的“命”。西方的人权指的是“权理”，是社会各集体间的规范和准则，是当时整个罗马法制的骨架。[①] 在西方文化传统中，人们在实践中有尊重“礼”的行为举止，但是没有关于“礼仪”之“礼”的哲学概念，也没有人专门研究。中国有“礼仪”的“礼”，但是没有“权理”，他们有的是“权”。“礼仪”成为统治阶级上层社会人士调节人与人之间关系的唯一准则，这是我经常强调的问题。在中国政治制度的概念里，人们不明白“权理学”与“法学”的区别。我的意见，尤其应该把“法学”和“权理学”区分开，它们之间有重要区别。一般的西方汉学家不懂得这个区别，也将“droit”翻译成“法学”，这是不正确的。其实“droit”是另外一

① 汪德迈：《中国与西方传统中“法律”概念辨析》，刊于国际考古学与历史语言学学会《考古暨历史语言通讯》2020 年 1 月报道《“饶宗颐文化论坛”于深圳举行，汪德迈等中外专家学者探讨“中外人文传播与互鉴”等议题》。

个意思。在中国，学者只研究和比较“法学”和“礼学”，并没有注意到“法治”和“礼治”的区别，不知道“法学”和“法治”都不是“权理学”。中国学者强调的“法治”不是西方的“权理治”，“权理学”是西方的概念。这些理论西方没有人谈到。中国思想中，“经”与“权”是相对的概念。“经”是指规则，也就是规矩，是唯一，不容讨论；“权”指秤的平衡，例如罗马秤，利用秤砣的移动来称物体，以求平衡，秤的理论就是“权力”的理论，可以协商、讨论。西方的人权指的是“权理”；中国“权”就是称东西，能衡量，这是中国人理解的权力。

问：您用“激进”（radicaliser）一词评价郭沫若，他 1928 年开始撰写研究中国古代社会的系列论文，发表于刊物上，在学术界影响很大，1930 年 3 月结集《中国古代社会研究》一书，由上海联合书店出版，首次用马克思主义理论研究中国历史，您对此如何评价？

答：在中国，郭沫若是第一个出版这类书的学者。因为 1928 年是我出生的一年，所以我记得很清楚。他将马克思主义认识历史的特有框架，即原始社会、奴隶社会、封建社会、资本主义社会的演变过程搬来套到中国。该书应该是郭沫若第二次赴日期间，引用当时的历史文献资料与马克思主义关于人类社会发展规律的论断写成的。郭沫若的观点很新颖，用马克思主义的观点来解释中国历史，采用的是比较研究法。当时好像给人耳目一新之感，对一些思想比较固化的中国学者来说是个冲击，后来成为一种通行观点，一些历史学家用教条主义方式来解释中国问题。但过于激进，一定程度上歪曲了中国优秀古典文化的精神。不过我非常佩服郭沫若，他是一位很优秀的历史学家、古文字学家，学术水平很高。

汉文化应现代化而不是西洋化

——专访法国知名汉学家汪德迈先生

潘耀明　郑炜明　罗　慧　杨汉群

研究汉学出于偶然

问：非常感谢汪教授抽出宝贵时间，接受我们的访问。汪教授从事汉学研究数十年，著作甚丰，学术观点也多受重视。您是如何开始汉学研究的，能否谈一谈具体过程？

答：我研究汉学也是偶然的。当我还年轻时，起初是对印度文化有兴趣。十七八岁时，遇见一个越南人，他给我讲述法国对越南的殖民制度，使我明白殖民统治在带来物质进步的同时，也严重地破坏了当地本身的文化。后来，我一方面开始参加反殖民民主主义运动，另外一方面开始对越南文化以及"汉文化圈"的社会产生特别的兴趣。

当时，我听说朋友认识一位研究中国文化的耶稣会神父甘易逢（Yves Raguin），我去拜访他。他借给我一本书，内容是关于中国语言的文法，我非常感兴趣，马上开始学中国话。这个神父让一位名叫陈荣生的中国人教我中文。当时是1945年，战争快结束了，陈荣生准备回中国参加革命。他在离开法国前给我介绍了另外一位中国老师李治华教授。李治华学问很高，我非常敬重他。他后来把《红楼梦》翻译成法文，这是第一次有人把中国古典长篇小说译为法文。

1945年10月，我进入巴黎东方语言文化学院学习中国话和越南话，教中文的老师是很有名的汉学家戴密微教授。

从那时候开始，我和他的师生关系就没有断过。在往后的六年时间，我也在巴黎大学念哲学和法学。1951年毕业后，我到越南当了五年的中学教师。1956年，我于河内提升为远东学院研究员，由戴密微先生指导。戴密微先生先派我前往日本京都大学。自1958年到1961年，我在那里学习中国古代历史及政治制度。我专门跟随内田智雄教授研究古代中国法律。1954年[①]，饶宗颐先生到英国剑桥大学参加由英国皇家亚洲学会主办的第二十三届东方学会国际会议。在此会议上，饶宗颐先生发表了以《老子想尔注》为题目的报告，给戴密微先生的印象非常深刻，两位伟大学者遂建立起深厚友谊。随着他们的不断交往，友谊越来越深。当我结束在京都大学的学习时，戴密微先生派我到香港大学，专门拜饶宗颐先生为师。这真是我年轻时少有的好运气，能够跟三位非常好的老师学习汉学：法国老师戴密微先生、日本老师内田智雄先生、中国老师饶宗颐先生。

1962年至1964年间，我在香港跟随饶教授学习，一方面去香港大学中文系上他的课（科目是《文心雕龙》），另一方面在他家里学习《说文解字》，为研究古文字学打基础。我跟饶宗颐先生更有另外一种特别的关系。他是潮州人，而我在1950年娶了于巴黎留学的华裔女学生为妻，她来自一个移居越南西贡的潮州家庭。饶宗颐先生每次到法国来都住在我家里，跟我岳母说潮州话（我妻子太法国化了，她不会说）。

饶宗颐先生在香港还有另外一个学生，是印度人，叫白春晖。他父亲是博学的印度学者。他请饶宗颐先生到浦那市的班达伽东方研究中心研究印度文化。我乘此机会请法国远东学院院长在本地治里的远东学院研究所招待饶宗颐先生，并请他委托我陪同饶教授旅行。1963年，我和饶宗颐先生一块儿旅行了四个月，到过孟买、浦那、亚格拉（Agra）、麻打拉萨（Madras）、本地治里、哥伦布（Columbo）、仰光、曼德勒、暹粒等地游览，参观了很多名胜，包括印度、缅甸、柬埔寨等古代文明的遗迹。可是我们也遇到不少困难，由于我们在印度北部旅行期间正值夏季风雨期，很多地方被水淹没，为我们带来麻烦。

研究国学不能硬搬西方概念

问：听完汪教授丰富的经历后，我们想谈谈国学的问题。中国的国学已有数千年历史，国学大师周有光在上一期接受我们访问时说："国学了不

① 原文日期误为1956年。

起，但是要现代化。”您如何看国学的现代化发展?

答: 我认为中国国学已经十分现代化。问题在于中国历史学家执拗地把西方国家历史学所用的概念搬移到中国历史的范畴里，歪曲了中国历史的特异性。比方说，中国封建制度虽然表面上和欧洲中古时代的封建制度相像，实际上却包含着完全不同的意义。概括地说，中国文化和西方文化差别很大，两地历史不可能是同一条路。我的研究方法在于先用人类学工具，尤其是语言学工具，来分析中国文化的特殊性，再调查中国历史过程中的特殊变化。

中西文化可以互补

问: 汪教授曾提出“汉文化圈”的概念。1993年，美国亨廷顿(Huchington)提出“文明冲突”的理论，不少人认同他的看法，您会不会担心强调“汉文化圈”会令不同文明的冲突恶化，尤其是中国与西方的冲突?

答: 我认为亨廷顿的提法太辛辣。文明这个概念包括所有创造社会组织的成分，其中固然有些因素是冲突性的，但也有非冲突性的因素或影响存在，最严重的冲突性因素是宗教的训诫。因为无论什么宗教，本来都是不能容忍异己的，所以世界上最尖锐的冲突都关系到宗教：以色列和巴勒斯坦的冲突，阿富汗塔利班和美国的冲突，甚至同一个文明中的两个宗教或者两个宗派之间的冲突(巴基斯坦和印度之间、伊拉克穆斯林中的什叶派和逊尼派之间等)。“汉文化圈”内的宗教因素如佛教、道教等都不突出，因此不会引起冲突。当然还有别的因素可以引起冲突，尤其是经济因素。但是，由于现在有世界贸易组织等国际调节机构，这种因素的冲突的可引性比从前要小。

对于“汉文化圈”和西方文化的未来交往，我是相当乐观的。中国文化可补西方之缺，西方文化也可补汉文化之缺。至于冲突，则可通过国际越来越多的多方协调机构解决。欧盟有这样的机构，应该做出榜样。我希望“汉文化圈”成为欧盟圈一样的无冲突地带，更避免和别的地带发生冲突。

要多翻译中国文学作品

问：要让汉文化为人类文化做更大贡献，当然离不开儒家经典翻译，这也是汪教授所关心的。2009年，您在一个学术会议上提出重新翻译中国“五经”，可否阐述一下？

答：2009年7月27日，我参加在北京举行的“五经”研究与翻译国际学术委员会第一次工作会议。我在会上大声疾呼重新研究和翻译中国最古老的“五经”的重要意义，希望强调“五经”思想的核心概念——礼仪主义。因为在中国文化所特有的哲学中，“礼”是社会各种矛盾和冲突最好的协调方式。“五经”的思想一直影响着中国知识分子，他们对时政中的问题常持批评或反对的态度，这种“忧国忧民”的理念渗透着中国的人文主义精神。我希望能够把中国固有的人文主义思想与世界其他主要文明的积极因素结合起来。在西方，除了汉学专家以外，有文化修养的人中了解中国文化的人很少。原因在于中国古典文献不容易明白，很少人看。而“五经”虽然曾有过若干翻译，但因为翻译文笔过时，不太容易让人看得懂，所以我赞同重新翻译“五经”的计划，可惜我听说这个计划已经停止。在这样的境况下，宁可换一换计划，翻译还没有译出的代表中国文化精神的文献，尤其是代表当代中国思想的文献。我很喜欢诺贝尔奖获得者高行健的小说，但是不能不承认，从代表当今中国文化的角度来看，他远不能与大师级学者如饶宗颐先生等匹敌。

中国文化不应西洋化

问：2012年3月10日在香港大学的讲座中（编者按：即首届“饶宗颐讲座”），您提到“中国的将来不单是中国人的希望，也是整个地球人的希望”。这是不是表示，汉文化将来会为人类社会带来新希望？

答：对。我以为西洋文化的个人主义偏向，例如破坏环境等，会有引致地球自毁的危险，恐怕西洋文化不能自我纠正这种错误。如果要改正，应该向别的文化学习，可是值得学习的文化应该是至少同西洋文化一样讲究的文化。人文主义方面，中国文化代表了一种不太倾向于个人主义的，同时也是一种相当讲究的文化，是值得学习的。但是为了让它能够吸引别国文化的人学习，还要把它的传统面目进一步现代化。这不是件容易的事。可惜的是，直到现在，中国人宁愿将自己的传统西洋化，也不愿意将它现代化。

汪德迈谈与饶宗颐先生的师生情与学术交往

——访谈记录

周　兵　蔡瑞琦（《百年巨匠——饶宗颐》纪录片组）

问：尊敬的汪老，您好！非常感谢您接受我们《百年巨匠——饶宗颐》纪录片组采访！我们这部片子是关于饶宗颐先生的纪录片，会讲述他生平和成就的故事。您可以介绍一下您和饶老的关系吗？

答：是这样的，我本来是戴密微先生的学生，戴密微先生后来成为饶宗颐先生的好朋友。大概是在1954年，饶宗颐先生到英国剑桥大学参加由英国皇家亚洲学会主办的第二十三届东方学会国际会议，那一次，戴密微先生和饶宗颐先生都参加了。饶宗颐先生的报告中有关于敦煌的材料以及一些非常有意思的东西，引起了戴密微先生很大的兴趣，所以戴先生请饶公到法国帮助他整理法国所收集到的敦煌材料。他们很快成为朋友。饶先生回到香港以后，把出版的关于殷朝时代贞卜人物研究的两卷本经典著作寄给戴先生，其中谈到各种各样的人物。戴先生当时收到这样的书，看不太明白，因为那时欧洲没有人研究甲骨文。但是戴先生很快明白这是非常重要的事情，所以他认为现在应该有比较年轻的人去做这样的学问，将来再把它们介绍到欧洲。好在那时候我是戴先生的学生，所以他选派我到香港去。我便拜饶宗颐先生为师，到香港留学了近三年（1962—1964）。1964年2月，我从香港到日本，1965年，结束跟随日本同志社大学内田智雄教授的学习后回法国。当时我一方面在香港大学听饶宗颐先生讲课——我记得他的课是《文心雕龙》，还有《文选》；另一方面，饶先生还在家里给我上特别的课。当时还不是甲骨文，他认为我当时并没有什么基础，所以他教我《说文解字》，非常有意思。

问：您记得第一次见到饶宗颐先生时的场景吗，当时您对他有什么印象？

答：我不记得第一次跟饶先生会面的情况了，但是我记得他的课。我上课的时候，他的授课内容我大概只听明白了一半，我的学问不够。我记得他非常非常和气，那以后，为了教我，他花费了很多时间。他教我《说文解字》，那是我第一次学习这样的古代文献。饶宗颐先生第一次来法国，住在我家里，大概是 20 世纪 60 年代末，那时候我还在法国南部普罗旺斯大学教书。我记得很清楚，因为是戴密微邀请的饶先生。戴密微先生事务繁忙，不能亲自陪伴饶宗颐先生，所以委托我陪伴，并负责饶公一切事宜。我记得戴密微告诉我，饶宗颐先生一定喜欢看雪山，因为饶先生喜欢陶渊明写山的诗，也喜欢谢灵运的山水诗，但是却从来没有见过雪山，因此戴密微先生建议他去看雪山。所以我跟饶先生两个人到阿尔卑斯山瑞士的那一边，以及阿尔卑斯山法国这边的霞慕尼。我还记得我们先去的霞慕尼，大概去了三四天，很短的时间，冬天外面比较冷，大概零下十度到十五度。饶公习惯香港的气候，不太习惯寒冷。但是他非常非常高兴，尤其是看雪时，那是他人生中第一次看到雪。天气虽然很冷，但是饶公每天都要出去看看。他有一个小本子，他在这个本子上画山的速写，也画松树的速写。当时不能坐雪橇，也不能滑雪，在雪上走路不容易，因此我们需要很特别的“工具”，好在旅馆借给我们雪靴，这是加拿大人喜欢用的东西。在霞慕尼，我和饶先生朝夕相处。过了几天之后，我又带他到瑞士戴密微先生的家去，我们在他的家里也过了几天。之后，饶公跟戴密微先生回巴黎去了，我也回法国南部的住处。几天之后，饶先生就回香港去了。这是第一次他住在我家。饶先生之前曾经来过一次，但是那个时候我跟他还没有什么来往，我不认识他，是戴密微先生请他来的。饶公可能住在什么旅馆，我不太清楚。

问：饶公住在您家时有没有发生什么有意思的故事？

答：饶先生第一次来法国时，在我家住的时间不长，但是之后还来过四五次。饶宗颐先生有一次在我家住的时间比较长，有几个月。我们当时到过阿尔卑斯山的瑞士那一边。他在巴黎，也在吉美博物馆、法国国家图书馆、法国高等实践研究院等单位工作过。我记得那时，我母亲还在，住在我巴黎的家里。我妻子当时在法国南部工作，她是牙医。我母亲那个时候可能有 75 岁，她喜欢中国人，她知道每次我有中国朋友来时，都会带他们来家里，因此她很开心。对我母亲而言，中国的饮食非常奇特。当然，她不会做中国菜，因此饶先生总是吃我们佣人准备的法国菜。法国菜他可以吃，但是不太习惯，他比较喜欢吃中国菜。他要吃中国菜时，就去看在巴黎的中国朋友，那些中国朋友也喜欢与他交往，欢迎他，请他吃饭等。另外，法国菜有两个东西他特别喜欢，一个叫朝鲜蓟，尤其在法国西部有很多。我不知道在中国叫什么名字，香港没有，大概中国其他地方也没有。它其实是很普通的菜，像花瓣一样包起来，只吃叶子。饶宗颐先生非常喜欢，他告诉我吃这道菜就好像吃花。他说："我喜欢吃花。"饶先生称它为法国"百合"。他也喜欢吃另外一个东西，完全不一样的东西，就是法国的奶酪（fromage），其中一种叫罗克福，是法国一种非常浓的奶酪，普通的中国朋友不会喜欢吃这个东西，饶先生一片片地夹在面包里吃。我们法国人品尝食物时不太喝水。我们喝红酒时，饶先生不太喝，我们就为他准备茶。他每天早上大概七点钟起来，我们八点钟吃早饭。然后他去博物馆、图书馆，大概每天都这样。有时我带饶公去南部，尤其在法国南部有不少山洞，山洞里有史前人画的壁画，比如拉斯科洞窟壁画。谈到在法国旅行，我有个弟弟，名叫贝尔纳（Bernard），是史前历史方面的专家，他对这些很有研究。那时候他在大学教书，请饶公去观赏壁画，饶公非常高兴，因为他特别喜欢这种洞窟壁画。这些洞窟壁画有一些很典型的部分，与中国画、水墨画相似，饶公非常愿意欣赏，而且这是公元前三万年以前的画。饶公在法国也喜欢听音乐，有时他约我一起，我那时很喜欢每周六去听古典音乐。我年轻时就有这个习惯，有时也去看古典的东西。有时我也会带着饶公一起去，他喜欢去。平常星期六、星期日，他不工作，因为博物馆和图书馆关门，所以他有时喜欢和巴黎其他的中国朋友过个周末，我有时也陪他一起去。

问：您陪饶公一起旅行吗？

答：您是说在法国吗？他不太在法国旅行。那个时候我有两个住处，一个在巴黎，因为当时我于巴黎第七大学教书；另外一个在法国南部。从前我在法国南部艾克斯地区的普罗旺斯大学教书，我的爱人继续在法国南部工作，所以我们在法国南部的房子较大。饶公喜欢去地中海边，有蓝色的海、蓝色的天空、绿色的松树，还有很多各种各样的花，尤其是茶花树，他非常喜欢。（李晓红补充道：其实是一种西方类似桂花的树，法文名叫 laurier。）但是那个时候，我没见过他画画，可能因为没有他喜欢用的毛笔。后来他回到香港，几乎每天都画画。他还非常喜欢弹古筝，在我家里还有他弹古筝的照片。

问：您和饶先生在其他国家时又发生了哪些比较有趣的故事？

答：其他的故事？那个时候在法国，我记不得饶先生到过哪些国家。当然，先前他到过英国。以后有一次，到过意大利。他还去过美国，当然是从香港去的美国。我记得那时候他没到过别的欧洲国家，比如比利时、荷兰、德国等。瑞士当然到过，因为他去过戴密微先生的家。还有1963 年，我在香港留学的时候，从 7、8 月到 12 月，我们都在印度旅行，就是我背饶公旅行的那次。我们经锡兰、缅甸和柬埔寨，再回香港，那是一次非常有意思的旅行，令我难忘。那时我有一个同学，在饶公家里相识。他是印度外交官，是印度浦那市一位婆罗门种姓学者的儿子，也是年轻人，中文名字叫白春晖。他以前在北京大学学习汉语，在尼赫鲁访问周恩来时担任翻译工作。他在饶宗颐先生家里学中文，也教饶公梵文——饶公很愿意学习梵文。白春晖的父亲是印度北部浦那大学学者，相当有名，法文也很好。他把法国 19 世纪各种各样的文章翻译成英文给印度学者看。因此这位印度学者的儿子白春晖邀请饶宗颐先生到印度去时，饶先生很高兴。我知道有这样的计划，便给法国远东学院院长写信——他是戴密微的好朋友，告诉他饶宗颐要到印度去，是否应该趁此机会请饶宗颐先生至法国远东学院印度研究所？远东学院的领导很同意我的意见。我又写信说明："如果您邀请饶宗颐先生，也应该考虑派我陪同，因为饶先生有一些事情不太擅长。"记得我们离开香港大概是 7 月份。我们先到孟买，再到浦那，在那里拜访了白春晖父亲，还在当地住了几个星期。因为饶宗颐先生正在研究一种古代图形文字（Mohenjodaro），地处现在的巴基斯坦境内，属于古老的印欧语言，是最古老的材料，所以饶宗颐先生非常愿意去看看。我记得不太清楚，那大概是公元前 2100 年左右时使用的语言。当时没有人能看懂，到现在依旧没有人可以解释。有的人以为他们会明白，但是实际上他们并不了解。饶宗颐先生当时也和白春晖的父亲学习梵文。当时，我虽然没有完全领悟梵文，但是我喜欢这种文字。我在那里学习了 3 个月，每天大概 10 个小时，后来也可以看一点书，但以后又都忘了。

这个旅行中发生了很多有意思的事件。有一次，我们在印度北部去访问印度古老佛教圣地卡尔里的佛教寺庙，那里离浦那两三百公里，从 8 月初开始就一直下雨。我们从浦那坐公共汽车去，在距离目的地还有几百米时，公共汽车没有办法进入，因为都是水。开车的人告诉我们："因为现在雨水太多了，我不能带你们继续前行。好在不太远，你们可以去，单方向的，您一直往那个方向走，就可以到了。"饶公一时不知道怎么办，于是我背着饶公涉水到了这个地方，他很高兴。他那时个子比较矮、身体很弱、很轻。后来他回到香港，就画了一幅中国画，画里有两个小人，一个人背着另一个。饶公很喜欢这幅画，每次都说这个故事，所以我一直也记得这个故事。

我们在浦那的时候，吃印度菜。您知道吃印度菜不用筷子、不用叉子，用手抓着吃。有米饭，也有咖喱，还有几种水果，比如番茄。我们每天到一个小的印度饭店，吃很简单的东西。有一天，我们正在吃午饭，有两个外国人走进来，也是法国人，我们简单交谈，得知他们是地理学家，来印度做研究。他们看到我们吃生水果，很吃惊，问我们："你们敢吃这样的东西，不怕生病吗？在印度这样吃很危险。"我说："一直到现在我们都没发生过问题。"但是他们不敢吃。几个月以后，我回到法国，听说他们之间的一个人生病了。我和饶公吃饭很随意，都没有生病，而那个人很注意，却生病了。

自那以后，在印度还碰到很多麻烦事。印度警察不喜欢中国人，因为之前发生了中印战争，到处都有印度人奇怪地看着饶宗颐先生。最奇怪的是警察局以为他可能是特务，难道不想想，饶先生一看就知道不可能是特务，但是印度警察仍然认为他不太可靠。每次我跟警察局的人打交道，他们总要问各种各样的怪问题。我们离开印度去锡兰时，也碰到很大的问题。那个时候，我们先从浦那去本地治里，应邀至法国远东学院当地研究所负责人—— 一位印度学家那里过了一个星期。因为他喜欢跟饶先生谈论古代的印度医学，将其与中国古代传统医学做比较。从马德拉斯离开时，在马德拉斯机场，印度的移民局不允许我们上飞机，他们说："你们是在孟买进入印度，应该从孟买离开。"我很奇怪，觉得他们是不是因为饶公是中国人？他们认为饶宗颐先生是不可靠的人，所以有这样的态度。饶宗颐先生心中非常害怕，担心可能会把他关到监狱里面，于是他让我跟他们争辩。我记得至少跟他们谈了一两个钟头，很长的时间，飞机起飞的时间都已经过了，还没有谈完，我很生气。但好在是个小飞机，一直在等我们。最后终于结束了，过了两个钟头，他们才允许我们上飞机离开。我记得我们上飞机以后，飞机里面的空姐给大家喝一种酒，不是茅台。饶宗颐先生平时不喝酒，但是那天他喝酒了，也许因为他觉得终于可以安心了。我告诉警察局："您知道吗？饶宗颐先生是一个很有名的学者，他是被法国大使馆邀请来的，如果他无法离开，那么法国与印度可能会发生不愉快的状况。"最后他们不得不允许我们离开。

问：您认为饶公为什么特别喜欢"皇门静室"？

答：饶宗颐先生特别喜欢法国，一个原因是在他年轻的时候，戴密微先生邀请他来法国，戴先生是第一个承认饶先生学问的人。您知道，饶公没有上过大学，所有的知识都是在家里自学的，因此很多在香港教书的英国人不太看得起他，认为他没有什么地位。饶公教的东西跟他们喜欢的经济学、社会学没什么关系。因此，饶公在港大的地位并不高。而戴先生是汉学家，非常欣赏饶先生的学识，他就邀请了饶先生，加上戴先生本人对中国文化又很了解，饶公也特别喜欢法国文化，所以两个人之间相互都非常欣赏。戴先生同时也给饶公介绍法国文化。戴先生生于洛桑，母语就是法语。他不但说法语，其他国家的语言水平也相当高，会意大利语、英文、俄文等。饶公非常喜欢法国文化，所以我曾带他去访问乡间皇港修道院，又叫"小学校"，在巴黎南边不到四十公里的一个地方（饶公称这里叫"皇门静室"）。现在为什么饶宗颐学术馆要叫"小学校"呢？因为在法国时，饶宗颐先生就被这个"小学校"的历史深深感动，特意用这个学校的法文名字来命名他的学术馆。"小学校"并不完全指中国传统语言文字学中的"小学"意涵，饶先生想表达的意义更深。17 世纪路易十四时代，法国最伟大的几位文学家、数学家还处在孩童时期，他们都就读于这所学校，如让·拉辛是诗人，也是戏剧大师，布莱兹·帕斯卡尔是写散文的……人们称为"修士先生"的圣·西兰修士迷恋人文科学，为一些孩子在皇港修道院这个地方创办了"小学校"。饶先生非常喜欢法国文学，也特别喜欢这个地方，因此他选择用这个"小学校"的法文名称（Jao Tsung-I Petite

École）来命名饶宗颐学术馆。

问：我们听说饶老在生活上是非常简单的人？

答：饶先生穿的衣服很简单，在法国有一段时期，可能三四个月，都没有买新衣服，他吃的东西也很简单。我记得在香港的时候，他常常请我去陆羽茶舍喝茶。有一次，他给我介绍吃狗肉的地方。那时香港不允许吃狗肉。但是饶公有一次告诉我，他要带我到一个在新界的比较远的地方吃饭，他没有说为什么要带我到这个地方。我们到了一个小村里面的一个很小的饭店，他问我，想不想尝尝狗肉？当然我很高兴可以“试一试”狗肉，于是我们就吃了狗肉。其实，只有一样东西饶公非常喜欢，那就是书。他很喜欢藏书，收藏自己的书和他父亲图书馆的书，还买了许多书，还有很多中国朋友给他寄他们自己写的书。最初到达香港时，我有机会去参观了他所有的书。如果一个外国人要研究 20 世纪中国思想的历史，不需要去香港图书馆，不必到别的地方，饶公收藏的图书足以让人明白整个 20 世纪中国思想的历史。他的图书收藏非常有意思。饶公也不看重钱，我没有一次听他说到过钱。饶公对住也没有什么要求。我们在印度时，同住一个房间，饶公晚上甚至工作、读书到十二点半或一点，只睡四个钟头，醒来后再看一会儿书，直到早上八点钟再去吃早饭。我在同一个房间里，没有办法睡觉，过了一个星期便非常累。我受不了他这样的节奏。我想说明的是饶先生非常努力、非常用功，没有别的人像他这样。他不需要睡觉，他睡的时间很短，他很喜欢一边工作一边做研究。

问：您在和饶老学习文字和语言学时，觉得他有什么独特的教育方法？

答：他没有什么特别的教育方法，但是他很博学，什么都知道。比方说，他会专门给我们解释《文选》中的每一个文字，会告诉我们作家们有什么样的特点。他的学问非常丰富，无人可及。我从前在巴黎上大学时，班里曾有五六位很有名的 20 世纪的学者，后来在日本也遇到过几位教授，可是没有人有他这样高的学问。他的记忆力非常好，记得很多东西。在巴黎时，他工作的房间在我隔壁。我工作的时候看中国书，如果有了问题，不必看字典，可以直接去问他，他马上就回答我。在我自己的书库里，我有很多中国书，有“十三经”，也有其他古典的书，他常常阅读。他用的时候，会把书的页角折一下，所以现在我的“十三经”书里还有一页具有折痕印记。我平常很不喜欢这个习惯，觉得这是破坏书，然而我却认为饶公是为我的书籍赐福，每当我看到这一页，便想起饶公。我很怀念他。他是潮州人，也有潮州人的口音，“h”“f”不分，“福建”说成“胡建”。刚开始我不习惯这样的口音，经常听不明白，后来才逐渐听懂了。

问：作为汉学家，作为饶老的学生，您如何评价饶老的学术成就？

答：饶先生学习非常仔细，所以懂得很多，这很重要，学习不能只懂个大概。我跟他学习时，需要看的书太多，范围太广，所以我读书没有他仔细。当然，来不及的时候，他也一样会以很快的速度看书，读各种各样的书。您知道，我觉得研究太过专一并非一件好事。我兴趣广泛，而我为什么选择研究甲骨文呢？刚开始做研究时，我对韩非子感兴趣，为什么是韩非子而不是别人呢？因为他属于法家。在巴黎大学，我学哲学、文学、法学。为了研究中国法学史上发生过的问题，我开始学法家。一开始从日本书中学，学了一点内容后，我感觉如果要明白法家，就应该要研究儒家，如果不懂得儒家，是没有办法明白法家的。这以后，我开始研究一点道教——不是道家，是道教。而要研究道教，就需要明白《楚辞》的思想，应该看一看他们的文化原来是怎样的，因此我开始研究《尚书》。为了明白《尚书》，还应该知道一点甲骨文。饶公不一样，他比我有才气，可以研究很多领域的问题，比我的视野更开阔。我认为他学术的最长处就是文学。他是个文学家，是个文人，这是一定的，我认为他可能是中国最后一位继承中国传统文化的文人。饶公知道佛教，尤其是他最后的几十年，特别喜欢佛教。他也知道道教，知道法国汉学在道教研究方面特别卓越，比如在马伯乐之后，有我的朋友施舟人等学者。法国汉学研究的擅长领域是道教，这是法国特有的，但并不是我的研究范围。这些朋友时常去看饶先生，向他请教问题，因为饶先生什么都懂，包括越南历史。对于越南历史，我也有强烈的兴趣，因为我在越南住过比较长的时间，我的夫人是越南华裔，饶公也有谈论越南问题的文章。所有的中国文化，不论是中国，还是受到中国文化影响的别的国家，比如越南、日本和朝鲜等，他都会去研究。我所了解这样做学问的人，只有15世纪欧洲著名学者皮科・德拉・米兰多拉（Jean Pic de la Mirandole，1463—1494），在那个时候可以知道所有的学问，因为那时科学还没有现在这么发达，如数学、物理学、生物学等许多学科。饶先生是这样的，除了科学以外，他对人文科学方面的什么学问都知道。

问：饶老跟学生相处时是如何教育学生的？

答：对于学生，他的态度也是非常好的。您知道，我也有在法国大学教书 30 年的经验，还有 20 年到远东其他地方教书的经验。我知道很多法国老师，他们是不太管学生的，他们只管自己的研究。但是饶宗颐先生不是这样的，他不怕花费时间给学生教书，他对学生的态度一直是非常好的，他不但是一个非常好的学者，也是一个非常好的导师。

问：您个人最欣赏饶老的什么品质？

答：我个人认为他最优秀的个人品质是从不骄傲。他的学问很高，可以与任何人比较，但是他自己没有这样的感觉。他不看重自己，觉得自己只是在用所有精力研究中国文化。饶公关注的领域很多，如古典文化，包括潮州历史的问题、中国其他少数民族的问题，等等，他在最大范围内关注中国文化。他认为自己的服务是贡献于人类的，所以要向大家说明中国文化的好处。

问：您如何看待中国文学？

答：中国文化最大的优势当然是文学，实际上文学是中国文化中内涵最丰富的一门学问。因为中国文字是表意文字，有表意文字这样的工具，可以比其他文字有更好的表达形式。中国人应该更好地传承传统文学。

问：您说过研究汉学是非常迷人的事情，为什么？

答：因为我发现表意文字有非常好的用处，我喜欢这样的东西。比方说，您会发现一个画家用油画能画出很好的东西，比以前看到的实物表现力更丰富。当然我也很喜欢法国文学，而且喜欢西洋文学。但是我觉得没有像中国文字那么好运用的工具了，这种文字是图像的，又是音韵的，是一种很讲究的工具。您看现代音乐家发明了钢琴“piano”，与从前相比“piano”可以表现出很丰富的不一样的东西。我觉得中国汉字给了我这个可能性。

问：您为什么说中国科学中最重要的是医学呢？

答：中国思想的理性强调的是事物与事物之间相对应的关系（法文 la corrélativité，也可称因果关系）。中国医学特别讲求身体中器官与器官、宇宙等的关系。西洋的医学不是这样的。在西洋，最重要的科学是物理学，当然也包括数学，数学是所有科学的基础。在中国，数学只是一门学问而已，不是其他学问的基础。中国所有学问的基础是《易经》。因为《易经》里面也有各种各样的关系，尤其具有事物相关联的思维含义，重卦里面有内卦、外卦，有很多各种各样的关系，所以中国思想中有事物相互关联的思维理论。因此我说医学是中国最重要的科学。

问：您认为生命是什么？

答：生命是让我们活着的一种意义。打个比方，饶宗颐先生"过活"的意思是用整个生命去研究中国文化，贡献给中国文化。我自己的感觉也是这样，我的生命尽可能贡献给法国，不单是法国，还要让欧洲的人明白中国文化，因为我喜欢中国文化。那么我可以这样说，我所做的一切就是我生活的一种意思，要不然生活没有意思。

问：您如何理解"天人合一"？

答：我觉得"天人合一"非常重要，现在全球工业化，环境太差了。"天人合一"的意思是可以发展工业，也可以发展人类创造的东西，但是同时也要保护自然。可惜的是，"天人合一"是中国传统观念，现在大家好像忘了这个词。我认为人类将来最重要的是环境问题，应该学习中国"天人合一"思想。

问：您认为中国人应该如何对待传统文化？

答：不能全面复古，但应该保护中国古代的文化，转换古代文化并创造新文明、新文化。我相信中国人民有这种力量，直至今日我依然相信。无论中国、法国或是美国，我都不太相信政府，政府是人民选的，最重要的应该是人民，人民要当家做主。应该进步，保护传统，但不是纯粹恢复古代的东西，而应该开辟一条新路子。我想中国是可以找到方向的。三十多年前，中国开始使用简体字，我很担心他们要放弃古代的表意文字，可能不要古文字，而使用表音文字。如果这种情况发生，那就太遗憾了。中国的古文字值得被保护。我相信中国文化是有前途的，应该保护中国文化。中国传统文化的“中和之道”最有价值。所以我想中国应该努力让其他国家学习中国传统文化（但不一定全盘“中国化”，应取其精华，去其糟粕），比方说，让学者学习翻译，将中国传统文化经典如“四书”、唐诗等，更全面、地道地翻译出来。

问：汪老相信中国人有能力解决自己的问题吗？

答：当然！我的看法是中国现在有各种各样的问题，包括经济方面或政治方面，但现在中国人应该解决，并且我相信可以解决。

问：您觉得饶公长寿的秘诀是什么？

答：我想是因为他“过活”的样子非常简单。他很用功，不讲求吃穿住行，也不喝酒，是规规矩矩的一个人。大概在1939年，饶公在潮州——也可能是在广州，我有点记不清了，日本军队开始进犯中国南方，他原本要到中国西南部的昆明去，因为那时中山大学要迁离广州，搬到昆明。饶公当时很年轻，但最后因为身体原因，没有去昆明。他年轻时身体生病，后来却长寿，活到101岁。这非常有意思，是一个奇迹。[①]

---

① 周兵、蔡瑞琦（《百年巨匠——饶宗颐》纪录片组）执笔采访《汪德迈谈与饶宗颐先生的师生情与学术交往——访谈记录》，采访地点：福建师范大学宾馆，2018年5月13日。

汪德迈先生年谱初编

欧明俊　李晓红

汪德迈先生，法文全名 VANDERMEERSCH Léon Gérard Marie Joseph，法国著名汉学家，著述丰硕，影响广泛，在国际汉学界享有崇高地位。本年谱初编客观记录梳理汪德迈先生学习工作经历、学术交游活动以及各时期著作，力求完备。

1928 年，1 岁

1 月 7 日，先生出生于法国北部与比利时交界处维尔维克·南村（Wervicq-sud）一虔诚的天主教家庭。父亲经营一家小型纺织公司，母亲生于北方城市鲁贝（Roubaix），为一位有声望并从事慈善业的医生之女。先生兄弟姐妹十人，先生排行第六。

1933—1936 年，5—8 岁

先生居家自学，家中请一位私人教师。

1936—1940 年，8—12 岁

先生进入亚眠“普罗维登斯”天主教教会学校（Collège de la providence à Amiens）读书，为住校生。该校为从小学到高中一体化学校。学校科目设历史、地理、自然科学、数学、计算、拉丁文、法文等。先生共修 4 门语言课：法文、希腊文、拉丁文、德文，当时学校无英文课。教会学校以培养学生苦修精神为理念，严格管理作息时间：早 6:20 起床；6:30 做弥撒；7:00 早餐；8:00 上课；18:30 放学。

1940 年，12 岁

5 月，学校遭轰炸。

7 月，因“二战”影响，先生随家人至法国布列塔尼地区（Bretagne），他本人转学至兰斯（Reims）的圣·约瑟夫（Saint Joseph）耶稣会学校，并在那里读书读到 1944 年学年结束。在兰斯，先生用两年时间分别获得了业士文凭（Baccalauréat，即法国高中会考文凭）第一年的第一部分学分和第二年的第二部分学分：初等数学。

1944 年，16 岁

10 月，先生转到凡尔赛私立耶稣会学校圣·热纳维耶沃（Sainte Geneviève，简称 Ginette）。该耶稣会学校有专为培养学生考入综合理工等精英学校而设的预科班，系升“大学校”（Grande École）必读（该校预科班在法国“大学校”预科班排名稳居前二），先生在该校继续攻读业士文凭，同时做报考“大学校”的准备。

1945 年，17 岁

4 月 8 日，先生于巴黎大学（Université de Paris），即今索邦大学（Sorbonne Université）文学部注册哲学，但对律师不感兴趣，更关心法律中的哲学，10 月入学。

6 月，一偶然机会，先生拜访一位即将赴华传教的神父，借阅到 19 世纪德国语言学家乔治·冯·德·格贝勒茨所撰的一本古老的德语版中文语法书，是当时所能找到的最佳中文语法书，其字体书写、语言表达和思维方式完全不同于他学习母语、拉丁语、希腊语和德语时用过的语法书。先生发现了中国文字和文化的魅力，立即产生极大兴趣。他结识越南老师张工宪（Truong Congcui），受其影响，属意远东及中国文明。张工宪介绍先生跟随中国老师陈荣生学习中文，教材为陈自编《我说中国话》。后来，陈荣生在欧洲加入“二战”法国抵抗运动，中法客运交通恢复后，返回中国。离开法国前，他介绍先生结识其朋友李治华（法文版《红楼梦》译者），李治华成为先生第二位中文老师，先生中文名字“汪德迈”即为李治华所取。

先生报考圣·西尔陆军学校（École Saint Cyr），该校入学竞考极为严格，各项体检亦需达标，先生因视力问题未被录取。

先生于巴黎大学（Université de Paris），即今索邦大学（Sorbonne Université）法学部注册学习法学。

10月，先生进入巴黎国立东方语言文化学院，随戴密微学习中文。戴密微 1931 至 1946 年间主持国立东方语言文化学院讲座及中文教学。先生父亲支持先生学法律，为其付学费，但不支持他学中文。

1946年，18岁

先生于巴黎大学文学部攻读哲学学士学位。

先生于巴黎大学法学部攻读学士学位。

先生于国立东方语言文化学院学习中文。

1947年，19岁

先生兼习越南文。

先生于巴黎大学文学部攻读哲学学士学位。

先生于巴黎大学法学部攻读学士学位。

先生于国立东方语言文化学院学习中文。

1948年，20岁

先生兼习越南文。

先生取得国立东方语言文化学院中文毕业文凭（Diplôme de chinois de l'école des Langues Orientales，高等学校初等专业文凭）。

先生获得巴黎大学文学部哲学学士（本科）学位，同年攻读哲学硕士学位。

先生获巴黎大学法学学士本科文凭（Licence）。

1949年，21岁

先生获越南语毕业文凭（Diplôme de vietnamien de l'école des Langues Orientales，高等学校初等专业文凭）。

先生攻读巴黎大学文学部哲学硕士学位。

1950年，22岁

先生获颁巴黎大学文学部哲学本科高等学位证书（Licence ès lettres,

certificat d'études supérieures）。

先生获巴黎大学法学硕士学位。

10 月 30 日，先生注册攻读巴黎大学法学博士学位（Doctorat）。

先生与越南华裔李氏子（Gabrielle Ly Thi Ti，1924—2006）结婚。夫人就读于法国牙科大学（École dentaire Garancière），博士毕业后为牙科医生。

先生希望到东方学习。

1951 年，23 岁

是年，法国政府招募人员到越南工作，越南属于汉文化圈，西贡（今胡志明市）为先生理想去处。先生妻子出生于西贡，为华裔。先生任教于越南张永记中学（Lycée Petrus Truong Vinh-Ky），为期三年，担任法国文学和西洋哲学教师（高中三年级课程）。又随阮文儒（该中学越南文老师）习越南文言文，讨论中、越文学。先生常到堤岸（Cholon）[①] 书市购书。

4 月 7 日，先生获得东方语言文化学院颁发中文毕业文凭证书。（1948 年取得中文毕业文凭，但 1951 年才拿到证书。）

10 月 31 日，先生获巴黎大学法学博士学位，成绩优秀（très honorable）。博士论文题目为《麦克斯·施蒂纳的思想理论》（*Max Stirner Les idées économiques de Max Stirner*），今尚未出版。

1952 年，24 岁

3 月 22 日，先生获颁巴黎大学哲学硕士学位证书（Diplôme des études supérieurs，简称 DES）。论文题为《莱布尼茨和中国思想》（*Leibniz et la pensée chinoise*），原件尚存，未出版。

先生同时应河内大学西贡分部法学系系主任凯彦先生（Kéryan）邀请，兼课教授古罗马法课程，至 1954 年。

1953 年，25 岁

先生继续于西贡中学任教，同时于河内大学西贡分部法学系兼授古罗马法。

① 堤岸（Cholon）是西贡的一个区，俗称“小中国”。

1954 年，26 岁

先生构思博士论文《法家的形成——古代中国特有的政治哲学形成研究》（*La Formation du Légisme. Recherche sur la constitution d'une philosophie politique caractéristique de la Chine ancienne*）。后因远东学院院长让・菲琉匝（Jean Filliozat，1906—1982）要求，该论文转注册为法国高等实践研究院毕业文凭。该校无博士学位，此文凭相当于硕士学位。

8 月，先生与日本汉学家仁井田陞（Niida Noboru）① 同行，从越南返回巴黎休假。

先生于巴黎大学注册法国国家博士生。

是年，先生为考法国高级教师资格证书（Agrégation）而复读。

1955 年，27 岁

先生参加高级教师资格证书考试，因反对法国殖民越南等言论未获录取。9 月，受法国海外部（Ministère outre-mer）派遣，重返越南工作，至河内中学（Lycée Albert Sarraut，Hanoi）任教，为期两个月。

1956 年，28 岁

4 月 1 日，先生被聘为河内法国远东学院（École française d'Extrême-Orient，简称 EFEO）研究员，戴密微为指导教师。戴密微为远东学院汉学研究的带头人，先生承担越南北部汉代中国明器铜镜目录编纂收尾工作。

4 月，因年初当地新成立的政府废除法语教学，先生无事可做。恰逢在河内的法国远东学院需要更换博物馆馆长一职，先生便任路易・菲诺博物馆（Musée Louis Finot，时属远东学院，即越南国家历史博物馆前身）馆长，至 1958 年。

先生《河内路易・菲诺博物馆藏铜镜》（*Les miroirs de bronze du Musée de Hanoï*）一书撰写完毕，由法国远东学院出版社 1960 年出版。

先生《东南亚铜鼓》（«Binshi yori mitaru En Kôdô no bungaku issoku men»）发表于香港大学《东方研究》（*Journal of Oriental Studies*，年刊）。

---

① 仁井田陞（Noboru Niida，1904—1966），东京大学东方法名誉教授，中国法律史研究专家。

1957 年，29 岁

先生因公至香港，与法兰西学士院摄影师至新界乡下拍摄民族学主题农民电影，历时约四个月。

法国远东学院驻越南中心负责人杜兰德离任，先生继任，将原远东学院越南中心的图书馆、博物馆、档案等移交给越南新政府，先生在新设施中重建远东学院越南中心。1998 年 12 月 31 日，法国政府为表彰先生这一时期在越南河内工作的贡献，授予先生法国国家荣誉军团骑士勋章。

先生于越南河内任职时，受邀与戴密微一起赴柬埔寨金边参加学术会议。

先生于河内时第一次到香港。

朋友蒋信邀请先生到北京外交学院一起教法文，先生答应并收到外交学院教授聘书，但当先生向法国远东学院院长提出到北京请求时，院长以中法没有建交为由拒绝。先生仍坚持请求，最后获得河内法国外事处代表批准，但前提是必须等到有人来代替先生职位后才能离开。

1958 年，30 岁

2 月，接替先生新职员雷维安（André Lévy，1925—2017）来到河内时，中国政局已发生变化，驻河内中国大使通知先生，合同被中国外交部拒绝，先生因此取消北京之行。

5 月，先生结束越南工作，自河内返巴黎。先生至法兰西学院（Collège de France），随戴密微研究汉学；至巴黎大学文学部，随谢和耐（Jacques Gernet，1921—2018）学习汉学博士前阶段课程——唐法典、明代思想史，与施舟人（Kristofer Schipper，1934—2021）同学。

12 月，戴密微不赞同先生到香港学习，认为香港是商业社会，如果要学习中国文化，日本是最佳选择。先生听从戴密微建议，决定留学京都大学，当月离法赴日。

1959 年，31 岁

1 月，先生赴京都大学，留学三年（1959—1961）。当时先生未以学生身份注册，仅以京都大学人文科学研究所研究员身份在京都大学旁听。先生随吉川幸次郎（Yoshikawa Kojirô，1904—1980）习中国思想史、中国古典文学；随小川环树（Ôgawa Tamali，1910—1993）读文学特别是文言文；随重泽俊郎（Shigezawa Toshio，1906—1990）读中国思想史、哲学；阅读白川静（Shirakawa Shizuka，1910—2006）藏书，学习中国哲学史、考古史及语言学，特别是甲骨文与古文字学。时京都大学周课约 4 节，先生研习之余，至 Nagulama 私立外语学校学习日语并翻译日文著作。

先生出席日本汉学研究大会，并作日语演讲《中国“插花”》（« L'arrangement de fleurs en Chine »），日文版发表于《日本汉学研讨会论文集》。

先生开始撰写《法家的形成——古代中国特有的政治哲学形成研究》和《王道：中国古代体制精神之研究》，先生受日本大阪大学（Osaka University）木村英一（Kimura Eiichi，1906—1981）《法家思想の研究》影响较大。

1960 年，32 岁

先生继续留学京都大学。在日期间，先生为做课余调查与实地考察，曾从南到北跑了很多地方，仅冲绳岛（Okinawa，又称琉球［Ryükiu］）未至。

1961 年，33 岁

先生自日本返归巴黎度学术假（1961—1962）。

8 月 31 日，先生获教育部颁发法国高等实践研究院经济学科与社会学科实习生证书。

先生与让·菲琉匝、苏远鸣（Michel Soymié，1924—2002）、罗杰·比亚尔（Roger Billard，1922—2000）编纂《关于 1961 年度远东学院活动报告》，发表于《法国远东学院院刊》（*Bulletin de l'École française d'Extrême-Orient*），第 2 期（总 51 卷），1963 年。

1962 年，34 岁

先生获法国高等实践研究院第五科（科学与宗教研究学科）毕业文凭（第五科后来被取消，改为第六科；该校无博士学位，此文凭相当于硕士学位，该文凭学生不上课，仅提交一篇论文［mémoire］）。指导教师白乐日（Etienne Balazs，1905—1963），论文题目为《法家的形成——古代中国特有的政治哲学形成研究》，1965 年于巴黎出版。同时继续准备国家博士论文《王道：中国古代体制精神之研究》。

先生为饶宗颐《殷代贞卜人物通考》（*Yin tai tcheng pou jen wou t'ong k'ao Oracle Bone Diviners of the Yin Dynasty*）一书撰写书评，并在同一期上发表对《殷代贞卜人物通考》一书的补充说明（«Note en supplement à l'analyse du livre：Oracle Bone Diviners of the Yin Dynasty de M. Jao Tsung-I »），《法国远东学院院刊》，第2期（总第50卷）。

9月，先生赴香港，随饶宗颐习文献学、语言学特别是古文字学（1962—1964）。戴密微1954年于英国剑桥参加第二十三届东方学家国际会议时认识饶宗颐，特别欣赏他的学识。1956年9月，饶宗颐首次赴巴黎参加第9届欧洲青年汉学家年会，戴密微高度重视其研究成果。1959年，饶宗颐《殷代占卜人物通考》于香港大学出版，寄给戴密微。戴密微感到当时欧洲无人研究甲骨文，必须马上培养一位年轻学者，于是决定派先生到香港向饶宗颐学习研究甲骨文。

先生于香港大学听饶宗颐先生讲授《文心雕龙》《文选》研究课程，周末与印度学者白春晖（Vasant Vasudeo Paranjape，？—2010）至饶宅习甲骨文和《说文解字》，兼习“十三经”“二十四史”。于香港第一年，先生与夫人、女儿住香港大学附近巴丙顿道（Babington Path）一栋大楼公寓内。先生于香港大学语言学校（校长马蒙）修习汤象课程，汤象老师为他精心选择书籍，让他体验中国人的生活方式。先生于香港大学中文系修习罗锦棠元曲研究课程，又向历史学家罗香林老师学习中国历史。因夫人和女儿回法国，先生便借住语言学校老师画家陈哲家中，学习书法。陈哲为北京人，全家人皆好客，先生与他们长久保持联系。

1963年，35岁

7月，白春晖提议安排，饶宗颐接受班达伽（Bandharkar）东方研究中心和法国远东学院驻印度本地治里（Pondichéry）研究中心负责人印度学家让·菲琉匝邀请，前往浦那市（Poona）及本地治里等地考察旅行3个月。先生陪同饶宗颐，行程中充当秘书和助手。印度学者热情款待，安排住研究所宿舍，饶宗颐向白春晖父亲（Vasudev Gopal Paranjape，1887—1976）学习梵文，解读古印度文字和婆罗门经典，先生温习梵文课程。二人参访卡尔里（Karli）地区佛洞，其中最有名的是支提（Chaitya）洞窟，还参访了泰姬陵、德里红色要塞（Fort Rouge）、马杜赖（Madurai）地区寺院、科罗曼德（Coromandel）海滨城市马哈巴利普拉姆（Mahäbalipuram）地区袖小婆罗门教堂等地。参观距离浦那市60多公里处原始卡尔里（Karli）佛洞时，大雨淹没所有道路，客车无法前行，先生脱下鞋，背着老师涉水数重，饶宗颐笑谓“同登彼岸”。回香港后，饶宗颐为纪念这次涉水经历，特意创作一幅山水画卷轴，画印度山水，画面底部一片积水，前有两人，其中一人正背着另一人。他们还访问斯里兰卡首都等城市，游览缅甸仰光、蒲甘（Pagan）和曼德勒（Mandalay），并于泰国停留数日，考察大城府（Ayutthaya）暹罗古都。最后一周到柬埔寨，游览吴哥（Angkor）古迹。

1964年，36岁

先生出席日本汉学研究大会，并作大会演讲《明治维新》。

2月，先生从香港直接赴日第二次留学日本，任京都大学人文科学研究所助理研究员，为期近一年。此次专为研习京都同志社大学中国法律史专家内田智雄教授“工作坊”翻译课，选修《中国二十四史内刑志篇的日文翻译》研讨专题，启发日后法家研究。先生还追随日本大阪大学文学院木村英一教授的思路研究法家。在日本学者看来法家是小学派。先生学习的主要方法是阅读这位日本著名的中国哲学研究者的著作，例如《法家思想的研究》。木村英一的哲学思想对先生《法家的形成——古代中国特有的政治哲学形成研究》一书思想的形成起至关重要作用。先生于日本再次遇见老师饶宗颐，饶宗颐1954年曾在日本东京大学教养学部讲授甲骨文，此行作为大学教授开展一系列讲座。先生介绍饶宗颐认识福井文雅（Fumimasa Fukui，1934—2017）和福井康顺（Fukui Kôjun，1898—1991），福井康顺为先生同窗福井文雅的父亲，佛教、道教研究专家。

7月，中法建交。先生口述此年两至中国。首次为独自观光游。先生于香港从饶宗颐学习，暑假从香港入境至广州，再到上海、苏州、北京、武汉，最后返回香港，历时约一个月。为深入了解中国盆景、插花及园林艺术与文化，先生于7月31日专访苏州中国盆景艺术大师、作家周瘦鹃，两人相见恨晚，相谈甚欢。先生参观其“紫兰小筑”盆景园，应允周瘦鹃写一部《东游记》。回法后，在原题《中国“插花”》（« L'arrangement de fleurs en Chine »）一文基础上加入新思考，同题发表于吉美博物馆《亚洲艺术》（*Arts Asiatique*）1965年第11卷第2期。

此年，先生与夫人李氏子再次赴华，由香港入境，特意到广东潮州寻根，希望找到李氏子曾祖父母曾居村庄。到潮州后，因只记越南文村名，最终只找到曾祖母曾居村庄，未找到曾祖父曾居村庄。

1965 年，37 岁

先生于法国从事研究工作（1965—1966）。

5 月 12 日，先生注册教育部高教局签署高等教学能力资格表（la petite liste，即“小名单”）。

先生《法家的形成——古代中国特有的政治哲学形成研究》一书由法国远东学院出版社出版，1987 年再版。

是年，先生至东京国际展览中心（Kokusai tôhô gakkai gakushi kaigi kiyô）作学术演讲《明代袁宏道〈瓶史〉中的文学创作思想》，演讲稿思路亦有受周瘦鹃与其“紫兰小筑”盆景园的插花及园林艺术思想影响。

先生结束第二次赴日留学，回到法国。

12 月，戴密微以法国国家科学研究中心（CNRS）名义邀请饶宗颐至巴黎，帮助整理和研究敦煌手抄本宗卷，校勘敦煌曲子，兼为《敦煌白画》搜集资料。先生获准任饶宗颐助手。饶宗颐此行住于先生家中（1965 年 12 月初至 1967 年 8 月末），先生每遇疑难问题时，便叩门请教老师。

1966 年，38 岁

1 月，戴密微邀请饶宗颐至阿尔卑斯山霞慕尼（Chamonix）观雪，因巴黎事务繁忙，由先生代为陪同至霞慕尼游览三日。饶宗颐第一次亲睹雪山美景，触动灵感。晚宿旅馆，谈论诗歌。先生向饶宗颐介绍法国诗人兰波（Rimbaud），饶宗颐极为倾慕，不少诗因兰波诗《醉舟》而得灵感。饶宗颐此行依谢灵运诗韵作诗 36 首，结集为《白山集》，戴密微英文赋诗题于卷首：“儿时闲梦此重温，山色终非旧日痕。爱听清湍传逸响，得从峻调会灵源。”（饶宗颐翻译）3 月，饶宗颐于香港自印《白山集》线装本。

3 月 30 日，先生全书翻译日本九鬼周造（Kuki Shûzô）《偶然性之问题》（《偶然性の問題》，日本岩波书店 1935 年出版），法文题 *La question du hasard*，法译本由东京大学出版社出版（未对外出版）。此前，联合国教科文组织（UNESCO）希望法译该书，作为 20 世纪日本哲学代表作推行。

8 月 7—13 日，饶宗颐应戴密微之邀同游其故乡瑞士庄山（Mont-la-ville），先生陪同，并合影留念。此次从瑞士一侧游览阿尔卑斯山，饶宗颐流连于山脚下小湖泊“黑湖”，沿途一周创作绝句 34 首并书法，结集《黑湖集》。1968 年，戴密微将其中 17 首译为法文（*Le Recueil du Lac noir*），并撰序文一篇，刊于瑞士《亚洲研究》第 22 期。

先生执教于法国普罗旺斯大学（1966—1973，Université de Provence）人文部（含东方语言、斯拉夫语言），首创中文教学机构，讲授语言学、汉语文法（白话文）、中国历史等课。同事法国年鉴派末期代表杜比（Georges Duby，1919—1996）对先生影响较大。

先生注册教育部高教局签署高等教学能力资格表（la grande liste，即“大名单”），获得教授资格。

先生《韩国（高丽）》（« La Corée »）发表于《世界人民与文明》（*Civilisations et peuples du monde*）第五卷，法国里迪斯出版社（Éditions Lidis）出版。

先生继续撰写国家博士论文《王道：中国古代体制精神之研究》。

1967 年，39 岁

3 月，先生《红色东方》（« L'Orient rouge »），发表于法国《精神》（*Esprit*）杂志。

9 月，先生《中苏边界》（« Les frontières sino-soviétiques »），发表于法国《精神》杂志。

12 月，先生《中日关系》（« Les relations sino-japonaises »），发表于法国《精神》杂志。

1968 年，40 岁

1 月，先生《中国诗歌与马克思主义批评》（« Poésie chinoise et critique marxiste »），发表于法国《精神》（*Esprit*）杂志。

1969 年，41 岁

1 月，先生《明治，还是日本的 Janus？》（« Meiji ou le Janus nippon? »）[①]，发表于法国《精神》杂志。

① “Janus”是罗马神话里一个有双头的怪物，此处意指日本有两个面庞，现代的与传统的？

9 月，先生《第九次党代会时期的中国》(« La Chine à l'heure du IXe Congrès »)，发表于法国《精神》杂志。

1970 年，42 岁

12 月，先生《毛泽东思想革命实践中的党和军队》(« Le Parti et l'armée dans la pratique révolutionnaire maoïste »)，发表于法国《精神》杂志。

1972 年，44 岁

4 月 19 日，先生《中国教育改革中的政治与教育学》(« Politique et pédagogie dans la réforme chinoise de l'enseignement »)，发表于《法国教育学》(*Revue française de Pédagogie*)，总第 19 期。

7 月，先生《中华人民共和国的教育改革》(« Réforme de l'éducation en République populaire de Chine »)，发表于法国《导向》(*Orientations*) 第 43 期，亦刊于巴黎《联合国教科文组织国际教育与发展委员会的报告》(*Rapport de la Commission internationale de l'UNESCO sur le développement et l'éducation*)，1973 年。

先生《法家》《墨子》《朱熹》《王阳明》(« École des Légistes » « Mo-tse » « Tchou-hi » « Wang Yang-ming »)，发表于《世界百科全书》(*Encyclopædia Universalis*)，巴黎，1972—1974 年出版。

1973 年，45 岁

先生《15 和 16 世纪的中国与阿拉伯国家的关系》(« Les relations sino-arabes au XVe et au XVIe siècles ») 发表于普罗旺斯大学学刊《语言学、东方学与斯拉夫学》(*Cahiers de linguistique, d'orientalisme et de slavistique*) 第 1 期，1-7 月号。

先生出席巴黎“第 29 届东方研究大会”并演讲。

先生任职于巴黎第七大学东亚语言与文明系（UER），并任系主任（1973—1979）。初为副教授（Maître de conférences，简称 MCF），讲授中国历史、中国现代文学，同时随巴黎七大李玉（Li Ogg）习韩文。

1974 年，46 岁

先生任法兰西学院汉学研究所（IHEC）管理委员会委员兼出版委员会

主席。

法国塞依（Seuil）出版社出版先生与法国汉学家让·皮埃尔·韦尔南（Jean Pierre Vernant，1914—2007）、谢和耐主持编纂的《占卜与理性》（*Divination et rationalité*），收录先生的《从龟卜到蓍占》（« De la tortue à l'achillée »）。

先生《晚清讽刺文学的创新:〈官场维新记〉》（« Une satire du mouvement novateur à la fin des Ts'ing ; le Kouan-tch'ang wei-sin ki »），发表于《敬献戴密微先生的汉学研究论文集》（*Mélanges de sinologie offerts à Monsieur Paul Demiéville*, tome II）第II卷第24辑，法兰西学院汉学研究所图书馆（Bibliothèque de l'Institut des hautes études chinoises）。

1975年，47岁

先生《中国古代历史概况》（« Panorama de la Chine ancienne »），发表于布鲁塞尔《钥匙》（*Clés*）杂志第7年度第3期。

先生通过国家博士学位论文答辩，获法国国家博士学位，导师为谢和耐。论文题为《王道：中国古代体制精神之研究》（*Wangdao ou La Voie royale: Recherche sur l'esprit des institutions de la Chine archaïque*），共两卷。第一卷：文化结构与家庭结构（*Structures cultuelles et structures familiales*）；第二卷：政治结构与礼仪（*Structures politiques les rites*）。谢和耐、蒲德侯（Jean Bottéro）、石泰安（Rolf Alfred Stein，1911—1999）为答辩委员会委员。法国初无汉学博士学位，20世纪初始设，"二战"后步入正轨。先生读博士的时代，法国有两种博士学位：（1）第三阶段博士（doctorat de troisième cycle），攻读时间为2—3年；（2）国家博士（thèse d'État），学习时间一般为8—10年，可以按学生要求延长。1984年取代以上两种博士学位的是新改革制度博士（doctorat nouveau régime），一般学制为4年。嗣后有资格执教中文并指导博士学位论文者只有谢和耐、吴德明（Yves Hervouet，1921—1999）及先生。

先生的国家博士论文自1954年在巴黎大学注册以后，经过十余年时间深入思考，特别是到日本聆听了内田智雄的古代法律课，进一步认识了中国法律制度的历史和发展动力，认为研究王道必须回归《周礼》，回归儒学。先生更加明确了中西文化在根源上的差异，即一个立足于罗马法系统，另一个则植根于礼乐制度。《王道：中国古代体制精神之研究》基本上是在日本期间完成的。

7 月，先生出席汉城“韩国汉学研究大会”并演讲。

9 月 5 日，先生与戴密微同行，出席荷兰莱顿大学汉学研究所汉学家、《通报》主编许理和（Erik Zürcher，1928—2008）接任荷兰汉学家何四维（Anthony Hulsewé，1910—1993）职位庆典。

1975—1976 年，饶宗颐被法国高等实践研究院聘请为学术负责人，重到巴黎，复住先生家中。期间，先生陪同老师饶宗颐考察拉斯科史前洞窟壁画，并结识法兰西高等研究院亚述学者蒲德侯。

先生任法国高级教师资格录取审查委员会中文专业成员，为期三年（1975—1978）。

先生任法国高师（ENS）资格录取审查委员会成员，为期五年（1975—1980）。

此年，施舟人联合先生、吴德明等汉学家，组织全欧范围新的汉学学会——欧洲汉学学会，宗旨为尽一切可能促进和巩固欧洲学者汉学研究相关活动。学会第一次大会于 1976 年 9 月在巴黎举行。

1976 年，48 岁

5 月，在戴密微协调下，饶宗颐应邀赴巴黎，任法兰西远东学院研究员。先生于新宅接待老师饶宗颐。雷维安（Lévy André）及其夫人陪同饶宗颐游历法国中南部。9 月，游西班牙，一路作诗，结集为《西海集》，其中有《偶成三首汪德迈新宅》。后陈韩曦、翁艾注译《西海集》，花城出版社 2015 年 2 月版。

8 月 23—25 日，先生与索邦大学白莲花（Flora Blanchon，1943—2012）教授共同出席多伦多“加拿大汉学研究大会”，并作大会演讲《耶稣会传教士制作的中国最古老的地理地图》。

10 月 13—16 日，先生出席“威尼斯汉学研究大会”并演讲。

10 月 21—23 日，先生出席“韩国汉学研究大会”并演讲。

12 月，先生《汉代中国的土地法规》（« Le statut des terres en Chine à l’époque des Han »），发表于汉城《法国与韩国学研究》（*Études franco-coréennes*）1976 年第 3 期。

先生任法国国家科研中心国家委员会委员（1976—1982）。

先生任法国国家科研中心第 38 届理事会成员。

先生任法国高等社会科学院（EHESS）中国中心行政董事会成员，至1980年。

先生任法国公立大学集团各部门专家资格选拔审核委员会第57科成员（Membre de diverses commissions de spécialistes relevant de la 57e Section du Conseil consultatif des Universités），至1980年。

先生任法国国立东方语言文化学院（Inalco）理事会科学顾问，至1980年。

先生《法国远东学院关于汉文化国家的语言与文明领域的研究》（« Les recherches sur les langues et civilisations des pays sinisés à l'École française d'Extrême-Orient »），发表于《远东学院院庆75周年著作与观点》（*Travaux et perspectives de l'EFEO en son 75e anniversaire*），法国远东学院出版社出版。

先生与美国哥伦比亚大学狄培理（William Theodore de Bary）教授组织美欧远东学研究学会，于美国、法国轮流举办学术研讨会。1976—1982及1987—1993年间，狄培理任该学会主席，1987—1993年间，先生任该学会欧洲分部部长。

1977年，49岁

先生国家博士论文《王道：中国古代体制精神之研究》（*Wangdao ou La Voie royale*: *Recherche sur l'esprit des institutions de la Chine archaïque*）第一卷《文化结构与家庭结构》（*I*: *Structures cultuelles et structures familiales*），法国远东学院出版社出版。

7月，先生《汉代的"明堂"研究》（« Recherches sur le Ming-tang sous les Han »）发表于汉城（Séoul）《法国与韩国学研究》（*Études franco-coréennes*）第20卷第2期。

8月，先生《礼仪的中国概念》（« La conception chinoise des rites »）发表于普罗旺斯大学《语言学、东方学与斯拉夫学》学刊（*Cahiers de linguistique*，*d'orientalisme et de slavistique*）1977年第8期。

1978年，50岁

先生于巴黎第七大学晋升教授。

6月，先生《克洛岱尔诗学中的远东文化精神》（« L'esprit de la culture

extrême-orientale dans la poétique de Claudel »）发表于汉城《远东研究杂志》（*Journal of Far Eastern Studies*）1978 年第 18 卷。

先生受邀至东京参加法国驻东京大使馆宴会，与即将离任的法国驻日大使罗斯（Ross）座谈两小时，表示尽最大努力促进中日和平。

10 月，先生《中国帝制时期的书院教育》（« L'enseignement académique dans la Chine impériale »），发表于普罗旺斯大学学刊《语言学、东方学与斯拉夫学》，1978 年第 10 期。

1978—1979 年，饶宗颐于香港中文大学荣休后，被聘为法国高等实践研究院（École pratique des Hautes Études，简称 EPHE）宗教部客座教授，讲授中国古代宗教。先生多陪同老师饶宗颐，交流学术，周末至教堂听唱诗。

先生以法国远东研究院名义邀请饶宗颐来法参加学术研究项目，饶宗颐即住在先生巴黎家中。

1979 年，51 岁

2 月，先生《中国新的政治路线的意识形态基础》（« Les fondements idéologiques de la nouvelle ligne politique chinoise »）发表于巴黎《项目》（*Projet*），第 132 期。

3 月 23 日，戴密微病逝于瑞士，先生深情哀悼恩师。

先生参加法国外交部组织，法国国家科研中心与中国社会科学院合作策划的大学校长代表团赴上海、北京、西安活动，为恢复中法大学及科研机构间文化交流寻求互换伙伴。复旦大学教务部负责外事工作的鲍正鹄时任巴黎七大客座教授（约 1979 年—1980 年 6 月），讲授中国目录学，属互换交流项目。受其邀请，原巴黎七大教授杜比（后调法兰西学院）至中国参加学术研讨会。

此年起，先生被聘为法国高等实践研究院第五科研究导师（任中国宗教研究学科儒学研究导师［Directeur d'études des Religions chinoises à l'EPHE-Vème section］）、研究员。

先生出席法国高等实践研究院讲座，并演讲《中国的宗教》（上）（« Religions de la Chine-1 »），发表于《法国高等实践研究院年刊》（*Annuaires de l'École pratique des hautes études*）总第 88 卷。此后，先生于该刊连续发表讲座文稿 / 论文，直至 1993 年。

先生《行进中的科学——中国大学教育与研究人员培训的新组织形式》(« Chine：la science en marche. La nouvelle organisation de l'enseignement universitaire et la formation des chercheurs »）发表于《政治与社会问题》(*Problèmes Politiques et Sociaux*）第 377 期，第 4 季度，法国资料与传播局（Documentation Française）出版。

先生《中国古典文学》(« Les Études Chinoises Classiques »）发表于《人文科学研究：人文学科》(*La Recherche en Sciences humaines：Humanités*)，法国国家科研中心出版社 1979—1980 年出版。

1980 年，52 岁

先生《凤雏村的甲骨文研究》(« Note sur les inscriptions oraculaires de Fengchu cun »）发表于《东洋学论集・池田末利博士古稀纪念》(*Essays and Studies Presented to Dr Ikeda Suetoshi in Honour of his Seventieth Birthday*)，广岛（Hiroshima）出版社 1980 年出版。

先生获本年度法兰西学士院铭文与美文学院（Institut de France, Académie des Inscriptions et Belles-Lettres，简称 AIBL）"儒莲奖"（Prix Stanislas Julien)，该奖项为法国汉学研究权威学术奖。

3 月 24—29 日，为致敬慕尼黑大学教授卡尔・宾格尔（Karl Bünger, 1903—1997)，先生至法国华幽梦（Royaumont）修道院出席"中国的国家概念——欧洲研讨会"，并作大会演讲《中国古代行政管理中书写程序的发展》(« Le développement de la procédure écrite dans l'administration chinoise à l'époque ancienne »)，发表于《卡尔・宾格尔纪念文集》(*Festschrift Karl Bünger*)，慕尼黑大学（München Universität）1981 年出版。

4 月 22—24 日，先生出席由巴黎七大安妮－玛丽・克里斯汀（Anne-Marie Christin）教授主持的《文字、表意（文字）系统和实践表达》(*Écriture, systèmes idéographiques et pratiques expressives*）研讨会，主持第一场会议，并以《中国的书写与书面语言》(« Écriture et langue écrite en Chine »）为题演讲。

饶宗颐赴巴黎参加法国远东学院百周年纪念盛典，先生与恩师欢聚。

8 月 24 日—11 月 12 日，由原巴黎七大学生让・德・米里拜尔联络，先生赴西安外国语学院工作，与中国师生共编辞典等。至 1993 年退休前，先生几乎每年皆赴西安讲学。

9月，先生赴曲阜参加儒学国际讨论会，订阅《孔子研究》月刊，并与前法国驻华外交官马克·孟毅、联合国教科文组织世界遗产中心顾问林志宏、索邦大学教授白莲花等于法国创建“曲阜之友”协会。该协会每两年夏季组织召开一次国际研讨会，先生皆与会。每次途经北京时，皆拜访汤一介、乐黛云夫妇，交换学术意见。

先生出席法国高等实践研究院讲座，并演讲《中国的宗教》（下）（« Religions de la Chine-2 »），发表于《法国高等实践研究院年刊》总第89卷。

先生国家博士论文《王道：中国古代体制精神之研究》（*Wangdao ou La Voie royale*: *Recherche sur l'esprit des institutions de la Chine archaïque*）第二卷《政治结构与礼仪》（*II*: *Structures politiques les rites*），法国远东学院出版社出版。

先生《中国传统意识形态的意涵》（« Sens de l'idéologie dans la tradition chinoise »）发表于政治思想中心（Centre de la pensée politique）与伽利略（Galilée）出版社联合出版的《意识形态分析》（*Analyse de l'idéologie*）杂志。

1981年，53岁

先生第三次赴日，至东京，任日本外交部属日佛会馆（Nichi-Futsu Kaikan）法方馆长，组织日法文化交流活动，任期三年（1981—1984）。

在日期间，撰毕《新汉文化圈》（*Le nouveau monde sinisé*）。先生法译日本九鬼周造另一部哲学著作《行动之经验》（*Iki no kôzô*），因作者去世，日本出版社未征得其家人出版许可，该书译后未能发表，译稿至今存于日佛会馆。

在日期间，先生作为弗朗索瓦·于连（François Jullien，1951— ）国家博士论文实际指导教师之一，指导其论文写作，于连正式指导教师为吴德明教授，国家博士论文题目为《含蓄的价值：中国传统诗歌诠释中的原始性范畴》（*La valeur allusive: Des catégories originales de l'expression poétique dans la tradition chinoise*），法国远东学院出版社1985年出版。

1982年，54岁

先生《中国文字和文言》（« Écriture et langue écrite en Chine »）发表于

巴黎七大《"书写"研讨会论文集》(*Actes du colloque « Écritures » de Paris VII*)，巴黎西高茂赫出版社（Éditions Sycomore）出版。

先生《中国先秦时代——从起源到公元前3世纪》(« La Chine pré-impériale — des origines au IIIe siècle av.J.-C. »)，《中国帝制，从建立至15世纪末》(« L'empire chinois de sa fondation à la fin du XVe siècle »)，《明清时代的中国》(« La Chine des Ming et des Qing »)，《中国帝制的终结》(« La fin du régime impérial en Chine »)，《20世纪中国的突变》(« La Chine mutante du XXe siècle »)，被译为西班牙文，1980—1982年发表于《世界通史》(*Historia Universal*)卷五、卷七、卷十，于巴塞罗那（Barcelone）萨尔维特出版社（Salvat Editores）出版。

先生《中越（历史上）的战争危机》(« La crise sino-vietnamienne »)发表于《国际社会状况》(*Sur l'état de la société internationale*)杂志，巴黎经济出版社出版。

11月，先生《甲骨文和中国文字》(« Les inscriptions oraculaires et l'écriture chinoise »)发表于法国《国家科学研究中心学刊》(*Courrier du CNRS*)第48号《人类科学图像》(*Images des sciences de l'homme*)。

1983年，55岁

先生出席东京"法日社会学研讨会"(Colloque franco-japonais sociologie)并演讲。

先生出席美国加利福尼亚大学伯克利分校举办"中国占卜研讨会"(Colloque sur les Divinations chinoises)，并作大会演讲《霍布斯的个人主义与儒家的人伦主义》(« Individualisme hobbsien et interpersonnalisme confucianiste »)。

先生出席东京、京都"第33届东方学研讨会"(33e Congrès des Orientalistes)并演讲。

先生于《远东－远西》(*Extrême-Orient, Extrême-Occident*)杂志上发文，并帮助该杂志创办人于连，嗣后帮助续办人林力娜（Karine Chemla）。

先生《非中国传统观念之革新思维："朝代更迭"和天地秩序的复原》(« L'idée révolutionnaire, conception étrangère à la tradition chinoise: le changement de mandat et la restauration de l'ordre cosmique »)发表于《远东－远西》1983年第2期。

3 月，先生《帝制时代的太医院》(« L'Académie de médecine de la Chine impériale »）发表于《法日医学信息》(*Nouvelles de la Société Franco-Japonaise de médecine*）1983 年第 11 期，东京日佛会馆出版。

3 月，先生《法国的中国研究现状》(« La situation des études chinoises en France »）发表于《创价大学学刊》(*Sôka daigaku*）1983 年第 4 期，东京创价大学出版社出版。

1984 年，56 岁

先生出席法国高等实践研究院讲座，并演讲《汉代的儒学：今文字经学与古文字经学》(« La scholastique confucianiste sous les Han: Néo-canonisme et Archéo-canonisme »)，发表于《法国高等实践研究院年刊》总第 93 卷。

5 月，先生出席于东京大东文化大学板桥校区召开的“东方学研究国际研讨会”(Congrès international des Orientalistes)，并演讲《古代中国的亲族构成与国家的概念》(《古代中國における親族構造と國家構造》)。

6 月 25 日，法国哲学家福柯（Michel Foucault，1926—1984）病逝。先生与福柯为巴黎大学文学部哲学专业同学，后接受福柯“知识考古学”影响，认为福柯的“知识考古学”不仅指向出土文物，还用来解释“思想的历史”，解释社会意识形态的历史。先生自称所做的最本质的研究是中国思想的考古（C'est l'archéologie de la pensée)，用的是“考古学”的方法，但目的不是做文物考古。

12 月，《中国文字的起源》(« L'origine de l'écriture chinoise »）日文收录于《庆应义塾大学东方研究所报告》(*Reports of the Keiô Institute of Cultural and Linguistics studies*）第 16 期。

先生撰写《孔子》(« Confucius »）、《孟子》(« Mencius »）词条，发表于德尼·于思曼（Denis Huisman）主编《哲学家字典》(*Dictionnaire des philosophes*)，法国大学出版社（Presses universitaires de France，简称 PUF）出版。

1985 年，57 岁

先生出席法国高等实践研究院讲座，并演讲《后汉时期的儒学》(« Le confucianisme à l'époque des Han postérieurs »)，发表于《法国高等实践研究院年刊》总第 94 卷。

先生《一个不遵循神学的传统：儒学传统》(« Une tradition réfractaire à la théologie: la tradition confucianiste »)，发表于《远东－远西》1985 年第 6 期。

7 月 12 日，先生专著《新汉文化圈》法文版（*Le nouveau monde sinisé*），法国大学出版社出版。

先生出席巴黎“东方学研究国际研讨会”（Congrès international des Orientalistes）并演讲。

先生《中国古代的家庭构成与国家组织》(« À propos de l'organisation de la parenté et de l'État dans la Chinise archaïque »)，日文发表于东京《大东文化大学东方研究所公报》(*Bulletin of the Institute for Oriental Studies of Daitô bunka University*)，1 月号。

先生《中国法律概念探究》(« An Enquiry into the Chinese Conception of the Law »）发表于施拉姆（Stuart R. Schram）主编《中国国家权力的范围》(*The Scope of State Power in China*)，香港中文大学与牛津大学（The Chinese University of Hong Kong，University of Oxford）联合出版。

1986 年，58 岁

先生出席法国高等实践学院组织“法日科学—宗教研讨会”（Colloque science-religion）并演讲。

先生《新汉文化圈》(*Le nouveau monde sinisé*)，朱先安（Chu Tién Anh）、黄越（Hoàng Vièt）译为越南文，越南社会科学出版社 1992 年出版。

先生出席法国高等实践研究院讲座，并演讲《从三国到西晋时期的儒学——道教影响的进入》(« Le Confucianisme des Trois-Royaumes aux Jin occidentaux »)，发表于《法国高等实践研究院年刊》总第 95 卷。

先生《文字与文学于中国》(« Écriture et littérature en Chine »）发表于《远东－远西》1986 年第 8 期。

9 月 29 日—10 月 4 日，先生出席第一届法日合办“宗教与亚洲社会”（Religions et sociétés asiatiques）主题系列“工作坊”（1986—1991）。出席东京“宗教与亚洲社会・基督教与亚洲社会”研讨会（Christianisme et sociétés asiatiques），并作大会演讲《中国传统与宗教》(« Tradition chinoise et la religion »)，收录于法国阿兰・付立思（Alain Forest）、日本坪井义

晴（Yoshiharu Tsuboï）合编《天主教与亚洲社会》（*Catholicisme et sociétés asiatiques*），巴黎哈马坛（L'Harmattan）与东京索菲亚大学出版社（Sophia University Press）1988 年联合出版。

1987 年，59 岁

7 月 17—22 日，先生出席在洛什（Loches）举行的国际学术研讨会，演讲《南北朝中国统一时期儒学的衰落》（« L'éclipse du Confucianisme sous les dynasties du Nord et du Sud de la Chine désunifiée »），后于法国高等实践研究院作同题讲座，发表于《法国高等实践研究院年刊》总第 96 卷。

8 月 31 日—9 月 4 日，由中国孔子基金会与新加坡东亚哲学研究所联合主办的第一次"儒学国际学术讨论会"于山东曲阜召开，先生与美国陈荣捷、狄百瑞、杜维明等国际著名学者与会并演讲。

9 月 23 日—25 日，先生出席法兰西学士院举行，安玛莉布隆铎（Anne-Marie Blondeau）、施舟人主持"论'礼'之二：法国高等实践研究院百年纪念"研讨会。由先生介绍并翻译的饶宗颐《由出土银器论中国与波斯、大秦早期之交通》（«Les relations entre la Chine et le monde iranien dans l'Antiquité historiquement revisitées à la lumière des découvertes archéologiques du dernier quart de siècle»），及《礼与法》（« Ritualisme et juridisme »）收录于安玛莉布隆铎、施舟人主编《论"礼"之二研讨会论文集——法国高等实践研究院科学宗教科百年纪念》（*Essais sur le Rituel II, colloque du centenaire de la section des sciences religionieuses de l'Ecole pratique des Hautes Études*），由欧洲著名的彼得斯（Peeters）汉学研究出版社 1990 年在巴黎与比利时鲁汶（Louvain）两地出版。

先生《中国的历史真相与历史话语》（« Vérité historique et langage de l'histoire en Chine »），发表于《远东－远西》1987 年第 9 期。

先生出席第二届巴黎"宗教与亚洲社会"研讨会，并作大会演讲《佛教和权力在儒学中国》（« Boudhisme et pouvoir dans la Chine confucianiste »），收录于阿兰・付立思、加藤（Eiichi Kato）、汪德迈合编《佛教和亚洲社会：教徒、社会与权力》（*Bouddhismes et sociétés asiatiques*，*Clergés*，*Sociétés et pouvoirs*），巴黎哈马坛与东京索菲亚大学出版社 1990 年联合出版。

先生出席汉城"东方学研究研讨会"，并作大会演讲《明治时代或日本的 Janus？》（« Meiji ou le Janus nippon? »），发表于法国《精神》杂志

1969年1月号。

先生《新汉文化圈》日译本《亚洲文化圈的时代——政治·经济·文化的新旗手》(アジア文化圏の時代——政治·経済·文化の新たなる担い手)，福鎌忠恕(Fukukama)译，大修馆书店出版。

1988年，60岁

先生出席法国高等实践研究院讲座，并演讲《隋代和初唐时期的儒学》(« Le Confucianisme des Sui au début des Tang »)，发表于《法国高等实践研究院年刊》总第97卷。

9月8—9日，先生至纽约出席哥伦比亚大学“美欧在远东研究方面的合作”国际研讨会。

9月21—22日，先生出席东京读卖新闻社研究学院(Yomiuri Research)“太平洋的现在与未来”国际研讨会。

9月28日—10月1日，先生出席东京第三届“宗教与亚洲社会·儒学与亚洲社会”研讨会，并作大会演讲《根据儒学礼仪的婚礼》，收录于汪德迈、沟口雄三(Yuzô Mizoguchi)合编《儒学与亚洲社会》(*Confucianisme et sociétés asiatiques*)，巴黎哈马坛与东京索菲亚大学出版社1991年联合出版。

10月4—7日，先生出席日本伊豆学院(Itô)“中日宗教文化交流”研讨会。

10月10日，先生出席东京大学“日本汉学学会40周年庆典”研讨会。

先生《日本与中国的关系》(« État des relations du Japon avec la Chine »)，发表于让·弗朗索瓦·萨布雷(Jean-François Sabouret)主编《日本“国情”》(*L'État du Japon*)，巴黎发现出版社(La Découverte)出版。

先生《中国的文字与占卜学》(« Écriture et divination en Chine »)发表于安妮-玛丽·克里斯汀主编《书写III：阅读的空间》(*Écritures III: Espaces de la lecture*)，巴黎赫茨出版社(Éditions Retz)出版。

先生《中日关系：猜忌与默契》(« Les relations sino-japonaises: défiance et connivence »)发表于让·艾斯曼(Jean Esmein)主编《日本强势的基础》(*Les bases de la puissance du Japon*)，巴黎国防研究基金会(Fondation pour les études de la Défense nationale)出版。

先生《中国的儒教式结婚》(« Jukyô ni shitagatte kekkon no seirei »)

（« Le mariage suivant le ritualisme confucianiste »），东京上智大学亚细亚文化研究所（SIAS）学刊第 6 期，1988 年。

1989 年，61 岁

10 月，先生出席巴黎举办第四届“宗教与亚洲社会·民间崇拜与亚洲社会”研讨会，并作大会演讲《关于官方宗教和中国传统民间崇拜关系的说明》，收录于阿兰·付立思、石泽（Y. Ishizawa）、汪德迈合编《民间崇拜与亚洲社会》（*Cultes populaires et société asiatique*），巴黎哈马坛与东京索菲亚大学出版社联合出版。

12 月，先生出席法国高等实践研究院讲座，并演讲《第一批新儒学的先驱——论韩愈的追随者或学生》（« Les premiers précurseurs du noéconfucianisme autour de Han Yu »），发表于《法国高等实践研究院年刊》总第 98 卷。

先生《文学对称性之中国传统的占卜起源》（« Les origines divinatoires de la tradition chinoise du parallélisme littéraire »）发表于法国《远东 - 远西》1989 年第 11 期。

先生当选为法国远东学院院长，任期四年（1989—1993）。先生为远东学院制订了新的发展规划，加强学术研究。同时继续于法国高等实践研究院兼课，任第五科研究导师，负责儒学学科研究工作，教授儒家思想史，带博士生，直至在法国远东学院院长任上退休。先生以法国远东研究院名义邀请老师饶宗颐至巴黎参加研究工作。不断推荐法国学者如马克（Marc Kalinowski，1946— ）、傅飞岚（Franciscus Verellen，1952— ）等到香港造访饶宗颐。先生任职法国高等实践学院期间（1989—1993），联合国教科文组织邀请先生参加有关“文物保护”项目政策制定与经费拨放会议。

先生任法国国家科研中心国家委员会委员（1989—1993）。

1990 年，62 岁

11 月 3 日，日本天皇正式授予先生“勋二等瑞宝重光章”勋章，表彰先生任日本外交部属日佛会馆法方馆长三年期间（1981—1984）对日法文化交流的贡献。时内阁总理大臣海部俊树证印，总理府赏勋局局长稻田一正证印，编号第 10568 号。此勋章为政府制定，始于 1888 年，授予公共事务有功劳者、长年从事公务者、功绩受到推举者，共分八等，最高为勋一等。12 月，于日本驻法使馆举行授勋仪式。

先生书评《书评——让·弗朗索瓦·毕来德〈中国书写艺术〉》（« Compte rendu：Jean-François Billeter, *L'art chinois de l'écriture* »），发表于法国《中国研究》（*Études chinoises*），1990 年第 9-1 期。

先生出席法国高等实践研究院讲座，并演讲《唐末宋初时期的儒学》（« Le confucianisme de la fin des Tang au début des Song »），发表于《法国高等实践研究院年刊》总第 99 卷。

先生《礼》（« Li [Rites, Respect des rites] »）、《仁》（« Ren [Humanité] »）、《义》（« Yi [Devoir] »）、《正统》（« Zhengtong [Légitimité, Orthodoxie] »），载《法国哲学百科全书》（*Encyclopédie philosophique universelle*），法国大学出版社出版。

先生《中国文字》（« L'écriture chinoise »）载《文学大百科全书》（*Le Grand atlas des literatures, Encyclopédia Universalis*），法国大学出版社出版。

11—12 月，先生《中国的文字和图形语言》（« Écriture et langue graphique en Chine »）发表于巴黎《争鸣》（*Le Débat*）杂志第 62 期。

先生《汉代儒学大众化的仪式层面》（« Aspects rituels de la popularisation du confucianisme sous les Han »），发表于伊维德（Wilt L.Idema）、许理和主编《中国秦汉时代的思想与法律》（*Thought and Law in Qin and Han China*），荷兰莱顿（Leiden）布里尔（Brill）出版社出版。

先生《中国蓍占的起源和演变》（« Origine et évolution de l'archilléomancie chinoise »）收录于法兰西学士院铭文与美文学院《1990 年学院年度工作报告》（Académie des Inscriptions et Belles-Lettres, *Comptes rendus des séances de l'année 1990*），法国博卡尔出版社（Éditions de Boccard）出版。

先生《中国思想与西方思想的逻辑比较》，吴化麟译，发表于《国外社会科学》1990 年第 5 期。

先生与阿兰·付立思、加藤合编《佛教与亚洲社会：教徒、社会与权力》（*Bouddhismes et sociétés asiatiques, clergés, sociétés et pouvoirs*），巴黎哈马坛（L'Harmattan）与东京索菲亚大学出版社 1990 年联合出版。

1991 年，63 岁

2 月 8 日，先生当选为法兰西学士院铭文与美文学院通讯院士。

5月29—31日，美欧远东学研究学会“中国、日本、朝鲜与越南传统中的社会组织和国家的关系”国际研讨会于巴黎卢森堡宫举行，先生主编该会论文集，法国远东学院出版社1994年出版。

先生出席法国高等实践研究院讲座，并演讲《北宋时期的儒学——第1阶段：从邢昺（933—1010）到范仲淹（989—1052）》（« Le Confucianisme des Song du Nord, 1ère période: de Xing Bing, 933-1010 à Fan Zhongyan, 989-1052 »），发表于《法国高等实践研究院年刊》总第100卷。

9—10月，先生《新儒学》（« Le nouveau confucianisme »）发表于法国《争鸣》（*Le Débat*）第66期。

先生《从玄学流派到道教与儒学的交叉路口》（« L'école du Mystère de l'être "Xuanxue" à l'intersection philosophique du Taoïsme et du Confucianisme »）发表于《日本和中国的宗教文化研究》论文集，东京平河出版社出版。

先生《怀念福井康顺（1898—1991）》（« In Memoriam Fukui Kōjun [1898-1991] »）发表于《法国远东学院院刊》，第1期（总第78卷），1991年。

先生与沟口雄三合编《儒学与亚洲社会》（*Confucianisme et sociétés asiatiques*），巴黎哈马坛与东京索菲亚大学出版社1991年联合出版。

1992年，64岁

先生出席法国高等实践研究院讲座，并演讲《北宋时期的儒学——第2阶段：从欧阳修（1007—1072）到王安石（1021—1086）》（« Le confucianisme des Song du Nord 2e période: d'Ouyang Xiu, 1007-1072, à Wang Anshi, 1021-1086 »），发表于《法国高等实践研究院年刊》总第101卷。

先生《中国历史中的占卜想象》（« L'imaginaire divinatoire dans l'histoire en Chine »）发表于《法国远东学院院刊》，第1期（总第79卷），1992年。

先生与索邦大学远东研究中心主任白莲花、让·吕克·法赞（Jean-Luc Fazan）共同主编《永恒的武士》（*Les guerriers de l'éternité*，秦代兵马俑展览图录），《法制掌管的强权国家》（*Un État fort aux mains des légistes*）收录该图录，塞赫蒲努阿斯出版社（Éditions Serpenoise）出版。展览由法国摩泽尔省议会、梅斯市政府举办，是年6月20日—9月15日于梅斯市音乐厅（Metz Arsenal）[1] 展出。

先生《从丝到纸》（« De la soie au papier »）发表于巴黎《法国东方之友协会公报》（*Bulletin de l'Association française des Amis de l'Orient*）。

11—12 月，先生《法国远东学院历史的转折点：日内瓦协议后法国远东学院的撤离（河内）》（« Un tournant dans l'histoire de l'EFEO: son départ de Hanoï après les accords de Genève »）收录于《法兰西学士院铭文与美文学院工作报告》，博卡尔出版社出版。

12 月 2—7 日期间，法国远东学院与越南社会科学院于河内联合举办"越民族文化"国际学术会议，先生以法国远东学院院长身份出席，并邀请越南、香港两地学者与会，会议主要目的是庆祝法国远东学院成立 90 周年，同时，法国重返越南，希望再发展远东尤其是东南亚的学术研究。饶宗颐先生等出席会议。

1993 年，65 岁

先生于远东学院院长任上荣休，推荐饶宗颐先生继任院长，饶宗颐同意代任三个月，来法，再次住先生家中。

11 月 25—26 日，饶宗颐被授予法国高等实践研究院荣誉国家博士学位和法国艺术及文学二等功勋章（Ordre des Arts et des Lettres）。仪式后，先生建议并陪同老师饶宗颐考察巴黎以南 40 多公里山谷处皇港修道院（Abbaye du Port Royal des Champs）"小学校"（Petites Écoles）遗迹，"小学校"被饶宗颐称作"皇门静室"。

11 月 26 日，先生与老师饶宗颐、汉学家蒲德侯至巴黎蒲家欢聚，畅谈苏美尔文字等学术问题，并合影留念。

先生《远东学院与吴哥古迹的保护》（« L'EFEO et la conservation d'Angkor »）系 1992 年 3 月 3 日于日本日佛会馆发表的法语演讲稿，发表于《日法文化》总第 57 期，东京日佛会馆出版。

先生《儒家思想》（« Le Confucianis »）收录于让・德吕默（Jean Delumeau）主编《宗教观念》（*Le fait Religieux*），法亚尔出版社（Éditions Fayard）出版。

---

① 阿尔塞那勒（Arsenal）通常指一个城市或地区的文化展览场地。据查证，此处当时是梅斯市的音乐厅。

先生《中文的名称与图形语言的校订》(« Rectification des noms et langue graphique chinoises »)发表于法国《远东－远西》1993 年第 15 期。

先生出席法国高等实践研究院讲座，并演讲《儒家形而上的重新审视：熊十力与牟宗三》(« La métamorale confucianiste revisitée: Xiong Shili et Mou Zongsan »)，1992 年发表于《法国高等实践研究院年刊》总第 101 卷。

先生专著《新汉文化圈》(*Le Nouveau monde sinisé*)，陈彦译，江西人民出版社出版。

1994 年，66 岁

1 月，先生学术论文集《汉学研究》(*Études sinologiques*)由法国大学出版社出版。

10 月 5 日，国际儒学联合会(International Confucian Association，简称 ICA)于北京成立。先生代表法国被选为第一届理事会顾问，同时当选顾问的有美国田长霖、史华兹、余英时，英国李约瑟、韩素音，德国维多克、鲍威尔，俄国费奥克基斯托夫等。

先生《论中国的谏议制》(« L'institution chinoise de la remontrance »)发表于《中国研究》，第 13 卷，第 1-2 期，为“敬献谢和耐教授汉学论文集专号”而作。

先生《佛教的现代儒学观之一：熊十力的新认知主义》(« Une vision confucianiste moderne du bouddhisme: le nouveau cognitivisme de Xiong Shili »)，发表于戴仁(Jean-Pierre Drège，1946—　)主编的法国远东学院东方学文库《从敦煌到日本——敬献苏远鸣教授的国学及佛教学文集》(*De Dunhuang au Japon，études chinoises et bouddhiques offertes à Michel Soymié*)，日内瓦特罗兹出版社(Éditions Droz)1994 年出版。

1995 年，67 岁

先生《五行理论的宇宙观和心理伦理含义述评》(« Short Remarks on the Cosmological -Psychological - Ethical Meaning of the Five Agents “Wuxing” Theory »)，刊发于《栗原圭介博士颂寿纪念东洋学论集》(*Recueil d'articles d'orientalisme offerts au Dr Kurihara Keisuke pour son 80e anniversaire*)，东京汲古书院(Kyûko shoten)出版。时值栗原圭介八十寿辰。

先生《1889 年 6 月 6 日越南皇帝(Ham-Nghi)诏令》(« L'édit de

Ham-Nghi du 6 juin 1889 »）发表于巴黎《法国东方之友协会公报》。

先生获法兰西学士院铭文与美文学院“奥马乐奖”（Prix du duc d'Aumale）。

1996 年，68 岁

春，先生陪老师饶宗颐游阿尔卑斯山，饶宗颐作纪游诗 36 首，均为次韵谢灵运诗作，结集《白山集》。

先生撰写甲骨学家董作宾、郭沫若、刘鹗、罗振玉、王国维、于省吾词条（« Dong Zuobin » « Guo Moruo » « Liu E » « Luo Zhenyu » « Wang Guowei » « Yu Xingwu »），收录于斯坦曼（Harro Stammerjohan）主编《语法词汇：语言学史的生态与文献之比较》*Lexicon Grammaticorum: A bio-bibliographical companion to the history of linguistics*），发表于《语言学世界丛书・生平著作附册》（*Who's Who in the History of World Linguistics*），于德国图宾根（Tübingen）的尼米耶出版社（Éditions Niemeyer）出版。

先生《古代中国占卜术派生的理性思维》，《法国汉学》第 1 辑，清华大学出版社 1996 年出版。

先生《陈荆和（1917—1995）生平》（« Chingho A. Chen, 1917-1995［note biographique］»），发表于《法国远东学院院刊》，总第 83 卷，1996 年。

1997 年，69 岁

先生与西安外国语大学终身名誉教授让・德・米里拜尔合著《中国人的智慧——另一种文化》（法文版）（*Sagesse chinoise, une autre culture*）由巴黎弗拉玛里雍出版社（Éditions Flammarion）1997 年出版，巴黎苹果树（Le pommier）出版社 2010 年再版。

《循大道——敬献汪德迈的综合研究论文集》（*En suivant la Voie royale*）由谢和耐、马克主编，桀溺（Jean-Pierre Diény，1927—2014）协助主编，法国远东学院作为《专题研究之七》（*Études thématiques 7*）出版。

先生《六朝时期中国佛教小型铜器的新考古观点》（« Nouvel éclairage archéologique sur les mini-bronzes bouddhiques de la Chine des Six Dynasties »），发表于杰奎琳・皮诺（Jaqueline Pigeot）与何斯・托特蒙德（Ho Stortermund）主编的《中日绿玉（Béryl）器皿研究》（*Le Vase de béryl, études sur le Japon et la Chine* [*en hommage à Bernard Frank*])，该部纪念贝尔纳·弗兰克教授的学术论文集由巴黎菲利普·皮杰出版社（Éditoins Philippe Picquier）出版。

先生《中国传统史学思维内涵的占卜想象》，许明龙译，《法国汉学》第2辑，清华大学出版社1997年出版。

1998年，70岁

5月，汪德迈、程艾兰《法国对中国哲学史和儒教的研究》，耿昇译，《世界汉学》1998年第1期。

12月31日，法国总统颁布嘉奖令，授予先生法国国家荣誉军团骑士勋章（Chevalier de la Légion d'Honneur），此令1999年2月4日生效。先生从当时的国民教育部长克罗德·阿莱手中接过勋章，与夫人李氏子、女儿尚达尔、外孙法比安（Fabien Dalmas）在法国荣誉军团骑士勋章庆典上合影。

先生《越南的中国铭文字·李氏王朝统治时期（LY)》（卷一）由法国远东学院和河内汉诺汉学研究所（L'institut d'Etudes Han de Hán Nôm de Hanoï）分别于巴黎、河内出版。

先生《关于吉美博物馆的沉思弥勒——古代中、韩、日佛教中此类图像的起源与发展》（« A propos des Maitreya pensifs du musée Guimet [Origine et développement de ce type iconographique dans les bouddhismes chinois, coréen et japonais de haute époque] »），发表于吉美博物馆《亚洲艺术》总第53卷，1998年。

1999年，71岁

3月4日，为法国阿米班·米歇尔（Albin Michel）出版社再版葛兰言1934年出版著作《中国思维》撰写前言。

先生《占卜与书写之间——〈竹书纪年〉克隆文本随笔》（« Entre divination et écriture. Essai de clonage d'un texte: Annales sur bambou »），发表于《中国研究》，第18卷，第1-2期，第128—135页。先生后以《从殷商甲骨刻辞到“春秋”——浅论中国“历史”观念的形成》为题，于2006年12月14日在香港大学举行的“庆祝饶宗颐教授九十华诞”国际学术研讨会开幕式上作主题演讲，后发表于《华学》第九、十合辑，上海古籍出版社 2008 年出版。2010 年 8 月 28—29 日于台湾“国家文化总会”和“中央研究院”联合举办的“甲骨文与文化记忆——世界论坛”上作同题主题演讲。今以《占卜与文字的关联——试论〈竹书纪年〉中一段编年史的“克隆”式制作》（李国强、李晓红译）为题收入本书。

10 月，先生与谢和耐代表法国被选为国际儒学联合会第二届理事会顾问。

先生为法国黎明出版社（Éditions de l'Aube）出版陈彦《中国的觉醒》（*L'éveil de la Chine*）撰写序言。

先生为安娜·日格里奥娜（Anna Ghiglione）博士论文《中国古代思想与抽象思维》（*La pensée chinoise ancienne et l'abstraction*）撰序。该书由法国友丰书店（Éditions You-Feng）出版。

先生《吴德明（1921—1999）生平》（« Yves Hervouet 1921-1999 [note biographique]»）发表于《法国远东学院院刊》，总第 86 卷，1999 年。

2000 年，72 岁

先生为索邦大学李晓红博士论文《神龙：中国古代龙图像——商代龙图像起源研究》（*Céleste Dragon. Genèse de l'iconographie du dragon chinois*）撰序，该书以《神龙——中国龙图像起源》为题由法国友丰书店 2001 年出版。经谢和耐与先生推荐，获法兰西学士院铭文与美文学院“儒莲奖”。

先生主编《汉文化国家的园林艺术：中国、日本、韩国、越南》（*L'art des jardins dans les pays sinisée Chine*，*Japon*，*Corée*，*Vietnam*），并以同题撰文《汉文化国家的园林艺术》（« L'art des jardins dans les pays sinisés »），发表于《远东－远西》2000 年第 22 期，并法译书中陆栋《园林艺术于中国文化中的地位》（« Place de l'art des jardins dans la culture chinoise »）一文。

先生为梁漱溟著《东西方文化及其哲学》（*Les cultures d'Orient et d'Occident et leurs philosophies*）一书撰写前言，法国大学出版社出版。

先生接受《法国的中国研究》（« Les études chinoises en France »）主题访谈，采访人莱昂内尔·奥巴迪亚（Lionel Obadia）。发表于法国《透视中国》（*Perspectives Chinoises*）杂志第 59 期。

2001 年，73 岁

11 月 30 日，法兰西学士院举行 2001 年年度会议，并举行法兰西学士院 2001 年度颁奖仪式。先生作为本年度“儒莲奖”推荐人之一出席会议，并与法兰西学士院院士米歇尔·冉刻（Michel Zink，1945— ）等对“儒莲奖”获得者李晓红表示祝贺，并合影留念。

先生《中国书法的实践》（« Pratique de la calligraphie chinoise »）收录于安妮－玛丽·克里斯汀主编《书法历史》（*Histoire de l'écriture*），法国弗拉玛里雍出版社出版。

先生与夫人李氏子、女儿尚达尔赴福州看望老友施舟人与其助手——法兰西学院汉学研究所前图书馆负责人尼高尔·海舍（Nicole Reische），并合影留念。

2002 年，74 岁

先生为李中耀、李晓红《中国绘画介绍：植物与花卉》《中国绘画介绍：动物与昆虫》作序，法国美达出版社（Méta - Éditions）2002 年出版，法国手工艺艺术出版社（Éditions Le temps apprivoisé）2007 年出版。

2003 年，75 岁

4 月 24—27 日，为庆祝埃及国立亚历山大图书馆重建与重新开放，埃及国立亚历山大图书馆与法国巴黎七大图像与文字研究院联合举办“历代世界铭文、书法及文字国际论坛”（Forum International d'Inscriptions，de Calligraphies et d'Écritures dans le monde à travers les âges），计划得到联合国教科文组织支持。先生与会并作大会演讲《中国的表意文字与占卜学》（« Idéographie chinoise et divination »），后发表于《历代世界铭文、书法及文字国际论坛论文集》（*Actes du Forum International d'Inscriptions, de Calligraphies et d'Écritures dans le monde à travers les âges*），埃及亚历山大图书馆（Bibliotheca Alexandrina）2007 年出版。先生推荐李晓红与会，李晓红发表论文《中国书法》（« La calligraphie »）。

8 月 23 日，先生《中国与外国政治的全球化引发的特殊的文化性》（« La Chine et la mondialisation politique étrangère induite et particularisme culturel »），发表于法国地理与地缘政治杂志（*Hérodote*）。

是年，汤一介、乐黛云教授夫妇访问法国。作为乐黛云学生，金丝燕受命与汪德迈先生合作《跨文化对话》丛刊和《远近丛书》，由此开始每周参加一次学术工作坊。

9月，饶宗颐学术馆创立，饶宗颐以英文加法文命名香港大学饶宗颐学术馆：Jao Tsung-I Petite École。法文“Petite École”意思为“小学”，饶宗颐把学术馆视为先生陪同他考察过的皇港修道院的“小学校”，他称作“皇门静室”。11月，饶宗颐学术馆在香港大学揭幕。

2004年，76岁

6月，先生作为答辩委员会成员参加巴黎七大汉学专业于连教授的博士生毕游塞（Sebastien Billioud）博士论文答辩，答辩委员会专家另有杜瑞乐（Joël Thoraval，1950—2016）教授、沙尔捷（Pierre Chartier）教授、卡森（Barbara Cassin）教授、中国郑家栋教授。见郑家栋《对话语境中的牟宗三哲学——记在巴黎的一次别开生面的讨论》，《哲学动态》2004年第11期。

10月，先生与谢和耐代表法国被选为国际儒学联合会第三届理事会顾问。

先生《从占卜的表意形态到孔子与庄子》（« De l’idéographie divinatoire à Confucius et Zhuangzi »）发表于法国、京都《远东学院双语学刊》（*Cahiers d’Extrême-Asie-Revue bilingue de l’École française d’Extrême-Orient*）第14期。

先生与克里斯汀共同指导巴黎七大吴华《中国现代书象艺术》博士论文。吴华毕业后，先生依然关心、支持其生活及学术研究。吴华2017年病逝，先生撰文纪念，发表于巴黎七大“图像与文字研究中心”网站。

先生《占卜与占卜理性》（« Divination et rationalisme divinatoire »）一文收入博尔特·梅厄斯特（Bertrand Meheust）与保尔-路易·拉贝洪（Paul-Louis Rabeyron）和马赫克思·扎费霍布斯（Markos Zafiropoulos）共同编撰的丛书《神话：实践、历史、理论》（*Le Mythe: Pratiques, récits, théories*）第3卷《算命与占卜，多重路径》（*Voyance et Divination, approches plurielles*）内，该书于巴黎经济出版社（Anthropos-Economica）2004年出版。

先生专著《新汉文化圈》（增订版）（*Le nouveau monde sinisé Réédition augmentée*），巴黎友丰书店法文再版，中文书名题为《汉字文化圈复兴》（李中耀题），先生增写《后记》。

2005年，77岁

先生发表《20世纪50年代一个法国年轻大学生在越南的历程》

(« Parcours d'un jeune universitaire français au Vietnam dans les années cinquante »)，收入白莲花教授主编著作《20世纪法国银行、科学家、艺术家在越南》(*Banquier, savant, artiste. Présences françaises en Extrême-Orient au XXe siècle*)，该书由法国索邦大学出版社（PUPS）出版。

先生《那么，中国哲学呢？》(« Quid de la philosophie chinoise ? »)，发表于法国《远东－远西》2005年第27期。

先生为巴黎三大张弛博士论文《中国与现代：中国文化在现代所遭遇的冲击、危机及其复兴》(*Chine et modernité: choc, crises et renaissance de la culture chinoise aux temps modernes*）撰序，该论文由法国友丰书店出版。

先生为索邦大学巴西学生利卡多·若佩特（Riccardo Joppert）博士论文《中国的书法与创作的超越意识——怀素的狂草（8世纪）》(*Calligraphie et Surconscience Créatrice en Chine. Le Kuangcao de huaisu*［*VIIIe siècle*］) 作序，该论文由法国友丰书店出版。

6月20日，先生为《饶宗颐教授艺术创作汇集》撰序，画册全套12册，收入饶宗颐20世纪40年代以来艺术创作成果。

先生获法兰西学士院铭文与美文学学院"奥马乐奖"。

2006年，78岁

2月，夫人李氏子病逝。

4月，先生被北京大学聘为《儒藏》(精华编）编纂委员会顾问。

4月21日，先生撰文《圣经和儒学经典：相互对立的两种神圣性的编纂——〈圣经〉的释经和儒学经典释义》(« Bible et Canons confucianistes: deux formes opposées de sacralité de l'écrit. Exégèse biblique et exégèse canonique confucianiste aux antipodes l'une de l'autre »)，金丝燕译为《启示的文字与被启示的文字——与〈圣经〉阐释学相对立的儒家注疏》，载《跨文化对话》第22辑，江苏人民出版社，2007年。

7月21日，先生为《九章算术》法国译本撰写书评:《〈九章〉——中国古代数学经典及其评述》(« Compte rendu de l'ouvrage de K. Chemla et Shuchun Guo, Les neuf chapitres. Le classique mathématique de la Chine ancienne et ses commentaires »)。该书以晋刘徽注、唐李淳风等奉敕注释《九章算术》为底本，由法国林力娜与中国郭书春双语翻译、注释、评论，巴黎杜诺（Dunod）出版社2004年出版。

11 月，先生《狂草——文人神韵的中国面貌》(« L'écriture folle, facette chinoise de l'extase lettrée »)，发表于法国医学杂志《知识与临床》(*Savoirs et clinique*)“精神分裂议题”专号，2007 年第 8 期。

11 月，先生为向老师饶宗颐贺寿，特地再版法文版《黑湖集》，新版更名为“Poèmes du Lac noir”(《黑湖诗》)，先生撰前言，由法国远东学院出版。

12 月 12 日，饶宗颐先生九十寿诞之际，戴密微之女委托先生将一批戴密微与饶宗颐往来书信、手稿、书画等珍贵资料交付香港大学饶宗颐学术馆，加上饶家所藏戴密微致饶宗颐信件，往来书信凡 80 通，遂成合璧。(郑炜明、邓伟雄、饶清芬、罗慧主编《戴密微教授与饶宗颐教授往来书信集》，饶宗颐基金会 2012 年出版)。先生还带来法国远东学院重印的饶宗颐《黑湖集》，代表法国汉学界感谢自 20 世纪 50 年代起饶公与法国方面的合作，向恩师祝寿。

12 月 13 日，“走近饶宗颐——饶宗颐教授学艺双修展览”开幕式暨《饶宗颐艺术创作汇集》首发式典礼于香港公共图书馆举行。香港大学副校长、香港大学饶宗颐学术馆馆长李焯芬主持，先生与许嘉璐、曾荫权、李嘉诚、陈伟南等出席典礼。典礼结束后，至香港展览中心参加饶宗颐学术馆之友主办的“庆祝饶宗颐教授九十华诞”宴会。

12 月 14 日，由香港九所大学联合举办的香港大学举行“学艺兼修 · 汉学大师——饶宗颐教授九十华诞国际学术研讨会”于香港大学举行。开幕式上，先生演讲《从殷商甲骨刻辞到〈春秋〉——浅论中国“历史”观念的形成》(« Entre divination et écriture. Essai de clonage d'un texte: Annales sur bambou »)，原载《中国研究》，1999 年，第 18 卷，第 1-2 期，第 128—135 页。

12 月 17—18 日，先生至潮州韩山师范学院出席“饶宗颐教授九十华诞学术研讨会”，并作大会演讲《饶公选堂之故事》。该文于 2014 年发表于《国际汉学研究通讯》第 9 期，李晓红、周轶伦、房维良子译，北京大学出版社出版。

先生法译评论文章介绍饶宗颐《由出土银器论中国与波斯、大秦早期之交通》(« Les relations entre la Chine et le monde iranien dans l'Antiquité historiquement revisitées à la lumière des découvertes archéologiques du dernier quart de siècle »)，《法国远东学院院刊》，总第 93 卷，2006 年。

2007 年，79 岁

4 月 19 日，先生与索邦大学白莲花及其丈夫克里斯丁·布朗松（Christian Blanchon）至巴黎三区杜耶里埃（Tuillier）画廊出席李中耀画展开幕式。

先生任法兰西学士院铭文与美文学院通信院士，同年担任法国高等实践研究院研究导师。

10 月 1 日，先生获法国国民教育学术军团勋章（Officier dans l'Ordre des Palmes académiques）。

先生《新汉文化圈》再版，陈彦译，江西人民出版社 2007 年出版。

2008 年，80 岁

5 月 31 日，先生出席"曲阜·儒学文化与空间发展"国际论坛，并作大会演讲《在曲阜孔子研究院成立大会上的致辞》，李晓红译。

先生《从萨满教到哲学——中国精神的诞生》(« Du chamanisme à la philosophie. La naissance de l'esprit chinois »）发表于《宗教世界》(*Le monde des religions*）杂志号外版第 7 号《了解中国智慧的 20 个关键词》(*20 clés pour comprendre*）。

先生《我之汉学研究的方法论问题》(« Le principe méthodologique de l' "hétérotopie 异托邦" chinoise dans mes propres travaux »），张新木译，发表于乐黛云、李比雄主编《跨文化对话》第 23 辑，江苏人民出版社出版。

8 月，先生《从殷商甲骨刻辞到〈春秋〉——浅论中国"历史"观念的形成》，发表于《华学》第九、十合辑，上海古籍出版社出版。

12 月 11 日，程艾兰在法兰西学院发表法文就职演讲《中国其思乎？》(«La Chine pense-t-elle?»），中文版发表于《世界汉学》2010 年秋季号。演讲中谈及自己有幸接受先生教导，不断得到鼓励，指以连通古代与现代的"王道"。因先生与谢和耐提名，程艾兰入选法兰西学院，接掌由马伯乐、戴密微、谢和耐等执教过的法国最高汉学讲席。

2009 年 7 月，81 岁

1—2 月，先生《汉文化世界的新融合》(« La nouvelle convergence du Monde sinisé »）和《文化与人权的哲学观念》(« Philosophie des cultures et droits de l' homme »）发表于《争鸣》(*Le débat*）2009 年第 1–2 期，总第

153 卷，伽利玛出版社（Gallimard）出版。

2 月，《王道：中国古代体制精神之研究》第一卷《文化结构与家庭结构》与第二卷《政治结构与礼仪》合订本由巴黎友丰书店再版（*Wangdao ou La Voie royale: Recherche sur l'esprit des institutions de la Chine archaïque. I: Structures culturelles et structures familiales. II: Structures politiques, les rites*）。

先生《天子》（« Le fils du Ciel »）发表于《理解东方思想——新观察》（*Comprendre les pensées de l'Orient*，*Le Nouvel Observateur*）杂志号外，第 71 期，1—2 月号。

5 月，学苑出版社出版许光华《法国汉学史》，论述法国主要汉学家成就，第五章《法国汉学（中国学）的发展（下）》第二节《二战后的法国汉学家》论述吴德明、汪德迈和侯思孟（Donald Holzman，1926—2019）汉学成就。

7 月 27 日，先生出席北京"五经"研究与翻译国际学术委员会第一次工作会议并演讲，记者采访整理为《重新研究和翻译"五经"的意义》，发表于《周易研究》2009 年第 5 期。

是日，国家汉办暨孔子学院总部主办"五经"研究与翻译国际学术委员会第一次工作会议于北京香山饭店开幕，中共中央政治局常委李长春、国务委员刘延东发来贺信，教育部副部长郝平致开幕词，开幕式由国家汉办主任许琳主持。先生与许嘉璐、施舟人、汤一介、浦安迪、袁行霈、裴宜理、李学勤、朱维铮等海内外 30 多位知名学者与会，商讨与项目有关翻译体例、底本、出版等问题。先生发言时指出，西方人将"五经"看成是中国的《摩西五书》，希望通过"五经"翻译项目的实施，将中国传统的人文主义思想与世界其他文化融合在一起。

8 月 10 日，《光明日报》刊发柳霞《汪德迈认为，多语种翻译〈五经〉迫在眉睫》。先生称赏孔子学院总部支持、施舟人主持，于 2008 年启动的"五经"翻译项目。

8 月 31 日，《光明日报》以《〈儒藏〉之境》为题刊载国学专版，发表先生与汤一介、饶宗颐、刘述先、日本桥本秀美、越南阮金山等中外学者专文，探讨《儒藏》编纂体例和意义。先生《〈儒藏〉的世界意义》高度肯定汤一介主持编纂《儒藏》的学术贡献。

9 月，先生代表法国被选为国际儒学联合会第四届理事会顾问。

11 月，先生《汉文化圈的新聚合》，曹丹红译，发表于《跨文化对话》第 25 辑。

12 月 10 日，“情系书画”——李中耀师生书画联展于巴黎中国文化中心开幕。巴黎中国文化中心沈中文副主任主持开幕式，先生出席并祝贺，盛赞李中耀为画海大师。中国驻法国大使馆公使衔参赞孙海潮、巴黎第七大学书象研究中心负责人安妮－玛丽·克里斯汀教授、索邦大学远东研究院顾乃安教授（Antoine Cournay）、巴黎装饰艺术学院马克斯·埃赫斯贝格（Max Herzberg）教授等近 250 人出席开幕式。

2010 年，82 岁

5 月 17—18 日，先生出席阿尔多瓦大学“东西方神秘动物图像与符号”国际研讨会，并致开幕词《中国表意文字中的“天”》(« Le ciel dans l'idéographie chinoise »)，李晓红译，收录于高小康主编、包兆会执行主编《中国美学》，上海古籍出版社 2011 年出版。法文版收录于娜塔莉·波（Nathalie Beaux）、李晓红主编《东西方神秘动物图像与符号研究》(*Créatures mythiques animales écriture et signes figuratifs*)，巴黎友丰书店 2013 年出版。

6 月，先生与汤一介合著法文版《天》(*Le ciel*)，法国德斯可勒·德·普外尔（Desclée de Brouwer）出版社出版。岳瑞译为中文《天》，金丝燕、乐黛云主编《远近丛书》之一，北京大学出版社 2011 年出版。

8 月 28 日，先生出席台湾“国家文化总会”和“中央研究院”联合举办的“甲骨文与文化记忆——世界论坛”开幕式，并作大会演讲《中国占卜文字的起源》(« Origin of Chinese writing in divination »)。

8 月 29 日，先生《保护文字中国人做得完整》发表于中国台湾地区的《中国时报》。

9 月，先生于中国文化书院发表演讲《从文字的创造到〈易经〉系统的形成：中国原始文化特有的占卜学》。

9 月 29—30 日，先生出席同济大学与法国索邦大学远东研究院合办的“空间·文明·可持续发展论坛”，并作大会演讲《通过齐鲁文化的起源探讨汉语“革命”的概念》(« La conception chinoise du geming aux origins de la culture Qi-Lu »)，“空间·文明·可持续发展论坛”会议组译，林志宏审订，收入林志宏主编《孔子故里·曲阜：迈向可持续城市》，同济大学出版社2018年出版。

2011年，83岁

8月28日，先生接受法国教育部汉语教学总督学白乐桑（Joël Bellassen，1950— ）采访，探讨“汉语学习的动机”，先生与白乐桑谈及他所创学术名词“元好奇心”（métacuriosité）等问题。

9月24日，日本九州大学主办“东亚传统文化国际会议”，先生与刘述先、戴琏璋、蔡仁厚、韩国金日坤、金学主等学者与会，代表世界宋明儒学与新儒家研究最高学术水平。

9月，江河（吴华）、徽瑄（孙维萱）采访先生。访谈录《国际视野中的汉字与书法——访法国著名汉学家理雍·汪德迈教授》发表于《清华美术：文字、书法与相关艺术》（卷12）。

11月23日至2012年2月24日，先生受北京大学国际汉学家研修基地（IACS）主任袁行霈邀请，至北京讲学，北京大学聘请先生为“大雅堂讲席教授”。期间为研究基地越南学者的中文著作以中文题词。先生于研修基地专题讨论课上作“中西文化之比较”系列讲座，北京大学哲学系王博教授主持。分别为：开幕讲座导论《建立在神学和〈圣经〉里的西洋文化与建立在占学和〈易经〉里的中国文化之比较》；11月30日，第一讲上《作为科学原型的史前中国占卜技术所展开的思维，并非宗教性的神学，而是准科学性的占卜学》（上）；12月7日，第一讲下《作为科学原型的史前中国占卜技术所展开的思维，并非宗教性的神学，而是准科学性的占卜学》（下）；12月21日，第二讲上《中国文字的创造法》（上）；12月23日，第二讲下《中国文字的创造法》（下）；12月28日，第三讲《中西方文学起源比较》；12月30日，第四讲上《中西思维与文字之关系及其比较》（上）；2012年1月4日，第四讲下《中西思维与文字之关系及其比较》（下）；2月15日，第五讲上《中西传统科学的特性及其比较》（上）；2月17日，第五讲下《中西传统科学的特性及其比较》（下）；2月22日，第六讲《中国礼学传统·西洋法学传统》；2月24日，第七讲《西方思想在启蒙运动中形成现代性·中国的现代性起源于与外来文明的冲突》。

12月11日，先生至泉州出席华侨大学、香港大学饶宗颐学术馆联合主办的“饶宗颐与华学国际学术研讨会”暨书画展开幕式，并作大会演讲《与西方文化基础的神学相比较之中国的占卜学》，李晓红译。

12 月 17 日，先生于北京大学与汤一介对话中西文化的互补性，乐黛云主持，陈力川、金丝燕翻译，《外国文学评论》编辑张锦记录。北京大学出版社负责人高秀芹博士、北京大学法语系秦海鹰教授、北京师范大学董晓萍教授在场。谈话记录整理为《谈中西文化的互补性——汤一介先生与汪德迈先生的对话》，发表于乐黛云、钱林森主编《跨文化对话》第 30 辑，生活·读书·新知三联书店 2013 年出版。

12 月 19 日，于北京大学朗润园汤一介家中，先生与汤一介、乐黛云对谈中国文字、思维方式与西方文化，金丝燕现场翻译。

先生《从文字的创造到〈易经〉系统的形成：中国原始文化特有的占卜学》发表于《跨文化对话》第 28 辑。

2012 年，84 岁

先生《从占卜到书写：中国文字是如何诞生的？》(« De la divination à l'écriture: comment sont nés les caractères chinois? ») 发表于法国医学杂志《知识与临床》，2012 年第 15 期。

3 月 10 日，香港大学饶宗颐学术馆“饶宗颐讲座”成立仪式上，先生开启讲座《中国传统中的至高社会标准：文学的“文”和伦理的“仁”》(« Utmost Social Standards in Chinese Tradition: The Literary Wen and the Ethical Ren »)。

先生《“占卜学”对“神学”、“表意文字”对“拼音文字”》，于珺译，发表于《跨文化对话》第 29 辑，2012 年。

6 月 15—16 日，法国中文研究与教学学会“中国书法在法国——中国书法的理论、实践与教学研究”研讨会于巴黎第七大学举行，先生出席研讨会并演讲《表意文字是中国书法的基础》，李晓红主持会议并演讲《书法中题款的外形与位置对画面的调整作用》，研讨会同题论文集后于 2017 年由友丰书店出版。

7 月 16 日，《欧洲时报》报道《法国中文研究与教学学会主办，华人书法研究者现身说法 〈中国书法教学与书法理论研讨会〉巴黎举行》，先生作总结发言，李静詝记者摄。

2013 年，85 岁

1 月 23—24 日，先生出席金丝燕与彭昌明主持、阿尔多瓦大学和里尔三大联合举办的“中国和欧洲：17至20世纪间艺术的接受与互动——纪念巴黎四大著名汉学家白莲花教授”研讨会（La Chine et l'Europe：réception et interactions artistiques XVIIe-XXe siècles），并作大会演讲《面对西方的中国——哪些思想是应该接受的？有着什么样的文化冲击？》（« La Chine face à l'Occident, quelle réception des idées? Suite à quel choc culturel ?»），法文收录于金丝燕、彭昌明主编《中国和欧洲：17至20世纪间艺术的接受与互动——纪念巴黎四大著名汉学家白莲花教授》（*La Chine et l'Europe*：*réception et interactions artistiques XVIIe-XXe siècles*）研讨会论文集（正在编辑出版）。

3月14日，巴黎中国文化中心与江苏省文化厅共同主办的“书法有法·孙晓云书法作品展”于巴黎中国文化中心开幕。先生与中国驻法使馆临时代办邓励、驻法国使馆文化公使衔参赞吕军、法国文化部原行政总监雅克·吉耶斯（Jacques Giès，1950—2021）、法兰西学士院艺术院（l'Institut de France，Académie des Beaux-arts）通讯院士高立昂（Jean - Fran çois Collignon，1947— ）等近百位中法嘉宾出席开幕式，巴黎中国文化中心主任殷福致辞。

4月7日，巴黎中国文化中心举办“杨炳延书法展”，先生与中国驻法国大使馆文化公使衔参赞吕军、巴黎中国文化中心主任殷福、法兰西学士院通讯院士高立昂等出席开幕式。

5月24日，先生出席“从大师到学生——索邦大学远东研究院20年的学术研究，敬献白莲花教授”国际研讨会（De maître à Élève. Vingt ans de recherches au Centre de Recherches sur l'Extrême-Orient de Paris-Sorbonne），并作大会演讲《“美”的观念，如同理解孔子思想的钥匙》（«“美” le Beau, comme clef de comprehension de la pensée confucéenne »），并致闭幕词。李晓红以《作为白莲花教授博士生的深情回忆》为题演讲，金丝燕、吉耶斯等发言。

6月27日，先生至巴黎中国文化中心出席由巴黎中国文化中心、中国艺术研究院中国画院主办的“荷生刘波诗书画展”开幕式。巴黎中国文化中心主任殷福、中国驻法国大使馆参赞张伟、法国国家艺术沙龙主席米歇尔·金（Michel King，1930— ）、巴黎大区前省长沃塞尔、旅法艺术家范曾等出席开幕式。

7月24日，先生于北京大学演讲《何为中国思想中的历史观念？》

（« Quelle conception de l'histoire s'est-elle construite dans la pensée chinoise ? »），杜维明主持，北京大学高等人文研究院主办。先生至北京汤一介、乐黛云家中拜访交流，金丝燕陪同，并合影留念。

7 月 28—29 日，先生出席潮州“首届饶学国际学术研讨会”，并作大会演讲《中国特有的互关性思想之起源：龟卜技术》，李晓红译，收入林伦伦主编《饶学研究》（第二卷），暨南大学出版社 2015 年出版。

10 月 31 日，“聊寄一声猿——徐培晨中国画展”于巴黎中国文化中心举行开展仪式，共展出南京师范大学美术学院徐培晨教授 30 余幅画作。先生出席开幕式，盛赞徐培晨画作，徐培晨向先生赠送画作。巴黎中国文化中心主任殷福致辞，法国文化部荣誉戏剧总监余尔斯、欧洲时报社长张晓贝，以及徐培晨、李中耀、李晓红等出席开幕式，并合影留念。《欧洲时报》记者黄冠杰 2013 年 11 月 4 日报道《“东方猴王”来法——巴黎中国文化中心举办徐培晨猿画展》。

12 月 8—12 日，先生出席“第二届饶宗颐与华学暨香港大学饶宗颐学术馆成立十周年庆典国际学术研讨会”，并作大会主题演讲《中国思想中的历史观念》，李晓红译，李焯芬教授主持演讲。后以《中国思想史的历史观是什么？是如何形成的？》为题收录于郑炜明执行主编《饶学与华学——第二届饶宗颐与华学暨香港大学饶宗颐学术馆成立十周年庆典国际学术研讨会论文集》，上海古籍出版社 2016 年出版。

先生《中国思想的两种理性——占卜与表意》（*Les deux raisons de la pensée chinoise. Divination et idéographie*）一书法文版于巴黎伽利玛出版社出版。

2014 年，86 岁

1 月 23 日，《欧洲时报》报道《跨越法兰西和中国的回忆：戴高乐将军侄女的中国求学路》，回忆称老师汪德迈先生为汉语通。

2 月 1 日（中国农历大年初二），法国汉语教学协会于国立东方语言文化学院举办成立 30 周年庆祝大会并进行了《首批赴华留学生老照片展》，先生与驻法使馆教育处马燕生公使衔参赞、法国国民教育部汉语总督学白乐桑教授、汉学家梅慧思、老赴华留学生和协会成员共同参加活动。《欧洲时报》记者张新报道《法国汉语教学协会庆 30 华诞　首批赴华留学生老照片展开幕》。马燕生发表讲话，代表驻法使馆教育处给中、法教师和学者拜年。（法国汉语教学协会成立于 1984 年 5 月。）

3 月 13—14 日，先生出席由法兰西学士院道德与政治科学学院（Académie des Sciences Morales et Politiques，简称 ASMP）组织的由法兰西学士院西蒙妮（Fondation Simone）和奇诺·德尔杜卡（Cino Del Duca）基金会支持的学术研讨会“战争与社会”（Guerre et société），发表演讲《中国战争文化》（« La culture chinoise de la guerre »），收录于让·巴舍勒（Jean Baechler）和乔治－亨利·苏图（Georges-Henri Soutou）主编《战争、经济与税收》（*Guerre，économie et fiscalité*）一书，收入法兰西学士院道德与政治科学学院主办《人与战争》（*L'homme et la guerre*）丛书，法国赫尔曼（Hermann）出版社 2016 年出版。

3 月 28 日，先生作为 2015 年法国阿尔多瓦大学与索邦大学远东研究院联合举办的“心手合一的艺术——从东方到西方的书法与图像”国际研讨会组织者之一，提出研讨会宗旨：“书法艺术中体现的从东方到西方的书法学、哲学、宗教思想史、书写材料研究、书法作品比较的互补性。”

5 月 27 日，为庆祝中法建交 50 周年，“东方雅韵——邢健健油画作品巴黎展”于巴黎中国文化中心开展，中国人民对外友好协会、法国巴黎中国文化中心、美国中国文化艺术基金会、江苏金泓文化发展有限公司主办，巴黎中国文化中心主任殷福主持，法兰西学士院通讯院士高立昂讲话。先生与中国驻法国公使邓励、法国艺术家协会会长德拉勒夫、法兰西学士院艺术院秘书长让·路易斯·古班、法国艺术家之家协会主席雷米·艾融（Rémy Aron）、南京艺术学院油画家邢健健，及李晓红、李中耀等 200 余人参加活动。

7 月 1 日，适逢中法建交 50 周年，中国美术家协会、人民政协报社、瑞士阿尔卑斯水墨基金会共同主办“勃朗峰之夏——纪念中法建交 50 周年当代中国画作品展”于法国霞慕尼市阿尔卑斯博物馆开幕。先生与瑞士联邦前主席帕斯卡尔·库什潘、霞慕尼市参议员夏磊、霞慕尼市副市长埃里克·富尼埃、瑞士阿尔卑斯水墨基金会主席田德等百余人出席开幕式，库什潘、富尼埃和中国美术家协会副主席许钦松分别致辞。

9 月，先生与杜瑞乐代表法国被选为国际儒学联合会第五届理事会顾问。

10 月 16 日，中国美术家协会、荣宝斋与巴黎中国文化中心共同举办“水墨中国梦——当代中国画作品展”。先生与法国艺术家之家协会主席雷米·艾融、国家艺术沙龙主席米歇尔·金、著名导演菲利普、赛努奇博物馆副馆长贝莱克（Mael Bellec）、法兰西学士院艺术院终身秘书克罗德（Claude Abeille，1930—　）、法兰西学士院艺术院通讯院士高立昂、吉美博物馆亚洲部前负责人吉耶斯等出席开幕式，中国驻法国大使翟隽也专程观展祝贺。中国美术家协会副秘书长陶勤、巴黎中国文化中心主任殷福相继致辞。《人民网》记者王芳、邢雪 2014 年 10 月 21 日报道。

先生为巴黎七大博士吴华翻译其参加 2015 年阿尔多瓦大学与索邦大学联合举办的“心手合一的艺术——从东方到西方的书法与图像”国际研讨会的论文法文稿《中国“新书法”艺术的变革与再革新》（« Évolution et révolution de la nouvelle calligraphie chinoise »）。

10 月 23 日，据法国《欧洲时报》报道，北京电视台历时两年摄制完成的纪录片《一个法国人的红楼梦》法语版于巴黎中国文化中心首映，讲述《红楼梦》法文版校译者、汉学家安德烈·铎尔孟（André d’Hormon，1881—1965）的传奇人生。铎尔孟生命最后十年，幽闭于巴黎市郊一座修道院，以“星期二之约”与学生李治华一起校译《红楼梦》。先生与影片主演菲利普·唐塞林（Philippe Tancelin）、苏菲·泰德奇（Sophie Tedescui）出席活动。

11 月 26 日，先生为法国邮局 2015 年出版中国生肖邮票“羊年生肖票”提供中国生肖文化学术指导，特撰文《十二地支与十二动物生肖——“羊”字图形的“大”与“美”》（« Les douze rameaux terrestres et douze emblèmes animaliers: L’ideogramme de la chèvre: l’image du “grand 大”et du “beau 美” »），未发表。

11 月 26—30 日，法国“艺术财富”沙龙联展于巴黎大皇宫举行。此次展览恰逢中法建交 50 周年庆典，沙龙内中国艺术家作品引起法国观众强烈兴趣。画家李中耀新作丙烯画《花簇》在对比沙龙展出，李晓红作品《山峦》在水介质沙龙展出。巴黎中国文化中心主任殷福出席开幕式，先生出席并高度称赞李中耀画作融合中西文化元素。《欧洲时报》孔帆 12 月 1 日报道《巴黎举行艺术沙龙联展　旅法中国画家作品亮相》。

11 月，中国文化院编《中华国学大家谈》收录访谈先生文章《汉文化应现代化而非西洋化——专访法国知名汉学家汪德迈教授》，广西师范大学出版社出版。

12 月 3 日，“岩石的密码”——李英杰原生态硬石作品展在巴黎中国文化中心举行，先生与法国艺术家之家协会主席雷米·艾融等出席。《新华网》记者尚栩 12 月 3 日报道《李英杰巴黎揭示“岩石的密码”》。

12 月 5—6 日，河内大学召开“一个世纪的历史：远东学院于越南”国际研讨会，为 1900 年在越南创建的法国远东学院的世纪庆典，先生作为特邀嘉宾与远东学院时任院长顾亨儒一起由法国赴越南与会。远东学院出版奥利维·玳希（Olivier Tessier）和帕斯卡尔·波尔多（Pascal Bourdeaux）的著作《一个世纪的历史：远东学院于越南——敬献汪德迈教授文集》（*Un siècle d'histoire: l'École française d'Extrême-Orient au Vietnam - Lịch sử môt the kỷnghiên cứu: viên Viễn Đông bác cổ Pháp tại Việt Nam–Ouvrage dédié à Léon Vandermeersch*），论及先生于越南法国远东学院工作时的贡献。在越南民主共和国最初诞生期间，先生曾作为 1956—1966 年的远东学院成员和负责人，将学校博物馆和远东学院收藏品移交越南民主共和国，在那一特殊的历史阶段，先生很好地完成了这一十分复杂的任务，为远东学院驻河内中心于 1993 年重新开放奠定了基础。

周春悦、汪德迈《全球化时代话孔子——“世界孔子学院日”汪德迈教授访谈录》，陈力川访谈，发表于《对外汉语教学与研究》年刊。

先生《饶公选堂之故事》，李晓红、周轶伦、房维良子译，发表于《国际汉学研究通讯》第 9 期，北京大学出版社出版。

香港浸会大学饶宗颐国学院主办，饶宗颐名誉主编、陈致主编《饶宗颐国学院院刊》创刊，邀请白一平、田仲一成、宇文所安、余英时、汪德迈等 22 位国际著名学者任学术顾问。

2015 年，87 岁

2 月 4 日，巴黎中国文化中心、中国国家画院美术馆、清华大学美术学院共同主办的清华大学美术学院学生王涵水墨作品展于巴黎中国文化中心举行开幕式。巴黎中国文化中心主任殷福主持开幕式并致辞，先生出席开幕式。法兰西艺术院通讯院士高立昂、法国文化部文化事务总监及前吉美博物馆馆长雅克·吉耶斯、法国艺术家之家协会主席雷米·艾融、法国驻华使馆前文化参赞顾美哲等嘉宾与两百余位中、法艺术爱好者参加开幕式。《欧洲时报》记者黄冠杰巴黎 2 月 5 日报道。

3 月 5 日起，先生获邀担任香港中文大学第二届“饶宗颐访问学人”，于中国文化研究所作系列讲座，饶宗颐出席欢迎仪式。当日讲《中国文化占卜学成形：从甲骨占卜术到〈易经〉》。香港中文大学中国文化研究所于2013年设立“饶宗颐访问学人计划”，每年邀请一名于中国文化研究有杰出表现的世界级学者到访，从事学术研究、交流及教学等活动，以期促进中西方学术交流及互动，开拓学术新视野，并启发年青后学，传承国学。首届“饶宗颐访问学人”是瑞典籍汉学家马悦然（Nils Göran David Malmqvist，1924—2019）。

3月12日，先生于香港中文大学中国文化研究所演讲《中国科学思想的特性》。

3月17日，适逢香港中文大学贺饶宗颐百岁华诞，先生主讲香港中文大学“饶宗颐访问学人讲座”，以《我与我的老师饶宗颐》（李晓红译）为题，回顾与饶宗颐先生师生之谊，饶宗颐先生出席并合影留念。中新社杨晓霞香港3月18日报道《法国汉学家汪德迈：庆幸师从饶公》。香港中文大学《中国文化研究所通讯》2015年第1期“最新消息”报道《饶宗颐访问学人：汪德迈》。先生《我与我的老师饶宗颐》发表于《中国文化研究所通讯》2015年第2期。

同日晚，香港中文大学举行“大紫荆勋贤饶宗颐教授百岁华诞”祝寿宴，先生出席晚宴，校长沈祖尧、前校长高锟、金耀基，和120多位教师及饶先生好友与家人同贺饶先生华诞之喜。

3月26日，先生于香港中文大学中国文化研究所演讲《中国文学艺术的特性》。

先生《中国文化研究七十年》，发表于香港中文大学《中国文化研究所通讯》2015年第2期。

8月31日，敦煌研究院特邀先生与金丝燕等人考察莫高窟并进行学术讲座，先生演讲《中国汉字》，金丝燕演讲《中国汉译佛经的四个阶段》，樊锦诗出席。

9月1日，贾宝军教授等陪同先生专程至西安外国语大学外籍专家楼拜访老朋友法籍教师“中国好人”让·德·米里拜尔先生，两位老人就敦煌文物及珍贵手稿保护交流看法，肯定中国精神及中国儒家思想的根基，谈及认识论、中国宗教、文化等问题。

9月2日，先生受陕西师范大学邀请，作为特约嘉宾之一，参加“集贤讲堂”第139讲“中西学术三人谈”学术活动。

9月3日，先生于西安外国语大学汉学院演讲，论中国文化与哲学思想。

9 月 7 日，北京师范大学授予先生荣誉教授职衔，授衔仪式上，北京师范大学校长董奇教授向先生颁发荣誉证书，先生致答谢词，收入《中国文化思想研究》附录。

9 月，“跨文化方法论研究首期讲座”于北京师范大学举行，由北京师范大学文学院、北京师范大学民俗典籍文字研究中心和北京师范大学中国民间文化研究所共同主办。先生出席开幕式、讲座等系列活动，并与金丝燕、北京师范大学诸位学者联合演讲。先生首讲《引言：汉学研究方法要点》《第一讲：用中国文化特点认清中国文化道理》。期间，先生与参会的乐黛云教授合影（赖彦斌摄）。《法制晚报讯》记者张丽 9 月 8 日报道这一学术盛事。

9 月 9 日，先生应乐黛云盛邀至北京大学出席北京大学哲学系、北京大学儒学研究院、《儒藏》编纂与研究中心联合举办的首届“一介学术讲座”暨汤一介先生学术思想座谈会，乐黛云致辞，北京大学哲学系主任王博教授主持讲座。先生演讲《忆汤一介先生》（« En mémoire de Tang Yijie »），李晓红译，后以《汤一介——21 世纪儒学研究的复兴者》为题收录于先生《中国文化思想研究》。

9 月 12 日，《航向法国》记者达明视频采访先生《“汉语是我职业生活的全部”：著名法国汉学家汪德迈先生专访》。

9 月 15 日，先生于北京师范大学主讲《第二讲：依靠汉字文言考古学划分古代历史分期》。

9 月 17 日，袁行霈教授至宾馆拜访先生（王文超摄）。

9 月 21 日，先生于北京师范大学主讲《第三讲：用整体观点考察中国思想的特殊性》。

9 月 28 日，先生于北京师范大学与北京师范大学资深教授王宁对话礼治文化和礼仪文化，先生主讲《特别考察中国文化的基本特点：“礼治”》。

9 月 28 日，先生被北京师范大学中国民俗典籍文字研究中心、中国民间文化研究所聘为特邀研究员。《光明日报》发表先生《汤一介——21 世纪儒学研究的复兴者》。

10 月 12 日，新疆维吾尔自治区文化厅和巴黎中国文化中心联合举办的“中国新疆文化周”于法国巴黎中国文化中心开幕。先生与中国驻法国大使馆教育处公使衔参赞马燕生、巴黎中国文化中心主任殷福、法国文化部前戏剧总监余尔斯、法兰西艺术院通讯院士高立昂等百余位嘉宾出席开幕式，殷福主持开幕式并致辞。

10 月 14—15 日，先生出席阿尔多瓦大学与巴黎索邦大学联合举办的“心手合一的艺术——从东方到西方的书法与图像”（La calligraphie dans les pays sinisés. Art de la main, arts de l’esprit）国际研讨会，并作大会演讲《书法与山水画》（« La calligraphie et la peinture de paysage shanshui »）。先生与顾乃安、李晓红为研讨会组织者，特邀中国学者香港大学郑炜明、四川大学闫嘉、四川师范大学毛娟等与会。该研讨会论文与 2017 年 3 月 9 日阿尔多瓦大学举办的“中国与他地的古代文字、铭文与图像研究”研讨会论文合集由汪德迈、顾乃安、李晓红、克罗蒂娜（Claudine Nédelec，1950— ）教授联合主编，友丰书店 2021 年 12 月出版。

11 月 12 日，巴黎中国文化中心、中国烹饪协会与佛山市顺德区人民政府共同组织的“中国（顺德）美食文化品鉴会”于巴黎中国文化中心举办，先生与中国驻法使馆公使衔参赞陈明、巴黎中国文化中心主任殷福、联合国教科文组织大会主席特别顾问汉斯、法国著名电影导演弥勒、法兰西艺术院通讯院士高立昂等近百位嘉宾受邀参加活动。殷福、中国烹饪协会副会长冯恩援开幕致辞。

11 月 16 日，巴黎中国文化中心、中国画学会主办的“中国风雅——江苏省中国画学会巴黎提名展”开幕，展览汇集学会近 30 名画家精品。巴黎中国文化中心主任殷福开幕式致辞，先生参观展览后，称赞展品具有东方诗情画意，又融入西方画意技法，是“东西合璧”之精品。《新华网》巴黎 11 月 16 日报道。

12 月 22 日晚，巴黎中国文化中心举行 2016 年新年招待会，先生与中国驻法大使馆陈明公使衔参赞、高元元公使衔参赞、华晓武官出席。《国际在线》记者范婷玉 12 月 24 日报道。

2016 年，88 岁

1 月 26 日，“春耕秋实——巴黎中国文化中心迎新春师生书画民乐展演”于巴黎中国文化中心举办。巴黎中国文化中心主任苏旭主任致辞，先生出席，并对师生作品展演给予高度评价。法国文化部前戏剧总监余尔斯、法兰西艺术院通讯院士高立昂、法国艺术家之家协会主席雷米 · 艾融、文化中心书法教师及画家李中耀等百余名中、法艺术界人士和文化中心孔子学院师生出席。《欧洲时报》记者黄冠杰于巴黎报道。

6 月 1 日，巴黎中国文化中心、中国文化部中外文化交流中心、名瑞集团中国刺绣研究中心共同主办的“锦绣丝路——中国精品刺绣艺术展”于巴黎中国文化中心开幕。先生与中国驻法国使馆文化处公使衔参赞李少平、巴黎中国文化中心副主任苏旭、中外文化交流中心副主任李蕊、法国文化部前文化事务总监吉耶斯、荣誉戏剧总监余尔斯等百余位专家出席开幕活动。巴黎中国文化中心主副主任魏军主持开幕式，苏旭主任致辞。苏旭主任还向法国文化部前文化事务总监吉耶斯、荣誉戏剧总监余尔斯与先生分别颁发由中国文化部所授巴黎中国文化中心荣誉顾问聘书，以表彰他们在中法文化艺术交流领域所做杰出贡献。《欧洲时报》记者孔帆巴黎 6 月 3 日报道《中国精品刺绣艺术展惊艳巴黎　推动优秀传统文化“出海”》。

6 月 27 日，香港中文大学邀请先生担任“饶宗颐访问学人”。

8 月 23 日，先生荣获中国国家新闻出版总署颁发“第十届中华图书特殊贡献奖”，并于北京出席颁奖仪式。国务院副总理刘延东在人民大会堂代表中国政府向获得“第十届中华图书特殊贡献奖”的 19 名外国专家颁奖并表示祝贺。《人民日报》2017 年 2 月 15 日报道《汉学家，助中华文化四海生根》，其中有《人民日报》驻法国记者李永群、王远报道《汪德迈：用毕生精力研究汉文化》。

8—9 月，先生出席北京师范大学民俗典籍文字研究中心、中国民间文化研究、文学院古代汉语研究所联合主办的“跨文化学研究生国际课程班”开幕式、讲座等系列活动，演讲《中国教给我们什么？》（« Ce que la Chine nous apprend ? »）。

8 月 24 日，先生于北京师范大学主讲《儒学与宗教》。

8 月 27 日，北京师范大学中国民间文化研究所董晓萍教授“跨文化民俗学”系列讲座第一讲《跨文化的“天鹅（swan maiden tale）”：敦煌学与中国故事学》于北京师范大学举行，金丝燕主持，先生和白乐桑出席，先生对董晓萍从敦煌学角度研究民俗学的观点与方法给予高度评价，并表示很高兴看到中国学者对法国汉学传统的反馈。

8 月 29 日，先生于北京师范大学主讲《儒学与思辨的语言》。

9 月 2 日，先生至中国国家汉办演讲《中国教给我们什么？》。

9 月 9 日，先生于北京师范大学主讲《儒学与社会：儒士主义》。

9 月，先生出席北京大学举办的纪念汤一介先生逝世一周年学术讨论会，发言题目《“形而上”与“物而上”：两个概念，两种世界观》。（先生后修订，认为“物而上”应改译为“物理而上”。）

国际儒学联合会副理事长、日本法政大学名誉教授王敏于北京采访先生。

10 月 18 日，旅法中国艺术家江大海个展在法国吉美亚洲艺术博物馆开幕，法国巴黎美术学院前院长亨利·克洛德·顾索（Henry-Claude Cousseau）担任策展人，先生与法国外交部大司司长卢力捷（Emmanuel Lenain）、巴黎塞努奇亚洲艺术博物馆馆长易凯（Eric Lefebvre）、法兰西学士院艺术院通讯院士高立昂、巴黎中国文化中心主任殷福、彭昌明教授等出席开幕式并观摩展览。

12 月 4 日，先生至中国驻法大使馆教育处出席南京外国语学校法国校友会、巴黎十一大学生学者联合会联合举办的“远东古文化讲座”并主讲《中国思想的两种理性——占卜与表意》，李晓红主讲《龙图像——试析商朝至汉代龙纹含义》。

12 月 12 日，“墨语生花——齐伟民水墨艺术展”开幕式于巴黎中国文化中心举办，先生与巴黎中国文化中心主任严振全、副主任苏旭、巴黎高等装饰学院教授提农等出席。

《人民日报》驻法国记者李永群、王远 12 月 12 日报道《法国汉学泰斗汪德迈：“一辈子研究中国文化是世上最迷人的事”》。

12 月 13 日，北京师范大学举行跨文化研究院成立与共建捐赠仪式，北京师范大学副校长张凯向中外著名学者颁发跨文化研究院任职聘书，聘任乐黛云女士、汪德迈先生和北京师范大学资深教授王宁先生为名誉院长，北京师范大学董晓萍教授为院长。《中国日报》12 月 14 日报道。

先生被巴黎中国文化中心聘为特邀顾问。

先生专著《中国文化思想研究》，收录于金丝燕、董晓萍主编“跨文化研究”丛书（第一辑），中国大百科全书出版社出版。先生为该丛书编辑委员会成员之一。

先生《用整体思想认识中国文化》，发表于《民间文化论坛》2016 年第 5 期。

2017 年，89 岁

1 月，先生专著《中国思想的两种理性——占卜与表意》中文版由北京大学出版社出版，金丝燕译，饶宗颐题写书名。该书为乐黛云、金丝燕、董晓萍主编《跨文化对话平台丛书》之一。

2月3—4日，先生出席阿尔多瓦大学孔子学院、文本与文化研究中心、鲁贝“游泳池”——艺术与工业博物馆、北京师范大学跨文化研究院、南京大学联合举办的第三届中国艺术节暨“入世与出世：何为艺术家的立场”国际研讨会，并作大会演讲《汉字中蕴含的中国哲学思想》。董晓萍、陈力川、郑炜明、周欣展教授、诗人北岛、原中国中央美术学院院长潘公凯等特邀学者与会并发言，金丝燕、陈力川现场中法双语口译。与会者参观孙信一“中国风景”画展。研讨会结束后，阿尔多瓦孔子学院邀请与会学者一同为汪德迈先生庆贺九十寿辰，送上精美礼物。

日本学者王敏于本月至巴黎采访先生，特稿《一位法国学者留学日本开启的汉字文明研究》后发表于《客观日本》微信公众号，2021年2月11日。

3月9日，先生出席阿尔多瓦大学举办“中国与他地的古代文字、铭文与图像研究”研讨会（Art et littérature：Études épigraphiques et iconographiques de Chine et d’ailleurs），并作大会演讲《中国精神的特殊性：从表意到文学（从六书到对仗）》（« Une spécificité de l’esprit chinois: de l’idéographie à la littérature »），李晓红主持会议并发言《商周青铜器玉器的龙纹图像研究》（论文集即将出版）。

3月31日，先生与金丝燕于巴黎索邦大学旁“书桌咖啡馆”讨论《中国教给我们什么？》（*Ce que la Chine nous apprend: sur le langage*，*la société*，*l’existence*）书稿。

5月5日，先生被《西夏学大辞典》编委会聘为顾问。

5月8日，“丝路长·宴四方——中国饮食器物设计文化展”于巴黎开幕，先生与法国艺术家之家主席雷米·艾融等出席开幕式，《欧洲时报》报道。

5月21日，先生协助巴黎彤阁（Pagode de Paris）东主杰克琳娜·巴赫奈斯·冯·阿迈赫斯坦－罗克腾女士（Jaqueline Baroness von Hammerstein-Loxten，德国裔），为恩师饶宗颐“莲莲吉庆——饶宗颐荷花书画展”布展，提出具体建议。

6月13日，“美丽江西——绚烂非遗”摄影展开幕式于巴黎中国文化中心举行，拉开该中心2017年“中国非遗文化周”活动序幕。先生与巴黎中国文化中心主任严振全、副主任沈中文、联合国教科文组织代表史托延等近百名中法嘉宾出席开幕式。

6 月 25 日，饶宗颐先生至巴黎举办画展，先生至宾馆拜谒恩师。

6 月 26 日，先生与郑炜明、李晓红、李中耀等陪同饶宗颐先生及家人重访皇港修道院，饶门三代同聚并合影留念。

是日，“中国非遗文化周”系列活动之一“江南新韵——中国杭州传统工艺创新展”于巴黎中国文化中心开幕，先生与巴黎中国文化中心主任严振全、副主任沈中文、法国吉美博物馆副馆长勒嘉鲁、法兰西艺术院通讯院士高立昂等百余名中法嘉宾出席。

6 月 27 日，先生与饶宗颐出席在巴黎彤阁举办的“莲莲吉庆——饶宗颐荷花书画展”开幕式，郑炜明、德特里（Muriel Détrie）、李晓红、李中耀等中、法嘉宾百余人出席开幕式。

6 月 29 日—7 月 1 日，先生出席阿尔多瓦大学主办，文本与文化研究中心、孔子学院承办的“今日古汉语教学”国际研讨会暨第十届欧洲孔子学院汉语教师与本土教师培训，并作大会演讲《论中文字汇之辞源》。

8 月，先生《“形而上”与“物而上”：两个概念、两种世界观》，金丝燕译，发表于《民俗典籍文字研究》第十九辑。

8 月 31 日—9 月 21 日，先生出席北京师范大学跨文化研究院、民俗典籍文字研究中心、中国民间文化研究所、文学院及中国社会科学院自然科学史研究所联合主办的“跨文化学研究生国际课程班——文本、主体性与多元”开幕式、讲座等系列活动。

9 月 1 日，先生评议法兰西学士院终身秘书冉刻《中世纪文学与艺术：一种新的自我意识》演讲。

9 月 10 日，北京师范大学跨文化学研究生国际课程班（全国高校班）举行结业典礼，先生与金丝燕等出席，李正荣主持仪式，董晓萍总结致辞，感谢先生和乐黛云、王宁对本次课程班的学术指导。先生向学员授予结业证书，并向全体学员寄语鼓励。适逢中国教师节，北京师范大学跨文化学研究院、中国民间文化研究所学生们为中、外教授捧献鲜花，祝颂教师节快乐，并合影留念。

9 月 13 日，日本鹿岛平和研究所发文《汪德迈的汉字论》（レオン先生の漢字論），介绍先生甲骨文研究。

9 月 24 日，先生偕家人至潮州寻根后（夫人李氏子原籍广东潮州），到香港拜访恩师饶宗颐及其家人，感恩老师教诲帮助，赠送新著《中国思想的两种理性——占卜与表意》。与法国远东学院傅飞岚（Franciscus Verellen，1952—　）教授、香港中文大学劳格文（John Lagerwey，1946—　）教授、黎志添教授、香港中文大学出版社社长甘琦、日本法政大学王敏教授、金丝燕教授、郑炜明教授、罗慧博士等于香港大学饶宗颐学术馆交流，共进午餐。

9 月 29 日—10 月 3 日，联合国教科文组织、法国阿尔多瓦大学与北京师范大学合作举办的以“推进持续性和平的孔子教育：文化与语言的相遇”为主题的国际学术会议于巴黎联合国教科文组织会议厅召开。同期在法国阿尔多瓦大学举行“阿尔多瓦大学孔子学院第四届世界孔子日”学术研讨会，先生与会并作大会演讲《孔子：诸子百家之鼓动者》，阐述其多年坚持的创新维护中国儒学以推进可持续人类和平的思想。会议综述见董晓萍、金丝燕《以跨文化学建设推进人类和平与教育》，《西北民族研究》2017 年第 4 期。

10 月，先生《儒学与思维的语言》，载《民俗典籍文字研究》第二十辑。

11 月 22 日，先生出席巴黎友丰书店举行《中国书法在法国——中国书法的理论、实践与教学研究》（*Calligraphie chinoise: Théorie et application à l'enseignement en France*）法文版新书首发仪式（本书为 2012 年 6 月 15—16 日同名研讨会论文集）。中国翻译家沈大力教授、法国中文教学与研究学会会长及巴黎七大教授齐冲、本书主编李晓红等以及本书部分作者出席发布会。该书为法国出版的第一本由中法学者共同研究在法国进行中国书法教学实践的书籍，收入 13 位学者的论文。其中有先生所写前言《中国书法之美》和论文《表意文字是中国书法的基础》，饶宗颐题写书名，《欧洲时报》记者黄冠杰 11 月 24 日报道。

12 月 5 日，巴黎七大东亚语言文明学院（Langgues et Civilisations d'Asie Orientale）以“汪德迈教室”命名学院顾问会议室，达尼埃尔·斯图维（Daniel Struve）院长出席命名仪式并致辞，感谢先生担任教职及系主任（学院原名东亚系）期间所做贡献。先生巴黎七大同事及日本学专家毕若（Jacqueline Pigeot）女士、韩文教授李玉、法国韩文教授及汉学家吴兰柱（Marc Orange）、当年学生弗朗索瓦·于连等出席仪式。

以先生名字命名的法兰西学士院铭文与美文学院“汪德迈中国学奖”，由法兰西学士院铭文与美文学院和香港明远文化教育基金会于巴黎共同设立。该奖项为面向全球中国学学者的终身成就奖。

先生《中国思想的两种理性——占卜与表意》一书中文版由北京大学出版社出版，金丝燕译。

12 月，先生与金丝燕合著《古文言读本》第 1 辑，中法双语版由友丰书店出版。

2018 年，90 岁

1 月 6 日，巴黎中国文化中心策划主办“讲述中国老百姓的故事——《变迁》摄影展”于巴黎中国文化中心开幕，先生与中国摄影家朱宪民、杨建川、法国巴黎中国文化中心主任严振全、法兰西学士院通讯院士高立昂等出席开幕式。

1 月 7 日，先生九十华诞。李晓红、欧明俊联络美国刘正、香港大学郑炜明、中山大学彭玉平、郑州大学刘志伟及旅法画家李中耀等友人，以先生钟爱的书法、对联等方式通过微信视频为先生祝寿。

1 月 8 日，法国总统马克龙于西安大明宫演说，表彰为中法友好交往做出独特贡献的法国汉学家代表沙畹、马伯乐、葛兰言与先生等。

2 月 2—3 日，阿尔多瓦大学孔子学院、文本与文化研究中心、南京大学联合举办的第四届中国艺术节暨“艺术之目的——东西文化的转场”国际研讨会分别于法国阿拉斯（Arras）和鲁贝“游泳池”——艺术与工业博物馆召开，先生出席并作大会演讲《汉字的“美”与“文”的含义》。南京大学徐兴无教授等特邀学者与会。

2 月 6 日，先生恩师饶宗颐仙逝。

2 月 8 日，巴黎中国文化中心、上海市非物质文化遗产保护协会主办“一带一路”大型中国非遗服饰精品展——“百年海派旗袍展”于巴黎中国文化中心揭幕，展出珍贵旗袍实物、民国时期老照片、月份牌及现当代著名服装设计师设计的新式旗袍。先生与巴黎中国文化中心主任严振全、副主任沈中文、中国驻里昂总领事郭玮、上海市非遗保护协会会长高春明、巴黎时尚博物馆艺术总监科达等各界嘉宾百余人出席开幕式并观摩展览。

2 月 22 日，先生与李晓红于巴黎中国文化中心组织国学大师饶宗颐先生纪念会，巴黎中国文化中心副主任沈中文主持，先生作主题发言，深情回忆恩师。现场放映香港大学饶宗颐学术馆录制的饶宗颐纪录片。李晓红含泪朗诵与欧明俊合写诗作《哭送饶公》。巴黎中国文化中心主任严振全与冉刻（Michel Zink，1945—　）、高立昂、顾乃安、赵冰等 50 余名中、法学者参加。《新华网》新华社记者张曼巴黎2月22日报道《国学大师饶宗颐纪念会在巴黎举行》;《欧洲华语广播电台讯》2月24日报道《文化大师饶宗颐先生纪念会于巴黎中国文化中心举行》;《欧洲时报》实习记者高俊青巴黎2月26日报道《饶宗颐大师纪念会于巴黎中国文化中心举行》。

2月28日，先生赴香港出席香港政府与香港大学组织的饶宗颐先生追思出殡仪式，敬献花圈。八位扶灵人：全国政协副主席董建华、香港特区行政长官林郑月娥、中联办副主任黄兰发、中国文联书记处书记陈建文、香港大学署理校长谭广亨、香港中文大学校长段崇智、先生及香港大学饶宗颐学术馆馆长李焯芬。先生致祭文《沉痛悼念恩师饶宗颐——在饶公葬礼上的祭文》(李晓红译，欧明俊审订)，收录于刘洪一主编《饶宗颐纪念文集》，海天出版社是年11月出版。广州日报大洋网3月1日报道《送别饶宗颐：林郑月娥为他扶棺　九旬法国汉学家专程送恩师》。

3月8日，先生于巴黎拉雪兹公墓参加法国汉学界泰斗谢和耐葬礼，李晓红陪同，法国汉学界70多位学者出席葬礼，《欧洲时报》3月8日报道。

3月15日，刘正、李晓红编《汪德迈九十华诞祝寿专辑》由《国际考古暨历史语言学会会刊》刊出，收先生法文论文3篇:《中国表意文字与占卜》(« Idéographie chinoise et divination »)、《儒学》(« Le confucianisme »)、《我之汉学研究的方法论问题》(« Le principe méthodologique de l' "hétérotopie 异托邦" chinoise dans mes propres travaux »)，张新木译，含祝寿书法9幅、中国画4幅、贺寿文章3篇、祝寿纪念文章10篇。

3月20日，“中国风格——中国国家画院水墨人物艺术展”于巴黎开展，先生与200多名中法嘉宾出席开幕式。

4月10日，“无问西东——油画作品展”在法国巴黎中国文化中心开幕，展出中国当代五位中青年画家的作品。先生与巴黎中国文化中心主任严振全、中国国际书画艺术研究会当代油画院院长郭晓光、法兰西艺术院终身院士克劳德·阿巴吉、法兰西艺术院通讯院士高立昂、法国艺术家沙龙主席玛丽娜·德拉勒、法国艺术家之家协会主席雷米·艾融等百余名中、法嘉宾出席开幕式。《人民网》柳爽巴黎4月10日报道。

4月17日—5月14日，先生应邀至中国各高校及科研单位巡回学术演讲，李晓红全程陪同。

4月19日，先生于中国国家博物馆演讲《中西艺术的差异与相互影响》，李晓红译。

4 月 21 日，中国杜甫研究会、巩义市人民政府、郑州大学、郑州成功财经学院主办的首届“诗圣杜甫与中华诗学”国际学术研讨会于郑州成功财经学院召开，开幕式由郑州大学刘志伟主持，先生出席并作大会演讲《试论中国唐代诗人杜甫与法国中世纪诗人弗朗索瓦·维庸的风格》。

4 月 22 日，先生出席大会闭幕式，并致闭幕词。

4 月 23 日，先生由刘志伟陪同至巩义青龙山慈云寺考察。刘志伟与慈云寺住持释延昭主持“诗圣杜甫——当代杜甫与世界”小型讨论会。

4 月 24 日，先生被聘为郑州大学客座教授，刘志伟主持聘任仪式，郑州大学副校长张倩红为先生颁授郑州大学客座教授聘书。先生于郑州大学文学院演讲《中国表意文字的来源：占卜学》，李晓红演讲《欧美汉学研究——法国汉学研究介绍》，刘志伟主持。

4 月 27 日，先生出席中山大学中文系“名师讲坛”，演讲《中国表意文字的来源——占卜学》，李晓红译，中文系主任彭玉平主持，吴承学等出席。彭玉平献上是年 1 月为先生九十寿诞所撰并书寿联“九秩行东学西渐，百开享颐养天和”，并为先生颁赠中山大学“名师讲坛”纪念证书。

4 月 28 日，先生于中山大学外国语学院演讲《中国第一次文化革新运动——论孔子对中国文化的贡献》，李晓红译。同日于中山大学演讲《马恩的“亚细亚生产方式”以及古代中国生产方式的特殊性》，中山大学“博雅讲座”第 86 讲。

4 月 30 日，李晓红陪同先生访问中山大学饶宗颐研究院及广州市饶宗颐学术艺术馆，参观饶宗颐图书收藏及书画作品，受到广州市饶宗颐学术艺术馆及增城御苑酒店谢锦鹏、林娟娟夫妇盛情款待。

5 月 2—7 日，先生访问福建师范大学、福州大学。

5 月 3 日，先生于福建师范大学文学院演讲《论庄子：从道家思想和佛教思想说开去》，李晓红译，欧明俊审订，演讲由欧明俊主持。

5 月 5 日，先生于福州大学讲学，福州大学黄志刚副校长会见交谈，代表福州大学全体师生热烈欢迎，先生感谢之余，也分享自己与福州的故事。福州大学人文学院林秋生书记、人文学院梁桂芳副院长参加座谈。李晓红向黄志刚副校长赠书并合影留念。先生演讲《中西艺术之差异与相互影响——浅谈中法文化交流》，李晓红译，福州大学“嘉锡讲坛”第 485 期暨“国学讲坛”第 37 讲，梁桂芳主持，卓希惠等老师出席。应同学们要求，先生于“嘉锡讲坛”留言簿上亲笔写下法文名言“La fortune sourit aux

audacieux”（勇气与好运相伴），以示勉励。福州大学为先生颁赠“嘉锡讲坛”荣誉证书。福州大学新闻网5月7日报道《福州大学黄志刚副校长会见法国汉学泰斗汪德迈教授》;《福州大学学报》2018年第3期报道《法国著名学者、汉学家汪德迈教授做客福州大学》。

5月6日，《百年巨匠——饶宗颐》纪录片摄制组蔡瑞琦一行专程从香港至福建师范大学文学院采访先生及欧明俊、李晓红，制作《汪德迈谈与饶宗颐先生的师生情与学术交往》访谈节目。

5月7—9日，先生赴山东大学国际汉学研究中心讲学，欧明俊、李晓红陪同。

5月8日，先生为博士生演讲《中国表意文字的来源：占卜学》，李晓红译，郑杰文主持，并为先生颁授山东大学顾问教授荣誉证书。

5月10—12日，先生访问南京大学等。

5月10日，先生在李晓红陪同下到江苏省中国画学会进行艺术交流，江苏省中国画学会副会长周海歌、张广才、毛晓剑、翟优等接待，南京艺术学院教授、油画家邢健健等参与交流活动。

5月11日，南京大学校长助理范从来授予先生南京大学名誉教授、荣誉博士，文学院院长徐兴无主持仪式。先生于文学院演讲《中国思想的两种理性——占卜与表意》，张伯伟主持。

5月12日，先生赴北京。

5月14日，先生结束中国巡回演讲，乘飞机返巴黎。《欧洲时报》6月28日发表《法国汉学家汪德迈教授赴华巡回学术演讲》（李晓红、欧明俊供稿）。

6月28—30日，先生出席阿尔多瓦大学主办“文化与文化间：知识、能力与评估”国际研讨会暨第十一届欧洲孔子学院汉语教师与本土教师培训，并作大会演讲《语言特点与文化特性》。

8月28日，北京师范大学2018年跨文化学研究生国际课程班“跨文化的阐释：社会、文化、语言、民俗”结业式举行，先生与法国索邦大学印度哲学与比较哲学系主任谢内（François Chenet）教授、程正民、金丝燕、王宾等教授出席结业式，董晓萍、李正荣教授主持。先生向学员颁发证书，致辞中鼓励跨文化学研究生努力学习、成长，成为国家希望。

8月29日，先生访问清华大学出土文献研究与保护中心，法国阿尔多瓦大学金丝燕、北京师范大学董晓萍、中山大学王宾等教授陪同，中心副主任黄德宽教授代表中心主任李学勤致辞欢迎先生一行。《清华新闻网》9月5日报道《法国汉学家汪德迈先生访问清华大学出土文献中心》。

11月3日，先生受巴黎文化中心主任殷福邀请，参加张福光《文化中国・名家讲坛》昆剧讲座。

11月12日，甘肃文物局、敦煌研究院、北京薪火相传文化有限公司主办，欧洲时报文化传媒集团承办的“花开敦煌——常沙娜艺术研究与应用展览”在巴黎欧洲时报文化中心开幕。先生与中国艺术设计家常沙娜、中国驻法使馆文化处公使衔参赞李少平、法国驻中国大使馆高等教育合作专员让・弗朗索瓦・杜雷（Jean-François Doulet）、法国自然历史博物馆副馆长柯孟德（Christophe Comentale）、《欧洲时报》社长张晓贝等各界嘉宾出席开幕式，常沙娜致辞。《欧洲时报》实习记者张雨滴于巴黎图文报道《融合传统与创新　常沙娜“花开敦煌”展巴黎开幕》。

11月19日，受深圳大学刘洪一书记盛邀，先生经香港至深圳。

11月21日，以“坚定文化自信，讲好中国故事，构建人类命运共同体”为主题的士尔（刘洪一）教授《两界书》系列著作发布会于深圳大学举行。先生与成中英、张隆溪、马原等来自美国、法国、日本以及中国内地、港澳台地区百余位专家学者和社会各界人士参加发布会。先生盛赞《两界书》是一部关于21世纪跨文化研究的重要著作，对人文主义有重要贡献。《两界书》系列著作由商务印书馆出版，系作者贯通古今、融汇东西，穷十余年心血而撰。《光明日报》11月22日报道《讲好中国故事——〈两界书〉系列著作发布会于深圳举行》。

11月22日，先生出席深圳大学饶宗颐文化研究院主办的“文化创新与人类命运共同体——第一届深圳大学饶宗颐文化论坛”，深圳市委宣传部部长李小甘和深圳大学党委书记、深圳大学饶宗颐文化研究院院长刘洪一开幕式致辞。先生作大会演讲《饶宗颐先生的典范作用》（李晓红译，欧明俊审订），收录于刘洪一主编《文化创新与跨学科文化研究：饶宗颐文化论坛论文集》，商务印书馆2019年11月出版。成中英、张隆溪、李焯芬、陈祖言、海村惟一、朴宰雨、丁方、张淑英、王宁、胡经之、施议对、吴承学、郑炜明、张宏生、沈金浩、欧明俊、李晓红等学者与会，并合影留念。论坛闭幕式上，举行饶宗颐文化研究院学术顾问与客座教授聘任仪式，特聘任先生与张隆溪、高宣扬、施议对四位教授为学术顾问，刘洪一颁发聘任证书。

11月24日，先生赴香港，至大屿山拜祭饶宗颐灵位，李晓红、邓伟棠陪同。

先生专著《跨文化中国学》，收录于金丝燕、董晓萍主编“跨文化研究丛书”（第三辑），中国大百科全书出版社出版。

11月27日，柬埔寨王国总理洪森（Hun Sen）颁布嘉奖令，嘉奖先生受该国民众拥戴，特授予萨哈美泰（Sahametrei）大骑士勋章。

12月，上海古籍出版社出版刘志伟《英雄文化与魏晋文学》（修订版），先生作序。

2019年，91岁

1月18日，先生荣获“会林文化奖”并出席于北京师范大学京师学堂举行，会林文化基金、北京师范大学中国文化国际传播研究院主办的第五届会林文化奖颁奖典礼，发表《“会林文化奖”演讲词》（李晓红译，欧明俊审订）。科技部外国专家服务司领导易凡平为先生宣读颁奖词，第四届会林文化奖获得者、清华大学教授陈来为先生颁奖。法国驻中国大使馆语言教育部专员裴雅琳（Jacqueline Plessis）与往届获奖者乐黛云、安乐哲、白乐桑、贝淡宁等出席活动。“会林文化奖”设立于2015年，以北京师范大学资深教授黄会林名字命名，每年表彰为中国文化国际传播事业做出突出重要贡献的中、外人士各一位。《中国青年网》记者杨月、张瑞玲北京1月18日报道;《中国青年报》蒋肖斌1月22日报道《“法国大儒”汪德迈：比大部分中国人更懂甲骨文》；中新社华舆网1月28日报道《从中国美术馆长到法国汉学“大儒”，他们都在助推中国文化“走出去”》;《欧洲时报》2月13日报道《法国著名汉学家汪德迈先生于北京获第五届“会林文化奖”》（李晓红、欧明俊供稿）。

2月9日，先生出席“法国汉语教师学会研讨会议”并发表演讲。

2月28日，北京师范大学王宁教授为先生《中国教给我们什么？》（金丝燕译）作序，先生在北京师范大学连续五年讲座期间多次与王宁进行学术对话。

3月8—9日，先生出席法国阿尔多瓦大学孔子学院、文本与文化研究中心、鲁贝艺术与工业博物馆、北京师范大学跨文化研究院、南京大学等联合举办的阿尔多瓦孔子学院第五届中国艺术节暨“文化转场：艺术诗学”国际研讨会，并作大会演讲，强调“艺术语言是语言的逆向”，“中国书法和绘画，尤其是后者，已将中国宇宙哲学抽象化、具体化”。敦煌研究院副院长赵声良、里昂二大副教授罗蕾雅（Marie Laureillard）、意大利巴勒莫大学（Université de Palerme）教授唐莫布海洛·杰瑟帕（研究员）（Tamburello Giuseppa Ricercatore）、巴黎索邦大学远东研究中心知音（Véronique Alexandre）、法国国家自然博物馆荣誉馆长柯孟德、里昂三大利大英（Grégory Lee）、巴黎四大彭昌明、巴黎八大叶欣、阿尔多瓦大学金丝燕等学者发言。

3月25—30日，欧明俊在法参加学术会议，多次赴巴黎先生府上拜谒，进行学术访谈，李晓红陪同。

3月26日，为庆祝中法建交55周年及纪念留法勤工俭学100周年，中国美术馆、巴黎中国文化中心、中外文化交流中心联合举办“感知中国·意于巴黎——中国美术馆馆藏精品展”高端国际论坛开幕典礼在巴黎中国文化中心举行。先生与法兰西学士院艺术院院士、副主席让·安哥拉，法兰西学士院道德与政治科学学院院士、终身秘书让·罗伯特·彼得等12位法兰西学士院院士及法兰西艺术家协会主席德拉勒夫等200余位中、法嘉宾出席开幕式，先生作为特邀嘉宾出席。巴黎中国文化中心并举办“中法美术交流百年学术研讨会”，先生与法兰西学士院艺术院院士克洛德·阿巴吉、让·卡尔多、赛努奇博物馆馆长易凯、法兰西学士院艺术院通讯院士迪埃·贝耐姆等30余位学者、艺术家与会，先生演讲《富有成效的中法文化交流》。

3月27—29日，阿尔多瓦大学文本与文化研究院、法国索邦大学远东研究院联合主办“中西方诗画会通研究：文字与图像的交叉启示”国际学术研讨会。阿尔多瓦大学校长马莫尼（Pasquale Mammone）教授会见与会中国学者并共进晚餐，阿尔多瓦大学副校长、文本与文化研究院院长韦伯（Anne-Gaëlle Weber）教授致开幕词。先生作大会演讲《论中西文化语境中“笔”的艺术与文人精神》（« De Arts du pinceau et esprit des lettres dans la culture chinoise et dans la culture occidentale »），并至巴黎法国国家艺术史学院出席闭幕式，致闭幕词《作为反语言的艺术“语言”》（« Le langage de l’art comme antilangage »），李晓红译。法国学者顾乃安、幽兰（Yolaine Escande）、德特里、克罗蒂娜、金丝燕、彭昌明、李晓红、周小珊、诸力超与中国学者徐兴无、欧明俊、刘志伟、杨振等与会。《欧洲时报》2021

年 4 月 12—14 日报道《法国阿尔多瓦大学与巴黎索邦大学联合举办国际学术研讨会——法中学者探讨中西方诗画会通研究》，李晓红、欧明俊图文供稿。（论文集即将出版）

3 月 30 日，先生至巴黎中国文化中心出席该中心与阿尔多瓦大学、巴黎索邦大学、法国中文研究与教育学会联合举办的“国际视野中的中国古代文学与文化研究”圆桌论坛，并作主旨演讲《中文的教学与研究于法国的发展》。巴黎中国文化中心副主任沈中文、比较文学教授穆希耶尔·迪特里、翻译家玛丽弗朗斯·德·弥尔贝克，以及李晓红、李中耀、欧明俊、刘志伟和复旦大学副教授杨振等 30 余名学者与会。《中国文化报》涂雄 4 月 14 日报道《中法专家学者畅谈“国际视野中的中国古代文学与文化研究”》。欧明俊、李晓红撰《“国际视野中的中国古代文学与文化研究”圆桌论坛综述》，8 月 16 日发布于《国际考古暨历史语言学会学刊》。

4 月 12 日，北京师范大学跨文化学国际研究生课程班讲座举行开幕式，先生与金丝燕、程正民、齐元涛、李正荣教授出席，董晓萍主持开幕式。先生担任 2019 年春季跨文化学课程班“概念史：走进跨文化”系列讲座首讲嘉宾，演讲《中国教给我们什么？》，董晓萍、金丝燕共同主持，程正民、齐元涛、李正荣教授等到会。先生与索马里、几内亚留学生合影。

4 月 13 日，先生与金丝燕、董晓萍教授前往北京大学看望乐黛云教授，亲将新著《中国教给我们什么？》赠予乐黛云教授，对谈甚欢，共至汤一介先生藏书室参观并合影。

4 月 18 日，先生于北京师范大学演讲《论〈诗经〉的起源》。

4 月 19 日，北京师范大学第五届跨文化学课程班第三讲，金丝燕主讲《“汉字文化圈”概念研究之一》，先生出席，董晓萍主持。

4 月 23 日，法国驻华大使馆文化处于法国文化中心会议厅举办中法合作“跨文化研究”丛书和《远近丛书》等 10 种新书发布会，展现 2019 年双方学术交流丰硕成果。新书包括香港中文大学出版社最新出版的先生的《中国教给我们什么？》及商务印书馆近年连续出版的《跨文化对话》丛刊等。金丝燕主持发布会，先生出席。法国驻华大使代表、驻华大使馆文化处高等教育与社科合作专员杜雷，法兰西学士院院士、法兰西学士院终身秘书米歇尔·冉刻，和法国文化中心图书馆馆长李大维（David Lizard）、文化处高级项目官金瑞玲（Juliette Jin）、法国远东学院北京中心主任杜杰庸（Guillaume Dutourmier）等出席，王宁、程正民、董晓萍、李国英、李正荣应邀与会。李大维代表法国驻华大使馆文化与科技合作处向中法双方合作单位致谢，称赞先生新著《中国教给我们什么？》中译本位列本次新书发布之首，米歇尔·冉刻发言，中国大百科全书出版社社长刘国辉讲话。敦和基金会执行理事长、北京师范大学跨文化研究院理事长陈越光出席并发表演讲，盛赞先生新著《中国教给我们什么？》。

先生于法国驻华大使馆文化处演讲《中国教给我们什么？》，法国驻华大使馆大使代表、北京师范大学跨文化研究院师生、法国驻华国际企业CEO 和法国驻北京科研机构主任出席。

4 月 24 日，北京师范大学周作宇副校长代表学校向法兰西学士院院士、法兰西学士院终身秘书米歇尔·冉刻院士颁发名誉教授证书，先生与法兰西学士院院士、法兰西学士院铭文与美文学院原院长、法国高等社会科学研究院皮埃尔·菲琉匝（Pierre Filliozat）教授和夫人印度德里大学客座教授瓦苏达哈·卡瓦丽－菲琉匝（Vasundhara Kavali-Filliozat）教授及金丝燕、董晓萍、李正荣教授等出席颁授仪式。先生向北京师范大学校领导和国际处领导赠送新著《中国教给我们什么？》。颁奖仪式后，第五届北京师范大学跨文化课程班延请先生和米歇尔·冉刻共同讲授《人文科学方法论》。菲琉匝教授、瓦苏达哈·卡瓦丽－菲琉匝教授、李正荣教授等出席，董晓萍主持，金丝燕中法语现场翻译。

同日，北京大学乐黛云教授荣获法兰西学士院铭文与美文学院首届“汪德迈中国学奖”，颁奖仪式于法国驻华大使馆举行。香港中文大学中国文化研究所原所长陈方正教授主持典礼，先生致辞。敦和基金会理事长、北京师范大学跨文化研究院理事长陈越光致辞，米歇尔·冉刻代表法兰西学士院致辞，并为乐黛云教授颁奖，杜雷致辞。出席仪式中、法嘉宾主要有李大维、金瑞玲、皮埃尔·菲琉匝教授与夫人瓦苏达哈·卡瓦丽－菲琉匝教授、乐黛云、王宁、刘梦溪、程正民、吴俊、李国英、金丝燕、董晓萍、李正荣、刘国辉等。《人民日报》《中国新闻》等媒体陆续报道。

8 月 20 日，先生第六次为北京师范大学跨文化学国际研究生课程班授课，为学员带来全新研究成果《中国文学的起源——官方文学》，董晓萍教授主持，王宁教授出席。讲座前，播放跨文化学慕课第一讲，即先生2015 年于北京师范大学进行跨文化中国学讲座时所录制的慕课视频。讲座后，王宁与先生展开对话并合影留念。

10 月 2 日，中国驻法大使卢沙野履新后，特至先生巴黎府上拜访，李中耀、李晓红陪同。

10 月 15 日，卢沙野大使于使馆会见先生及法国教育部前汉语总督学白乐桑、中国现代史研究专家叶理绥（Danielle Elisseeff，1938—　），德特里、鲍佳佳、李中耀、李晓红等学者出席。

10 月 18 日，“法兰西学士院汪德迈中国学奖”颁奖仪式于法兰西学士院举行，中国敦煌学家樊锦诗获奖，先生与卢沙野大使、法兰西学士院终身秘书冉刻等出席祝贺并合影留念。

11 月，先生与杜瑞乐代表法国被选为国际儒学联合会第六届理事会顾问。

11 月 26 日，先生出席“文明通鉴与文化创新：第二届深圳大学饶宗颐文化论坛”，并作大会演讲《中国与西方传统中“法律”概念辨析》，李晓红译，欧明俊审订，收录于刘洪一主编《文明通鉴与文化创新研究——第二届饶宗颐文化论坛论文集》，商务印书馆 2021 年 4 月出版。《考古暨历史语言通讯》2020 年 1 月 1 日报道《“饶宗颐文化论坛”于深圳举行，汪德迈等中外专家学者探讨“中外人文传播与互鉴”等议题》。

11 月 28 日，贵州易学专家黎斌专程前来深圳拜访先生，先生为其易学研究题词“多维易学”。

11 月 30 日，饶宗颐先生逝世一周年之际，香港大学举行由香港文化博物馆与香港大学饶宗颐学术馆合办的“饶宗颐的故事”学术分享会，邀请海内外学者嘉宾分享所知饶宗颐先生的故事和学术成就，李焯芬教授主持。原计划由先生与黄兆汉、李晓红、单周尧、刘洪一、邓伟雄、郑炜明等教授主讲。先生已撰写与会演讲稿《20 世纪中国特有隐逸文化的代表者——饶宗颐》，但因突发疫情，滞留深圳，无法到香港与会，演讲稿未发表。饶宗颐先生之女饶清芬 11 月 28 日专程到深圳看望先生，并与香港工商总会会长、香港大学饶宗颐学术馆之友会长陈文洲宴请先生和李晓红。

12 月 28 日—2020 年 1 月 4 日，先生携全家四代 16 人赴中国寻访家族血脉，李晓红、李中耀陪同。

先生为巴黎七大萧盈盈博士论文《一种流动的主体性：经由高行健作品看现代性和审美感知》（*Une Subjectivité fluide*）作序，巴黎德莫宝力斯出版社（Éditions Demopolis）出版。

先生专著《中国教给我们什么？》（*Ce que la Chine nous apprend: sur le langage*，*la société*，*l'existence*）出版，法文版收录于“人文科学图书馆”

系列丛书（Bibliothèque des sciences humaines），伽里玛出版社出版。中文版《中国教给我们什么？——在语言、社会与存在方面》，金丝燕译，北京师范大学王宁教授作序，香港中文大学出版社出版。该书为金丝燕、董晓萍主编“跨文化研究”丛书第八十种。

2020 年，92 岁

1 月 2 日，先生受邀出席上海大学国际教育学院、文学院举办的“中国文学与艺术在欧洲的传播”圆桌会议并演讲，曹辛华主持，李晓红、李中耀及上海大学曾军、姚喜明、阚怀未、刘旭光、谭旭东、常峻等教授与谈。

2 月 11 日，先生与法国对比沙龙主席保尔、法兰西学士院艺术院通讯院士高立昂等出席于巴黎大皇宫举办的 2020 巴黎“艺术财富”沙龙展开幕式，一起观看华人艺术家王衍成、李中耀、李晓红、章毅等人的参展画作。《欧洲时报》2 月 13 日黄冠杰报道《2020 巴黎“艺术财富”沙龙开幕》。

4 月 22 日，先生与金丝燕等欢聚画家爱新觉罗・松石住处，交流传统文化话题。

5 月 20 日，岳麓书院、凤凰网、敦和基金会联合主办的第四届“致敬国学——全球华人国学大典”在线启动，邀海内外知名学者共同探讨特殊背景下中华传统文化的时代挑战与现实价值。先生与德国汉学家阿克曼等襄赞启动仪式。中新网 5 月 22 日报道。

7 月 1—2 日，先生视频出席阿尔多瓦大学孔子学院国际研讨会暨第十三届欧洲孔子学院汉语教师与本土教师培训，并作大会演讲《汉字的语义》。

12 月，先生与金丝燕合著《古文言读本》第 2 辑，中法双语版由友丰书店出版。

2021 年，93 岁

1 月，作家冯玉雷书写敦煌文化精神长篇小说《野马，尘埃》，太白文艺出版社出版。先生为《野马，尘埃》题词：“这是中国唐代历史上的一次狂野的驰骋。”（Ceci est un épisode sauvage du galop de l'histoire chinoise sous les Tang.）（李晓红译）。

3 月 18—20 日，先生视频出席阿尔多瓦大学、北京师范大学举办的

“文化转场：观念与艺术 II”（*Transferts culturels*：*concepts et art II*）暨第七届中国艺术节国际研讨会，并以《中国文学的独特起源》（« La littérature chinoise, littérature hors norme »）为题作大会演讲。

先生专著《中国文学的独特起源》（*La littérature chinoise*，*littérature hors norme*）定稿，并交伽利玛出版社，是年 12 月出版，“人文科学图书馆”系列丛书之一。

5 月 14—15 日，“汪德迈跨文化中国学研究国际会议暨《汪德迈全集》出版发布会”在京召开。会议由中国大百科全书出版社、北京师范大学跨文化研究院、法国阿尔多瓦大学和青海师范大学高原科学与可持续发展研究院联合举办。汪德迈先生于巴黎寓所远程出席视频会议，并作《汉文化圈的导师朋友》报告，乐黛云在线参加会议。青海师范大学校长史培军出席并讲话《跨文化中国学与高原地理科学》，世界汉语学会主席白乐桑、北京师范大学程正民及王一川、中国大百科全书出版社社长刘国辉、学术分社社长曾辉、《汪德迈全集》资深责编郭银星、俄罗斯国立人文大学教授易福成、欧洲汉学会主席及比利时根特大学教授巴得胜（Bart Dessein）、意大利黎熙大学教授路易萨等出席会议。来自中、法、俄、比、意等十余位中西方学者并作学术报告：北京师范大学王宁报告《一位从经典中解读中国的汉学家——汪德迈》，程正民报告《汪德迈教给中国什么》，北京大学王邦维报告《有温度的“汉学”：汪德迈先生的学术情怀》，法国阿尔多瓦大学金丝燕报告《汪德迈学术思想的跨文化性》，北京师范大学董晓萍报告《跨文化中国学的奠基人——汪德迈》，等等。《汪德迈全集》是首次于中国出版的先生学术著作集成，经先生授权，由中国大百科全书出版社陆续出版，全面反映先生学术成就。《全集》全十册包括：已出版《中国教给我们什么：在语言、社会与存在方面》《中国思想的两种理性：占卜与表意》《跨文化中国学》（上下），待出版《中国文学的独特起源》《新汉文化圈》《中国学论稿》（上下）、《王道：中国古代体制精神之研究》（上下）。中国新闻网记者应妮北京 5 月 15 日报道《从〈汪德迈全集〉看一个热爱中国文化的西方汉学家怎样工作》，中国社会科学网记者张娓 5 月 22 日报道《通过汪德迈中国学审视跨文化视野下的中国文化自觉》。

6 月 9 日，中新社“东西问”栏目将《汪德迈全集》中涉及东西方文化比较部分摘编整理成文《汪德迈：跨文化视野下，如何看待西方个人主义和东方集体主义？》。

资料主要来源：

1.《循大道——敬献汪德迈教授的综合研究论文集》（*En suivant la Voie royale*）（1997）所载先生工作成就及所辑著作目录，谢和耐（Jacques Gernet，1921—2018）、马克（Marc Kalinowski，1946— ）主编、桀溺（Jean-Pierre Diény，1927—2014）协助主编，法国远东学院 1997 年出版。

2. 先生工作过的法国高等实践研究院（EPHE）、法国远东学院（EFEO）、普罗旺斯大学（Université de Provence）等院校出版刊物。

3. 法国 Persée 学术网站。

4. 法国《中国研究》（*Études chinoises*）等汉学或其他学术杂志。

5. 日本学者王敏访谈《一位法国学者留学日本开启的汉字文明研究》，2021 年 2 月 11 日刊于《客观日本》微信公众号。

6. 各种媒体报道等。其中论著目录涉及法文、英文、德文、西班牙文、日文、韩文、越南文等 7 种语言，需译为中文，我们翻译时尊重先生意见，并反复求教学界朋友，在此深表谢意！

汪德迈先生著作目录

李晓红

1. 法文著作

Les Miroirs de bronze du Musée de Hanoi, École française d'Extrême-Orient（EFEO）, Paris, 1960.（《河内博物馆藏铜镜》，巴黎：远东学院出版社，1960 年。）

La Formation du Légisme. Recherche sur la constitution d'une philosophie politique caractéristique de la Chine ancienne, École française d'Extrême-Orient, Paris, 1965.（réed. EFEO, 1987.）（《法家的形成——古代中国特有的政治哲学形成研究》，巴黎：远东学院出版社，1965 年第 1 版，1987 年再版。）

Wangdao ou La Voie royale: *Recherche sur l'esprit des institutions de la Chine archaïque. I*: *structures cultuelles et structures familiales*, École française d'Extrême-Orient, Paris, 1977.（《王道：中国古代体制精神之研究》第一卷《文化结构与家庭结构》，巴黎：远东学院出版社，1977 年。）

Wangdao ou La Voie royale: *Recherche sur l'esprit des institutions de la Chine archaïque. II*: *Structures politiques les Rites,* École française d'Extrême-Orient, Paris, 1980.（《王道：中国古代体制精神之研究》第二卷《政治结构与礼仪》，巴黎：远东学院出版社，1980 年。）

Études sinologiques, Presses universitaires de France, Paris, 1993.（《汉学研究》，巴黎：法国大学出版社，1993 年。）

Wangdao ou La Voie royale: Recherche sur l'esprit des institutions de la Chine archaïque. I: Structures culturelles et structures familiales. *II: Structures politiques, les rites*, Libraire Éditeur You Feng, 2009.（《王道：中国古代体制精神之研究》第一卷《文化结构与家庭结构》与第二卷《政治结构与礼仪》合订本，巴黎：友丰书店，2009 年。）

La littérature chinoise, littérature hors norme, Gallimard, 12/2021.（《中国文学的独特起源》，巴黎：伽利玛出版社，2021 年 12 月。）

（以上著作目前均未译成中文，括号内中文为编者试译。）

2. 中、法文版著作

Le nouveau monde sinisé, Paris: Presses universitaires de France, 1986.（《新汉文化圈》，巴黎：法国大学出版社，1986 年。）《新汉文化圈》，陈彦译，南昌：江西人民出版社，1993 年。

Le nouveau monde sinisé Réédition augmentée, Paris: Libraire Éditeur You Feng, 2004.（《新汉文化圈》［增订版］，巴黎：友丰书店，2004 年，中文书名题为《汉字文化圈复兴》。）

Tang Yi Jie & Léon Vandermeersch, *Le ciel*, Paris: Desclée de Brouwer, 2010.（《天》，与汤一介合著，巴黎：德斯可勒・德・普外尔出版社，2010 年。）《天》，岳瑞译，收录于金丝燕、乐黛云主编《远近丛书》，北京：北京大学出版社，2011 年。

Les deux raisons de la pensée chinoise. Divination et idéographie, Paris: Gallimard, 2013.（《中国思想的两种理性——占卜与表意》，巴黎：伽利玛出版社，2013 年。）《中国思想的两种理性——占卜与表意》，金丝燕译，北京：北京大学出版社，2016 年。

3. 中文版著作

《中国文化思想研究》，〔法〕金丝燕、董晓萍主编，北京：中国大百科全书出版社，2016 年。

《跨文化中国学》（"跨文化研究"丛书第三辑），〔法〕金丝燕、董晓萍主编，北京：中国大百科全书出版社，2017 年。

《汪德迈全集》全十册，包括《中国教给我们什么》、《中国思想的两种理性：占卜与表意》、《跨文化中国学》（上）、《跨文化中国学》（下）（以上已出版），《中国文学的独特起源》、《新汉文化圈》、《中国学论稿》（上下）、《王道》（上下）（以上出版中），北京：中国大百科全书出版社，2021 年。

4. 先生主编或与其他学者合著著作

Alain Forest, Yoshiharu Tsuboï & Léon Vandermeersch, *Catholicisme et sociétés asiatiques*, Paris: L'Harmattan, Tôkyô: Sophia University, 1988.（阿兰·付立思、坪井善明与汪德迈合编《天主教与亚洲社会》，巴黎哈麦丹出版社、东京索菲亚大学出版社联合出版，1988 年。）

Alain Forest, Y. Ishizawa & Léon Vandermeersch, *Cultes populaires et société asiatique*, Paris: L'Harmattan, Tôkyô: Sophia University, 1989.（阿兰·付立思、石泽与汪德迈合编《民间崇拜与亚洲社会》，巴黎哈麦丹出版社、东京索菲亚大学出版社联合出版，1989 年。）

Alain Forest, Eiichi Kato & Léon Vandermeersch, *Bouddhismes et sociétés asiatiques*, *Clergés*, *Sociétés et pouvoirs*, Paris: L'Harmattan, Tôkyô: Sophia University, 1990.（阿兰·付立思、加藤、汪德迈合编《佛教与亚洲社会：教徒、社会与权力》，巴黎哈麦丹出版社、东京索菲亚大学出版社联合出版，1990 年。）

Léon Vandermeersch & Yuzô Mizoguchi, *Confucianisme et sociétés asiatiques* Paris: L'Harmattan, Tôkyô: Sophia University, 1991.（汪德迈、沟口雄三合编《儒学与亚洲社会》，巴黎哈麦丹出版社、东京索菲亚大学出版社联合出版，1991 年。）

Jean de Miribel & Leon Vandermeersch, *Sagesse chinoises, une autre culture*, co-auteur avec, Dominos, Flammarion, Paris, 1997. Cet ouvrage est réédité par Paris: Le pommier en 2010.（与让·德·米里拜尔合著《中国人的智慧——另一种文化》，巴黎：弗拉玛里雍出版社，1997 年。巴黎苹果树出版社 2010 年再版。）

L'art des jardins dans les pays sinisée Chine, *Japon*, *Corée*, *Vietnam*, in: *Extrême-Orient*, *Extrême-Occident*, 22，Paris, 2000.（先生主编《汉文化圈的园林艺术：中国、日本、韩国、越南》，并以同题撰文《汉文化圈的园林艺术》，发表于《远东－远西》2000 年第 22 期，以杂志书的形式出版。）

（以上均未译为中文）

Léon Vandermeersch & Jin Siyan, *Manuel de chinois classique*, vol. 1, Paris: Éditions You Feng, 2017.（先生与金丝燕合著《古文言读本》第 1 辑中法双语版，巴黎：友丰书店，2017 年。）

Léon Vandermeersch & Jin Siyan, *Manuel de chinois classique*, vol. 2, Paris：Éditions You Feng, 2020.（先生与金丝燕合著《古文言读本》第 2 辑中法双语版，巴黎：友丰书店出版，2020 年。）

编后记

欧明俊　李晓红

汪德迈先生是当代国际汉学界泰斗，被汤一介先生誉为“法国第一大儒”，是我们最崇敬的学术大师。很久以来，我们一直关注汪老学术成果，拜读他老著作，深受教益。2018 年 3 月，欧明俊正式提出《汪德迈学术思想研究》的计划，学术访谈录是其中一部分，拟定了《汪德迈先生学术访谈录》访纲，与李晓红商定，由她按访纲采访汪老。我们的研究计划得到汪老的支持。

2020 年，深圳大学书记、深圳大学饶宗颐文化研究院院长刘洪一教授策划编辑出版享有国际盛誉的杰出汉学家如汪德迈先生、成中英先生等人的学术成果，由商务印书馆出版中文版，汪老欣然同意。我们与汪老学术交往多年，近距离接触汪老，有幸常亲闻謦欬，非常荣幸得到汪老信任和鼓励，将书稿整理编订任务交给我们，我们有条件，更有义务尽心竭力地做好。

我们与汪老缘分匪浅。1998 年 7 月，李晓红正于索邦大学小教堂值班，博士导师白莲花教授专门约请汪老观看“中国书法家作品邀请展”，郑重地将李晓红引荐给汪老，并拜请汪老指导李晓红以中国古代龙图像为题的博士论文的后期写作，由此结下师生缘。汪老担任了李晓红博士论文答辩委员会主席。后来，汪老一直关心、指导李晓红的学术研究，李晓红也跟汪老数次出席国际学术研讨会。2003 年 4 月 24—27 日，联合国教科文组织在埃及亚历山大图书馆举办“历代世界铭文书法及文字”国际论坛，汪老特别推荐李晓红一同赴会，汪老发表论文《中国的表意文字与占卜学》，李晓红发表论文《中国书法》。二十多年来，汪老为李晓红、李中耀夫妇撰写或主编《神龙——中国古代龙图像起源》（法国友丰书店 2000 年版）、《中国绘画介绍系列丛书》（《花卉卷－卷 1》《动物卷－卷 2》，法国手工艺艺术出版社，卷1出版于2002年，卷2出版于2007年)、《上善若水》(法国友丰书店2009年版)、《世界幻想动物图像及图形文字的创造》(法国友丰书店2013年版)、《中国书法于法国》(法国友丰书店2017年版)等7部著作撰写前言或序。汪老数次参加他们于巴黎中国文化中心画展的开幕式，并致辞祝贺。2019年12月28日—2020年1月4日，汪老携全家四代十六人到中国寻访家族血脉(夫人李氏子原籍潮州)，特邀李晓红、李中耀陪同。

欧明俊一直崇敬汪德迈先生和饶宗颐先生，拜读他们的著作，最早读汪老《新汉文化圈》(陈彦译，江西人民出版社1987年版)，钦佩之至！2011年12月10—12日，汪老出席于泉州华侨大学召开的"饶宗颐与华学国际学术研讨会"，并作大会主题演讲《与西方文化基础的神学相比较之中国的占卜学》(李晓红译)，欧明俊提交论文《饶宗颐先生学术的大格局、大气象、大境界》并发言，第一次亲睹大师风采，聆听汪老精彩报告，与他老结缘。2013年7月28—29日，首届"饶学国际学术研讨会"在潮州韩山师范学院召开，汪老出席盛会并作大会主题演讲《中国特有的互关性思想之起源：龟卜技术》(李晓红译)。欧明俊提交论文《饶宗颐先生口述学术史访纲——兼论口述学术史研究》并发言。会议庆祝饶宗颐先生九十七华诞，欧明俊奉上贺寿联："识贯天地得预流果学界模范，寿齐海山享松鹤年凡世神仙。"会间，欧明俊向汪老请教，聆听教诲，并赠拙著《词学思辨录》，合影留念。12月8—12日，汪老赴香港出席"第二届饶宗颐与华学暨香港大学饶宗颐学术馆成立十周年庆典国际学术研讨会"，并作大会演讲《中国思想中的历史观念》(李晓红译)。后以《中国思想史的历史观是什么？是如何形成的？》为题发表于郑炜明执行主编《饶学与华学——第二届饶宗颐与华学暨香港大学饶宗颐学术馆成立十周年庆典国际学术研讨会论文集》，上海古籍出版社2016年出版。欧明俊也参加了研讨会，有幸再次面聆汪老教谕，提交论文《会通之学——饶宗颐先生学术的博大气象》，并作专场报告，论文也收录于研讨会论文集。2015年12月4—8日，欧明俊参加于香港大学召开的"饶宗颐教授百岁华诞"国际学术研讨会，提交论文《从饶宗颐先生阅历及成就看学术大师的条件》并发言。会上结识李晓红，接续了与汪老的缘分。

2017年6月26日，饶宗颐先生与家人及衣钵弟子郑炜明教授等重访巴黎，汪老与李晓红、李中耀陪同饶公一行参观被誉为法兰西文明摇篮的皇港修道院。6 月 27 日，饶公出席“莲莲吉庆——饶宗颐荷花书画展”开幕式，汪老参加了开幕式。《欧洲时报》刊出由李晓红撰稿、欧明俊审订的专稿《各执牛耳领风骚——记中法两位大师饶宗颐与汪德迈的跨世纪情缘》。2018 年 1 月 7 日，汪老九十华诞，欧明俊、李晓红组织联络崇敬汪老的几位学界好友——美国刘正教授、香港大学郑炜明教授、中山大学彭玉平教授、郑州大学刘志伟教授等，用汪老喜爱的中国书法和对联，以微信视频方式为他老祝寿。欧明俊特撰寿联：“寿福咸享，德艺双馨。”李晓红撰联贺恩师：“先生乐享遐龄寿，弟子欣沾化育恩。”皆请李中耀写成书法面呈汪老。李晓红撰写《寿齐日月 学贯中西——别开生面的汪德迈先生九十华诞祝寿活动》一文，2018 年 1 月 19 日刊于《欧洲时报》。2018 年 3 月 15 日，《国际考古暨历史语言学会会刊》发表《汪德迈先生九十华诞祝寿专辑》，收录汪老论文《中国表意文字与占卜》《儒学》《我之汉学研究的方法论问题》。

2018 年 2 月 6 日，饶宗颐先生于香港仙逝，我们万分悲痛。欧明俊建议李晓红联系汪老，于巴黎组织饶宗颐先生追思会，得到巴黎中国文化中心主任严振全先生支持。饶宗颐先生纪念会于 2 月 22 日于巴黎中国文化中心举行，巴黎中国文化中心副主任沈中文先生主持，巴黎中国文化中心主任严振全、米歇尔・冉刻、高立昂、顾乃安、赵冰等 50 余名中、法学者参加。汪老深情地说：“我一生中最幸运的就是拜饶公为师。”李晓红含泪朗诵与欧明俊合写《哭送饶公》诗。《欧洲华语广播电台讯》2 月 24 日以《文化大师饶宗颐先生纪念会于巴黎中国文化中心举行》为题报道;《欧洲时报》实习记者高俊青巴黎 2 月 26 日报道《饶宗颐大师纪念会于巴黎中国文化中心举行》。2 月 28 日汪德迈先生还专程赴香港参加饶宗颐先生葬礼，敬献花圈，并致祭文《沉痛悼念恩师饶宗颐——在饶公葬礼上的祭文》（李晓红译，欧明俊审订），收录于刘洪一主编《饶宗颐纪念文集》，海天出版社 2018 年 11 月出版。欧明俊也参加了饶宗颐先生葬礼，并与李晓红、李中耀一起敬献花圈。欧明俊作有《敬悼饶宗颐先生》,《欧洲时报》2 月 8 日“特写”栏发表李晓红《东方文化的骄傲——饶宗颐先生，您一路走好！》，皆收录于《饶宗颐纪念文集》。

2018 年 4 月 17 日—5 月 14 日，汪老接受中国学界朋友中山大学彭玉平教授、南京大学徐兴无教授、郑州大学刘志伟教授、福建师范大学欧明俊教授、山东大学郑杰文教授等人的盛情邀请和周密安排，莅临中国各高校和科研单位巡回学术演讲，李晓红全程陪同。5月2—7日，李晓红陪同汪老访问欧明俊供职的福建师范大学文学院，5月3日，汪老作《论庄子：从道教和佛教思想说开去》演讲，欧明俊主持。5月5日晚，汪老又受邀到福州大学作学术演讲《中西艺术之差异与相互影响——浅谈中法文化交流》，李晓红陪同并发言，福州大学黄志刚副校长拜会了汪老。5月6日，为拍摄影片《百年巨匠——饶宗颐》，经香港大学饶宗颐学术馆副馆长郑炜明教授介绍，周兵导演派蔡瑞琦带队专程从香港至福州采访汪老，同时采访欧明俊、李晓红。于福州期间，我们抓住机会多次访谈汪老。5月7—9日，汪老受山东大学郑杰文教授盛邀讲学，欧明俊、李晓红陪同，也多次访谈。

2018年11月21—23日，深圳大学书记、深圳大学饶宗颐文化研究院院长刘洪一先生邀请汪老、欧明俊、李晓红参加“第一届深圳大学饶宗颐文化论坛”，汪老作大会演讲《饶宗颐先生的典范作用》，欧明俊、李晓红分别作《论饶宗颐与法国汉学家的互动》《饶宗颐与汪德迈师生情的文化结点》发言。2019年11月26—27日，刘洪一先生第二次邀请汪老、欧明俊、李晓红参加“第二届深圳大学饶宗颐文化论坛”，汪老作《中国与西方传统中“法律”概念辨析》大会演讲（李晓红译，欧明俊审订），欧明俊作《互鉴与会通——饶宗颐与汪德迈学术思想比较》大会演讲，李晓红作《法国巴黎的“文化大师饶宗颐先生纪念会”追述》大会演讲。

2019年1月18日，汪老荣获第五届“会林文化奖”，在颁奖典礼上发表《“会林文化奖”演讲词》（李晓红译，欧明俊审订）。2019年3月26日，汪老作为特邀嘉宾出席中国美术馆、巴黎中国文化中心、中外文化交流中心联合举办的“感知中国·意于巴黎——中国美术馆馆藏精品展”高端国际论坛，并作大会演讲《富有成效的中法文化交流》。李晓红作为特邀嘉宾演讲《“西画”的启迪——吕斯百与法国画家夏凡纳（Puvis de Chavannes）》，欧明俊也出席当日活动。3月27—29日，李晓红和欧明俊策划，李晓红主持操办，法国阿尔多瓦大学与巴黎索邦大学联合举办“中西方诗画会通研究：文字与图像的交叉启示”国际学术研讨会，徐兴无、刘志伟、欧明俊、杨振（复旦大学）与法国各高校及国家科研机构等单位21位学者参会。汪老作《论中西文化语境中“笔”的艺术与文人精神》主旨演讲，并致闭幕词《作为反语言的艺术“语言”》，欧明俊演讲《论中西“诗中有画”论的本质差异》，李晓红演讲《“西画”的启迪——吕斯百与法国画家夏凡纳（Puvis de Chavannes）》。4 月 12—14 日，《欧洲时报》报道《法国阿尔多瓦大学与巴黎索邦大学联合举办国际学术研讨会——法中学者探讨中西方诗画会通研究》，李晓红、欧明俊图文供稿。3 月 30 日，巴黎中国文化中心与阿尔多瓦大学、索邦大学、法国中文研究与教育学会联合举办“国际视野中的中国古代文学与文化研究”圆桌论坛于巴黎中国文化中心召开，特邀欧明俊、刘志伟、杨振参加，巴黎三大德特里教授和欧明俊、李晓红共同主持圆桌研讨会并分别作主旨发言，汪老作《有关中文的教学和研究于法国的发展》学术报告。8 月 16 日，《“国际视野中的中国古代文学与文化研究”圆桌论坛综述》由欧明俊、李晓红撰稿，发布于《国际考古暨历史语言学会学刊》。欧明俊趁参会机会，多次到汪老巴黎府上访谈汪老，李晓红陪同。

书稿名曰《中国文化探微》，收录汪老历年来部分汉学成果，其中主要是最近几十年于中国和法国各高校及研究机构的学术演讲。正文部分包括 22 篇演讲稿，大体上分为 4 个部分：（1）论古文字与古代思想关系；（2）论经学和儒学；（3）论古代哲学、法律和艺术；（4）谈与恩师饶宗颐先生的学术交往以及对自己学术经历和思想的总结。旨在系统呈现汪老对中国文化的洞见，反映他在中法文化交流中所做的杰出贡献。本书编订时，经访谈汪老，部分文章加入他最新思考、修订内容，我们则做了搜集、编辑、增补注释、核对、校订、文字润色等工作，使其以新的面目系统地呈现于读者面前。附录访谈 3 篇，其中，欧明俊、李晓红《汪德迈先生学术访谈录》因限于书稿体例和篇幅，目前只收录整个访谈录的一部分。另附录欧明俊、李晓红编纂《汪德迈先生年谱初编》，李晓红编《汪德迈先生著作目录》。

书稿的编订工作始终得到刘洪一先生的大力支持和精心指导，在此表达诚挚的敬意和谢意！感谢深圳大学刘茜教授不厌其烦的辛苦付出！感谢法国利玛窦学院院长劳格文教授对全书英文、法文文字的修订！感谢香港中文大学中国文化研究所提供 2015 年汪老《我和我的老师饶宗颐》等几篇学术演讲的发表授权！感谢法国国立东方语言文化学院白乐桑教授、王论跃教授、法国阿尔多瓦大学克罗蒂娜教授、巴黎第三大学德特里教授、法国高等实践学院林志宏教授、巴黎楠泰尔大学李国强教授、法兰西学院汉学研究所助理研究员兼图书馆汉籍部主任岑永芳女士、美国刘正教授、北京第二外国语学院常耀华教授！感谢上海复旦大学外文学院法语系副教授杨振、香港教育大学雷晋豪助理教授、贵州易学专家黎斌先生、巴黎政治学院杨红兵女士！感谢巴黎七大博士后（LLF）诸力超、法国高等社会科学院博士生田晨、法国高商 ESSEC 硕士杨辰、上海大学文学院博士后李雪、郑州大学文学院硕士生王占阳，以及福建师范大学文学院博士生李梦琦、庄秀婷、梁丰、郃贯虹，和硕士生许朝晖、陈明珠、张燕芹、周新玉！他们在本书稿的翻译、注释、校订等方面提供了不同程度的无私帮助。感谢责任编辑帮助书稿把关！

我们有此机会整理汪老学术演讲录，整理过程也是一次集中系统学习汪老著作的过程，是一次文化之旅，是享受文化饕餮大餐。我们虽然尽心尽力，不敢怠惰，但限于学识，肯定会有一些疏漏和不足，责任全在我们，我们诚惶诚恐，在此要郑重向汪老表示歉意！也请学界朋友和读者诸君海涵，不吝赐教！

衷心祝愿汪老永葆学术青春！乐享高寿！吉祥安康！

2021 年 7 月 4 日

又记

写以上“后记”时，我们还一直就各种学术交流活动与汪老密切联系，2021 年 8 月下旬，北京语言大学汉学研究中心徐宝锋教授、徐冬皓老师通过李晓红联系汪老，北京语言大学一带一路研究院“世界汉学家口述中文与中华文化国际传播史”课题组定于 2021 年 10 月 22 日（北京时间）召开“致敬汪德迈先生汉学研究 70 年”专题讨论会。计划法方汪先生和李晓红教授线上与会；中方北京语言大学一带一路研究院徐宝锋、黄悦、胡燕春、陈莹、陈映锦、周菲菲等教授，以及北京师范大学跨文化研究院董晓萍教授、中国社会科学院哲学研究所美学研究室何博超副研究员线下与会，福建师范大学欧明俊教授、南京大学历史学院范毓周教授线上与会。徐宝锋教授主持会议，汪先生作《口述汉学生涯及法国汉学史》演讲。

10 月 9 日，汪老因病入住法国高善医院（Hôpital Cochin）急诊病房，我们正与徐宝锋教授、徐冬皓老师热线联系，商量延期举行。李晓红 10 月 14 日到医院看望汪老，汪老精神很好，还商量具体发言事宜，我们本以为汪老身体底子好，并无大碍，很快即会出院。10 月 17 日上午，汪老女儿尚达尔女士告知李晓红，汪老于凌晨（巴黎当地时间）在巴黎高善医院逝世。欧明俊看到远在巴黎的李晓红发来微信，第一时间告知汪老仙逝消息，痛失良师，曷胜怆然！立即发唁电给李晓红并转尚达尔女士。回忆起与先生多年来学术交往，有幸亲闻謦欬，一切仿佛就在昨天，先生的音容笑貌时时浮现，想起不禁潸然泪下。汪老多次以中法文签名赠送宏著，我们置于案头，反复拜读，与许多合影一同被珍藏着。早在 2021 年 4 月 3 日，先生审阅基本上整理好的本书初稿，感到满意，写下："十分同意书里的文章发表！"然而，非常遗憾的是汪老生前未能看到此书面世。念及此，我们一直愧疚自责不已，由于我们拖了时间，影响了出版进度。

10 月 21 日，巴黎七区圣·弗朗索瓦·泽维尔教堂（Église Saint-François-Xavier）为先生举行宗教弥撒追思仪式。法国学界、汉学界学者、先生好友及来自中法等各国弟子门生约 150 余人一同参加先生辞世宗教仪式，向尊敬的汪老致以最后的敬礼。中国驻法大使馆专门派人将卢沙野大使唁电的纸本文件请李晓红亲自转交给汪老女儿。国内外近六十多个高校、科研单位及个人敬献花篮并发来唁电。香港大学饶宗颐学术馆馆长李焯芬教授携学术馆全体同仁致中英文唁电，缅怀饶宗颐先生和汪先生师生超过半个世纪的真挚友谊和学术合作。

11 月，法兰西学士院铭文与美文学院发文，沉痛悼念作为该院通讯院士的汪德迈先生，并谈到法兰西学士院与香港明远基金会于 2019 年联合设立的年度"汪德迈中国学奖"的重大意义。法国远东学院院长、法兰西学士院傅飞岚院士发文，回顾了汪老作为早期远东学院河内负责人，在负责该院亚洲地区几个历史重要时期的特殊贡献，以及先生研究古代中国儒学和中国思想，日本、越南与中国语言与古代文明职业生涯中所取得的辉煌成就。先生 HDR（即博导文凭）的学生、利玛窦学院院长劳格文教授亦发文追忆先生对国际汉学的奉献，该院网站还特地刊登了由米歇尔·马松（Michel Masson）教授编译为法文的《欧洲时报》报道«Léon Vandermeersch（1928—2021）Une vie de recherches sur un pays，sur uneculture»（《欧洲时报》2021 年 10 月 21 日报道《汪德迈：用一生研究一个国家、一种文化——中法民众向这位汉学家致以最后的敬礼》）。法国索邦大学远东研究院专门发文，回忆了先生多年为该院所做的演讲以及先生的学术指导活动，并特刊登欧明俊、李晓红撰写的汪德迈生平介绍。法国国立东方语言文化学院白乐桑教授在与李晓红的访谈中说："汪德迈先生的离去，意味着伟大的法国传统汉学宏大宽阔帷幕的落下。某种意义上是说，汪德迈先生是最后一位故去的伟大的法国汉学家，汪德迈先生仙逝的日子将写入法国传统汉学史的史册。”

汪老毕生热爱中国文化，道德文章，学界共仰，有口皆碑，今驾鹤西去，是国际汉学界难以估量的损失。我们用文字表达对汪老的万分崇敬与怀念之情，应上海外国语大学张雪梅教授约稿，刘洪一、欧明俊、李晓红分别撰写纪念文章，刘洪一《学无常师行守恒道——怀念汪德迈先生》，欧明俊《近距离感知大师魅力——深切怀念“法国第一大儒”汪德迈先生》，李晓红《汪德迈—— 一位痴迷于中国文化与学术的法国学者》，白乐桑、李晓红《缅怀法国伟大的汉学家汪德迈先生》等文章即将发表于《孔子学院》2022 年第 1、2 期；李晓红《“要真正理解中国思想，首先必须与中国人进行真正的交流”——汪德迈先生的中国缘》（发表于《欧洲时报》2021 年 11 月 29 日）、《精诚所至，金石为开——忆恩师汪德迈先生》（将刊于《饶学研究》2022 年第 7 卷，暨南大学出版社）、《“中国文化和中国人民的友谊向我展示了中国特有的人文主义的宽厚”——忆恩师汪德迈先生》（将刊于彭玉平、郭丽娜主编《环球与邂逅・想象与诠释——近现代法国文学中的世界与中国书写》，广东人民出版社 2022 年出版）。

汪老智慧幽默、开朗达观，有崇高的人格魅力，是国际汉学界的灵魂人物，是中法文化交流史上一道独特的人文风景。先生思想深刻，学问博大精深，致广大而尽精微，开启法门，诲人不倦，堪称学者典范。晚生小子高山仰止，景行行止！

先生之风，山高水长！我们崇敬先生的道德文章，也更加明确自己的学术使命，决心继续深入研究先生的学术思想，传承先生未竟的事业。

2022 年 4 月 25 日

图书在版编目(CIP)数据

中国文化探微 / (法) 汪德迈著. — 北京 : 商务印书馆, 2023
ISBN 978-7-100-21908-2

Ⅰ. ①中… Ⅱ. ①汪… Ⅲ. ①中华文化—研究 Ⅳ. ①G12

中国版本图书馆CIP数据核字(2022)第240946号

文明通鉴丛书
刘洪一 主编
中国文化探微
〔法〕汪德迈 著

商 务 印 书 馆 出 版
（北京王府井大街36号 邮政编码100710）
商 务 印 书 馆 发 行
艺堂印刷（天津）有限公司印刷
ISBN 978-7-100-21908-2

2023年4月第1版 开本 710×1000 1/16
2023年4月第1次印刷 印张 19¼
定价：98.00元